COORDENADORES
CLAUDIA LIMA MARQUES
GUILHERME MAGALHÃES MARTINS
FERNANDO RODRIGUES MARTINS

20
25

Camila Fernandes Pantuzo
Daniel Firmato de Almeida Glória
Daniela Suarez Pombo
Dennis Verbicaro
Fabiana Prietos Peres
Fabiano Menke
Fernando Rodrigues Martins
Guilherme Magalhães Martins
Guilherme Mucelin
Hugo José de Oliveira Agrassar
João Paulo Capelotti
José Augusto de Souza Peres Filho
Joseane Suzart Lopes da Silva
Keila Pacheco Ferreira
Luiz Carlos Goiabeira Rosa
Marcelo Henrique de Sousa Estevam
Marcelo Negri Soares
Marília de Ávila e Silva Sampaio
Miguel Cabral de Araújo Martins
Oscar Ivan Prux
Rafael Scaroni Garcia
Ricardo de Holanda Melo Montenegro
Rosângela Lunardelli Cavallazzi
Sandra Bauermann
Vinicius Calado
Viviane Costa de Oliveira
Welington Junior Jorge Manzato

10 ANOS MARCO CIVIL DA INTERNET

AVALIANDO IMPACTOS E DESAFIOS

Dados Internacionais de Catalogação na Publicação (CIP) de acordo com ISBD

N936

    10 anos marco civil da internet: avaliando impactos e desafios / Camila Fernandes Pantuzo ... [recurso eletrônico] ; coordenado por Claudia Lima Marques, Guilherme Magalhães Martins, Fernando Rodrigues Martins. - Indaiatuba, SP : Editora Foco, 2024.

    296 p. ; 16cm x 23cm.

    Inclui bibliografia e índice.
    ISBN: 978-65-6120-198-8

    1. Direito. 2. Direito digital. 3. Marco civil. I. Pantuzo, Camila Fernandes. II. Glória, Daniel Firmato de Almeida. III. Pombo, Daniela Suarez. IV. Verbicaro, Dennis. V. Peres, Fabiana Prietos. VI. Menke, Fabiano. VII. Martins, Fernando Rodrigues. VIII. Martins, Guilherme Magalhães. IX. Mucelin, Guilherme. X. Agrassar, Hugo José de Oliveira. XI. Capelotti, João Paulo. XII. Peres Filho, José Augusto de Souza. XIII. Silva, Joseane Suzart Lopes da. XIV. Ferreira, Keila Pacheco. XV. Rosa, Luiz Carlos Goiabeira. XVI. Estevam, Marcelo Henrique de Sousa. XVII. Soares, Marcelo Negri. XVIII. Sampaio, Marília de Ávila e Silva. XIX. Martins, Miguel Cabral de Araújo. XX. Prux, Oscar Ivan. XXI. Garcia, Rafael Scaroni. XXII. Montenegro, Ricardo de Holanda Melo. XXIII. Cavallazzi, Rosângela Lunardelli. XXIV. Bauermann, Sandra. XXV. Calado, Vinicius. XXVI. Oliveira, Viviane Costa de. XXVII. Manzato, Welington Junior Jorge. XXIX. Marques, Claudia Lima. XXX. Martins, Guilherme Magalhães. XXXI. Martins, Fernando Rodrigues. XXXII. Título.

2024-3905   CDD 340.0285   CDU 34:004

Elaborado por Vagner Rodolfo da Silva - CRB-8/9410
Índices para Catálogo Sistemático:
    1. Direito digital 340.0285
    2. Direito digital 34:004

COORDENADORES
CLAUDIA LIMA MARQUES
GUILHERME MAGALHÃES MARTINS
FERNANDO RODRIGUES MARTINS

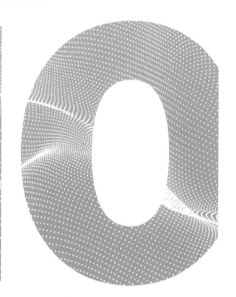

Camila Fernandes Pantuzo
Daniel Firmato de Almeida Glória
Daniela Suarez Pombo
Dennis Verbicaro
Fabiana Prietos Peres
Fabiano Menke
Fernando Rodrigues Martins
Guilherme Magalhães Martins
Guilherme Mucelin
Hugo José de Oliveira Agrassar
João Paulo Capelotti
José Augusto de Souza Peres Filho
Joseane Suzart Lopes da Silva
Keila Pacheco Ferreira
Luiz Carlos Goiabeira Rosa
Marcelo Henrique de Sousa Estevam
Marcelo Negri Soares
Marília de Ávila e Silva Sampaio
Miguel Cabral de Araújo Martins
Oscar Ivan Prux
Rafael Scaroni Garcia
Ricardo de Holanda Melo Montenegro
Rosângela Lunardelli Cavallazzi
Sandra Bauermann
Vinicius Calado
Viviane Costa de Oliveira
Welington Junior Jorge Manzato

10 ANOS MARCO CIVIL DA INTERNET

AVALIANDO IMPACTOS
E **DESAFIOS**

2025 © Editora Foco

Coordenadores: Claudia Lima Marques, Guilherme Magalhães Martins e Fernando Rodrigues Martins
Autores: Camila Fernandes Pantuzo, Daniel Firmato de Almeida Glória, Daniela Suarez Pombo, Dennis Verbicaro, Fabiana Prietos Peres, Fabiano Menke, Fernando Rodrigues Martins, Guilherme Magalhães Martins, Guilherme Mucelin, Hugo José de Oliveira Agrassar, João Paulo Capelotti, José Augusto de Souza Peres Filho, Joseane Suzart Lopes da Silva, Keila Pacheco Ferreira, Luiz Carlos Goiabeira Rosa, Marcelo Henrique de Sousa Estevam, Marcelo Negri Soares, Marília de Ávila e Silva Sampaio, Miguel Cabral de Araújo Martins, Oscar Ivan Prux, Rafael Scaroni Garcia, Ricardo de Holanda Melo Montenegro, Rosângela Lunardelli Cavallazzi, Sandra Bauermann, Vinicius Calado, Viviane Costa de Oliveira e Welington Junior Jorge Manzato

Diretor Acadêmico: Leonardo Pereira
Editor: Roberta Densa
Coordenadora Editorial: Paula Morishita
Revisora Sênior: Georgia Renata Dias
Capa Criação: Leonardo Hermano
Diagramação: Ladislau Lima e Aparecida Lima
Impressão miolo e capa: FORMA CERTA

DIREITOS AUTORAIS: É proibida a reprodução parcial ou total desta publicação, por qualquer forma ou meio, sem a prévia autorização da Editora FOCO, com exceção do teor das questões de concursos públicos que, por serem atos oficiais, não são protegidas como Direitos Autorais, na forma do Artigo 8º, IV, da Lei 9.610/1998. Referida vedação se estende às características gráficas da obra e sua editoração. A punição para a violação dos Direitos Autorais é crime previsto no Artigo 184 do Código Penal e as sanções civis às violações dos Direitos Autorais estão previstas nos Artigos 101 a 110 da Lei 9.610/1998. Os comentários das questões são de responsabilidade dos autores.

NOTAS DA EDITORA:

Atualizações e erratas: A presente obra é vendida como está, atualizada até a data do seu fechamento, informação que consta na página II do livro. Havendo a publicação de legislação de suma relevância, a editora, de forma discricionária, se empenhará em disponibilizar atualização futura.

Erratas: A Editora se compromete a disponibilizar no site www.editorafoco.com.br, na seção Atualizações, eventuais erratas por razões de erros técnicos ou de conteúdo. Solicitamos, outrossim, que o leitor faça a gentileza de colaborar com a perfeição da obra, comunicando eventual erro encontrado por meio de mensagem para contato@editorafoco.com.br. O acesso será disponibilizado durante a vigência da edição da obra.

Impresso no Brasil (11.2024) – Data de Fechamento (10.2024)

2025
Todos os direitos reservados à
Editora Foco Jurídico Ltda.
Rua Antonio Brunetti, 593 – Jd. Morada do Sol
CEP 13348-533 – Indaiatuba – SP
E-mail: contato@editorafoco.com.br
www.editorafoco.com.br

APRESENTAÇÃO

10 anos do Marco Civil da internet: avaliando impactos e desafios

É com grande satisfação que apresentamos esta obra coletiva que reúne 14 artigos escritos por especialistas, acadêmicos e profissionais da área do Direito do Consumidor, Direito Civil e Direito Digital, sobre os 10 anos do Marco Civil da Internet no Brasil. Desde sua sanção em 2014, o Marco Civil se estabeleceu como legislação estratégica na proteção dos direitos dos usuários e na regulação do ambiente digital no país. No entanto, como muitos sabem, o avanço acelerado das tecnologias e o surgimento de novos desafios na esfera digital têm levantado questionamentos pertinentes sobre a eficácia, efetividade e adequação da legislação atual.

Na coletânea, são explorados os principais avanços trazidos pelo Marco Civil, como a garantia da neutralidade da rede, a proteção da privacidade dos usuários e a liberdade de expressão. Todavia, os autores se debruçaram sobre suas insuficiências, que se tornaram evidentes nos últimos anos, incluindo a necessidade de regulação mais robusta em relação à desinformação, à proteção de dados pessoais, ao comércio eletrônico e à responsabilização de plataformas digitais.

Em seus textos, nossos especialistas examinam lacunas significativas na implementação e cumprimento do Marco Civil, especialmente diante das mudanças tecnológicas rápidas e do surgimento de novas questões, como a desinformação, o cyberbullying e crimes digitais, as políticas públicas de inclusão digital, neurodireitos, ambiente virtual de crianças e adolescentes, o impacto do CHAT GPT, entre outras observações críticas, entretanto fundamentadas e extremamente pertinentes. São analisados casos recentes que testam os limites da legislação e revelam áreas onde a regulamentação precisa evoluir para alcançar alguma efetividade.

Cada artigo oferece perspectiva única sobre esses temas, analisando tanto os impactos positivos resultantes do Marco Civil quanto as lacunas que ainda persistem. Em tempo de crescente debate sobre a regulação da internet, temos a responsabilidade de refletir criticamente sobre a legislação vigente e seus desdobramentos.

Além das reflexões sobre os desafios enfrentados, esta obra também se compromete a contribuir com proposições concretas para melhorar a regulação da internet no Brasil. Sugerimos a atualização das normas relacionadas à proteção de dados e à transparência nas ações das plataformas, bem como a necessidade de um marco regulatório que proporcione maior segurança jurídica, sem se descurar do incentivo à inovação.

A tecnologia no Brasil é qualificada e introduzida na Constituição Federal (art. 218) como 'bem público' 'para solução dos problemas brasileiros'. Assim, além de sua valorização e identificação na legalidade constitucional, há a exigência de funcionalidade social quanto à sua utilização. Enfim, ela deve estar condicionada nos dramas humanos. É neste sentido que o meio digital, como meio tecnológico, deve ser perspectivado: um ambiente de segurança, tolerância, respeito e solidariedade.

Esperamos que esta coletânea não apenas enriqueça o debate sobre o Marco Civil da Internet, mas também sirva como catalisador para a construção de um futuro digital mais justo e inclusivo no Brasil. Agradecemos a todos os autores pela contribuição valiosa e a você, leitor, pela atenção ao nosso trabalho. Que este livro inspire novas reflexões e ações em prol de um ambiente digital mais equilibrado e seguro para todos.

Rio de Janeiro, 11 de outubro de 2024
XVII Congresso Brasileiro de Direito do Consumidor

Claudia Lima Marques
Guilherme Magalhães Martins
Fernando Rodrigues Martins

SUMÁRIO

APRESENTAÇÃO

Claudia Lima Marques, Guilherme Magalhães Martins e Fernando Rodrigues Martins... V

A INFLUÊNCIA DAS REDES SOCIAIS NA SOCIEDADE E A REGULAÇÃO PELO MARCO CIVIL

Daniel Firmato de Almeida Glória e Camila Fernandes Pantuzo 1

DESAFIOS NA REGULAMENTAÇÃO DE ALGORITMOS SOB O MARCO CIVIL DA INTERNET

Dennis Verbicaro e Hugo José de Oliveira Agrassar 23

O IMPACTO DO CHAT GPT E TECNOLOGIAS SIMILARES SOBRE A LIBERDADE DE EXPRESSÃO E A PRIVACIDADE ON-LINE

Fabiana Prietos Peres, João Paulo Capelotti e Vinicius Calado.................... 45

A NEUTRALIDADE DA REDE NO CONTEXTO ATUAL: RELEVÂNCIA E DESAFIOS PARA O MARCO CIVIL DA INTERNET

Fabiano Menke e Rafael Scaroni Garcia... 61

"NEUROLAW", NEURODIREITOS E COMÉRCIO ELETRÔNICO COMO LACUNAS ÉTICAS NO SISTEMA JURÍDICO. POR UMA METODOLOGIA DO DIREITO DIGITAL: NOVE DIRETRIZES PARA SOBREPOR A AUTORREGULAÇÃO ALGORÍTMICA PELA REGULAÇÃO HUMANA

Fernando Rodrigues Martins e Miguel Cabral de Araújo Martins................. 77

PLATAFORMIZAÇÃO DA VIDA HUMANA E MARCO CIVIL DA INTERNET: EFETIVIDADE DO PARADIGMA PROTETIVO DA INFORMAÇÃO PARA SERVIÇOS DIGITAIS

Guilherme Magalhães Martins e Guilherme Mucelin........................ 101

CYBERBULLYING E CRIMES VIRTUAIS: COMO O MARCO CIVIL PODE OFERECER MELHORES RESPOSTAS

José Augusto de Souza Peres Filho e Ricardo de Holanda Melo Montenegro 129

ACESSO À INFORMAÇÃO E DESINFORMAÇÃO NA ERA DIGITAL: COMO O MARCO CIVIL DA INTERNET PODE SE ADAPTAR PARA A EFETIVA PROTEÇÃO DOS CONSUMIDORES MEDIANTE A APROVAÇÃO DO PROJETO DE LEI N.º 2630/2020 EM PROL DO USO RESPONSÁVEL E TRANSPARENTE.

Joseane Suzart Lopes da Silva 145

MODERAÇÃO DE CONTEÚDO ON-LINE POR INTELIGÊNCIA ARTIFICIAL E OS DESAFIOS DO MARCO CIVIL QUANTO À ATINENTE RESPONSABILIDADE CIVIL

Luiz Carlos Goiabeira Rosa.. 171

INCLUSÃO DIGITAL: COMO O MARCO CIVIL PODE FOMENTAR O ACESSO À INTERNET PARA TODOS E, ESPECIALMENTE, AOS VULNERÁVEIS

Marcelo Henrique de Sousa Estevam e Keila Pacheco Ferreira 191

RESPONSABILIDADE DOS PROVEDORES DE CONTEÚDO E PLATAFORMAS ON-LINE: ANÁLISE CRÍTICA À LUZ DO MARCO CIVIL

Marília de Ávila e Silva Sampaio 211

DESAFIOS DA SEGURANÇA CIBERNÉTICA E A RESPONSABILIDADE DO MARCO CIVIL: PERSPECTIVAS PARA O FUTURO

Oscar Ivan Prux, Marcelo Negri Soares e Welington Junior Jorge Manzato ... 229

O MARCO CIVIL DA INTERNET E AS CIDADES INTELIGENTES: URBANISMO E SUSTENTABILIDADE

Rosângela Lunardelli Cavallazzi e Daniela Suarez Pombo 245

O PAPEL DO MARCO CIVIL DA INTERNET NA GARANTIA DE UM AMBIENTE DIGITAL SEGURO PARA CRIANÇAS E ADOLESCENTES

Sandra Bauermann e Viviane Costa de Oliveira 265

A INFLUÊNCIA DAS REDES SOCIAIS NA SOCIEDADE E A REGULAÇÃO PELO MARCO CIVIL

Daniel Firmato de Almeida Glória[1]

Camila Fernandes Pantuzo[2]

Sumário: 1. Introdução – 2. Liberdade de expressão: fundamento relevante e necessário no ambiente digital – 3. O poder das redes sociais – 4. O pan-óptico digital como ferramenta de vigilância na captura de dados pelas Redes Sociais – 5. Criação de massa pelas redes sociais – 6. Enlaçamento da liberdade de expressão e das *Big Techs* pela regulação – 7. Considerações finais – Referências.

1. INTRODUÇÃO

As redes sociais vêm acarretando uma reorganização nas relações sociais, econômicas e até políticas. Além de proporcionar aos usuários o uso lúdico, maior interação e fomento nas contratações à distância, provoca um efeito de dependência devido à escalabilidade e velocidade da interação digital.

O "discurso" que as mídias utilizam para disfarçar a vigilância, controle e poder sobre os usuários é pautada na facilidade, na liberdade de expressão, bem como na satisfação imediata das necessidades.

Apesar de disposto no Marco Civil da Internet (MCI), Lei 12.965/2014, os direitos fundamentais ainda carecem de maior tutela do Poder Estatal uma vez que as redes sociais hoje detêm a matéria prima mais valiosa da nova economia: a informação.

Com banco de dados robustos, as redes sociais conseguem aprimorar produtos/serviços e, também, direcionam conteúdo a partir do fomento do sentimento de hiperconfiança positiva e assertividade nos usuários e, consequentemente, assimetria informacional e direcionamento publicitário.

---

1. Mestre e Doutor em Direito Econômico pela Faculdade de Direito da UFMG. Professor da graduação e mestrado em Direito da Universidade FUMEC. Defensor Público da Defensoria Pública Especializada em Direito do Consumidor do Estado de Minas Gerais. Diretor do Brasilcon.
2. Mestranda em Direito pela Universidade FUMEC. Advogada.

Este capítulo propõe demonstrar a influência das redes sociais na sociedade com objetivo de maximizar riquezas, controle e poder, ao passo que transforma cidadãos-consumidores em dados para retroalimentar a economia informacional.

As redes sociais exercem influência que não é só econômica, mas psíquica-social. Parte da autoexploração do capital humano, por meio de um sentimento contagioso que faz com que suas emoções sejam sobrepostas pelos sentimentos do grupo por meio da identificação.

O trabalho foi estruturado em três pontos. O primeiro, em caráter introdutório, buscou estabelecer e delimitar a liberdade de expressão como fundamento no ambiente digital e a dificuldade de sua efetivação plena diante do poder e influência das redes sociais.

Na segunda parte, foi realizado o estudo do pan-óptico digital como ferramenta de vigilância na captura de dados pelas redes sociais, na esteira dos ensinamento de Byung-Chul Han, atrelado ao poder das massas que favorece o desaparecimento do sujeito, agravando a vulnerabilidade, que é potencializada pela influência, alcance e velocidade das redes sociais.

Em seguida, destacou-se a relevância em existir o entrelaçamento da liberdade de expressão com o poder das *Big Techs* por meio de uma efetiva regulamentação estatal.

Ao final, demonstra-se a preocupação com a autorregulação privada hoje exercida pelas redes sociais e a necessária efetividade da aplicação do MCI, que apesar de vigente desde 2014, representando um avanço, com a acentuada importância dos princípios, garantias e direitos na regulação da Internet, carecendo de novos olhares e atualizações, especialmente por meio de sua efetiva aplicabilidade.

2. LIBERDADE DE EXPRESSÃO: FUNDAMENTO RELEVANTE E NECESSÁRIO NO AMBIENTE DIGITAL

A Lei do Marco Civil (MCI), Lei nº 12.965/2014, considerada como a "Constituição da Internet", descreve em seus primeiros artigos, princípios, fundamentos e objetivos no ambiente digital, reforçando e atualizando direitos e garantias já dispostos na Constituição de 1988.

Aprovada em um contexto social de vários questionamentos sobre o uso da Internet e sobre a proteção de dados, o MCI, desde o início de sua tramitação na Câmara dos Deputados (Projeto de Lei nº 2.126/2011) foi assim nomeado por ser uma baliza para o uso da Internet e um reforço à atuação estatal nos assuntos digitais sobretudo quantos aos reflexos na sociedade de informação.

A inovação tecnológica e os novos arranjos econômicos e sociais fomentaram uma reorganização das relações humanas, expandiram a comunicação e ampliaram o comércio e mercados antes restritos aos limites fronteiriços dos países.

A facilidade e velocidade na comunicação por meio da internet proporcionou uma rápida ascensão das redes sociais, facilitando o fluxo informacional em tempo real. Uma interdependência global que proporciona uma nova relação entre a economia, o Estado e a sociedade em um sistema de geometria variável[3].

O exorbitante fluxo de informação na internet reforça o poder e influência das redes sociais e consequentemente a assimetria informacional destas perante usuários finais. Uma relação, que segundo Manuel Castells, uma parte se sobrepõe à outra por meio do emprego potencial ou real de violência física ou simbólica. Ressalta, ainda, que os avanços tecnológicos incitam a produtividade como fonte de riqueza, modificando o mercado de consumo mundial e fazendo emergir uma nova estrutura social, pautada na produção, experiência e poder[4].

A sociedade se reestrutura e se reorganiza em fluxos de informações que fomentam a economia e os mais diversos mercados. Decorrente da aproximação de pessoas, do aumento das possibilidades, oferta e qualidade dos produtos/ serviços oferecidos, as plataformas geraram sentimento tanto de hiperconfiança positiva, como também um efeito reboque de consequências negativas para a liberdade, privacidade e principalmente individualidade do consumidor[5].

Um paradoxo que desponta na economia informacional: ao mesmo tempo que as redes sociais reduz distâncias, fomenta o fluxo informacional, a inovação e o desenvolvimento tecnológico, proporciona um alerta sobre liberdade, segurança e assimetria informacional perante os cidadão-consumidor. Assim destaca Dennis Verbicaro e Lis Arrais Oliveira:

> Todos estão conectados ao universo digital, de maneira que ele se tornou uma extensão do mundo real, sendo o primeiro tão visitado quanto este último. Portanto, é impossível imaginar qualquer rumo que a sociedade poderia ter seguido senão com o advento da Internet e de todas as facilidades provenientes de mecanismos proporcionados por ela. Entretanto, assim como qualquer invenção tecnológica, o uso excessivo da Internet tem um lado obscuro que pode ser nocivo aos seus usuários e, por isso, demanda atenção. Nesse sentido a violação da

---

3. CASTELLS, Manuel. *A sociedade em rede*. 8. ed. São Paulo: Paz e Terra, 2005. p. 39.
4. *Idem*, p. 51.
5. CURSO DE COMÉRCIO ELETRÔNICO 01 – 2023. Brasilcon, 3 maio 2023. 1 vídeo (04min:48seg). [Live]. Disponível em: https://www.sympla.com.br/evento-online/i-curso-de-extensao-em-comercio-eletronico-brasilcon/1908631. Acesso em: 03.05.2023. Exposição: Dennis Verbicaro Soares. Aula: Direitos fundamentais, autodeterminação informativa e dados pessoais.

privacidade, da autodeterminação informativa e da liberdade de escolha dos usuários das redes merece destaque (...)[6].

Um dos pilares do MCI, a liberdade de expressão, disposto no art. 2º, é alicerce para outros princípios e garantias da lei. Também disposto no art. 5º e nos arts. 220 ao 224 da Constituição de 1988, bem como no art. 13 do Pacto de São José da Costa Rica, o fundamento reflete a base para uma livre manifestação, comunicação, bem como sobre a liberdade para receber e difundir informações no ambiente digital. Assim elucida Cássio Augusto Barros Brant:

> Na verdade, exprime a faculdade de escolha em que a pessoa pode agir de acordo com o que deseja. O homem é livre à medida que pode utilizar de possibilidades de fazer ou não algo e definir seu destino por um critério próprio, sem imposição de terceiros. É direito de proteção ampla no ordenamento jurídico[7].

Os significativos investimentos em pesquisa para desenvolver uma rede de comunicação que resistisse a ataques nucleares estrangeiros, gerou de forma colateral a Internet, uma rede descentralizada de difícil controle. Um esforço colaborativo que proporciona aos usuários, localizados nas bordas, o poder tanto de criar e consumir como compartilhar com outros usuários.[8] Nesse ambiente, as redes sociais emergem como eficientes ferramentas de controle e fomento de conexões entre pessoas, organizações e recursos, por meio de trocas, bens, serviços e "moedas sociais".

Sob essa ótica, na qual a geração de conteúdo é fomentada e consumida pelas bordas, faz-se necessário refletir sobre a liberdade de escolha do cidadão-consumidor.

Submetidos a mecanismos que influem em seu cotidiano decorrente de informações extraídas e compartilhadas nas redes sobre suas preferências e vulnerabilidades, a liberdade dos cidadãos-consumidores se torna ponto fulcral tanto no aspecto individual quanto coletivo[9].

Nessa organização, o Estado possui papel de garantir a livre procura, liberdade de expressão, recepção e difusão de informações pelos cidadãos-consumidores

---

6. VERBICARO, Dennis; OLIVEIRA, Lis Arrais. A vulnerabilidade algorítmica do consumidor: a extração e o compartilhamento indevidos de dados pessoais nas relações de consumo digitais. In: EHRHARDT JÚNIOR, Marcos; CATALAN, Marcos; MALHEIROS, Pablo (coords.). *Direito do consumidor e novas tecnologias*. Belo Horizonte: Editora Fórum, 2021. p. 33.
7. BRANT, Cássio Augusto Barros. *Marco Civil da Internet* – Comentários sobre a Lei 12.965/2014. Belo Horizonte: Editora D'Plácido, 2014. p. 47.
8. BELLI, Luca. Fundamentos da regulação da tecnologia digital: entender como a tecnologia digital regula para conseguir regulá-la. In: PINHEIRO, Armando Castelar; PORTO, Antônio José Maristrello; SAMPAIO, Patrícia Regina Pinheiro (coords.). *Regulação e novas tecnologias*. Rio de Janeiro: FGV Editora, 2022. p. 11-13 e 63.
9. Verbicaro; Oliveira, *op. cit.*, p. 48.

de forma que não exista censura prévia pelas empresas digitais ao mesmo tempo que os assegura e protege por meio de uma efetiva regulamentação[10].

Tanto no âmbito nacional quanto internacional, a liberdade de expressão é fundamento essencial a ser assegurado e todos os esforços dos órgãos visam garantir a pluralidade de ideias e um fluxo informacional não direcionado, livre, de forma a possibilitar avanços tecnológicos, econômicos e sociais.

A jurisprudência da Corte Interamericana de Direitos Humanos (Corte IDH) determina que os meios de comunicação social estejam virtualmente abertos a todos sem discriminação, de maneira que sejam verdadeiros instrumentos que materializam o exercício da liberdade de expressão[11].

A Organização dos Estados Americanos (OEA), por meio da Declaração de Princípios sobre Liberdade de Expressão, também assegura a liberdade de expressão como essencial para o avanço do conhecimento e do entendimento entre os povos que conduzirá a uma verdadeira compreensão e cooperação entre as nações do Hemisfério[12].

A OEA em conjunto com a ONU (Organizações das Nações Unidas), OSCE (Organização pela Cooperação e Segurança na Europa), e CADHP (Comissão Africana dos Direitos Humanos e dos Povos) elaboraram a Declaração Conjunta sobre Liberdade de Expressão e Internet na qual também enfatizam a importância da liberdade de expressão como uma ferramenta especial para a defesa de todos os direitos, assim como, elemento fundamental da democracia e para o avanço dos objetivos de desenvolvimento[13].

Os esforços em assegurar a liberdade de expressão diante da influência das redes sociais e seus respectivos impactos na real vontade do cidadão-consumidor são contínuos. O crescimento exponencial das plataformas, das inovações tecnológicas e da implementação da gestão de tráfego de internet (GTI), instituíram novos riscos, tornando os desafios ainda mais complexos[14].

---

10. Belli, *op. cit.*, p. 96.
11. CORTE INTERAMERICANA DE DIREITOS HUMANOS – Corte IDH. Jurisprudência da Corte Interamericana de Direitos Humanos: Direito à Liberdade de Expressão, Brasília, 2014. Disponível em https://www.corteidh.or.cr/sitios/libros/todos/docs/por4.pdf. Acesso em: 05.04.2024. p. 12.
12. ORGANIZAÇÃO DOS ESTADOS AMERICANOS – OEA. Declaração de princípios sobre liberdade de expressão. Disponível em: https://www.oas.org/pt/cidh/expressao/showarticle.asp?artID=26&lID=4. Acesso em: 05.04.2024.
13. ORGANIZAÇÃO DOS ESTADOS AMERICANOS – OEA. Declaração conjunta sobre liberdade de expressão e internet. Disponível em: https://www.oas.org/pt/cidh/expressao/showarticle.asp?artID=849&lID=4. Acesso em 05.04.2024.
14. Técnicas de GTI podem limitar excessivamente a liberdade de expressão ou a privacidade dos usuários, ou reduzir a concorrência, quando tais medidas não forem necessárias e proporcionais para o cumprimento de um objetivo legítimo. A GTI tem um papel fundamental para garantir o correto funcionamento das redes eletrônicas, por exemplo, ao preservar a segurança e a integridade das redes. No entanto, é

A União Europeia, precursora nos debates e na regulação sobre ambiente digital, recentemente deu um novo passo nessa direção: elaborou o Regulamento dos Serviços Digitais (RSD), Regulamento (EU) 2022/1925, e o Regulamento Mercados Digitais que visam garantir um espaço digital mais seguro onde os direitos fundamentais dos utilizadores sejam protegidos, além de criar condições de concorrência equitativas para as empresas[15].

Vigente desde 2023, o RSD regulamenta as plataformas e motores de pesquisa, estabelecendo para as que possuam mais de 45 milhões de utilizadores por mês na União Europeia, como as redes sociais Google, Instagram, Snapchat, TikTok e YouTube, regras ainda mais rigorosas.

Dentre as regras estabelecidas, as plataformas e motores de pesquisa devem assegurar a transparência na publicidade, além de analisar e avaliar riscos sistemáticos associados aos seus serviços que estejam relacionados aos direitos fundamentais como a liberdade de expressão, adotando medidas necessárias para mitiga-las.

O RSD representa um avanço na regulação digital, uma vez que é aplicável a todas as plataformas que operam no mercado europeu independentemente de onde estejam localizadas, cabendo destacar que as obrigações serão correspondentes ao papel, dimensão e impacto no ecossistema digital[16].

Nota-se que em todos os instrumentos normativos, sejam eles leis, regulamentos, decretos, declarações, nacionais ou internacionais, a manifestação de vontade deve ser livre, informada e inequívoca pela qual o titular concorda com o tratamento de seus dados pessoais para uma finalidade determinada. Assim destacam Claudia Lima Marques e Guilherme Mucelin:

> Posto de outra forma, a falta e/ou o excesso de informação se constituem em novos riscos, cujos teores serão preenchidos em acordo com o bem de consumo em si considerado, com as características próprias de determinada relação ou do próprio contrato. Informar significa colaborar, compartilhar, tornar comum, situar e, como consequência, empoderar o consumidor para que sua vontade seja realmente refletida acerca das decisões de consumo: é uma forma de manutenção e de criação de confiança e é alicerçada na boa-fé objetiva e na

---

possível que os operadores usem as técnicas de GTI de má-fé, para favorecer ou prejudicar aplicativos e conteúdo específicos, baseados em considerações meramente comerciais (Belli, *op. cit.*, p. 95).

15. EUROPEAN COMMISSION. Regulamento Mercados Digitais: garantir mercados digitais equitativos e abertos. Disponível em: https://commission.europa.eu/strategy-and-policy/priorities-2019-2024/europe-fit-digital-age/digital-markets-act-ensuring-fair-and-open-digital-markets_pt.; *Jornal Oficial da União Europeia*, Regulamento (UE) 2022/1925 do Parlamento Europeu e do Conselho Europeu e do Conselho, de 14 de setembro de 2022. Disponível em: https://eur-lex.europa.eu/legal-content/PT/TXT/PDF/?uri=CELEX:32022R1925. Acesso em: 07.04.2024. p. 14 e 26; Comitê Europeu dos Serviços Digitais. Disponível em: https://digital-strategy.ec.europa.eu/pt/policies/dsa-board Acesso em: 07.04.2024

16. EC, Regulamento... *op. cit.*

transparência que deve reger as relações de consumo – é uma forma de responsabilidade e de responsabilização[17].

Ao mesmo tempo que as leis preconizam a liberdade de expressão, a mudança econômica e social decorrente de uma economia centrada na extração e utilização de dados dificultam a governança estatal que passa a depender cada vez mais da atuação de grandes players da economia global, à procura da eficiência da proteção do direito do consumidor no mundo digital[18]. Manuel Castells ressalta que

> O que mudou não foi o tipo de atividades em que a humanidade está envolvida, mas sua capacidade tecnológica de utilizar, como força produtiva direta, aquilo que caracteriza nossa espécie como singularidade biológica: nossa capacidade superior de processar símbolos.[19]

Nesse sentido, o contínuo fluxo informacional no ambiente digital gera uma mudança de paradigma, fazendo iminente a necessidade de discussões sobre a aplicabilidade e desafios da regulação que assegure os direitos fundamentais, sobretudo a liberdade de expressão, bem como um limite à atuação pelas redes sociais que potencializam uma assimetria relacional e informacional que levam cidadãos-consumidores a decisões irrefletidas e que camuflam seu legítimo interesse.

3. O PODER DAS REDES SOCIAIS

A tecnologia já era utilizada nos feudos desde os primórdios para construir muros, portões, barreiras como forma de obter segurança, mas também implementar o controle e poder sobre seus povos, bens e feudos vizinhos. Quanto maior o muro, maior a segurança aos ataques externos e maior o poder exercido sobre os demais feudos[20].

Em uma analogia com o período feudal, Luca Belli, demonstra que a internet, por meio da sua arquitetura de redes, vem sendo utilizada como ambiente propício para promover interconexões, comercializar dados, criar desejos e necessidades nos consumidores, mas sobretudo para exercer poder e controle exatamente como ocorria nas cidades feudais[21].

---

17. MARQUES, Claudia Lima, MUCELIN, Guilherme. *Vulnerabilidade na era digital:* um estudo sobre os fatores de vulnerabilidade da pessoa natural nas plataformas, a partir da dogmática do Direito do consumidor. p. 14. Disponível em: https://civilistica.emnuvens.com.br/redc/article/view/872. Acesso em 08.04.2024.
18. *Idem*, p. 4.
19. Castells, *op. cit.*, p. 119.
20. Belli, *op. cit.*, p.58.
21. *Idem*.

A crescente evolução tecnológica vem propiciando uma grande mudança no poder e na influência que uma empresa exerce sobre o mercado como um todo. Uma empresa pode estar em uma posição dominante independentemente de atuar no segmento como um monopólio e ainda sim exercer forte influência no mercado, como as *Big Techs*[22], maiores empresas de tecnologia do mercado.

Essas empresas, com a posição dominante que possuem agem com indiferença ao comportamento das demais empresas do mercado e ao comportamento dos cidadãos-consumidores, estabelecendo suas próprias regras e condições[23].

Segundo a Comissão Europeia, os serviços de rede social são conceituados como aqueles que permitem os usuários se conectar, compartilhar, comunicar e se expressar online ou por meio de um aplicativo móvel. Possuem como característica a troca de mensagens (de uma pessoa para outra, de uma pessoa para um grupo ou de uma pessoa para várias outras), compartilhamento de informações (por exemplo, postar fotos, vídeo ou links), comentário em postagens e recomendação de amigos. Sendo que para ser qualificada como rede social, o serviço não precisa, necessariamente, ter todas essas funcionalidades[24].

Em 2020, o Brasil era o país da América Latina com maior número de usuários de redes sociais (88% dos brasileiros) e em 2021 foi o 3º país que mais passava tempo nas redes sociais. Em 2022, o Brasil atingiu cerca de 171,5 milhões de usuários, sendo as redes sociais mais usadas o WhatsApp (96,4%), Facebook (90,1%) e Instagram (88,2%)[25].

A quantidade de armazenamento de dados das denominadas "big techs" – Amazon, Microsoft e Google – atinge 65% do mercado, sendo que todas atuam

---

22. Big Techs: grandes empresas que exercem domínio no mercado de tecnologia e inovação. Em 2023, as *Big Five*, as cinco gigantes empresas de tecnologia referência em inovação: Alphabet (Google, Chrome, Android e YouTube), Microsoft (Microsoft Office, LinkedIn, Windows), Facebook (Instagram, WhatsApp e Go (óculos virtual), Amazon (comércio eletrônico e streaming, entre outros), Apple (smartphone, Apple music, Apple TV+, iCloud).
23. Posição dominante implica sujeição (seja dos concorrentes, seja dos agentes econômicos atuantes em outros mercados, seja dos consumidores) àquele que o detém. Ao revés, implica independência, liberdade de agir sem considerar a existência ou comportamento de outros sujeitos. A vantagem competitiva, derivada do domínio da tecnologia a que as outras empresas, por qualquer razão, não têm acesso, é capaz de colocar o agente econômico em posição de independência e indiferença em relação ao comportamento dos demais (FORGIONI, Paula A. *Os fundamentos do antitruste*. São Paulo: Thomson Reuters Brasil, 2022. p. 270-271 e 278).
24. EUROPEAN COMMISSION. Case no COMP/M.7217 – FACEBOOK/WHATSAPP. Disponível em: https://ec.europa.eu/competition/mergers/cases/decisions/m7217_20141003_20310_3962132_EN.pdf. Acesso em: 08.04.2024. CONSELHO ADMINISTRATIVO DE DEFESA ECONÔMICA (Cade), *Caderno do Cade* – Mercados de Plataformas Digitais, Brasília, DF, ago. 2023. Disponível em: https://cdn.cade.gov.br/Portal/centrais-de-conteudo/publicacoes/estudos-economicos/cadernos-do-cade/Caderno_Plataformas-Digitais_Atualizado_29.08.pdf. Acesso em: 27.04.2024. p. 69
25. Estatísticas divulgadas pelo Cade (*op. cit.*, p. 70).

em diversos segmentos do mercado financeiro (meios de pagamento, concessão de crédito, e seguro)[26].

Um banco de dados criado a partir de vários *inputs* diferentes podem e servem de insumo a diversos setores. Assim, um dado coletado por uma rede social, fará parte de um imenso banco de dados que servirá de insumo a empresas que pertencem ao mesmo grupo econômico. Uma cadeia de correlações imperceptível para o cidadão-consumidor, mas que reforçam o poder e controle pelas redes.

Nesse sentido, seja pelo significativo avanço no uso das redes sociais, ou pelo expressivo percentual de dados armazenados por estas empresas ao longo dos anos, o fluxo informacional é o tesouro nessa nova economia e garante a estas empresas uma vantagem preditiva, maior lucratividade e consequentemente um maior poder decorrente dos dados armazenados. Um desequilíbrio decorrente da assimetria informacional, que agrava a vulnerabilidade do cidadão-consumidor ao mesmo tempo que reforça o poder dominante das redes sociais.

Hábitos de consumo, dados pessoais, preferências dos cidadãos-consumidores após coletados e processados viram insumo necessário à indústria da informação. Melhoram produto/serviço, garantindo eficiência e assertividade para a própria indústria. Um ciclo virtuoso que retroalimenta e atualiza os dados coletados[27].

Luca Belli adverte que para regular a tecnologia é essencial compreender o poder regulatório desta, posto que ao adotar uma nova tecnologia seu impacto nunca será neutro. Os investimentos em inovação e desenvolvimento tanto promovem desenvolvimento, quanto despontam como potencial para melhorar a vigilância e controle[28].

Como salientado, ao possuir um banco de dados robusto, as redes sociais detêm um superávit de informações que objetificam o cidadão-consumidor, ou seja, estes passam a ser apenas dados, números que ao serem processados garante a essas empresas maior poder de influência sobre os mesmos e sobre o mercado.

Nessa ótica, Byung Chul Han destaca que cada dispositivo, cada técnica de dominação, produz seus próprios objetos de devoção, que são empregados para submissão, materializando e estabilizando a dominação[29].

---

26. SCHMIDT, Cristiane Alkmin Junqueira. *Big Techs*, antitruste e o PL 2768. *Valor Econômico*, 6 fev. 2024. Disponível em: https://valor.globo.com/opiniao/coluna/big-techs-antitruste-e-o-pl-2768.ghtml. Acesso em 17.04.2024
27. Castells, *op. cit.*, p. 119.
28. Belli, *op. cit.*, p. 73-74.
29. HAN, Byung-Chul. *Psicopolítica* – O neoliberalismo e as novas técnicas de poder. Belo Horizonte: Editora Âyiné, 2023. p. 24.

A influência que uma rede social exerce não está vinculada apenas ao seu tamanho, ou ao seu poder econômico, mas sobretudo à influência que exerce na propagação das informações. Assim pontua Max Fisher:

> A diferença está no poder de amplificação que uma mídia social tem. (...) Em termos de sociedade, ainda estamos muito no princípio do entendimento quanto a todas as consequências que as mídias sociais podem ter. (...) Como consumir o máximo possível do seu tempo e da sua atenção? Foi o que ele chamou de "ciclo de retroalimentação da validação social" (...) A dopamina é a cúmplice das mídias sociais dentro do seu cérebro! É por causa dela que seu celular parece um caça-níqueis, que pisca notificações coloridas, faz barulhinhos e vibra. Tais estímulos por si sós são insignificantes do ponto de vista neurológico. Mas seu telefone os combina a atividades que são naturalmente gratificantes, como mandar mensagens a amigos e ficar olhando fotos. Os aplicativos sociais se apoderam de uma compulsão — a necessidade de se conectar – que pode ser mais poderosa do que a fome ou a ganância[30].

Frisa-se que o poder de uma rede social está diretamente ligado à influência que exerce perante outras redes, cidadãos-usuários e até mesmo perante o ambiente seja ele social, econômico até mesmo político.

Byung Chul Han reflete as diversas formas de manifestação do poder, não limitando apenas ao poder que emana da quebra de resistência e compele à obediência. Nessa forma, uma vontade contrária é a prova de fraqueza desse poder. O poder máximo está na forma silenciosa, invisível e que não necessariamente se opõe à liberdade, podendo inclusive usá-la. Um poder que invoca aspectos positivos como a motivação, satisfação, reconhecimento e sedução, que deixa o cidadão-consumidor dependente[31].

Ante a essa realidade, a pretexto de ser livre para se expressar, o cidadão-consumidor, se pauta na pseudossegurança transmitida pelas redes sociais. Acredita encontrar espaço livre para manifestar, livre das restrições imposta pelos outros[32].

Ocorre que as redes sociais utilizam os dados capturados do cidadão-consumidor como um objeto, como matéria prima para predeterminar comportamentos, interferindo na individualidade, no consentimento livre e na manifestação de vontade destes.

Dessa forma, assim como no período feudal a tecnologia continua sendo objeto de controle e poder, antes pelos feudos, hoje pelas redes sociais. Quem detém maior quantidade de dados e fluxo informacional detém maior poder e consequentemente maior influência sobre o meio no qual está inserido.

---

30. BICKERT, Monika; GLEICHER. Nathaniel; PARKER, Sean. A máquina do caos: como as redes sociais reprogramam nossa mente e nosso mundo. Entrevista concedida a Max Fisher. Tradução: Érico Assis. São Paulo: Todavia, 2023. p. 17, 38-40. Respectivamente, os entrevistados são: diretora de políticas globais do Facebook, diretor de políticas de segurança do Facebook, e fundador do Napster.
31. Han, *op. cit.*, p. 26.
32. *Idem*, p. 9.

4. O PAN-ÓPTICO DIGITAL COMO FERRAMENTA DE VIGILÂNCIA NA CAPTURA DE DADOS PELAS REDES SOCIAIS

O termo pan-óptico foi implementado por Jeremy Bentham em 1785 e vem sendo utilizado para descrever a operacionalidade das redes sociais ao capturarem dados de usuários, processando-os com intuito de direcioná-los ao mercado por meio de produtos/ serviços com maior eficiência e assertividade[33].

O termo inicialmente referia-se a uma penitenciária onde um vigilante, estaria em uma torre ao centro, vigiando todos os prisioneiros que ficavam isolados em celas. O objetivo era um bom comportamento já que possivelmente alguém os vigiava pela torre.

Byung-Chul Han usou o termo sob uma perspectiva tecnológica, nomeando de pan-óptico digital, como uma evolução do pan-óptico disciplinar proposto por Bentham, em 1785. Se antes os prisioneiros ficavam isolados uns dos outros, no pan-óptico digital, os internos virtuais se comunicam intensivamente, por vontade própria assegurados aos princípios de liberdade e de voluntariedade:

> A sociedade digital de controle faz uso intensivo da liberdade. Ela só é possível graças à auto revelação e à autoexposição voluntárias. O grande irmão digital repassa, por assim dizer, seu trabalho aos internos. Assim, a entrega dos dados não acontece por coação, mas a partir de uma necessidade interna. Aí reside a eficiência do pan-ótico digital[34].

O imenso volume de dados que circulam na rede torna a proteção de dados um assunto complexo e desafiador. As redes sociais possuem investimento e inovação tecnológica que as permitem construir *big datas*[35] cada vez mais robustas e eficazes. Uma nova e eficiente tecnologia capaz de exercer o domínio do mercado e garantir uma vantagem perante cidadãos-consumidores.

---

33. O Panóptico não é uma prisão. É um princípio geral de construção, o dispositivo polivalente da vigilância, a máquina óptica universal das concentrações humanas. É bem assim que Bentham o entende: com apenas algumas adaptações de detalhe, a configuração panóptica servirá tanto para prisões quanto para escolas, para as usinas e os asilos, para os hospitais e as *workhouses*. Ela não tem uma destinação única: é a cada dos habitantes involuntários, reticentes ou constrangidos. Esta configuração instaura então uma dissimetria brutal da visibilidade. O espaço fechado é sem profundeza, planificado, oferecido a um olho único, solitário e central. Está banhado de luz. Nada, ninguém, ali se dissimula, senão o próprio olhar, onividente invisível. A vigilância confisca o olhar à sua fruição, apropria-se do poder de ver e a ele submete o recluso (BENTHAM, Jeremy. *O Panóptico*. In: TADEU; Tomaz (org.). Tradução: Guacira Lopes Louro, M. D. Magno, Tomaz Tadeu. 2. ed. Belo Horizonte: Autêntica Editora, 2000. p.77- 78).
34. Han, *op. cit.*, p. 19.
35. As *big datas* podem ser consideradas "ativos de informação de alto volume, alta velocidade e alta variedade que exigem formas inovadoras e econômicas de processamento de informações que permitem maior percepção, tomada de decisão e automação de processos" (GARTNER GLOSSARY. "*Big Data*". [S.d.]. Disponível em: https://www.gartner.com/en/information-technology/glossary/big-data. Acesso em: 15.02.2024).

Sob um discurso do exercício de manifestação livre, pautada na liberdade de expressão, cidadãos-consumidores se conectam, compartilhando mais dados, em uma auto exposição, que faz crescer o fluxo informacional e, consequentemente a captura dos dados pelas redes sociais. Nesse entendimento Buyng Chul Han ressalta que o indivíduo, por si só, age sobre si mesmo de forma que reproduza o contexto de dominação dentro de si e o intérprete como liberdade. Assim, mais informação e mais comunicação significa mais produtividade, aceleração e crescimento[36].

Enquanto empreendedor de si mesmo, em busca por aprovação e uma validação externa, o cidadão-consumidor, sob a égide de liberdade estimulada pelas redes sociais, acredita que é livre para expor suas ideias e relacionar-se sem que seja explorado por outro.

Esse *modus operandi* fomenta uma economia pautada no capitalismo de vigilância, em que dados funcionam como moeda, um ativo econômico como denomina Bruno Bioni, mas que também é utilizada como objeto de troca, de desejo, enfim, de controle social[37].

Fernando Martins, Guilherme Martins e Marco Aurélio Nogueira descrevem essa virada digital na qual a plataformização e datificação refere ao capitalismo de vigilância, por meio da mineração, coleta, armazenamento de dados e controle do comportamento humano, passando da condição humana à condição informática[38].

A mesma *big data* que fornece informações para um setor, pode servir para diversos outros, sendo necessário apenas uma redefinição de parâmetros, tornando assim, fonte essencial para diversos segmentos, como afirma Dennis Verbicaro e Lis Oliveira:

> (...) informações pessoais disponibilizadas, produzidas e distribuídas a todo instante pelos indivíduos usuários das redes se tornaram matéria-prima para novas transações econômicas, visto que a necessidade de determinar as preferências de indivíduos e grupos impulsionou o sistema capitalista, formando-se um novo mercado[39].

---

36. Han, *op. cit.*, p. 20, 44-45.
37. BIONI, Bruno Ricardo. *Proteção de dados pessoais* – a função e os limites do consentimento. 2. ed. Rio de Janeiro: Editora Forense, 2021. p. 42.
38. MARTINS, Fernando Rodrigues, MARTINS, Guilherme Magalhães, NOGUEIRA, Marco Aurélio. Pós-colonialismo digital e justiça descolonial: desidentidade, datificação e alienação. *Revista de Direito do Consumidor*, São Paulo, n.152. p. 177-193. mar./abr. 2024. p. 178. O capitalismo de Vigilância foi nomeado por Shoshana Zuboff como uma força que governa pelo poder instrumentário por meio da sua materialização no grande outro, que, como o antigo tirano, existe fora da humanidade enquanto paradoxalmente assume a forma humana (ZUBOFF, Shoshana. *A era do capitalismo de vigilância*: a luta por um futuro humano na nova fronteira do poder. Tradução: George Schlesinger. Rio de Janeiro: Intrínseca, 2021. p. 578.
39. Verbicaro; Oliveira, *op. cit.*, p. 39.

A velocidade e capacidade de processamento dos dados pela tecnologia digital é infinitamente superior a do sujeito, o que não significa uma análise com assertividade superior à capacidade humana. Tampouco uma escolha livre e condizente com a vontade do cidadão-consumidor.

Shoshana Zuboff remonta ao Google como precursor no capitalismo de vigilância, descrevendo-o como uma prática que reivindica de maneira unilateral a experiência humana como matéria prima gratuita para tradução em dados comportamentais:

> Embora alguns desses dados sejam aplicados para o aprimoramento de produtos e serviços, o restante é declarado como superávit comportamental do proprietário, alimentando avançados processos de fabricação conhecidos como "inteligência de máquina" e manufaturando em produtos de predição que antecipam o que um determinado indivíduo faria agora, daqui a pouco e mais tarde. Por fim, esses produtos de predições são comercializados num novo tipo de mercado para predições comportamentais que chamo de mercados de comportamentos futuros. Os capitalistas de vigilância têm acumulado uma riqueza enorme a partir dessas operações comerciais, uma vez que muitas companhias estão ávidas para apostar no nosso comportamento futuro[40].

Nesse paradigma, Cláudia Lima Marques destaca as práticas comerciais digitais deceptivas, as Dark Pattern, que visam coagir, dirigir ou enganar os consumidores a tomarem decisões não intencionais e potencialmente prejudiciais.

Estas práticas surgem a partir dos dados processados pelas *Big Datas* e são utilizadas pelas redes sociais para influenciar o cidadão-consumidor estando ainda associadas à menor autonomia, redução do bem-estar social e do consumidor em geral, erosão da confiança, aumento da insegurança e tratamento desleal entre os vulneráveis[41].

Byung Chul Han destaca, na mesma esteira de Bauman, que o neoliberalismo transforma o cidadão em consumidor. A liberdade do cidadão cede diante da passividade do consumidor[42].

---

40. "O Google inventou e aperfeiçoou o capitalismo de vigilância praticamente da mesma maneira que um século atrás a General Motors inventou e aperfeiçoou o capitalismo gerencial. O Google foi o pioneiro do capitalismo de vigilância na concepção e na prática, nos recursos inesgotáveis para pesquisa e desenvolvimento, além de pioneiro em experimentação e implementação, porém não é mais o único ator seguindo esse caminho. O capitalismo de vigilância logo se espalhou para o Facebook e depois para a Microsoft. Há provas sugerindo que a Amazon se voltou para essa direção, que é um desafio constante para a Apple, tanto como ameaça externa quanto como fonte de debate e conflito interno na empresa" (Zuboff, *op. cit.*, p. 18-20).
41. MARQUES, Cláudia Lima; MENDES, Laura Schertel; BERGSTEIN, Laís Gomes. *Dark patterns* e padrões comerciais escusos. *Revista de Direito do Consumidor*, São Paulo, n. 145. jan./fev. 2023. p. 296
42. Han, *op. cit.*, p. 20.

Esses padrões de comportamento construídos a partir de uma *big data* direciona produtos/ serviços com mais assertividade, cria desejos e necessidades aos cidadãos-consumidores, gerando assim, uma aceleração do consumo.

Toda essa operacionalização da rede social ao coletar dados para uma *big data* reforça os princípios utilitaristas que Bentham mencionava na construção panóptica: posição central de vigilância, sua invisibilidade e uma instância de onipresença.

Com avanço e aperfeiçoamento do capitalismo de vigilância, o panóptico digital na perspectiva de Byung Chul Han, tem-se um aumento da assimetria informacional, do conhecimento e do poder que dele resultam. Enquanto as redes sociais detêm cada vez mais informações sobre seus usuários, direcionando lhes informações que julga ser adequada a cada usuário, estes pouco sabem como o controle e a captura de dados é feita ou mesmo para que fins é utilizada[43].

Uma vigilância que aumenta o poder, controle e influência das redes sociais sobre cidadãos-consumidores que tem sua autenticidade reduzida na medida que procuram ideais não reais construídos como objeto de desejo pelas redes sociais.

5. CRIAÇÃO DE MASSA PELAS REDES SOCIAIS

O sucesso da influência das redes sociais na sociedade não decorre exclusivamente da vigilância, do controle e do poder obtidos com as robustas *big datas*. Apesar das informações extraídas serem instrumentos de forte interferência, predeterminando comportamentos, interferindo na individualidade e no consentimento livre dos cidadãos-consumidores, há um outro fator utilizado pelas redes sociais que assegura sua eficiência: o poder de massa.

Vislumbrados com a gama de opções e a facilidade de obter tudo em um clique, cidadãos-consumidores deixam caminhos, rastros de suas predileções que ao serem capturados, alimentam as plataformas com dados aleatórios. Ao processá-los, as *Big Techs* articulam novas demandas por meio de desenvolvimento de produtos/ serviços até mesmo por direcionamento publicitário.

Observa-se a tecnologia como um instrumento, um potente artefato humano para obtenção de objetivos específicos como extração de riqueza, poder e controle. Max Fisher retratou a amplificação dos males sociais pelas plataformas mencionando que o Facebook (Meta, atualmente) para obter mais segurança precisaria mudar o algoritmo, mas as pessoas passariam menos tempo no site, clicariam em menos anúncios e, portanto, eles ganhariam menos dinheiro[44].

---

43. Zuboff, *op. cit.*, p. 20.
44. FISHER, MAX. *A máquina do caos*: como as redes sociais reprogramam nossa mente e nosso mundo. Tradução: Érico Assis. São Paulo: Todavia, 2023. p. 444.

Nessa direção, Luca Belli menciona que as tecnologias são possíveis devido à vontade humana para direcioná-las a resultados específicos, financiados por capital ou outras formas de incentivos econômicos. Assim, os usuários da internet não são meros consumidores ou destinatários passivos de informações. Possuem capacidade de acessar, criar e compartilhar qualquer conteúdo, aplicativos e serviços de sua escolha, contribuindo ativamente para evolução de uma rede generativa por meio de sua criatividade[45].

Shoshana Zuboff destacou a lógica imposta pelo Google ao definir a experiência humana como livre para ser apossada, disponível para ser compilada na forma de dados e reivindicada como ativos de vigilância[46].

Cabe destacar que apesar do cidadão-consumidor contribuir para o exponencial avanço das redes sociais, seja pelo uso ou mesmo pelos incentivos econômicos, não retira destes o aspecto de vulnerabilidade perante as *Big Techs*.

As redes sociais têm um aspecto social importante que não pode ser descartado. Existe uma geração que já nasceu imersa a tecnologia, usando-a com todas suas características e facilidades para se comunicar, mas também, para pesquisa e inovações tecnológicas em diversos setores.

A inovação que fomenta o crescimento e desenvolvimento, também remonta uma preocupação com os efeitos colaterais. Como exemplo, cita-se uma pesquisa na qual participantes tiveram que se abster de toda forma de mídia digital por 24 horas. Os efeitos foram percebidos como preocupantes e similares ao estado de abstinência. Os estudantes narraram o ambiente da vida mental e emocional numa sociedade instrumentária com arquiteturas de controle comportamental, pressão social e poder assimétrico[47].

Nessa pesquisa, Zuboff descreve as crianças como prenúncios do preço emocional do ponto de vista do outro, uma vez que os jovens se encontram imersos numa vida de colmeia, na qual o outro, é uma "coisa" para mim e eu experiencio a mim mesmo como a "coisa" que os outros veem, salientando, ainda, que o então Facebook aprendeu a agarrar com força as necessidades psicológicas dos jovens, criando desafios para os processos de desenvolvimento que constroem a identidade individual e autonomia pessoal[48].

---

45. Belli, *op. cit.*, p. 57-69.
46. Zuboff, *op. cit.*, p. 386.
47. "'Eu me sentia tão só... Não conseguia dormir bem sem compartilhar ou me conectar com outros', recorda uma garota chinesa. 'Um vazio', lamentava um rapaz argentino. 'Uma sensação de vazio me esmaga'. Uma adolescente de Uganda murmurava: 'Sinto como se houvesse algo de errado comigo' e um universitário norte-americano choramingava: 'Entrei num pânico absoluto'. Essas são apenas algumas das lamentações retiradas de um estudo internacional sobre o uso das mídias sociais com mil estudantes abrangendo dez países e cinco continentes" (Zuboff, *op. cit.*, p. 502).
48. *Idem*, p. 503.

Byung-Chul Han, na mesma linha, descreve que sentimentos e emoções também são vendidos e consumidos no capitalismo de consumo. Um capitalismo da emoção que faz uso da liberdade, a subjetividade livre. Ou seja, é por meio das emoções que se atinge as pessoas, um controle psicopolítico do indivíduo[49].

Como salientado, além da vigilância, controle e exploração do capital humano para obtenção de riqueza, o poder de massa é utilizado pelas redes sociais como um mecanismo para assegurar sua influência.

Para Freud, o indivíduo em um grupo é colocado sob condições que lhe permitem arrojar de si as repressões de seus impulsos instituais inconscientes. Ou seja, o sentimento e todo ato são contagiosos, e contagiosos em tal grau que o indivíduo prontamente sacrifica seu interesse pessoal ao interesse coletivo. Um laço que advém da identificação[50].

Em grupo, o indivíduo, pode alterar seu comportamento, ter suas emoções intensificadas e elevadas de forma que o favoreça a transpor limites de sua individualidade, reduzindo sua capacidade intelectual[51].

Assim, o poder das massas favorece o desaparecimento do sujeito, agrava a vulnerabilidade, que é potencializada pela influência, alcance e velocidade das redes sociais.

O condicionamento em escala é essencial para a nova ciência do comportamento humano. A medida que sinais digitais monitoram e rastreiam as atividades diárias da pessoa, a companhia vai dominando aos poucos os esquemas de reforços – recompensas, reconhecimento ou elogio que podem provocar bastante sucesso ou comportamentos específicos do usuário que a companhia seleciona para dominar[52].

Embora exista uma auto exposição, um uso lúdico das redes sociais pelos cidadãos-consumidores, há uma força oposta operada algoritmicamente pelas *Big Techs* por meio das "bolhas digitais", que selecionam e direcionam conteúdos, retroalimentando o sistema de busca para obtenção de resultados mais eficientes. Mecanismo que circunscreve, delimita, atuando como espelho que reflete o próprio sujeito e suas preferências.

Deixar de seguir o outro que é divergente nas redes sociais, gastar mais tempo acompanhando semelhantes que tenham consonância de ideias são alguns exemplos de ações que traduzem o poder de massa, que não só seduz, como

---

49. Han, *op. cit.*, p. 67-72.
50. FREUD, Sigmund. Psicologia de grupo e a análise do ego, 1921. *Além do princípio de prazer*. Rio de Janeiro: Imago, 1996. p.85.
51. *Idem*, p. 87-88.
52. Zuboff, *op. cit.*, p. 340.

agrava a vulnerabilidade do indivíduo ao limitá-lo e condicioná-lo por meio das informações.

Sob discurso ilusório de liberdade, velocidade e integração, as redes sociais objetificam o sujeito, moldando comportamentos.

Zuboff explicita a pressão social, perigosa pela produção de obediência e conformidade, como meio de extinguir as influências imprevistas de pensamento e juízo moral autônomos. É esforço das redes sociais, capitalistas de vigilância, para moldar o comportamento ao mesmo tempo que tentam escapar da consciência do indivíduo[53].

Tão relevante quanto conhecer e regular o poder das redes sociais no mercado é reconhecer e regular a influência que estas exercem na sociedade.

6. ENLAÇAMENTO DA LIBERDADE DE EXPRESSÃO E DAS *BIG TECHS* PELA REGULAÇÃO

A crescente utilização das redes sociais tornam cada vez mais latentes as discussões sobre a aplicabilidade e efetividade do MCI com a mitigação da vulnerabilidade, assimetria informacional e emprego dos princípios constitucionais no ambiente digital.

Os cidadãos utilizam as redes sociais como instrumento tecnológico para manifestação livre, mas para isso, deve se sujeitar às regras privadas que funcionam mais como um contrato de adesão, representando, assim, uma dualidade entre liberdade e um condicionamento privado.

Ao mesmo tempo que deseja exercer uma manifestação livre, o cidadão deve aderir a termos de consentimento privados no qual a não concordância implica na impossibilidade de utilizar a plataforma.

Cidadãos estão sujeitos a regras que pouco conhecem e que nada podem alterar. Desconhecem a arquitetura de controle e o poder que as redes sociais engendram e que lhe causam sofrimento e dependência e, paradoxalmente, participam ativamente das trocas e relações que fomentam afetos, desejos e criam expectativas.

Nessa ótica, a rede social atua como guardião de portão (*Gatekeeper*) em que só se entra após concordar e se sujeitar às regras privadas, que encobrem perfil de controle, poder, influência e de completa isenção, na qual atribui exclusivamente ao

---

53. "É por isso que o Google esconde as operações que nos transformam em objetos de sua busca e o Facebook nos distrai do fato de que nossas tão adoradas conexões são essenciais para o lucro e poder que fluem da ubiquidade da rede e de seu conhecimento totalista" (Zuboff, *op. cit.*, p. 501).

próprio cidadão-consumidor pelos seus fracassos e decepções que não restringem apenas ao ambiente digital, atinge também o real. Nessa ótica destaca Max Fisher:

> A tecnologia das redes sociais exerce uma força de atração tão poderosa na nossa psicologia e na nossa identidade, e é tão predominante na nossa vida, que transforma o jeito como pensamos, como nos comportamos e como nos relacionamos uns com os outros. O efeito, multiplicado por bilhões de usuários, tem sido a transformação da própria sociedade[54].

Paralelo ao desejo de liberdade dos cidadãos, tem-se as *Big Techs* com todo aparato tecnológico e recurso econômico que fomentam as relações e as inovações tecnológicas que reverberam em diversos setores econômicos, sociais e até políticos.

Não há como responsabilizá-las integralmente pela fragilidade psíquica individual dos cidadãos-consumidores e que agem contrários aos próprios interesses, nem tampouco pela polarização que arrasa o bem-estar e a realidade em comum[55].

Existe um poder e controle exercido por meio das *big datas* que influencia e causa dependência.

A auto exploração do cidadão-consumidor como capital humano, objetificando-o em dados para economia informacional fomenta uma produção acelerada de consumo, uma busca incessante por satisfação que explora essa fragilidade e maximiza os lucros.

Dentro do contexto de liberdade e auto exploração, as redes sociais conectam milhões de cidadãos a uma vertiginosa velocidade e complexidade, ampliando as experiências, necessidades e, consequentemente, a vigilância e controle dos dados, mas sobretudo a vulnerabilidade e dependência dos cidadãos pelas redes.

Toda essa operacionalidade não é desconhecida pelo Poder Estatal. Os arts. 26 e 27 do MCI determinam a capacitação, o uso consciente e responsável da internet como ferramenta para o exercício da cidadania, promoção da cultura e desenvolvimento tecnológico, bem como promoção de iniciativas públicas de fomento à cultura digital e promoção da internet como ferramenta social.

Apesar de o Brasil ser um dos países com maior acesso às redes sociais são muitos os contrastes sociais e econômicos e o reconhecimento de toda arquitetura de influência e manipulação das redes sociais se tornam uma tarefa árdua, complexa e distante de ser alcançada.

O Marco Civil da Internet, ao mesmo tempo que deseja resguardar a liberdade de expressão de forma que não ocorra a censura, lida com o desafio da não responsabilização do conteúdo vinculado e disseminado pelas plataformas.

---

54. Fisher, *op. cit.*, p. 21.
55. *Idem.*

Responsabilizar integral e exclusivamente o terceiro pelo conteúdo é retirar toda e qualquer responsabilidade das redes sociais pela coleta, processamento, armazenamento, mas sobretudo pelo direcionamento de conteúdos, poder, controle e influência por meio de identificação.

Na ausência de efetiva aplicabilidade da regulação estatal, as redes acabam operando esse papel, exercendo uma autorregularão privada que é insuficiente para assegurar os direitos fundamentais estabelecidos no Marco Civil e ainda provocam graves efeitos nos aspectos sociais e psíquicos dos cidadãos.

Nessa ótica, faz-se necessário recordar frase atribuída a Henri Dominique Lacordaire "Entre os fortes e fracos, entre ricos e pobres, entre senhor e servo é a liberdade que oprime e a lei que liberta".

A liberdade que cidadãos-consumidores detêm de nada vale se esta os oprime. Uma liberdade que não os permitem exercer uma manifestação livre, pois é cerceada pela manipulação algorítmica engendrada pelas redes sociais por meio das bolhas digitais.

Uma pseudoliberdade que é vigiada, capturada e controlada por meio de *big datas* que retroalimenta o sistema. Essa influência que as redes sociais exercem pela identificação, provocando o efeito de massa que reforça o poder e controle que possuem sobre os cidadãos consumidores.

Assim, acentuar o necessário enlaçamento da liberdade de expressão com as *Big Techs* por meio da regulação é se dirigir para efetiva regulamentação estatal que vise mitigar a vulnerabilidade, em busca de um equilíbrio entre o exercício da liberdade que não oprima e massifique o cidadão, ao mesmo tempo que garanta a aplicabilidade do Marco Civil ao conter o poder e controle das redes sociais.

7. CONSIDERAÇÕES FINAIS

Ao comemorar dez anos de vigência o Marco Civil da Internet volta a ser o centro de discussões especialmente quanto à responsabilização das plataformas no Brasil, mas poucos são os debates sobre sua aplicabilidade e real efetividade.

Ante todo poder e controle que as redes sociais exercem, o MCI não trata com a devida cautela e preocupação os possíveis impactos sociais e psicológicos que decorrem do uso da internet.

Esse poder e controle são cada vez maiores justamente pela influência psíquica que exercem no cidadão por meio da identificação, potencializados pela escalabilidade das redes.

Mesmo dispondo de princípios, fundamentos e garantias, bem como destinando todo um capítulo à atuação do Poder Público, não se percebe na prática uma atuação estatal que vise mitigar a vulnerabilidade do cidadão-consumidor nem tampouco resguardar a liberdade de expressão.

A influência das redes sociais na sociedade é cada dia maior, tornando-se imperiosa o estabelecimento de formas para garantir maior atuação do Poder Público.

Faz-se necessário, porém, reconhecer e comemorar os avanços que o Marco Civil da Internet trouxe, mas deve-se também encarar as fragilidades e as mudanças que precisam ser feitas, sobretudo os impactos sociais e psíquicos aos cidadãos-consumidores que são a matéria prima que garantem a efetividade da arquitetura de influência das redes sociais, de forma a assegurar uma efetiva aplicabilidade do marco regulatório.

REFERÊNCIAS

BELLI, Luca. Fundamentos da regulação da tecnologia digital: entender como a tecnologia digital regula para conseguir regulá-la. In: PINHEIRO, Armando Castelar; PORTO, Antônio José Maristrello; SAMPAIO, Patrícia Regina Pinheiro (coords.). *Regulação e novas tecnologias*. Rio de Janeiro: FGV Editora, 2022.

BENTHAM, Jeremy. *O Panóptico*. In: TADEU; Tomaz (org.) Tadeu. Tradução: Guacira Lopes Louro, M. D. Magno, Tomaz Tadeu. 2. ed. Belo Horizonte: Autêntica Editora, 2000.

BICKERT, Monika; GLEICHER. Nathaniel; PARKER, Sean. *A máquina do caos: como as redes sociais reprogramam nossa mente e nosso mundo*. Entrevista concedida a Max Fisher. Tradução: Érico Assis. São Paulo: Todavia, 2023.

BIONI, Bruno Ricardo. *Proteção de dados pessoais* – a função e os limites do consentimento. 2. ed. Rio de Janeiro: Editora Forense, 2021.

BRANT, Cássio Augusto Barros. *Marco Civil da Internet* – Comentários sobre a Lei 12.965/2014. Belo Horizonte: Editora D'Plácido, 2014.

BRASIL. Lei nº 12.965, de 23 de abril de 2014 (Marco Civil da Internet). Estabelece princípios, garantias, direitos e deveres para o uso da Internet no Brasil. *Diário oficial [da] República do Brasil*, Casa Civil, Brasília, DF, 23 abr. 2014. Disponível em: https://www.planalto.gov.br/ccivil_03/_ato2011-2014/2014/lei/l12965.htm. Acesso em: 05.04.2024.

CASTELLS, Manuel. *A sociedade em rede*. 8. ed. São Paulo: Paz e Terra, 2005.

CONSELHO ADMINISTRATIVO DE DEFESA ECONÔMICA (CADE), *Caderno do Cade* – Mercados de Plataformas Digitais, Brasília, DF, ago. 2023. Disponível em: https://cdn.cade.gov.br/Portal/centrais-de-conteudo/publicacoes/estudos-economicos/cadernos-do-cade/Caderno_Plataformas-Digitais_Atualizado_29.08.pdf. Acesso em: 27.04.2024.

CORTE INTERAMERICANA DE DIREITOS HUMANOS – Corte IDHIDH. Jurisprudência da Corte Interamericana de Direitos Humanos: Direito à Liberdade de Expressão, Brasília, 2014. Disponível em: https://www.corteidh.or.cr/sitios/libros/todos/docs/por4.pdf. Acesso em: 05.04.2024.

EUROPEAN COMMISSION – EC. Case no COMP/M.7217 -- Facebook/WhatsApp. Disponível em: https://ec.europa.eu/competition/mergers/cases/decisions/m7217_20141003_20310_3962132_EN.pdf. Acesso em: 08.04.2024.

EUROPEAN COMMISSION – EC. Comitê Europeu dos Serviços Digitais. Disponível em: https://digital-strategy.ec.europa.eu/pt/policies/dsa-board Acesso em: 07.04.2024

EUROPEAN COMMISSION – EC. Regulamento dos Serviços Digitais. Disponível em: https://commission.europa.eu/strategy-and-policy/priorities-2019-2024/europe-fit-digital-age/digital-services-act_pt. Acesso em: 20.03.2024.

EUROPEAN COMMISSION – EC. Regulamento Mercados Digitais: garantir mercados digitais equitativos e abertos. Disponível em: https://commission.europa.eu/strategy-and-policy/priorities-2019-2024/europe-fit-digital-age/digital-markets-act-ensuring-fair-and-open-digital-markets_pt. Acesso em: 20.3.2024.

EUROPEAN COMMISSION. Uma Europa preparada para a era digital. Capacitar as pessoas graças a uma nova geração de tecnologias. Disponível em: https://commission.europa.eu/strategy-and-policy/priorities-2019-2024/europe-fit-digital-age_pt. Acesso em: 05.04.2024.

FISHER, MAX. *A máquina do caos*: como as redes sociais reprogramam nossa mente e nosso mundo. Tradução: Érico Assis. São Paulo: Todavia, 2023.

FORGIONI, Paula A. *Os fundamentos do antitruste*. São Paulo: Thomson Reuters Brasil, 2022.

FREUD, Sigmund. Psicologia de grupo e a análise do ego, 1921. *Além do princípio de prazer*. Rio de Janeiro: Imago, 1996. p. 77-154. (Edição standard brasileira das obras psicológicas completas de Sigmund Freud, 18).

IT GARTNER GLOSSARY. "*Big Data*". [S.d.]. Disponível em: https://www.gartner.com/en/information-technology/glossary/big-data. Acesso em: 15.02.2024.

HAN, Byung-Chul. *Psicopolítica* – O neoliberalismo e as novas técnicas de poder. Belo Horizonte: Editora Âyiné, 2023.

Jornal Oficial da União Europeia, Regulamento (UE) 2022/1925 do Parlamento Europeu e do Conselho Europeu e do Conselho, de 14 de setembro de 2022. Disponível em: https://eur-lex.europa.eu/legal-content/PT/TXT/PDF/?uri=CELEX:32022R1925. Acesso em: 07.04.2024.

MARQUES, Cláudia Lima; MENDES, Laura Schertel; BERGSTEIN, Laís Gomes. *Dark patterns* e padrões comerciais escusos. *Revista de Direito do Consumidor*, São Paulo, n. 145. p. 295-316. jan./fev. 2023.

MARQUES, Claudia Lima;, MUCELIN, Guilherme. *Vulnerabilidade na era digital*: um estudo sobre os fatores de vulnerabilidade da pessoa natural nas plataformas, a partir da dogmática do Direito do consumidor. Disponível em: https://civilistica.emnuvens.com.br/redc/article/view/872. Acesso em: 08.04.2024.

MARTINS, Fernando Rodrigues; MARTINS, Guilherme Magalhães; NOGUEIRA, Marco Aurélio. Pós- colonialismo digital e justiça descolonial: desidentidade, datificação e alienação. *Revista de Direito do Consumidor*, São Paulo, n. 152, p. 177-193. mar./abr. 2024.

ORGANIZAÇÃO DOS ESTADOS AMERICANOS – OEA. Declaração conjunta sobre liberdade de expressão e internet. Disponível em: https://www.oas.org/pt/cidh/expressao/showarticle.asp?artID=849&lID=4. Acesso em: 05.04.2024.

ORGANIZAÇÃO DOS ESTADOS AMERICANOS – OEA. Declaração de princípios sobre liberdade de expressão. Disponível em: https://www.oas.org/pt/cidh/expressao/showarticle.asp?artID=26&lID=4. Acesso em: 05.04.2024.

SCHMIDT, Cristiane Alkmin Junqueira. *Big Techs*, antitruste e o PL 2768. *Valor Econômico*, 06 fev. 2024. Disponível em: https://valor.globo.com/opiniao/coluna/big-techs-antitruste-e-o-pl-2768.ghtml. Acesso em: 17.04.2024.

VERBICARO, Dennis; OLIVEIRA, Lis Arrais. A vulnerabilidade algorítmica do consumidor: a extração e o compartilhamento indevidos de dados pessoais nas relações de consumo digitais. In: EHRHARDT JÚNIOR, Marcos; CATALAN, Marcos; MALHEIROS, Pablo (coords.). *Direito do consumidor e novas tecnologias*. Belo Horizonte: Editora Fórum, 2021.

VERBICARO; Dennis; *Direitos fundamentais, autodeterminação informativa e dados pessoais*. 1º Curso de Comércio Eletrônico, realizado no dia 03.05.2023 pelo Brasilcon. Disponível em: https://www.sympla.com.br/evento-online/i-curso-de-extensao-em-comercio-eletronico-brasilcon/1908631 . Acesso em: 03.05.2023.

ZUBOFF, Shoshana. *A era do capitalismo de vigilância*: a luta por um futuro humano na nova fronteira do poder. (Tradução: George Schlesinger). Rio de Janeiro: Intrínseca, 2021.

DESAFIOS NA REGULAMENTAÇÃO DE ALGORITMOS SOB O MARCO CIVIL DA INTERNET

Dennis Verbicaro[1]

Hugo José de Oliveira Agrassar[2]

Sumário: Introdução – 1. O estado regulamentador – 2. O capitalismo de vigilância e os algoritmos – 3. O desafio regulatório algorítmico no Marco Civil da Internet – Conclusão – Referências.

INTRODUÇÃO

A lei que dispõe sobre o Marco Civil da Internet foi promulgada em 23 de abril de 2014 sob o número 12.965, estabelecendo princípios, garantias, direitos e deveres para o uso da Internet no Brasil e no ano de 2024 completa dez anos de aplicação no país. Seu projeto de lei teve participação direta da sociedade pelos meios tecnológicos. Ou seja, a população poderia comentar e sugerir artigos da lei por meio de blogs e fóruns da internet.

Durante esses dez anos, muitas críticas foram feitas à sua aplicação, principalmente no que concerne à proteção da privacidade e dos dados pessoais dos usuários da rede mundial de computadores, uma vez que essa rede é um ambiente em que as lesões aos direitos tendem a se multiplicar ainda mais gravemente do que no contexto fora da internet, partindo do pressuposto que ela não é terra sem lei e sem sanções, objetivando tornar-se um lugar mais seguro e democrático.

Nesse ínterim, surgiram os chamados algoritmos que vem a ser um conjunto finito de instruções bem definidas e não ambíguas, que descrevem uma sequência

---

1. Pós-Doutor (Visiting Scholar) pela Universidad Complutense de Madrid-UCM e pela Universidad de Salamanca-USAL. Doutor em Direito do Consumidor pela Universidad de Salamanca-USAL. Mestre em Direito do Consumidor pela Universidade Federal do Pará-UFPA. Professor da Graduação e dos Programas de Pós-Graduação (Mestrado e Doutorado) da Universidade Federal do Pará – UFPA e do Centro Universitário do Pará-CESUPA. Diretor do Brasilcon. É Procurador do Estado do Pará e advogado. E-mail: dennisverbicaro@bol.com.br.
2. Doutorando em Direito pela UFPA. Mestre em Direito, Políticas Públicas e Desenvolvimento Regional pelo Centro Universitário do Pará – Cesupa. Especialista em Direito Público pela Universidade do Sul de Santa Catarina. Bacharel em Direito pela Universidade da Amazônia. Membro do Grupo de Pesquisa Consumo e Cidadania. Analista judiciário (área judiciária) do Tribunal Regional Federal da 1ª Região. E-mail: hugoagrassar@gmail.com.

de passos a serem seguidos para resolver um problema ou executar uma tarefa específica, sendo essenciais para o desenvolvimento de software e para a resolução de problemas computacionais.

Algoritmos e proteção de dados do consumidor passaram a ter íntima relação, especialmente no contexto das relações de consumo por serem ferramentas poderosas usadas pelas empresas para personalizar o consumo dos clientes, mas é crucial garantir que seu uso respeite a proteção dos dados pessoais, exigindo-se transparência e limitando-se o uso de informações desnecessárias para o funcionamento dos algoritmos. A relação entre algoritmos e proteção de dados do consumidor destaca a importância de equilibrar a eficiência das tecnologias com a segurança e privacidade dos dados dos usuários.

Por essa razão, o presente estudo terá como objetivo analisar os desafios da regulamentação dos algoritmos. sob o Marco Civil da Internet no ano em que esse instrumento normativo completa uma década de vigência.

Para tanto, o presente trabalho será dividido da seguinte forma: no desenvolvimento será feita uma análise do estado regulamentador para entendermos as bases para a regulação algorítmica, na segunda seção será feito um estudo breve sobre os algoritmos e o capitalismo de vigilância e, por fim, será apresentada uma análise dos efetivos desafios na regulamentação dos algoritmos sob o Marco Civil da Internet, baseando-se no necessário e urgente diálogo dessa lei com o Código de Defesa do Consumidor e a atuação regulatória da Autoridade Nacional de Proteção de Dados (ANPD).

O método utilizado é o dedutivo, chegando-se a conclusão que o Marco Civil da Internet, por não ter dialogado com o Código de Defesa do Consumidor, não alcançou seu principal objetivo que era o de proteger a parte mais vulnerável nas relações de consumo digitais, sendo necessária a efetiva atuação do agente regulador (ANPD). Começaremos, então, por uma breve análise do estado regulamentador.

1. O ESTADO REGULAMENTADOR

A restrição à interferência estatal na vida privada dos cidadãos, como resultado da consagração dos direitos nas cartas constitucionais, determinou à lei regulamentar direitos de liberdade e propriedade, sendo que tal restrição é denominada de limitação administrativa sobre a propriedade, prevista no código civil e de liberdade prevista nas normas de direito administrativo.

O Estado Social de Direito optou por aceitar o custo de limitação das liberdades individuais em prol do coletivo, conforme se pode observar nos ditames constitucionais de defesa do consumidor, do meio ambiente e do patrimônio cultural, incrementando, a partir da constituição, a gestão da coisa pública harmonizando os direitos individuais em conflito, impondo políticas públicas a serem implementadas de forma coletiva, com vistas a reduzir as desigualdades, proteger o consumidor, o meio ambiente e o patrimônio cultural e histórico, avançando do campo micro para o macrojurídico, apesar das dificuldades de encontrar a referida harmonia entre a liberdade da iniciativa privada e a defesa do consumidor, por exemplo.

A partir de 1980, ocorre no mundo um movimento de retorno à desigualdade, tendo em vista o acelerado aumento da parcela dos 10% detentores de rendas mais elevadas na renda total, e uma baixa significativa por parte dos 50% mais pobres, observando-se, ainda, um contexto de crescente desregulamentação do sistema financeiro com o consequente aumento do endividamento das famílias mais pobres e a fragilização do sistema bancário que levou à crise econômica mundial de 2008[3].

Nesse contexto, o sistema calcado na propriedade privada das empresas e na onipotência dos acionistas foi um dos principais causadores da impossibilidade de ser alcançada a necessária redução da desigualdade e o principal meio para a efetiva defesa e proteção do consumidor passou a ser a limitação do livre mercado, conforme leciona Oliveira:

> Isso porque, além de reconhecer o direito dos consumidores (art. 5.º da Constituição, que tem as pessoas humanas como destinatárias claras desse novo direito), também inseriu a defesa do consumidor como limitadora do livre exercício da atividade econômica (em seu art. 170, e que tem os agentes econômicos como destinatários claros da norma).[4]

Nesse contexto, surgiu o viés, até o presente momento, mais feroz e desigual do sistema capitalista, qual seja, o neoliberalismo, ainda baseado nas noções de colonização (imposição dos dominantes, metrópole, aos dominados, colônias), que prega justamente o contrário dos ideais dos primórdios da social-democracia, aumentando a desigualdade, desregulamentando o sistema financeiro e outros serviços públicos entregues à iniciativa privada.

O neoliberalismo pode ser mais bem explicado por Dardot e Laval, enquanto sistema que surgiu com a crise da social-democracia, opondo-se a qualquer ação estatal que cause algum entrave à concorrência entre os interesses dos entes privados, fazendo com que esta concorrência passasse a ser o princípio central da vida

---

3. A Crise financeira internacional de 2007/2008 foi uma conjuntura econômica global, precipitada pela falência do tradicional banco de investimento estadunidense Lehman Brothers, fundado em 1850. Em efeito "dominó", outras grandes instituições financeiras quebraram, no episódio também conhecido como crise dos *subprimes*.
4. OLIVEIRA, Amanda Flávio de. Desenvolvimento econômico, capitalismo e Direito do Consumidor no Brasil: afastando o argumento de Paternalismo Jurídico. *Revista de Direito do Consumidor*, São Paulo, ano 25, v. 108, nov./dez. 2016. p. 258.

social e individual.[5] O neoliberalismo nas palavras de Bonavides, é, na verdade, uma nova espécie de golpe desestabilizador das estruturas da organização nacional:

> A nova modalidade de golpe, aplicado pelo neoliberalismo e pela globalização, desferido paulatinamente por governantes comprometidos com a nova ideologia, transcorre sem que a sociedade se capacite de sua preparação e aplicação, ou perceba, de imediato, a profundeza e a gravidade de seus efeitos desestabilizadores e subversivos. Ele abala todos os fundamentos sobre os quais assenta a organização nacional.[6]

Para isso, surge a noção de estado regulador ou ordenador, como consequência da crise do capitalismo liberal (crise essa decorrente do processo de concentração do capital de fins do século XIX, do crescimento do poder dos sindicatos dos trabalhadores e do crescimento do próprio estado) e da crise do estado do bem-estar social, equilibrando as atribuições estatais de regulação do setor privado com a de emprego do poder de polícia ou de autoridade, conforme as palavras de Sundfeld:

> Portanto, administração ordenadora é a projeção de conceito jurídico multidisciplinar, envolvendo o direito constitucional, o direito processual e o direito administrativo. A ideia de administração ordenadora resulta da necessidade de o jurista conhecer casuisticamente as atividades governamentais e mostrar como, em relação a cada uma delas, devem incidir os princípios gerais do direito administrativo.[7]

Nesse sentido, a administração reguladora ou ordenadora ou regulamentadora é um exercício da função administrativa voltado para organizar a vida privada de forma genérica com o uso do poder por parte da autoridade, o chamado poder de polícia, ou seja, a regulação somente faz sentido na medida em que o legislador determinar esse papel à Administração Pública em relação à regulamentação da vida privada.

Observe-se, assim, que é o princípio da legalidade, previsto na Constituição da República Federativa do Brasil de 1988 (CRFB/1988), que pode definir e limitar o exercício de direitos individuais em prol do coletivo, uma vez que a Administração Pública não pode contrariar a finalidade da lei ou dos princípios que a regem, tampouco pode agir quando a lei (ou princípio) não autorizar expressamente nem criar vedações aos indivíduos que não estejam previamente previstas em lei.

Outro ponto relevante no estado ordenador é que a necessidade de regulamentar determinada atividade surge nas situações em que cabe a discriciona-

---

5. DARDOT, Pierre; LAVAL, Christian. *A nova razão do mundo*: ensaio sobre a sociedade neoliberal. São Paulo: Boitempo, 2016. p. 66-67.
6. BONAVIDES, Paulo. *Teoria constitucional da democracia participativa*. São Paulo: Malheiros, 2001. p. 77.
7. SUNDFELD, Carlos Ari. A Administração Pública na era do direito global. In: SUNDFELD, Carlos Ari; VIEIRA, Oscar Vilhena (coord.). *Direito global*. São Paulo: Malheiros, 1999. p. 18.

riedade administrativa em relação ao cumprimento ou não das determinações legais, decorrente da delegação de poder, surge pela impossibilidade de o Poder Legislativo acompanhar a rapidez das mudanças sociais, cabendo ao Poder Executivo regulamentar de forma inovadora na ordem jurídica, introduzindo algo que a lei não poderia prever de modo conclusivo no momento de sua promulgação.

Um alerta importante é o de que, mesmo com esse poder discricionário, a Administração Pública não pode transferir ao particular a titularidade do interesse público, mas apenas, de forma temporária, o exercício de algumas das competências para a implementação desse mesmo interesse público, não havendo uma fórmula pronta e acabada para decidir quais serviços públicos podem ser entregues para a exploração pela iniciativa privada, cabendo ao Estado, aplicando os ditames da CRFB/1988, tomar tal decisão, conforme as palavras de Grau:

> Ainda mais, é necessário compreendermos que inexiste uma única fórmula acabada, genérica, a pautar qualquer política de privatização de empresas estatais. Há, por certo, empresas estatais prestadoras de serviços públicos que *podem* e até *devem* ser privatizadas, passando a ocupar a situação de concessionárias de serviços públicos; de outra parte, há empresas estatais que empreendem atividade própria do setor privado que *podem* e empresas estatais que empreendem atividade própria do setor privado que *não devem* ser privatizadas. (...) Caberá no máximo a proposição de que a privatização e a reprivatização da exploração de determinada atividade econômica obedeçam aos princípios definidos no art. 37 da Constituição e de que, no caso da privatização, o Estado, preferencialmente, mantenha o controle do capital votante da sociedade, transferindo, mediante acordo de acionistas, a sua administração ao setor privado.[8]

Um conceito relevante no estado ordenador é o de condicionamentos administrativos que vêm a ser situações subjetivas passivas, impostas pela lei e controladas pela Administração Pública aos titulares de direitos, para definir seu campo de legítimo exercício, traduzidas em deveres de não fazer, fazer ou suportar, cujo objetivo é proteger o interesse público frente aos interesses privados, compatibilizando as liberdades públicas com os interesses coletivos, não bastando que o indivíduo não atrapalhe os rumos do interesse coletivo, mas que haja, quando possível, ajudando no cumprimento de sua função social.

Na sociedade pós-moderna o ideal que se busca é o de respeito máximo às liberdades dos indivíduos sem violar o interesse público. Os chamados condicionamentos administrativos, entretanto, são constrangimentos a essa liberdade que somente podem ser aplicados pela inevitável necessidade de o interesse público ser protegido, baseando-se no princípio da mínima intervenção pública na seara privada.

Acresça-se a isso a necessidade de observância dos princípios da racionalidade (os condicionamentos aceitos devem ser conectados à finalidade lógica do

---

8. GRAU, Eros Roberto. *A ordem econômica na Constituição de 1988*. São Paulo: Malheiros, 2010. p. 293.

interesse público) e da razoabilidade (os condicionamentos devem incorporar valores éticos ao seu universo jurídico, evitando-se escolhas fora dos padrões legais e os excessos), por meio dos quais se exige a adequação, a necessidade e a proporcionalidade em sentido estrito da atividade reguladora ou ordenadora.

Se a lei já delimitar expressamente tais condicionamentos, não haverá espaço para escolhas discricionárias por parte da Administração Pública. Por outro lado, se a lei apenas autorizar determinado condicionamento, este só atingirá seu objetivo a partir da atuação administrativa, seja fiscalizando determinada atividade privada, seja reprimindo infrações administrativas, por meio de procedimentos administrativos oportunizando manifestação prévia dos interessados.

Para justificar a regulação, faz-se necessário que os supramencionados condicionamentos administrativos não se convertam em verdadeiros sacrifícios de direitos, pois tais sacrifícios violam o interesse público por excederem os padrões de normalidade habitualmente aceitos. A imposição de sacrifícios de direitos dos administrados pode gerar demandas judiciais para o pagamento de indenizações prévias e até mesmo rechaçar a lesão causada ilicitamente.

O ideal ou o normal é, portanto, que os interesses públicos sejam atendidos preservando os interesses privados em jogo. Contudo, não havendo tal possibilidade, somente motivos específicos interpretados no caso concreto e retirados abstratamente da lei genérica é que permitem a subtração do interesse privado perante o público, observando-se, ainda, que a responsabilidade dos poderes públicos não desaparece no estado regulador, porém assume um alcance diferente, conforme as palavras de Moreira e Maçãs:

> (...) não se trata de dirigir e de programar as finalidades a alcançar, mas definir as regras da correcta concorrência entre as forças econômicas, proteger os consumidores, os depositantes, e os accionistas, ou seja, regular o funcionamento do mercado. O que está em causa não é, por conseguinte, o retorno do Estado abstencionista do século passado, mas a emergência de um novo tipo de Estado: o estado regulador.[9]

É importante destacar o papel das agências reguladoras dentro do Estado ordenador, que é fiscalizar, controlar e regular diversas áreas, garantindo o bom funcionamento e a qualidade dos serviços prestados. Essas entidades desempenham funções como pesquisa, levantamento de dados, fiscalização, controle, penalização de instituições reguladas, regulação e parametrização da área regulada, combate à monopolização de mercado, defesa do consumidor e gestão de contrato.

No Brasil, as agências reguladoras, possuem autonomia funcional, decisória, administrativa e financeira, não sendo subordinadas hierarquicamente a outros

---

9. MOREIRA, Vital; MAÇÃS, Fernanda. *Autoridades reguladoras independentes*. Coimbra: Coimbra Editores, 2003. p. 54.

órgãos. Essas entidades desempenham um papel crucial na garantia da eficiência e transparência na prestação de serviços públicos e na regulação de atividades econômicas no país, apesar das deficiências conceituais que interferem em seu funcionamento, como a falta de garantia da inclusão de serviços como utilidade pública, a politização excessiva que compromete sua qualidade, a proposta de mudanças que enfraquecem sua autonomia e a transferência de decisões regulatórias para conselhos externos. Além disso, a baixa qualidade dos serviços prestados, a falta de interligação eficaz com órgãos de defesa do consumidor e a incapacidade de garantir a qualidade na prestação de serviços são críticas frequentes. Essas questões destacam desafios significativos enfrentados pelas agências reguladoras, impactando sua eficácia na regulação de setores estratégicos e na defesa dos interesses dos cidadãos.

Nesse sentido, é possível notar que o Marco Civil da Internet estabelece aspectos regulatórios importantes para garantir a proteção dos direitos dos usuários e a segurança no ambiente online.

Alguns pontos regulatórios destacados pela lei incluem os princípios fundamentais (o Marco Civil da Internet prevê princípios que regulam o uso da internet no Brasil, como a proteção da privacidade e dos dados pessoais dos usuários), a inviolabilidade e sigilo das comunicações (a lei assegura a inviolabilidade e sigilo do fluxo de comunicações e das comunicações privadas armazenadas, salvo por ordem judicial), a proteção aos registros e dados pessoais (o Marco Civil da Internet estabelece a proteção aos registros, dados pessoais e comunicações privadas, permitindo o fornecimento desses dados somente mediante ordem judicial), o não fornecimento a terceiros de dados pessoais (a lei proíbe o fornecimento a terceiros de dados pessoais, incluindo registros de conexão e acesso a aplicações de internet, sem consentimento livre, expresso e informado ou nas hipóteses previstas na lei).

Tais aspectos regulatórios do Marco Civil da Internet visam garantir a segurança, privacidade e transparência no uso da internet, protegendo os direitos dos usuários e estabelecendo diretrizes claras para o ambiente digital. Contudo, tal aspecto regulatório do Marco Civil precisa ser analisado a partir da noção de capitalismo de vigilância e de algoritmos nas relações de consumo, para entendermos os verdadeiros desafios a serem enfrentados por essa lei, o que será feito na próxima seção.

2. O CAPITALISMO DE VIGILÂNCIA E OS ALGORITMOS

O capitalismo de vigilância vem a ser uma vertente do neoliberalismo que toma para si de modo unilateral as experiências humanas e faz delas matéria-prima gratuita para a tradução em dados comportamentais, gerando uma nova espécie de poder instrumentário objetivando moldar o comportamento humano em prol das finalidades de terceiros, ou seja, o capitalismo de vigilância mascara os interesses verdadeiros no uso dos dados dos consumidores, conforme Zuboff:

> O capitalismo de vigilância vai na direção oposta à do sonho digital dos primeiros tempos, relegando o Aware Home a dias longínquos. Em vez disso, despe a ilusão de que a forma conectada em rede tem algum tipo de conteúdo moral inerente, que estar "conectado" seja, de alguma forma, intrinsecamente pró-social e inclusivo ou com uma tendência natural à democratização do conhecimento. A conexão digital é agora um meio para fins comerciais de terceiros. Em sua essência, o capitalismo de vigilância é parasítico e autorreferente. Ele revive a velha imagem que Karl Marx desenhou do capitalismo como um vampiro que se alimenta do trabalho, mas agora com uma reviravolta. Em vez do trabalho, o capitalismo de vigilância se alimenta de todo aspecto de toda a experiência humana.[10]

Em contraposição ao uso gratuito das experiências humanas para os fins nefastos do capitalismo de vigilância está a noção de liberdade enquanto esforço coletivo que vem a ser a capacidade de o ser humano manter certos comportamentos, visando explorar livremente novas ideias e tomar novas decisões. Véliz alerta a respeito da ameaça da vigilância sobre os dados pessoais:

> A vigilância ameaça a liberdade, a igualdade, a democracia, a autonomia, a criatividade e a intimidade. Temos sido constantemente enganados, e nossos dados estão sendo roubados para serem usados contra nós. Chega. Ter tão pouca privacidade é inconciliável com ter sociedades que funcionem adequadamente. O capitalismo de vigilância precisa acabar. Levará algum tempo e esforço, mas nós podemos e vamos recuperar a privacidade.[11]

A noção de que liberdade seria um valor ultrapassado foi ressaltada a partir dos ataques terroristas de 11 de setembro de 2001 nos EUA, sob a justificativa de que a vigilância em massa seria necessária para proteger emergencialmente os cidadãos contra o terrorismo. Contudo, tal argumento tem se mostrado inútil para isso, restando claro que o uso massivo dos dados dos cidadãos não é isento de riscos, devendo tal uso ser ponderado em prol dos detentores dos dados pessoais principalmente porque passou a ocorrer a chamada terceirização, pois os chamados gigantes da tecnologia como Amazon, Google, Facebook, Microsoft dentre outros, passaram a fornecer ferramentas para tal vigilância, porém passaram a usar gratuitamente e sem a devida autorização dos cidadãos os dados para fins comerciais, o que é ressaltado por Bauman ao analisar a noção de vigilância líquida que interfere diretamente na noção de liberdade:

> Os principais meios de obter segurança, ao que parece, são as novas técnica e tecnologias de vigilância, que supostamente nos protegem, não de perigos distintos, mas de riscos nebulosos e informes. As coisas mudaram tanto para os vigilantes quanto para os vigiados. Se

---

10. ZUBOFF, Shoshana. *A era do capitalismo de vigilância*: a luta por um futuro humano na nova fronteira do poder. Rio de Janeiro: Intrínseca, 2020. p. 24.
11. VÉLIZ, Carissa. *Privacidade é poder*. São Paulo: Contracorrente, 2021. p. 25.

antes você podia dormir tranquilo sabendo que o vigia noturno estava no portão da cidade, o mesmo não pode ser dito da "segurança" atual. Ironicamente, parece que a segurança de hoje gera como subproduto – ou talvez, em alguns casos, como política deliberada? – certas formas de insegurança, uma insegurança fortemente sentida pelas pessoas muito pobres que as medidas de segurança deveriam proteger.[12]

Outro risco diz respeito à falta de certeza se após o fim do fato emergencial que autorizou a flexibilização da liberdade, tal liberdade poderá ser recuperada integralmente principalmente no mundo digital, onde a perda da liberdade somente é sentida quando se tem que suportar as suas consequências quando ocorrem crimes virtuais como furtos de dinheiro de contas bancárias ou com a perda de um emprego, a negativa de contratação de crédito, de plano de saúde ou de seguro, ou quando a democracia é ameaçada.

Um ponto importante a se levantar aqui diz respeito à ideia de liberdade enquanto livre-arbítrio que seria a liberdades de agir conforme nossa vontade, ou seja, a liberdade passa a ser a consciência do limite, pois o ser humano é livre na medida em que não temos ciência absoluta de tudo o que vai acontecer no futuro, conforme ressalta Schmidt Neto:

> Cabe ao ser livre decidir. Há que se decidir, e toda decisão carregará o peso das premissas daquele que realiza o ato, pois não há decisão absolutamente isenta. Pode ser mais lógica ou justa se o fizer duvidando das certezas e tendo certeza das dúvidas, mas isso também produz uma indecidibilidade com a qual se deve lidar.[13]

A proteção da vontade interior de cada cidadão, bem como do exercício de sua autonomia privada e o combate à indução mascarada de liberdade de escolha exigem a participação de um Estado forte capaz de proteger os indivíduos suscetíveis à manipulação. Contudo, na sociedade guiada e manipulada pelo capitalismo de vigilância, o usuário das redes que compõem o *big data* expõem seu interior livremente maculando sua liberdade em troca de acessos "gratuitos" a aplicativos e redes sociais.

Dessa forma, a mácula a liberdade dos indivíduos por meio do capitalismo de vigilância se dá pelo processamento se uma enorme quantidade de dados, permitindo que seja estabelecido um padrão de comportamento a partir de algoritmos formando um perfil que descreve o indivíduo com base nas suas preferências mais íntimas, tornando-o um animal "hackeável" cujo comportamento pode ser rastreado conforme descrito por Cassino:

---

12. BAUMAN, Zygmunt. *Vigilância Líquida*. Rio de Janeiro: Zahar, 2017. p. 95-96.
13. SCHMIDT NETO, André Perin. *O livre-arbítrio na era do big data*. São Paulo: Tirant lo blanch, 2021. p. 97.

Enquanto a manipulação exige que o ser humano exerça o manejo de uma ação planejada para direcionar um conteúdo de mídia broadcast, a modelação algorítmica usa as mais avançadas técnicas de inteligência artificial para induzir os comportamentos dos usuários das tecnologias de informação e comunicação. Por ter acesso ao meu nome quantidade de dados pessoais de cada indivíduo e ser gerida por códigos computacionais a modulação algorítmica atua de maneira personalizada para eventos e preferência de cada um sendo a tecnologia mais eficaz para criar mundo e gerar oceanos azuis e vender produtos ou ideias.[14]

O mercado capitalista é livre, mas os indivíduos que o compõem não são, observando-se que a liberdade é a base ideológica desse sistema econômico que subordina os mais vulneráveis os quais se tornam incapazes de cogitar outro modelo de vida em sociedade, fora da ideologia da felicidade e do progresso impostos pelas redes sociais, e manipulada pelo *big data*, conforme Han:

> O *Big data* permite fazer prognóstico sobre o comportamento humano. O futuro torna-se a se predizível e controlável. A psicopolítica digital transforma negatividade da decisão livre na positividade de um estado de coisas. A própria pessoa positiva-se em coisa quantificável, mensurável e controlável. Mas nenhuma coisa é livre. Sem margem para dúvida, a coisa é mais transparente que a pessoa. O *big data* anuncia o fim da pessoa e da vontade livre.[15]

O capitalismo de vigilância, também chamado de informacional, se tornou mais poderoso quanto mais as plataformas digitais passaram a armazenar dados dos seus clientes para gerar transações comerciais, limitando a liberdade dos indivíduos dentro e fora dos espaços virtuais por meio da modulação das suas percepções e dos seus comportamentos em escala inimaginável. Esse processo de modulação dos comportamentos humanos inicia-se pela identificação e reconhecimento de forma precisa do agente modulável e, em seguida, pela formação de seu perfil para, posteriormente, passar para a construção de dispositivos e processos de acompanhamento do cotidiano constantes e persuasivos para, por fim, atuar sobre o agente conduzindo o seu comportamento ou opinião visando gerar mais lucro para as plataformas digitais.

Isso é tão verdadeiro que a Samsung é detentora da patente denominada de "aparelho e método para determinar o estado mental do usuário" que foi solicitada aos EUA em 08.11.2013 por meio do nº US9928462B2, observando-se que as patentes são um dos meios que o sistema capitalista utiliza para monopolizar os lucros e limitar a concorrência. Esse aparelho de manipulação e modulação algorítmica de comportamentos possui um terminal, um coletor de dados do sensor, um processador de dados configurados para extrair dados de recursos

---

14. CASSINO, João Francisco. Modulação deleuziana e modulação algorítmica e manipulação midiática. In: SOUZA, Joyce; SILVEIRA, Sérgio Amadeu da; AVELINO, Rodolfo (orgs.). *A sociedade do controle:* manipulação e modulação nas redes sociais. São Paulo: Hedra, 2021. p. 29.
15. HAN, Byung-Chul. *Psicopolítica:* neoliberalismo e novas técnicas de poder. Lisboa: Relógio D'água, 2015. p. 21.

do sensor e um determinador de estado mental configurado para fornecer os dados do recurso a um modelo de inferência para determinar o estado mental do usuário e, com isso, limitar sua liberdade de escolha e que tem servido principalmente para a expansão do neoliberalismo, mas também para a sua resistência, pois a munição dessa guerra concorrencial são os dados obtidos de cada pessoa para nutrir o processo de modulação sem o qual não será possível se manter nem vencer os concorrentes, conforme Machado :

> Uma das características da modulação é a possibilidade de criar um espaço para o individual dar a sensação de liberdade para o indivíduo enquanto mantém o ambiente restrito. Foucault, ao estudar o poder disciplinar enxerga a liberdade como condição de relações de poder as dinâmicas de uso propostas pelas plataformas de mídias sociais como Facebook parecem potencializar o paradoxo da liberdade controlada.[16]

O neoliberalismo, dentro do qual se desenvolveu o capitalismo de vigilância descrito acima, agrava a situação da liberdade por subjugar esse direito à lógica do mercado o que exige uma atuação estatal, coordenada com instituições da sociedade civil e da iniciativa privada, principalmente na efetividade de direitos fundamentais que garantam o reconhecimento da liberdade enquanto valor político, conforme alerta Verbicaro:

> O homem, ingenuamente, crê que não está subordinado a ninguém e que é um projeto livre que constantemente se transforma e se reinventa. Esse trânsito do sujeito pelo projeto vai acompanhado de uma sensação de liberdade. Entretanto, o próprio projeto se revela como uma figura de coação, inclusive com uma forma eficiente de subjetificação e submissão. O "eu" como um projeto, que se crê haver liberado das coações externas e coerções alheias, agora se submete a coações internas e coerções próprias ao supervalorizar o rendimento e a otimização.[17]

Algoritmos e proteção de dados do consumidor estão interligados, especialmente no contexto das relações de consumo por serem ferramentas poderosas usadas pelas empresas para personalizar o consumo dos clientes, mas é crucial garantir que seu uso respeite a proteção dos dados pessoais, exigindo transparência e limitando o uso de informações desnecessárias para o funcionamento dos algoritmos. A relação entre algoritmos e proteção de dados do consumidor destaca a importância de equilibrar a eficiência das tecnologias com a segurança e privacidade dos dados dos usuários.

Por essa razão, verifica-se haver uma conexão entre o capitalismo de vigilância e os algoritmos, visto que a coleta e uso de dados pessoais por essas empresas, por meio precipuamente dos algoritmos de consumo, denominadas "*big techs*",

---

16. MACHADO, 2021. p. 61.
17. VERBICARO, Dennis. *Algoritmos de consumo*: discriminação, determinismo e solução *on-line* de conflitos na era da inteligência artificial. São Paulo: RT, 2023. p. 144.

mina a liberdade individual, limitando a capacidade das pessoas de fazer escolhas significativas sobre suas vidas, visto que, se essas empresas sabem tudo sobre as preferências e hábitos de uma pessoa, podem usar essas informações para manipular seu comportamento e limitar suas opções, o que culminará com a restrição da sua liberdade enquanto valor político.

Nesse sentido, é preciso que as pessoas saibam o valor de cada curtida, postagem e comentário e o quanto isso revela e impacta sobre suas vidas e principalmente influencia nas suas escolhas diárias, desde o ato de eleger um candidato até a simples compra de um produto, e como isso pode ser monetizado pelas plataformas digitais, devendo tais pessoas resistirem a tal interferência por meio de movimentos sociais articulados pela rede mundial de computadores, conforme nos ensina Castells:

> Os movimentos sociais em rede de nossa época são amplamente fundamentais na internet que é um componente necessário embora não suficiente da ação coletiva. As redes sociais digitais baseadas na internet nas plataformas sem fio são ferramentas decisivas para mobilizar, organizar deliberar, coordenar e decidir. Mas o papel da internet ultrapassa a instrumentalidade: ele cria as condições para uma forma de prática comum que permite a um movimento sem liderança sobreviver e liberar coordenar e expandir-se.[18]

No entanto, é importante notar que apesar de todos esses alertas feitos acima, nota-se que a legislação brasileira sobre a regulação dos algoritmos no mundo virtual, mais precisamente o Marco Civil da Internet, por sua vez, não se mostra ainda suficiente para superar as barreiras encontradas pelos indivíduos dentro do capitalismo de vigilância, sendo, ainda, afetados pelas políticas públicas em geral, que envolvem medidas econômicas, sociais e políticas elaboradas para situações ditas de emergências que tentam convencer os cidadãos que a liberdade de escolha deve ser o preço a se pagar para que se tenha acesso a qualquer um dos demais direitos que lhes são inerentes como saúde, educação, segurança.

Por essa razão, no próximo e último tópico, será analisado o ponto principal do presente trabalho que é o desafio regulatório de algoritmos sob o Marco Civil da Internet, em que serão apontadas algumas contradições e a afetação aos direitos do consumidor digital.

3. O DESAFIO REGULATÓRIO ALGORÍTMICO NO MARCO CIVIL DA INTERNET

O Marco Civil da Internet disciplina os direitos e deveres dos usuários da rede, contudo partiu de uma crença equivocada de que as normas contidas no Código

---

18. CASTELLS, Manuel. *Rede de indignação e de esperança*: movimentos sociais na era da Internet. Rio de Janeiro: Zahar, 2013. p. 478.

de Defesa do Consumidor não teriam aplicação nas relações jurídicas estabelecidas na internet, sendo esse o seu aspecto mais intrigante, observando-se que a própria estrutura da internet permite que as violações dos direitos das pessoas ocorram em qualquer parte do mundo, passando ao largo da jurisdição brasileira.

Por meio do art. 11, *caput*, §§ 1º e 2º, ficou definido que o Marco Civil da Internet se aplica quando, pelo menos, um dos atos realizar-se no Brasil ou quando um dos terminais estiver no Brasil e que pessoas jurídicas com sede no exterior devem sujeitar-se à lei brasileira quando tiverem, pelo menos, uma integrante do mesmo grupo econômico com estabelecimento no Brasil.

Apesar disso, nota-se uma contradição entre os arts. 3º, II e III, e 19 do Marco Civil da Internet no Brasil que está relacionada à proteção da privacidade e dos dados pessoais dos usuários, garantida pelo princípio da liberdade de expressão. Enquanto o art. 3º, II e III, assegura a proteção da privacidade e a não divulgação de dados pessoais sem consentimento, o art. 19 visa garantir a liberdade de expressão e evitar a censura na internet.

Essa contradição surge quando se considera a responsabilidade dos provedores de internet por conteúdos gerados por terceiros, estabelecendo que os provedores só podem ser responsabilizados por danos decorrentes de conteúdo gerado após ordem judicial específica, visando assegurar a liberdade de expressão. No entanto, essa proteção à liberdade de expressão pode entrar em conflito com a proteção da privacidade e dos dados pessoais dos usuários, especialmente quando se trata da remoção de conteúdos ofensivos ou prejudiciais, o que deve ser a base para a regulamentação dos algoritmos.

Essa dicotomia entre a liberdade de expressão e a proteção da privacidade é um desafio complexo que o Marco Civil da Internet deve buscar equilibrar, garantindo direitos fundamentais dos usuários enquanto tenta regular o ambiente online de forma justa e eficaz, impactando a liberdade de expressão ao criar um dilema entre a proteção da privacidade e a liberdade de informação, principalmente no que concerne aos algoritmos.

Enquanto o art. 3º, II e III, garante a privacidade e a não divulgação de dados pessoais sem consentimento, o art. 19 busca proteger a liberdade de expressão na internet, limitando a responsabilidade dos provedores por conteúdos gerados por terceiros apenas mediante ordem judicial específica, o que pode resultar em situações em que a remoção de conteúdos ofensivos ou prejudiciais, para proteger a privacidade, pode ser interpretada como censura, afetando a liberdade de expressão.

Por outro lado, a não remoção desses conteúdos pode violar a privacidade e a segurança dos usuários, devendo haver um equilíbrio entre esses princípios para garantir um ambiente online seguro, respeitando tanto a liberdade de expressão quanto a proteção da privacidade dos indivíduos, impondo-se o dever de vigilância dos provedores de internet, ante a possibilidade de responderem diretamente pelos atos dos usuários, pelo menos mediante o oferecimento de canais de denúncia para que se formulasse o pedido de retirada do conteúdo, sendo esse o entendimento do Superior Tribunal de Justiça de 2012, mas que se mantém até hoje na forma de precedente:

> Recurso especial. Direito do consumidor. Provedor. Mensagem de conteúdo ofensivo. Retirada. Registro de número do IP. Dano moral. Ausência. Provimento. 1. No caso de mensagens moralmente ofensivas, inseridas no site de provedor de conteúdo por usuário, não incide a regra de responsabilidade objetiva, prevista no art. 927, parágrafo único, do Cód. Civil/2002, pois não se configura risco inerente à atividade do provedor. Precedentes. 2. É o provedor de conteúdo obrigado a retirar imediatamente o conteúdo ofensivo, pena de responsabilidade solidária com o autor direto do dano. 3. O provedor de conteúdo é obrigado a viabilizar a identificação de usuários, coibindo o anonimato; o registro do número de protocolo (IP) dos computadores utilizados para cadastramento de contas na internet constitui meio de rastreamento de usuários, que ao provedor compete, necessariamente, providenciar. 4. Recurso Especial provido. Ação de indenização por danos morais julgada improcedente. (Superior Tribunal de Justiça, REsp 1306066/MT, Rel. Min. Sidnei Beneti, Terceira Turma, j. 17.04.2012, DJe 02.05.2012).

Delineadas as contradições do Marco Civil, agravadas pelo capitalismo de vigilância e com reflexos nas relações de consumo, nota-se que podem ser superadas através do diálogo das fontes entre o CDC (Lei nº 8.078/90) e o próprio Marco Civil da Internet (Lei nº 12.965/2014.

A tese de diálogo das fontes é de origem alemã e foi desenvolvida pelo professor Erick Jayme da Universidade de Heidelberg, tendo sido trazida ao Brasil pela professora Cláudia Lima Marques, baseando-se na ideia de que as normas jurídicas não se excluem por pertencerem supostamente a ramos jurídicos distintos, mas se complementam, observando-se que tal diálogo surge a partir do pluralismo de tais normas que se manifesta na multiplicidade de fontes legislativas a regular o mesmo fato com a descodificação ou a implosão de sistemas normativos genéricos.

O diálogo das fontes no Brasil já foi aplicado entre o CDC e o Código Civil, sobretudo nas relações obrigacionais decorrentes de contratos com base na boa-fé objetiva e na função social desses mesmos contratos, havendo três diálogos possíveis a partir dessa tese alemã, entre o CDC (Lei nº 8.078/1990) e o Marco Civil da Internet (Lei nº 12.965/2014), verifica-se que pode ser utilizado o diálogo de aplicação coordenada das duas leis ora em estudo podendo uma norma completar a outra, de forma direta (diálogo de complementaridade), observando-se que essa tese do diálogo entre o CDC e as leis especiais, é defendida por Marques:

> Em resumo, também entre leis especiais há diálogo das fontes: diálogo sistemático de coerência, diálogo sistemático de complementaridade ou subsidiariedade e diálogo de adaptação ou

coordenação. Note-se que raramente é o legislador quem determina esta aplicação simultânea e coerente das leis especiais (um exemplo de diálogo das fontes ordenado pelo legislador é o art. 117 do CDC, que mandou aplicar o Título III do CDC aos casos da anterior Lei da Ação Civil Pública, Lei 7.347/85, isto "no que for cabível", "à defesa dos direitos e interesses difusos, coletivos e individuais"), e sim geralmente, tal diálogo é deixado ao intérprete e aplicador da lei, que aplica o CDC.[19]

No presente caso em estudo, o art. 3º, II e III, do Marco Civil da Internet (Lei nº 12.965/2014) disciplina que o uso da internet no Brasil tem como princípios a proteção da privacidade e a proteção dos dados pessoais, na forma da lei.

Em diálogo com esse dispositivo de caráter geral e principiológico, deve ser levado em consideração o art. 4º, I, do CDC que disciplina que a PNRC tem por objetivo o atendimento das necessidades dos consumidores, o respeito à sua dignidade, saúde e segurança, a proteção de seus interesses econômicos, a melhoria da sua qualidade de vida, bem como a transparência e harmonia das relações de consumo através do reconhecimento da vulnerabilidade do consumidor no mercado de consumo, observando-se as lições de Marques em relação à necessidade do diálogo das fontes também como superação de paradigmas impostos pela pós-modernidade:

> Erik Jayme alerta-nos que, nos atuais tempos pós-modernos, a pluralidade, a complexidade, a distinção impositiva dos direitos humanos e do *"droit à la differènc"* (direito a ser diferente e ser tratado diferentemente, sem necessidade de ser "igual" aos outros) não mais permitem este tipo de clareza ou de "monossolução". A solução atual ou pós-moderna é sistemática e tópica ao mesmo tempo, pois deve ser mais fluida, mais flexível, a permitir maior mobilidade e fineza de distinções. Hoje, a superação de paradigmas foi substituída pela convivência ou coexistência dos paradigmas, como indica nosso título. Efetivamente, raramente encontramos hoje a revogação expressa, substituída pela incerteza da revogação tácita indireta, através da ideia de "incorporação", como bem expressa o art. 2.043 do novo Código Civil. O desafio é este, aplicar as fontes em diálogo de forma justa, em um sistema de direito privado plural, fluido, mutável e complexo.[20]

Desta feita, o principal desafio é fazer com que o art. 3º, II e III, do Marco Civil da Internet (Lei nº 12.965/2014) dialogue de forma coordenada por complementaridade com o art. 4º, I, do CDC, reconhecendo-se a necessidade de uma governança coletiva de dados enquanto base para uma tutela coletiva, ou seja a ideia é "pensar em nosso dados, isto é, nos dados pessoais como recurso coletivo" (Véliz, 2021, p. 6), observando-se que dessa dimensão coletiva surge, enfim,

---

19. MARQUES, 2013. p. 96.
20. MARQUES, Cláudia Lima. Diálogo das fontes. In: BENJAMIN, Antonio Herman V.; MARQUES, Cláudia Lima. Superação das antinomias pelo diálogo das fontes: O modelo brasileiro de coexistência entre o Código de Defesa do Consumidor e o Código Civil de 2002. *Revista da Escola Superior da Magistratura de Sergipe* (ESMESE), n. 7, 2004. p. 29.

a conotação contemporânea de proteção da privacidade através da proteção de dados pessoais.

Assim, o diálogo dessas duas fontes legislativas é o primeiro para enfrentarmos os desafios regulatórios do Marco Civil da Internet mais precisamente no que concerne à proteção dos usuários da rede mundial de computadores e aos algoritmos.

Um outro passo, deve ser dado dentro do próprio estado regulamentador por meio da atuação dos agentes reguladores.

Em todo estado regulamentador, faz-se necessária a atuação das agências reguladoras. No caso dos desafios regulatórios do Marco Civil da Internet, deve ser destacado o papel da Autoridade Nacional de Proteção de Dados (ANPD), que é um órgão federal independente com a função de regular o tratamento de dados pessoais, elaborar diretrizes, informar a população sobre políticas de proteção de dados e aplicar penalidades em caso de descumprimento da legislação, sendo composta por membros não remunerados, incluindo um conselho diretor de cinco pessoas indicadas pelo Poder Executivo e aprovadas pelo Senado, bem como por outros servidores de diferentes setores da sociedade.

Sua atuação vai além do aspecto punitivo, envolvendo competências normativas, deliberativas, fiscalizadoras e sancionatórias, com o objetivo principal de zelar pela proteção dos dados pessoais e promover o conhecimento das normas e políticas públicas sobre proteção de dados.

As principais críticas à ANPD em relação ao Marco Civil da Internet envolvem questões como a fragmentação regulatória e a possível sobreposição de competências, havendo, ainda, preocupações sobre a atribuição de parte das competências legais da ANPD a outra entidade pública para fiscalização e aplicação de sanções às plataformas digitais, o que poderia gerar insegurança jurídica e conflitos de competência, especialmente considerando a Agenda Regulatória da ANPD para 2023-2024.

É importante salientar que a ANPD tem contribuído significativamente para o debate público sobre o Marco Civil da Internet, tendo participado de uma audiência pública convocada pelo Supremo Tribunal Federal para discutir o regime de responsabilidade dos provedores de aplicativos e a remoção de conteúdos, demonstrando seu envolvimento e interesse em promover debates relevantes sobre esses temas críticos, neles incluídos os estudos sobre os algoritmos.

As principais contribuições da ANPD na referida audiência pública incluíram a defesa da democracia e da liberdade de expressão em harmonia com a regulação do ambiente digital, fundamental para promover debates sobre o regime de responsabilidade dos provedores de aplicativos por meio dos algoritmos que possam violar direitos de personalidade, incitar ódio ou disseminar notícias fraudulentas a partir de notificações extrajudiciais.

Essas contribuições destacam o compromisso que a ANPD deve ter em equilibrar a proteção dos direitos individuais com a liberdade de expressão e a democracia no ambiente digital, visando garantir sua atuação ativa e relevante no debate público sobre o Marco Civil da Internet.

Além disso, a ANPD deve reconhecer a importância de um esforço multissetorial para avançar nas discussões, destacando a necessidade de diálogo entre o poder público, a sociedade civil e o setor empresarial, em linha com a trajetória do Brasil na elaboração de legislações regulamentadoras como o Marco Civil da Internet, devendo se comprometer a garantir a privacidade e a proteção dos dados pessoais, reforçando sua atuação em prol desses objetivos e sua disposição para colaborar ativamente no debate público sobre a regulação das plataformas digitais, fazendo-se necessária uma regulação responsiva que considere os impactos e riscos, indicando-se um ponto de atenção em relação à atuação da ANPD no contexto do Marco Civil da Internet.

A ANPD tem discutido a proteção de dados e a privacidade, destacando a importância desses temas e a necessidade de regulações responsáveis, como evidenciado em sua análise preliminar do PL 2.338/23 feita em 06.07.2023, que aborda a regulação da inteligência artificial, refletindo o seu compromisso em equilibrar a proteção de dados, a privacidade e a inovação tecnológica, alinhando-se com os princípios do Marco Civil da Internet e buscando soluções para os desafios emergentes no ambiente digital, conforme se vê da introdução da referida análise preliminar:

> A ANPD avalia que o PL 2338/2023 possui diversos pontos de interação com a LGPD, notadamente no que diz respeito à tutela de direitos, à classificação de sistemas de IA de alto-risco e aos mecanismos de governança. Além disso, a Autoridade apoia o fomento à inovação, como a proposta de criação de ambientes de regulação experimental (sandboxes regulatórios), desde que sejam desenhados com o propósito de promover a inovação responsável. Finalmente, a ANPD entende que, devido à sua função de guardiã dos direitos à privacidade e à proteção de dados pessoais, é autoridade-chave na regulação de inteligência artificial.[21]

A atribuição regulatória da ANPD resta indicada no referido PL a partir da designação do Poder Executivo para zelar pela implementação e fiscalização da lei proposta (art. 32) além das atribuições específicas dispostas no texto, como a de

---

21. BRASIL. Ministério da Justiça e Segurança Pública. Autoridade Nacional de Proteção de Dados (ANPD). Análise preliminar do Projeto de Lei nº 2338/2023, que dispõe sobre o uso da Inteligência Artificial, Brasília-DF, 07 jul. 2023. Disponível em: https://www.gov.br/anpd/pt-br/assuntos/noticias/anpd-publica-analise-preliminar-do-projeto-de-lei-no-2338-2023-que-dispoe-sobre-o-uso-da-inteligencia-artificial. Acesso em: 24 mar. 2024. p. 1.

zelar pela proteção a direitos fundamentais e a demais direitos afetados pela utilização de sistemas de IA, a de promover a elaboração, atualização e implementação da Estratégia Brasileira de Inteligência Artificial junto aos órgãos de competência correlata, a de promover ações de cooperação com autoridades de proteção e de fomento ao desenvolvimento e à utilização dos sistemas de IA de outros países, de natureza internacional ou transnacional, a de expedir normas para a regulamentação da lei, inclusive sobre procedimentos associados ao exercício dos direitos nela previstos, e forma e requisitos das informações a serem publicizadas sobre a utilização de sistemas de IA, e a de solicitar, a qualquer momento, às entidades do poder público que desenvolvam ou utilizem sistemas de IA, informações a respeito da natureza dos dados e dos demais detalhes do tratamento realizado.

Assim, uma outra forma de enfrentar os desafios regulatórios algorítmicos no Marco Civil é fortalecer as atribuições da ANPD, consolidando-a como a autoridade-chave em matéria de IA e proteção de dados pessoais para garantir a consistência e a harmonia regulatória necessária para o fomento à inovação responsável e, principalmente, para a proteção dos dados pessoais e de outros direitos e liberdades fundamentais no meio digital.

CONCLUSÃO

A regulação de algoritmos sob o Marco Civil da Internet apresenta, desta feita, desafios significativos devido à complexidade e impacto dessas tecnologias, partindo-se de questões como liberdade de expressão, privacidade, e responsabilidade civil de provedores.

No entanto, a regulação de algoritmos, essenciais para o funcionamento de plataformas digitais, é um ponto crítico como visto acima.

Os desafios incluem a necessidade de garantir transparência e *accountability* na utilização de algoritmos, evitando discriminação e vieses injustos, além da proteção da privacidade e dos dados pessoais dos usuários frente ao uso dessas tecnologias.

A definição de responsabilidades legais em casos de danos causados por algoritmos e a necessidade de atualização constante das regulamentações para acompanhar a evolução tecnológica são também desafios importantes a serem considerados.

Além disso, a responsabilidade civil das empresas de tecnologia pelos danos causados pelos seus algoritmos é um outro ponto crítico, sendo essa responsabilidade considerada objetiva em muitos casos, podendo impactar a capacidade das empresas de inovar e desenvolver novas tecnologias.

Em suma, a regulação de algoritmos sob o Marco Civil da Internet demanda um equilíbrio entre a inovação tecnológica e a proteção dos direitos individuais, sendo essencial uma abordagem cuidadosa e atualizada para lidar com os desafios emergentes nesse cenário digital em constante transformação, seja por meio do diálogo das fontes entre ele o CDC, seja pela atuação regulatória da ANPD, visando superar as incongruências oriundas do capitalismo de vigilância dentro do estado regulamentador.

REFERÊNCIAS

AGRASSAR, Hugo; VERBICARO, Dennis; HOLANDA, Fábio. A tutela do consumidor em juízo em face da Resolução nº 400 da ANAC a partir do diálogo das fontes entre o CDC e a lei antitruste. *Revista Meritum*, Belo Horizonte, v. 17, n. 2, p. 344-367, 2022.

BAUMAN, Zygmunt. *Vigilância Líquida*. Rio de Janeiro: Zahar, 2017.

BONAVIDES, Paulo. *Teoria constitucional da democracia participativa*. São Paulo: Malheiros, 2001.

BRASIL. Ministério da Justiça e Segurança Pública. Autoridade Nacional de Proteção de Dados (ANPD). Análise preliminar do Projeto de Lei nº 2338/2023, que dispõe sobre o uso da Inteligência Artificial, Brasília-DF, 07 jul. 2023. Disponível em: https://www.gov.br/anpd/pt-br/assuntos/noticias/anpd-publica-analise-preliminar-do-projeto-de-lei-no-2338-2023-que-dispoe-sobre-o-uso-da-inteligencia-artificial. Acesso em: 24 mar. 2024.

BRIDLE, James. *A nova idade das trevas:* a tecnologia e o fim do futuro. São Paulo: Todavia, 2019.

CALLEJÓN, Francisco Balaguer. *A constituição do algoritmo*. Rio de Janeiro: Forense, 2023.

CASSINO, João Francisco. Modulação deleuziana e modulação algorítmica e manipulação midiática. In: SOUZA, Joyce; SILVEIRA, Sérgio Amadeu da; AVELINO, Rodolfo (orgs.). *A sociedade do controle:* manipulação e modulação nas redes sociais. São Paulo: Hedra, 2021. p. 13-31.

CASSINO, João Francisco; SOUZA, Joyce; SILVEIRA, Sérgio Amadeu da (orgs.). *Colonialismo de dados:* como opera a trincheira algorítmica na guerra neoliberal. São Paulo: Autonomia Literária, 2022.

CASTELLS, Manuel. *A sociedade em rede*. Rio de Janeiro: Paz e Terra, 2012.

CASTELLS, Manuel. *Fim de milênio*. Rio de Janeiro: Paz e Terra, 2020.

CASTELLS, Manuel. *Rede de indignação e de esperança:* movimentos sociais na era da Internet. Rio de Janeiro: Zahar, 2013.

DANTAS, Marcos; MOURA, Denise; RAULINO, Gabriela; ORMAY, Larissa. *O valor da informação:* de como o capital se apropria do trabalho social na era do espetáculo. São Paulo: Boitempo, 2022.

DARDOT, Pierre; LAVAL, Christian. *A nova razão do mundo:* ensaio sobre a sociedade neoliberal. São Paulo: Boitempo, 2016.

DONEDA, Danilo. *Da privacidade à proteção de dados pessoais:* fundamentos da lei geral de proteção de dados. São Paulo: Revista dos Tribunais, 2020.

FAUSTINO, Deivison. *Colonialismo digital:* por uma crítica Hacker-fanoniana. São Paulo: Boitempo, 2023.

FISHER, Max. *A máquina do caos:* como as redes sociais reprogramaram nossa mente e nosso mundo. São Paulo: Todavia, 2023.

GILDER, George. *Vida após o Google:* a queda do Big Data e a ascensão da Economia do Blockchain. Rio de Janeiro: Alta Cult, 2021.

GRAU, Eros Roberto. *A ordem econômica na Constituição de 1988.* São Paulo: Malheiros, 2010.

HAN, Byung-Chul. *Psicopolítica:* neoliberalismo e novas técnicas de poder. Lisboa: Relógio D'água, 2015.

MACHADO, 2021. p. 61.

MARQUES, Cláudia Lima. Diálogo das fontes. In: BENJAMIN, Antonio Herman V.; MARQUES, Cláudia Lima. Superação das antinomias pelo diálogo das fontes: O modelo brasileiro de coexistência entre o Código de Defesa do Consumidor e o Código Civil de 2002. *Revista da Escola Superior da Magistratura de Sergipe* (ESMESE), n. 7, 2004.

MENDES, Laura Schertel; DONEDA, Danilo; SARLET, Ingo Wolfgang; RODRIGUES JR., Otavio Luiz. *Tratado de Proteção de Dados Pessoais.* Rio de Janeiro: Forense, 2017.

MOREIRA, Vital; MAÇÃS, Fernanda. *Autoridades reguladoras independentes.* Coimbra: Coimbra Editores, 2003.

NOBLE, Safiya Umoja. *Algoritmos da opressão.* Santo André: Editora Rua do Sabão, 2021.

O'NEIL, Cathy. *Algoritmos de destruição em massa:* como o *big data* aumenta a desigualdade e ameaça a democracia. Santo André: Editora Rua do Sabão, 2020.

OLIVEIRA, Amanda Flávio de. Desenvolvimento econômico, capitalismo e Direito do Consumidor no Brasil: afastando o argumento de Paternalismo Jurídico. *Revista de Direito do Consumidor*, São Paulo, ano 25, v. 108, nov./dez. 2016.

OLIVEIRA, Ana Paula Braga de. *Regulação e intervenção estatal na ordem econômica.* Anais do XXIV Congresso Nacional do CONPEDI. nov. 2015.

SCHMIDT NETO, André Perin. *O livre-arbítrio na era do big data.* São Paulo: Tirant lo blanch, 2021.

SCHWAB, Klaus. *A quarta revolução industrial.* São Paulo: Edipro, 2016.

SILVEIRA, Sergio Amadeu da. *Democracia e os códigos invisíveis como os algoritmos estão modulando comportamentos e escolhas políticas.* São Paulo: Edições Sesc, 2019.

SILVEIRA, Sergio Amadeu da. *Tudo sobre tod@ s:* Redes digitais, privacidade e venda de dados pessoais. São Paulo: Edições Sesc, 2017.

SOUZA, Joyce; SILVEIRA, Sérgio Amadeu da; AVELINO, Rodolfo (orgs.). *A sociedade do controle:* manipulação e modulação nas redes sociais. São Paulo: Hedra, 2021.

SUMPGER, David. *Dominados pelos números:* do Facebook e Google às *fake news*, os algoritmos que controlam a vida. Rio de Janeiro: Bertrand Brasil, 2019.

SUNDFELD, Carlos Ari. A Administração Pública na era do direito global. In: SUNDFELD, Carlos Ari; VIEIRA, Oscar Vilhena (coord.). *Direito global.* São Paulo: Malheiros, 1999.

VÉLIZ, Carissa. *Privacidade é poder.* São Paulo: Contracorrente, 2021.

VERBICARO, Dennis. A construção de um novo modelo de cidadania participativa do consumidor a partir da política nacional das relações de consumo. *Revista de Direito do Consumidor,* São Paulo, ano 26, vol. 110, mar./abr. 2017.

VERBICARO, Dennis. *Algoritmos de consumo:* discriminação, determinismo e solução *on-line* de conflitos na era da inteligência artificial. São Paulo: RT, 2023.

VERBICARO, Dennis. Consumer new civil-instrumental identity based on the brazilian consumer policy. In: MARQUES, Cláudia Lima; PEARSON, Gail; RAMOS, Fabiana (eds.). *Consumer Protection:* current challenges and perspectives. Porto Alegre: Orquestra 2017. p. 123-139.

VERBICARO, Dennis. *Consumo e cidadania.* Identificando os espaços políticos de atuação qualificada do consumidor. Rio de Janeiro: Lumen juris, 2019.

VERBICARO, Dennis; HOMCI, Janaína (coord.). *Relações eletrônicas de consumo.* Indaiatuba: Foco, 2023.

VERBICARO, Dennis; MARANHÃO, Ney (coords.). *Direitos da vulnerabilidade na era do capitalismo de plataforma:* perspectivas consumerista e trabalhista. Brasília: Venturoli, 2022.

VERBICARO, Dennis; VIEIRA, Janaína; VERBICARO, Loiane (coords.). *Direito do Consumidor Digital.* Rio de Janeiro: Lumen júris, 2020.

ZUBOFF, Shoshana. *A era do capitalismo de vigilância:* a luta por um futuro humano na nova fronteira do poder. Rio de Janeiro: Intrínseca, 2020.

O IMPACTO DO CHAT GPT E TECNOLOGIAS SIMILARES SOBRE A LIBERDADE DE EXPRESSÃO E A PRIVACIDADE ON-LINE

Fabiana Prietos Peres[1]

João Paulo Capelotti[2]

Vinicius Calado[3]

Sumáio: Introdução – 1. O que são inteligências artificiais generativas – 2. Há liberdade de expressão para inteligências artificiais generativas?; 2.1 Há direitos autorais para inteligências artificiais generativas? – 3. A privacidade e as inteligências artificiais generativas – 4. A visão da jurisprudência brasileira sobre inteligências artificiais generativas: exame de alguns casos concretos – Considerações finais – Referências.

INTRODUÇÃO

"Chat GPT" foi escolhida a "palavra do ano" de 2023 pela influente revista inglesa *The Economist*. Na justificativa, a constatação de que inteligências artificiais generativas causaram um grande burburinho no ano passado – e nenhuma outra simbolizou tanto o interesse por essa nova tecnologia quanto o Chat GPT. Os editores da revista se disseram em crise por escolher um nome comercial como a palavra do ano, mas se renderam diante do fato que, realmente, era "a coisa sobre a qual todos estavam falando" e que pesquisas no Google com esse termo eram

---

1. Doutoranda em processo civil (UNICAP/bolsista CAPES/taxa) e em direito civil (UFPE). Mestre em Direito pela UFRGS. Especialista em Direito do Consumidor e Direitos Fundamentais pela UFRGS e Diplôme d'Université em Direito dos Contratos e do Consumo pela Université de Savoie Mont-Blanc. Pesquisadora dos Grupos CNPq Mercosul, Direito do Consumidor e Globalização da UFRGS, no Grupo de Pesquisa O processo civil na perspectiva dos direitos fundamentais, da PUCRS, e no Grupo de Pesquisa Vulnerabilidades no Novo Direito Privado, na UFF. Diretora do Brasilcon. Diretora Cultural e de Pesquisa da ADECCON/PE. Secretária-geral da Comissão de Defesa do Consumidor da OAB/PE. Advogada. fabianaprietosperes@gmail.com
2. Mestre (2012) e doutor (2016) em direito das relações sociais pela Universidade Federal do Paraná (UFPR), membro associado da International Society for Humor Studies e advogado em Curitiba. joao.capelotti@gmail.com
3. Doutor e Mestre em Direito. Professor da graduação e do Mestrado Profissional em Direito e Inovação da Universidade Católica de Pernambuco (PPGDI/UNICAP). Pesquisador do Grupo de Pesquisa Direito e Inovação (CNPq/Unicap). Diretor da ADECCON/PE. Advogado. vinicius.calado@unicap.br

90 vezes mais frequentes do que as por termos mais genéricos como "inteligência artificial generativa"[4].

O sucesso comercial, contudo, não vem desacompanhado de polêmicas, como a ação coletiva movida perante o Tribunal Federal do Distrito da Califórnia do Norte, que pede indenização de nada menos que três bilhões de dólares americanos em razão do uso indevido de dados pessoais, inclusive de crianças e adolescentes, para o treinamento da ferramenta[5]. O bilionário Elon Musk também move ação contra a Open AI (empresa por trás do aplicativo), seu presidente, Sam Altman, e o cofundador Greg Altman, com o fundamento de que eles teriam abandonado o propósito original de desenvolver a inteligência artificial para o bem da humanidade, e não com objetivo de lucro – algo observado, segundo Musk, na mudança de rota verificada nos últimos anos: a Open AI passou de organização de código aberto sem fins lucrativos para parceira da gigante de tecnologia Microsoft. O diretor de estratégia da empresa não deixou por menos: para ele, a ação é sintomática de que Musk se arrepende de não mais fazer parte da empresa. Também afirma que a Open AI continua a atuar de modo independente e com a missão de que o progresso da inteligência artificial beneficie toda a humanidade[6].

Mas não param por aí as controvérsias em torno da inteligência artificial generativa, em especial a desse aplicativo mais famoso que, como bem notou a *Economist,* está na boca do povo e até no título deste artigo. Recentemente, um juiz do Tribunal Regional Federal da 1ª Região utilizou a IA para a escrita de uma de suas decisões. O inusitado é que, a par de toda a fundamentação, o Chat CPT inventou jurisprudência que não existia[7], no que parece ser um

---

4. THE ECONOMIST. *The Intelligence: America's culture wars brought to bears.* [S.l], Spotify, 8 dez. 2023. Podcast. Disponível em: https://open.spotify.com/episode/37AJE1OjNniHcRdFLKmlNe?si=D0vU-xTN_S0K-TGK3ftCyFw. Acesso em: 25 mar. 2024; e OUR word of the year for 2023, *The Economist.* 7 dez. 2023 Disponível em: https://www.economist.com/culture/2023/12/07/our-word-of-the-year-for-2023. Acesso em: 25 mar. 2024.
5. THORBECKE, Catherine. OpenAI, maker of ChatGPT, hit with proposed class action lawsuit alleging it stole people's data. *CNN,* 28 jun. 2023. Disponível em: https://edition.cnn.com/2023/06/28/tech/openai-chatgpt-microsoft-data-sued/index.html. Acesso em: 25 mar. 2024.
6. KOVACH, S.; ELIAS, J.; VANIAN, J. OpenAI says in memo that Musk's claims 'stem from Elon's regrets' that he's not part of company. *CNBC,* 1º mar. 2024. Disponível em: https://www.cnbc.com/2024/03/01/openai-says-musk-claims-in-lawsuit-stem-from-elons-regrets-hes-out.html. Acesso em: 27 mar. 2024.
7. *CONSULTOR JURÍDICO – Conjur.* CNJ vai investigar juiz que usou tese inventada pelo ChatGPT para escrever decisão, 12 nov. 2023. Disponível em: https://www.conjur.com.br/2023-nov-12/cnj-vai-investigar-juiz-que-usou-tese-inventada-pelo-chatgpt-para-escrever-decisao/. Acesso em: 27 mar. 2024. Frise-se, a propósito, que o arcabouço normativo brasileiro não permite nem proíbe expressamente a tomada de decisão por IA, embora nos pareça claro que isso seria uma violação ao princípio do livre convencimento do juiz. Os sistemas de inteligência artificial utilizados hoje pelas cortes superiores brasileiras têm como função primordial a identificação e separação de peças processuais por assunto (caso do Victor, no STF) e a identificação de dispositivos de lei violados e divergência jurisprudencial (no caso do Sócrates, no STJ) – ou seja, funções de assessoramento, não de decisão, e sempre com última supervisão humana. Cf., a respeito: MARTINS, Alan Rocha; SÁ, Valdir Rodrigues de. Inteligência

exemplo de "caixa-preta", isto é, um resultado ao qual não se sabe como o algoritmo chegou[8].

Por outro lado, tem-se que "a IA pode ajudar a aumentar a eficiência do sistema judicial, melhorando a precisão das decisões judiciais e diminuindo os tempos de espera, bem como na automatização das tarefas repetitivas, como a classificação de documentos ou ajudar a identificar tendências e padrões na jurisprudência"[9]. Com isso, a utilização da ferramenta possui inúmeros lados, os quais devem ser observados de forma cautelosa, para que a sociedade possa se beneficiar de seu uso a partir da operacionalização de atividades para a otimização de seus processos de trabalho.

Em meio a essas e outras polêmicas, o presente artigo se debruça sobre questões basilares envolvendo as inteligências artificiais generativas e as garantias constitucionais de liberdade de expressão, inclusive online, e a privacidade.

1. O QUE SÃO INTELIGÊNCIAS ARTIFICIAIS GENERATIVAS

Embora a arte tenda a retratar a inteligência artificial com uma perspectiva vilanesca – temendo o momento em que as máquinas subjugarão os humanos, como se vê desde *2001: Uma odisseia no espaço* (Stanley Kubrick, 1968) a *O exterminador do futuro* (James Cameron, 1991), de *Matrix* (Lilly e Lana Wachowski, 1999) a *Ex Machina* (Alex Garland, 2015) – fato é que a IA está presente no nosso cotidiano de maneira talvez mais enraizada do que nos demos conta. Como

---

artificial e a decisão judicial: benefícios e riscos à democracia. In: VIGLIAR, José Marcelo Menezes (coord.). *Inteligência artificial*: aspectos jurídicos. São Paulo: Almedina, 2023. p. 134.

8. CARNAVAL, Gabriel. Como o ChatGPT pode destruir sua carreira jurídica? *Consultor Jurídico – Conjur*, 6 ago. 2023. Disponível em: https://www.conjur.com.br/2023-ago-6/gabriel-carnaval-chatgpt-destruir-carreira/. Acesso em: 27 mar. 2024. Como assinala Dora Kaufman, "aqui reside, talvez, a maior questão ética na inteligência artificial, o fato de não sabermos o que e como as máquinas realmente aprendem, não deixando de lembrar que também não sabemos o que e como exatamente os humanos aprendem. (...) O neurocientista Roberto Lent, em recente conversa no ciclo de debates do TIDDigital, traduziu a extrema complexidade do cérebro humano em números: cada ser humano possui 86 bilhões de neurônios e 85 bilhões de células coadjuvantes no processo da informação. Considerando apenas os neurônios, como em média ocorrem 100 mil sinapses por neurônio, temos um total aproximado de 8,6 quatrilhões de circuitos que, ainda por cima, são plásticos, ou seja, mutáveis continuamente. Numa sinapse, transmissão da informação de um neurônio para outro, o segundo neurônio pode bloquear a informação, modificar a informação, aumentar a informação, ou seja, a informação que passa para o segundo neurônio pode ser bastante diferente daquela que entrou, indicando uma enorme capacidade do cérebro em modificar a informação. As regiões responsáveis pela memória e pelas emoções, entre outros fatores, afetam a informação inicial" (KAUFMAN, Dora. *Desmistificando a inteligência artificial*. Belo Horizonte: Autêntica, 2022. p. 12-14).
9. CUNHA, Carlos Renato da; YOSHI, Ingrid Mayumi da Silva. Inteligência artificial no Poder Judiciário brasileiro: análise da Resolução 332/2020 do CNJ. *Revista Jurídica Direito & Paz*, ano XVIII, n. 48, p. 207-230, 1º semestre, 2023. Disponível em: https://revista.unisal.br/lo/index.php/direitoepaz/article/view/1686/692. Acesso em: 24 mar. 2024. p. 210.

aponta a pesquisadora Dora Kaufman, são inteligências artificiais que criam rotas de trânsito, nos recomendam filmes e músicas em streamings, mediam nossas interações em redes sociais, analisam crédito, gerem investimentos, atendem público em *chat bots*, entre incontáveis outras possibilidades[10]. Em comum, todos esses sistemas não se limitam a terem sido programados por humanos para uma função específica – na realidade, as máquinas também aprendem com os dados que rodam, sofisticando seus resultados e até mesmo prevendo comportamentos com base no repertório estatístico que adquiriram.

Estatística, aqui, parece ser realmente a palavra-chave, pois, a IA hoje consiste, *grosso modo*, em "modelos estatísticos que, baseados em dados, calculam a probabilidade de eventos ocorrerem" – o que está, ainda, longe de capacidades de nível humano, tendo em vista que "máquinas não são 'inteligentes' no sentido dado pelos seres humanos – ser capaz de agir para atingir objetivos próprios –, pelo contrário, elas não têm objetivos, são os seres humanos que imputam seus objetivos nos sistemas inteligentes"[11].

Lançado em 2022, o ChatGPT se apresenta como um marco da "ampliação da capacidade computacional"[12], mas também é visto como uma "ferramenta

---

10. Kaufman, *op. cit.*, p. 11. Ver, por exemplo, o acórdão em que se relata que sistemas de inteligência artificial contribuíram para a prisão de suspeita de tráfico internacional de drogas: "Nesse sentido, as informações obtidas por meio do Alerta Vermelho relacionado a ré, jovem indivídua empreendendo múltiplas viagens com o mesmo destino e de curta duração, constituíram base concreta para a suspeita fundada que respaldou a busca pessoal. (...) Conforme apurado em instrução, a fundada suspeita adveio de alerta aos agentes do aeroporto, alerta este derivado de sistema de inteligência artificial, muito em voga nos tempos atuais, utilizando-se de algoritmos para cruzamento de informações e análise de risco" (TRF-3, 5ª Turma, Habeas corpus 5029697-53.2023.4.03.0000, Rel. Des. Fed. Ali Mazloum, j. 30 jan. 2024). Por outro lado, sistemas de inteligência artificial também são apontados como responsáveis por decisões contestáveis, como a exclusão de motorista do Aplicativo 99: "Apelação cível. Direito civil. Ação de obrigação de fazer c/c indenizatória. Plataforma digital de intermediação de serviço de transporte por aplicativo. Exclusão de motorista do Aplicativo 99. Sentença que julgou parcialmente procedentes os pedidos. Apelo do réu. Exclusão de motorista da plataforma de transporte por Aplicativo 99, sem motivação. Alegação na contestação que o sistema de inteligência artificial identificou conduta do apelado em desacordo com os termos de uso da plataforma, configurando má conduta. Não é possível extrair das alegações e da prova nos autos motivo de aplicação de multa, suspensão ou cancelamento de acesso ao aplicativo. (...) Exclusão sumária do autor da plataforma do aplicativo do réu, sem qualquer justificativa, que não se coaduna com os limites da função social do contrato e o princípio da boa-fé objetiva, previstos nos arts. 421 e 422 do Código Civil. Ausência de justo motivo para o banimento do autor da plataforma, pois não demonstrada a alegada violação aos Termos de Uso, devendo ser mantida a sentença quanto ao restabelecimento de seu cadastro na plataforma, salvo a existência de outro motivo também previsto no contrato e diverso do que foi objeto neste processo. (...)" (TJRJ, 8ª Câmara de Direito Privado, Apelação 0003127-82.2021.8.19.0008, Rel. Des. Cezar Augusto Rodrigues Costa, j. 19/03/2024).
11. Kaufman, *op. cit.*, p. 12-13.
12. FERREIRA, Rafael Clementino Veríssimo; GARCIA, Gustavo Henrique Maia; BRASIL, Deilton Ribeiro. O surgimento do Chat GPT e a insegurança sobre o futuro dos trabalhos acadêmicos. *Cadernos de Dereito Actual*, n. 21, p. 130-143, jun. 2023. Disponível em: https://www.cadernosdedereitoactual.es/ojs/index.php/cadernos/article/view/917. Acesso em: 24 mar. 2024.

capaz de responder a perguntas complexas e produzir textos de alta qualidade"[13], viabilizando a utilização democrática de ferramentas até então acessíveis de modo menos difundido. Justamente por sua exponencial popularização, questões relevantes como a preocupação com a privacidade e a liberdade de expressão são importantes de serem pontuadas e refletidas a partir de nosso ordenamento jurídico e das soluções encontradas, até então, no sistema de justiça brasileiro.

A partir da popularização da ferramenta, outras linguagens de Inteligência Artificial têm sido apresentadas ao grande público, as quais são capazes de criar, a partir de comandos, apresentações acadêmicas, vídeos, imagens e os mais diversos tipos de criações digitais que se possa imaginar; são as denominadas inteligências artificiais generativas, de modo genérico.

2. HÁ LIBERDADE DE EXPRESSÃO PARA INTELIGÊNCIAS ARTIFICIAIS GENERATIVAS?

De fato, justamente pelo fato de criarem conteúdo a partir de dados previamente inseridos no aplicativo (ou adquiridos de forma automática a partir de informações previamente disponíveis na rede mundial de computadores[14]) e que servem de aprendizado ao algoritmo, não se pode dizer que as inteligências artificiais, em si mesmas, tenham liberdade de expressão, pois não são sujeitos de direito e, portanto, como é a liberdade de expressão.

Curiosamente, um pesquisador norte-americano perguntou ao próprio Chat GPT se a expressão da inteligência artificial era protegida pela Primeira Emenda à Constituição dos Estados Unidos, e obteve a seguinte resposta:

> A Primeira Emenda protege os direitos de indivíduos. Ela não se aplicaria para uma IA porque ela não é um sujeito de direito. Contudo, os direitos à liberdade de expressão e de imprensa são importantes para o desenvolvimento e progresso da tecnologia de IA. A expressão da IA seria protegida pela Primeira Emenda se fosse considerada uma forma de expressão, e não fosse ofensiva ou ilegal. Por exemplo, novos artigos, poesia, ou música gerados por IA seriam livre expressão. Mas também é importante notar que expressão gerada por IA pode ser objeto de regulação ou restrição se usada para atividades ilícitas ou para produção de conteúdo ofensivo ou que incite violência. Também é importante notar que o conceito de liberdade

---

13. OLIVEIRA, Juliana Michelli da Silva; SIQUEIRA, Rodrigo de Almeida; ALMEIDA, Rogério de. Três faces do ChatGPT: imaginários de uma máquina de linguagem. *SCIAS* – Educação, Comunicação e Tecnologia, v. 5, n. 2, p. 104-123, jul./dez., 2023. Disponível em: https://revista.uemg.br/index.php/sciasedcomtec/article/view/7906. Acesso em: 24 mar. 2024. p. 107.
14. LOPES, André. Dados de crianças brasileiras são usados em treinamento de IA sem consentimento, revela relatório. *Exame*, 10 jun. 2024. Disponível em: https://exame.com/inteligencia-artificial/dados-de-criancas-brasileiras-sao-usados-em-treinamento-de-ia-sem-consentimento-revela-relatorio/. Acesso em: 15 jun. 2024.

de expressão para IA é uma área do direito complexa e recente, e não há consenso claro a respeito da extensão para a qual a Primeira Emenda seria aplicável ao discurso gerado por IA[15].

Poder-se-ia pensar apenas na liberdade de expressão dos sujeitos de direito (humanos) que inserem os comandos no aplicativo, nesta ou naquela direção, com esta ou aquela inclinação política, filosófica, pragmática. Com efeito, como referido por Queiroz, "A internet criou espaços de expressão que não existiam à época da elaboração da Constituição de 1988"[16], de modo que a interpretação jurídica a partir das normas presentes exige do jurista um exercício de adaptação e reflexão.

Nesse ponto, a pesquisadora Dora Kaufman alerta que "base de dados para treinar algoritmo de IA não é salsicha" – ou seja, não deve usar qualquer ingrediente. Apenas mais recentemente tem se falado no viés dos dados inseridos nas bases, onde predominam fotos de homens brancos, e o que conduz a deficiências na identificação de pessoas de pele mais escura e mulheres. Por isso mesmo, Kaufman defende que "os sistemas de IA, particularmente em setores sensíveis, como educação e saúde, devem ser previamente auditados por agências reguladoras, com especial atenção às bases de dados"[17].

Por outro lado, é certo que a inteligência artificial – que, como já dito, é uma das forças motrizes por trás de redes sociais, selecionando o que surge para visu-

---

15. Tradução livre de: "The First Amendment protects the rights of individuals, it would not apply to an AI as it is not a legal person. However, the rights to freedom of speech and of the press are important for the development and progress of AI technology. The expression of an AI would be protected under the First amendment if it is considered as a form of speech, and it is not harmful or illegal. For example, an AI that generates news articles, poetry, or music would be protected as free speech. But it's also important to note that AI generated speech may be subject to regulation or restriction if it is used for illegal activities or to produce content that is harmful or incite violence. It's also worth noting that the concept of free speech protection for AI is a complex and emerging area of law, and there is no clear consensus on the extent to which the First Amendment would apply to AI-generated speech" (POLICINSKI, Gene. Does ChatGPT Have the Right to Free Speech? *Freedom Forum*. Disponível em: https://www.freedomforum.org/does-chatgpt-have-the-right-to-free-speech/).
16. QUEIROZ, Rafael Mafei Rabelo. Liberdade de expressão na internet: a concepção restrita de anonimato e a opção pela intervenção de menor intensidade. *Suprema* – Revista de Estudos Constitucionais, v. 1, n. 1, p. 241-266, 2021. Disponível em: https://suprema.stf.jus.br/index.php/suprema/article/view/24. Acesso em: 30 mar. 2024.
17. Kaufman, *op. cit.*, p. 17. A propósito, a doutrina divide as possibilidades de discriminação algorítmica em quatro espécies: "(i) discriminação por erro estatístico, como aquela que decorre de falhas dos engenheiros de computação, abarcando coleta de dados incorreta e erros de programação, por exemplo; (ii) discriminação por generalização, natural em qualquer processo probabilístico que acaba por determinar um indivíduo exclusivamente com base nos dados do grupo a qual está vinculado, sem considerar suas características próprias e peculiares; (iii) discriminação pelo uso de informações sensíveis, aquela que decorre da utilização de dados pessoais legalmente protegidos, a exemplo da verificação de orientação religiosa para a concessão de crédito; e (iv) discriminação limitadora de exercício de direitos, que apesar de estatisticamente correta se utilizada de uma informação com finalidade precípua de afetar um direito garantido a alguém" (MARQUES, Elaine Cristina; SILVA, Victor Hugo Cunha. Vieses algorítmicos nas aplicações de inteligência artificial: uma análise dos projetos de lei brasileiros. In: VIGLIAR, José Marcelo Menezes (coord.). *Inteligência artificial*: aspectos jurídicos. São Paulo: Almedina, 2023. p. 23).

alização em nosso *feed* – influencia a liberdade de expressão humana, ao induzir a formação de verdadeiras bolhas. Alimentando-nos com mais do que sinalizamos gostar, ficamos acostumados a receber confirmações das nossas próprias ideias, e não conteúdo do qual discordamos. Na ânsia por agradar, vão se expandindo as fronteiras da radicalização das posições políticas, o que contribui para a acentuada polarização observada não apenas no cenário brasileiro, mas também, de modo geral, em todo globo.

Nesse contexto, a inteligência artificial também auxilia a difusão de conteúdo compartimentalizado, talhado sob medida para as preferências de quem o recebe. Foi o que se mostrou decisivo, por exemplo, no chamado *Brexit,* o plebiscito realizado no Reino Unido que teve uma maioria de votos para saída do país da União Europeia, e é algo que se tem reportado ocorrer em eleições de diversos países desde então. O caso do Brexit se tornou um escândalo em parte porque o talhamento do conteúdo foi possibilitado, em grande medida, pelo uso não consentido de dados de milhares de pessoas, obtidos via redes sociais.

Em âmbito digital, a liberdade de expressão "não se refere somente à manifestação do pensamento, de ideias ou opiniões, pois também engloba as manifestações de sensações e sentimentos que podem ser externados pela atividade artística"[18], de modo que os resultados advindos do uso das inteligências artificiais generativas, por se tratarem de elementos pré-condicionados por seres humanos, poderão ser classificados como inerentes de liberdade de expressão, ainda que indiretamente, pois há um tratamento realizado a partir do treinamento da máquina até o resultado final. De outro norte, tem-se que a própria publicização, se não automatizada, também perpassa a autonomia da vontade do sujeito, que assumirá o risco em realizar seu compartilhamento – seja primário, quando é o próprio gerador do resultado, como secundário, quando há o compartilhamento.

Com isso, tem-se como premissa fundamental para a legalidade das ferramentas viabilizar a identificação da cadeia de criação e a fim de salvaguardar direitos de terceiros, individual ou coletivamente, tendo em vista os princípios presentes no próprio como os listados no art. 3º do Marco Civil da Internet e outras disposições que garantem ao usuário direitos fundamentais como os elencados nos incisos do art. 2º, em especial os direitos humanos, o desenvolvimento da personalidade e o exercício da cidadania em meios digitais (II), assim como a pluralidade e a diversidade (III). Como referido por Teffe e Moraes, "ao longo do Marco Civil, percebe-se a preocupação do legislador com a compatibilização

---

18. LEITE, Flávia Piva Almeida. O exercício da liberdade de expressão nas redes sociais: e o Marco Civil da Internet. *Revista de Direito Brasileira*, v. 13, n. 6, p. 150-166, jan./abr. 2016. Disponível em: https://www.indexlaw.org/index.php/rdb/article/view/2899/2698. Acesso em: 30 mar. 2024. p. 151.

desses princípios, tendo por fim assegurar que, também na internet, a pessoa humana possa livremente desenvolver sua personalidade"[19].

2.1 Há direitos autorais para inteligências artificiais generativas?

Os rostos sintéticos que povoam nossas timelines, a música criada por IA nos streamings, livros nas prateleiras virtuais da Amazon: produtos culturais contemporâneos que tanto desagradam a alguns, são apenas a ponta do iceberg de usos cada vez mais disseminados da inteligência artificial (até mesmo para revisão de artigos em revistas científicas, como denunciado recentemente por Erik Hoel, na *Folha de S.Paulo*). A arte gerada por IA, na opinião do autor, tem um quê de mau gosto (o articulista cita "vídeos prontos e baratos para crianças no YouTube", como "videoclipes sobre papagaios onde as aves têm olhos dentro de olhos, bicos dentro de bicos") e outro de qualidade duvidosa ("As narrativas não fazem sentido, personagens aparecem e desaparecem aleatoriamente, informações básicas como os nomes das formas estão errados"). Diante disso, Hoel se questiona: "Não é possível que a cultura humana contenha em si micronutrientes cognitivos – coisas como frases coesas, narrativas e continuidade de personagens – que os cérebros em desenvolvimento precisam?". Além do problema potencial de consumirmos conteúdo de má qualidade gerado por IA, como se fossem alimentos ultraprocessados, nossa cultura corre o risco de ser inundada por cópias de cópias (já que as futuras IAs serão treinadas pelo conteúdo atualmente existente) – dando azo a um empobrecimento nutritivo estarrecedor[20].

Se, do ponto de vista ético e artístico, o cenário parece preocupante, no que diz respeito aos aspectos jurídicos do problema as questões também não são pacíficas.

Quanto aos direitos autorais do conteúdo gerado por inteligências artificiais generativas, o pensamento jurídico criou até o momento três soluções possíveis: (i) o direito autoral pertence à própria IA (o que normalmente não se admite, dado o caráter antropocêntrico de todos os ordenamentos jurídicos do planeta); (ii) o autor (ou detentor de algum direito sui generis) é o criador ou programador do aplicativo ou a pessoa que está inserindo os comandos no programa, de acordo com o grau de autonomia do conteúdo gerado em relação ao ato humano que deu

---

19. TEFFÉ, Chiara Spadaccini de; MORAES, Maria Celina Bodin. Redes sociais virtuais: privacidade e responsabilidade civil: análise a partir do Marco Civil da Internet. *Revista Pensar*, v. 22, p. 1, p. 108-146, jan./abr., 2017. Disponível em: https://ojs.unifor.br/rpen/article/download/6272/pdf/23537. Acesso em: 12 jun. 2024.
20. HOEL, Erik. O lixo gerado pela inteligência artificial está poluindo nossa cultura. *Folha de S.Paulo*, São Paulo, 1º abr. 2024. Disponível em: https://www1.folha.uol.com.br/tec/2024/04/o-lixo-gerado-pela--inteligencia-artificial-esta-poluindo-nossa-cultura.shtml. Acesso em: 10 abr. 2024.

início ao ato de criação; (iii) não há autoria, e todo o conteúdo gerado pela IA já nasce como domínio público[21].

O debate ainda avança a passos lentos no Brasil. Não obstante, recentemente entidades conectadas ao setor de direitos autorais entregaram ao Senado Federal documento com propostas para inclusão no projeto de Lei 2.338/2023, que regula o uso da IA no país. As entidades, entre as quais a Ordem dos Advogados do Brasil (OAB), a Associação Brasileira de Emissoras de Rádio e Televisão (ABERT), a Câmara Brasileiro do Livro e a Associação Brasileira de Jornais (ANJ), alinham-se à terceira posição comentada acima, isto é, não garantir às obras geradas por IA a proteção do direito autoral. Ainda, há sugestões no sentido de condicionar a utilização de obras autorais para o aprendizado da máquina ao consentimento do autor, e à sua justa remuneração[22].

Enquanto a regulação estatal não vem, a autorregulação das *big techs* tem tomando algumas medidas que dão cumprimento a deveres de transparência e informação. A Meta, empresa por trás do Facebook e do Instagram, anunciou que, seguindo recomendação de seu Comitê de Supervisão (Oversight Board), irá rotular como tal *mais* conteúdo produzido por IA. A palavra central nessa notícia parece ser *mais,* pois se mostra preocupante que, ainda, a própria companhia não admita ser possível rotular *todo* o conteúdo gerado artificialmente[23].

3. A PRIVACIDADE E AS INTELIGÊNCIAS ARTIFICIAIS GENERATIVAS

A tutela da privacidade no âmbito das inteligências artificiais generativas pode ser analisadas, ao menos, sob três aspectos: (1) a privacidade a respeito das informações que são implementadas; (2) a privacidade relativa ao desenvolvimento realizado no âmbito do uso das ferramentas; (3) a privacidade ou sua possível violação a partir da exportação e divulgação dos resultados advindos do uso das ferramentas – que se correlaciona, também, com o direito à liberdade de expressão.

A privacidade é compreendida, tradicionalmente, como um direito fundamental em âmbito constitucional, assim como um direito inerente à personalidade

---

21. LANA, Pedro de Perdigão. *Inteligência artificial e autoria:* questões de direito de autor e domínio público. Curitiba: IODA, 2021. p. 143-166.
22. BAISI, Anna. ABI, ANJ, Abert, OAB e outras entidades assinam carta conjunta em defesa dos direitos autorais na regulação de IA. *Mobile Time,* 8 abr. 2024. Disponível em: https://www.mobiletime.com.br/noticias/08/04/2024/abi-anj-abert-oab-e-outras-entidades-assinam-carta-conjunta-em-defesa-dos-direitos-autorais-na-regulacao-de-ia/. Acesso em: 16 abr. 2024.
23. "A broader range of content on Facebook, Instagram and Threads will now be labeled "Made with AI" when the company detects industry-standard AI image indicators, or when posters disclose that they're uploading AI-generated content" (WOOLACOTT, Emma. Meta Changes Policy On AI-Generated Content And Manipulated Media. *Forbes,* 8 abr. 2024. Disponível em: https://www.forbes.com/sites/emmawoollacott/2024/04/08/meta-changes-policy-on-ai-generated-content-and-manipulated-media/?sh=148f2736dbcf. Acesso em: 16 abr. 2024.

do sujeito de direitos "como projeção da tutela constitucional da dignidade da pessoa humana (art. 1º, III, da CF)[24], tendo Benjamin, Lessa e Marques concluído que seu principal aspecto possui relação com a proteção de dados pessoais – não se confundindo com o direito à honra. Para Marineli, a privacidade consistiria em "direito personalíssimo atribuído a toda pessoa de manter certos momentos, aspectos e dados relacionados à própria vida ao abrigo de invasões e divulgações não autorizadas."[25].

O MCI, por sua vez, inaugura dispositivos que pretenderam proteger o direito à privacidade em âmbito digital, na medida em que limita o acesso e uso de dados pessoais dos usuários (art. 7º, incisos VII, VIII, IX e X), bem como disciplina a respeito de consentimento, exclusão e manipulação dos dados (art. 16, inciso II).

Ao se refletir a respeito da tutela da privacidade a partir da perspectiva da inteligência artificial, parte da doutrina indica a possibilidade de contradição nas correlações existentes entre o fenômeno e o direito a ser tutelado:

> Diversos direitos da personalidade podem ser violados pelo uso indevido da inteligência artificial, como nos casos relativos à vida e à integridade física, disposição do próprio corpo em questões relativas à saúde, além da honra, privacidade, imagem e discriminações referentes às identidades pessoais. Pode-se, até mesmo, do ponto de vista retórico, indagar se inteligência artificial e direitos da personalidade representam contradição em termos, tamanha a vulnerabilidade da pessoa em razão do uso inadequado dessas tecnologias[26].

Isso em razão dos efeitos secundários que podem advir do uso indevido das inteligências artificiais, como menciona Eduardo Tomaevicius Filho, consistentes em três categorias:

> O primeiro deles é o risco à segurança digital, por meio de intensos ciberataques generalizados. O segundo deles consiste nos riscos à segurança física, por meio de lesões causadas por drones ou armas operadas com inteligência artificial. O terceiro risco consiste nos riscos à segurança política, por meio do monitoramento decorrente da análise de dados coletados em massa, a manipulação de vídeos, a invasão da privacidade e a manipulação social, por meio da análise de comportamentos humanos, costumes e crenças

---

24. BENJAMIN, Antonio Herman de Vasconcellos; MARQUES, Claudia; BESSA, Leonardo. Bancos de Dados e Cadastros de Consumo In: BENJAMIN, Antonio Herman de Vasconcellos; MARQUES, Claudia; BESSA, Leonardo. *Manual de Direito do Consumidor*. 9. ed. São Paulo: Editora Revista dos Tribunais, 2021. Disponível em: https://www.jusbrasil.com.br/doutrina/manual-de-direito-do-consumidor/1250397051. Acesso em: 15 jun. 2024.
25. MARINELI, Marcelo. Conceituação de Privacidade. *Privacidade e Redes Sociais Virtuais*. São Paulo: Editora Revista dos Tribunais, 2019.
26. TOMASEVICIUS FILHO, Eduardo. Inteligência Artificial e Direitos da Personalidade: uma contradição em termos?. *Revista da Faculdade de Direito da Universidade de São Paulo*, v. 113, p. 133-149, jan./dez. 2018. Disponível em: https://www.revistas.usp.br/rfdusp/article/view/156553/152042. Acesso em: 30 mar. 2024. p. 141.

A partir dessas primeiras conceituações, voltando-se aos três escopos inicialmente definidos nesta seção, tem-se a privacidade a respeito das informações que são implementadas e/ou alimentadas pelo próprio usuário junto à Inteligência Artificial Generativa. A esse respeito, observa-se que algumas ferramentas já implementam barreiras relativas ao tratamento de dados pessoais como imagens de pessoas ou dados sensíveis.

Isso porque, ao perguntar ao ChatGPT a respeito de alguma pessoa em específico, a resposta habitualmente advinda da IA é que "Não consegui encontrar informações específicas sobre uma pessoa chamada (suprimido). Pode ser que ela não seja uma figura pública amplamente conhecida ou pode haver um erro ortográfico no nome. Se houver mais detalhes ou contexto sobre quem é essa pessoa ou sobre o que ela faz, posso tentar ajudar de outra forma!".

Já no aspecto relativo à privacidade (ou sigilo) relativo ao desenvolvimento realizado no âmbito do uso das ferramentas – isto é, o quão privado é a realização do uso da plataforma, ao menos o ChatGPT informa, em suas, especificações técnicas, a possibilidade de modo que as conversas realizadas entre o usuário e a IA podem ser restritas apenas ao usuário, a qualquer um com um link ou para todos[27].

Quanto ao aspecto da privacidade relacionado à sua violação a partir da exportação e divulgação dos resultados advindos do uso das ferramentas, correlacionado, como já mencionado, ao direito à liberdade de expressão, trata-se de aspecto a ser analisado a partir dos direitos fundamentais já instituídos. Isso porque não é em razão da existência de um novo ambiente (o digital) que se devem perder de vista os direitos até então já constituídos em nosso ordenamento. Com isso, observar as violações a direito à privacidade (como uso e divulgação inadequada de dados sem prévio consentimento), encontra guarida tanto nos dispositivos do Marco Civil da Internet, antes mencionados, como por meio da interpretação das disposições infralegais aplicáveis a depender do caso concreto.

Com vistas a elucidar possíveis violações, no próximos tópico serão, então, analisados casos que podem guarnecer nossa análise a respeito das proteções aqui elencadas.

4. A VISÃO DA JURISPRUDÊNCIA BRASILEIRA SOBRE INTELIGÊNCIAS ARTIFICIAIS GENERATIVAS: EXAME DE ALGUNS CASOS CONCRETOS

Não foram localizados, até o momento de revisão do presente estudo, na jurisprudência brasileira, casos que lidassem diretamente com o chat GPT e com inteligências artificiais generativas.

---

27. Disponível em: https://platform.openai.com/docs/actions/introduction. Acesso em: 11 jun. 2024.

No entanto, já há julgados que tratam de impactos da inteligência artificial em direitos da personalidade (como a proteção à voz), como a ação ajuizada por locutor/dublador, que afirma que a Uber utilizaria sua voz para o navegador de mapas utilizado pelo aplicativo. Foi concedida tutela de urgência para impedir a continuidade do uso por multa diária, mas em sede de agravo de instrumento a liminar foi cassada, pois se entendeu provado, pelo menos por enquanto, que a Uber obteve a voz por meio do aplicativo Murf. AI, que cria vozes artificiais a partir de vozes naturais obtidas por pessoas cadastradas. Ainda, ponderou-se que o melhor em todo caso seria converter a obrigação de não fazer em perdas e danos, se provado que o aplicativo obteve a voz ilicitamente[28].

De maior repercussão foi a ação civil pública ajuizada pelo Instituto de Defesa do Consumidor (IDEC), em razão da utilização, pela concessionária Via 4 do metrô de São Paulo, de câmeras que, sem consentimento, capturavam expressões faciais dos usuários e as utilizavam como gatilho para o direcionamento de anúncios publicitários por meio de inteligência artificial. Essa finalidade comercial, e não de segurança, foi considerada inadmissível pela sentença, o que ensejou a condenação da empresa por danos morais coletivos a uma indenização de R$ 100 mil, além da confirmação da tutela de urgência para que cessasse a conduta descrita na inicial[29].

Em sede de apelação, o TJSP majorou o *quantum* indenizatório para R$ 500 mil, sob o fundamento de que "os cidadãos transportados pela concessionária Via Quatro, estão sendo invadidos na sua intimidade, com fins lucrativos, ou mesmo outros fins obscuros, sem que isso seja autorizado e sem que haja um controle mínimo sobre a utilização de captação de imagens"[30].

O entendimento jurisprudencial está em sintonia com a recomendação doutrinária a respeito do uso de dados pessoais pela IA:

---

28. TJSP, 5ª Vara Cível do Foro Regional de Pinheiros, Comarca de São Paulo, Autos 1144419-87.2023.8.26.0100; e TJSP, 4ª Câmara de Direito Privado, Agravo de Instrumento 2065595-72.2024.8.26.0000, Rel. Des. Enio Zuliani, j. 25 mar. 2024.
29. "A situação exposta no caso concreto é muito diferente da captação de imagens por sistemas de segurança com objetivo de melhoria na prestação do serviço, segurança dos usuários ou manutenção da ordem, o que seria não só aceitável, mas necessário diante da obrigação da fornecedora de serviço público zelar pela segurança de seus usuários dentro de suas dependências. É evidente que a captação da imagem ora discutida é utilizada para fins publicitários e consequente cunho comercial, já que, em linhas gerais, se busca detectar as principais características dos indivíduos que circulam em determinados locais e horários, bem como emoções e reações apresentadas à publicidade veiculada no equipamento" (TJSP, 37ª Vara Cível do Foro Central, Comarca de São Paulo, Autos 1090663-42.2018.8.26.0100, Juíza Patrícia Martins Conceição, j. 10 maio 2021).
30. TJSP, 8ª Câmara de Direito Público, Apelação 1090663-42.2018.8.26.0100, Rel. Des. Antonio Celso Faria, j. 10 maio 2023.

O desenvolvimento de sistemas de IA deve minimizar o uso de informações sensíveis, bem como deve adotar mecanismos de anonimização e criptografia de informações. Os sistemas devem possuir um Data Privacy Officer (DPO) e adotar protocolos de segurança certificados por empresas de auditoria. Os protocolos, processos e procedimentos seguidos devem preservar a segurança e a governança dos dados. O acesso aos dados e informações do sistema devem ser restritos a pessoas que têm a competência necessária para entender a política de proteção de dados da organização e os procedimentos administrativos e legais a serem adotados em caso de violação à proteção de dados[31].

CONSIDERAÇÕES FINAIS

Uma notícia recente serve como anedota perfeita para redimensionarmos o papel que inteligências artificiais têm no mundo moderno: foi descoberto que os mercados automatizados da Amazon não são geridos totalmente por máquinas, como se anuncia. Pelo contrário: reportou-se que mais de mil funcionários, de nacionalidade indiana, monitoravam as compras realizadas por pessoas e adicionavam produtos aos carrinhos manualmente[32].

No entanto, se isso nos ensina a não superestimar o poder da IA, igualmente não seria prudente subestimá-lo. Em sentido diametralmente oposto à notícia acima, Stuart Russel, professor de ciência da computação da Universidade da Califórnia em Berkeley, preocupa-se principalmente com o que se esconde por trás das caixas-pretas da IA, aqueles resultados que parecem não ter explicação considerando os inputs inseridos no algoritmo. A frase de sua entrevista à *Folha de S. Paulo* que virou manchete alerta que nada impede que as *big techs* estejam construindo ou construam um sistema que destruirá o mundo. Ele ainda qualifica a pretensão de Sam Altman, mente por trás da Open AI, do Chat GPT, de primeiro construir uma inteligência artificial geral (AGI na sigla em inglês) e só depois descobrir como torná-la segura "uma loucura". Por isso, para garantir que os sistemas não façam coisas inaceitáveis, ele entende que a única resposta possível seria a regulação[33].

Parecem importantes, por conseguinte, iniciativas de regulação desse campo, em nível internacional, como se vê na resolução recentemente aprovada pela

---

31. BARCAROLLO, Felipe. *Inteligência artificial*: aspectos ético-jurídicos. São Paulo: Almedina, 2021. p. 284.
32. OLSON, Parmy. Amazon's AI Stores Seemed Too Magical. And They Were. The 1,000 contractors in India working on the company's Just Walk Out technology offer a stark reminder that AI isn't always what it seems. *Bloomberg*, 3 abr. 2024. Disponível em: https://www.bloomberg.com/opinion/articles/2024-04-03/the-humans-behind-amazon-s-just-walk-out-technology-are-all-over-ai. Acesso em: 7 abr. 2024.
33. RUSSEL, Stuart. Entrevista a Gustavo Soares. *Folha de S. Paulo*, 14 abr. 2024. Disponível em: https://www1.folha.uol.com.br/tec/2024/04/nada-impede-a-criacao-de-ia-que-destruira-o-mundo-diz-professor-de-berkeley.shtml. Acesso em: 14 abr. 2024.

Organização das Nações Unidas (ONU)[34], como no âmbito do Brasil, com os projetos de lei a respeito em trâmite no Congresso[35].

A preservação e proteção dos direitos à privacidade e liberdade de expressão se mostram, portanto, intrinsicamente correlacionados nesse novo ambiente digital (novo em virtude das novas ferramentas que surgem diariamente e cujo impacto ainda não se tem dimensão). Se por um lado o Marco Civil da Internet apresenta previsões de proteção em ambos os âmbitos, tem-se na figura do jurista hoje, talvez mais do que nunca, um basilar para a adequada aplicação das normas fundamentais de garantias de direitos humanos.

REFERÊNCIAS

AMOROZO, Marcos. Congresso tem pelo menos 46 projetos de lei para regulamentar do uso de inteligência artificial. *CNN Brasil*, 18 fev. 2024. Disponível em: https://www.cnnbrasil.com.br/politica/congresso-tem-pelo-menos-46-projetos-de-lei-para-regulamentar-do-uso-de-inteligencia-artificial/. Acesso em: 9 abr. 2024.

BAISI, Anna. ABI, ANJ, Abert, OAB e outras entidades assinam carta conjunta em defesa dos direitos autorais na regulação de IA. *Mobile Time*, 8 abr. 2024. Disponível em: https://www.mobiletime.com.br/noticias/08/04/2024/abi-anj-abert-oab-e-outras-entidades-assinam-carta-conjunta-em-defesa-dos-direitos-autorais-na-regulacao-de-ia/. Acesso em: 16 abr. 2024.

BARCAROLLO, Felipe. *Inteligência artificial*: aspectos ético-jurídicos. São Paulo: Almedina, 2021.

BENJAMIN, Antonio Herman de Vasconcellos; MARQUES, Claudia; BESSA, Leonardo. Bancos de Dados e Cadastros de Consumo In: BENJAMIN, Antonio Herman de Vasconcellos; MARQUES, Claudia; BESSA, Leonardo. *Manual de Direito do Consumidor*. 9. ed. São Paulo: Editora Revista dos Tribunais, 2021. Disponível em: https://www.jusbrasil.com.br/doutrina/manual-de-direito-do-consumidor/1250397051. Acesso em: 15 jun. 2024.

CARNAVAL, Gabriel. Como o ChatGPT pode destruir sua carreira jurídica? *Consultor Jurídico – Conjur*, 6 ago. 2023. Disponível em: https://www.conjur.com.br/2023-ago-6/gabriel-carnaval-chatgpt-destruir-carreira/. Acesso em: 27 mar. 2024.

CHATGPT. Disponível em: https://platform.openai.com/docs/actions/introduction. Acesso em: 11 jun. 2024.

---

34. "A resolução prevê que os países se abstenham ou interrompam o uso de sistemas de inteligência artificial que sejam impossíveis de operar em conformidade com o direito internacional humanitário ou traga riscos inaceitáveis para a fruição de direitos humanos" (ORGANIZAÇÃO DAS NAÇÕES UNIDAS (ONU). General Assembly adopts landmark resolution on artificial intelligence. Genebra, ONU, 21 mar. 2024. Disponível em: https://news.un.org/en/story/2024/03/1147831. Acesso em: 9 abr. 2024, tradução livre de: "to refrain from or cease the use of artificial intelligence systems that are impossible to operate in compliance with international human rights law or that pose undue risks to the enjoyment of human rights").

35. Notícia recente dá conta que são 46 projetos, 34 na Câmara dos Deputados e 12 no Senado Federal, abrangendo *deep fake*, direitos autorais e plágio, uso de reconhecimento facial, aplicação de IA na administração pública, criminalização de determinadas condutas, entre outros temas (AMOROZO, Marcos. Congresso tem pelo menos 46 projetos de lei para regulamentar do uso de inteligência artificial. *CNN Brasil*, 18 fev. 2024. Disponível em: https://www.cnnbrasil.com.br/politica/congresso-tem-pelo-menos-46-projetos-de-lei-para-regulamentar-do-uso-de-inteligencia-artificial/. Acesso em: 9 abr. 2024).

CONSULTOR JURÍDICO – Conjur. CNJ vai investigar juiz que usou tese inventada pelo ChatGPT para escrever decisão, 12 nov. 2023. Disponível em: https://www.conjur.com.br/2023-nov-12/cnj-vai-investigar-juiz-que-usou-tese-inventada-pelo-chatgpt-para-escrever-decisao/. Acesso em: 27 mar. 2024.

CUNHA, Carlos Renato da; YOSHI, Ingrid Mayumi da Silva. Inteligência artificial no Poder Judiciário brasileiro: análise da Resolução 332/2020 do CNJ. *Revista Jurídica Direito & Paz*, ano XVIII, n. 48, p. 207-230, 1º semestre, 2023. Disponível em: https://revista.unisal.br/lo/index.php/direitoepaz/article/view/1686/692. Acesso em: 24 mar. 2024.

FERREIRA, Rafael Clementino Veríssimo; GARCIA, Gustavo Henrique Maia; BRASIL, Deilton Ribeiro. O surgimento do Chat GPT e a insegurança sobre o futuro dos trabalhos acadêmicos. *Cadernos de Dereito Actual*, n. 21, p. 130-143, jun. 2023. Disponível em: https://www.cadernosdedereitoactual.es/ojs/index.php/cadernos/article/view/917. Acesso em: 24 mar. 2024.

HOEL, Erik. O lixo gerado pela inteligência artificial está poluindo nossa cultura. *Folha de S.Paulo*, São Paulo, 1º abr. 2024. Disponível em: https://www1.folha.uol.com.br/tec/2024/04/o-lixo-gerado-pela-inteligencia-artificial-esta-poluindo-nossa-cultura.shtml. Acesso em: 10 abr. 2024.

KAUFMAN, Dora. *Desmistificando a inteligência artificial*. Belo Horizonte: Autêntica, 2022.

KOVACH, S.; ELIAS, J.; VANIAN, J. OpenAI says in memo that Musk's claims 'stem from Elon's regrets' that he's not part of company. *CNBC*, 1º mar. 2024. Disponível em: https://www.cnbc.com/2024/03/01/openai-says-musk-claims-in-lawsuit-stem-from-elons-regrets-hes-out.html. Acesso em: 27 mar. 2024.

LANA, Pedro de Perdigão. *Inteligência artificial e autoria*: questões de direito de autor e domínio público. Curitiba: IODA, 2021.

LEITE, Flávia Piva Almeida. O exercício da liberdade de expressão nas redes sociais: e o Marco Civil da Internet. *Revista de Direito Brasileiro*, v. 13, n. 6, p. 150-166, jan./abr. 2016. Disponível em: https://www.indexlaw.org/index.php/rdb/article/view/2899/2698. Acesso em: 30 mar. 2024.

LOPES, André. Dados de crianças brasileiras são usados em treinamento de IA sem consentimento, revela relatório. *Exame*, 10 jun. 2024. Disponível em: https://exame.com/inteligencia-artificial/dados-de-criancas-brasileiras-sao-usados-em-treinamento-de-ia-sem-consentimento-revela-relatorio/. Acesso em: 15 jun. 2024.

MARINELI, Marcelo. Conceituação de Privacidade. *Privacidade e Redes Sociais Virtuais*. São Paulo: Editora Revista dos Tribunais, 2019.

MARQUES, Elaine Cristina; SILVA, Victor Hugo Cunha. Vieses algorítmicos nas aplicações de inteligência artificial: uma análise dos projetos de lei brasileiros. In: VIGLIAR, José Marcelo Menezes (coord.). *Inteligência artificial*: aspectos jurídicos. São Paulo: Almedina, 2023.

MARTINS, Alan Rocha; SÁ, Valdir Rodrigues de. Inteligência artificial e a decisão judicial: benefícios e riscos à democracia. In: VIGLIAR, José Marcelo Menezes (coord.). *Inteligência artificial*: aspectos jurídicos. São Paulo: Almedina, 2023.

OLIVEIRA, Juliana Michelli da Silva; SIQUEIRA, Rodrigo de Almeida; ALMEIDA, Rogério de. Três faces do ChatGPT: imaginários de uma máquina de linguagem. *SCIAS – Educação, Comunicação e Tecnologia*, v. 5, n. 2, p. 104-123, jul./dez., 2023. Disponível em: https://revista.uemg.br/index.php/sciasedcomtec/article/view/7906. Acesso em: 24 mar. 2024.

OLSON, Parmy. Amazon's AI Stores Seemed Too Magical. And They Were. The 1,000 contractors in India working on the company's Just Walk Out technology offer a stark reminder that AI isn't always what it seems. *Bloomberg*, 3 abr. 2024. Disponível em: https://www.bloomberg.com/

opinion/articles/2024-04-03/the-humans-behind-amazon-s-just-walk-out-technology-are-all-over-ai. Acesso em: 7 abr. 2024.

ORGANIZAÇÃO DAS NAÇÕES UNIDAS (ONU). General Assembly adopts landmark resolution on artificial intelligence. Genebra, ONU, 21 mar. 2024. Disponível em: https://news.un.org/en/story/2024/03/1147831. Acesso em: 9 abr. 2024.

OUR word of the year for 2023, *The Economist*. 7 dez. 2023 Disponível em: https://www.economist.com/culture/2023/12/07/our-word-of-the-year-for-2023. Acesso em: 25 mar. 2024.

POLICINSKI, Gene. Does ChatGPT Have the Right to Free Speech? *Freedom Forum*. Disponível em: https://www.freedomforum.org/does-chatgpt-have-the-right-to-free-speech/.

QUEIROZ, Rafael Mafei Rabelo. Liberdade de expressão na internet: a concepção restrita de anonimato e a opção pela intervenção de menor intensidade. *Suprema* – Revista de Estudos Constitucionais, v. 1, n. 1, p. 241-266, 2021. Disponível em: https://suprema.stf.jus.br/index.php/suprema/article/view/24. Acesso em: 30 mar. 2024.

RUSSEL, Stuart. Entrevista a Gustavo Soares. *Folha de S. Paulo*, 14 abr. 2024. Disponível em: https://www1.folha.uol.com.br/tec/2024/04/nada-impede-a-criacao-de-ia-que-destruira-o-mundo-diz-professor-de-berkeley.shtml. Acesso em: 14 abr. 2024.

TEFFÉ, Chiara Spadaccini de; MORAES, Maria Celina Bodin. Redes sociais virtuais: privacidade e responsabilidade civil: análise a partir do Marco Civil da Internet. *Revista Pensar*, v. 22, p. 1, p. 108-146, jan./abr., 2017. Disponível em: https://ojs.unifor.br/rpen/article/download/6272/pdf/23537. Acesso em: 12 jun. 2024.

THE ECONOMIST. *The Intelligence: America's culture wars brought to bears*. [S.l], Spotify, 8 dez. 2023. Podcast. Disponível em: https://open.spotify.com/episode/37AJE1OjNniHcRdFLKmlNe?si=D0vUxTN_S0K-TGK3ftCyFw. Acesso em: 25 mar. 2024.

THORBECKE, Catherine. OpenAI, maker of ChatGPT, hit with proposed class action lawsuit alleging it stole people's data. *CNN*, 28 jun. 2023. Disponível em: https://edition.cnn.com/2023/06/28/tech/openai-chatgpt-microsoft-data-sued/index.html. Acesso em: 25 mar. 2024.

TOMASEVICIUS FILHO, Eduardo. Inteligência Artificial e Direitos da Personalidade: uma contradição em termos?. *Revista da Faculdade de Direito da Universidade de São Paulo*, v. 113, p. 133-149, jan./dez, 2018. Disponível em: https://www.revistas.usp.br/rfdusp/article/view/156553/152042. Acesso em: 30 mar. 2024.

WOOLACOTT, Emma. Meta Changes Policy On AI-Generated Content And Manipulated Media. *Forbes*, 8 abr. 2024. Disponível em: https://www.forbes.com/sites/emmawoollacott/2024/04/08/meta-changes-policy-on-ai-generated-content-and-manipulated-media/?sh=148f2736dbcf. Acesso em: 16 abr. 2024.

A NEUTRALIDADE DA REDE NO CONTEXTO ATUAL: RELEVÂNCIA E DESAFIOS PARA O MARCO CIVIL DA INTERNET

Fabiano Menke[1]

Rafael Scaroni Garcia[2]

Sumário: Introdução – 1. Delineamentos conceituais da neutralidade da rede – 2. Desafios contemporâneos relacionados à neutralidade da rede – 2.1 O *zero-rating*: entre possíveis problemas concorrenciais e as notícias falsas em eleições – 2.2. A modulação de tráfego de dados (*traffic shaping*), a internet dualista (*two-tier internet*) e a proibição prevista no art. 9º, II, do Decreto nº 8.771/16 – 2.3 A decisão de abril de 2024 da Federal Communications Commission americana – Considerações finais – Referências.

INTRODUÇÃO

Trazida ao ordenamento brasileiro pelo Marco Civil da Internet, a neutralidade da rede irradia efeitos a diversas áreas – do direito eleitoral ao concorrencial. Estabelecendo deveres àqueles que fornecem pacotes de dados, o princípio busca garantir a liberdade de escolha do usuário a partir do tratamento isonômico do acesso à rede, vedando a discriminação pelo conteúdo, pela origem ou pelo destino das informações transmitidas.

É nesse contexto que o Marco Civil obriga o respeito à neutralidade da rede, tornando ilegais as violações a este princípio. Exemplo disto seria o seguinte: uma empresa de *streaming* de vídeos objetiva aumentar a sua fatia de mercado no Brasil. Percebendo a cristalização do mercado em favor de suas concorrentes, a ponto de os usuários já relacionaram este serviço a empresas específicas, verifica que até mesmo os controles remotos das televisões vendidas no Brasil possuem botões que levam diretamente aos *streamings* concorrentes. Buscando alterar o cenário, a empresa busca celebrar um contrato com a maior fornecedora de internet no país para que apenas os seus vídeos sejam transmitidos em alta resolução. Por consequência óbvia, o serviço das concorrentes ficará menos atrativo porque, mesmo contra a vontade delas, a qualidade da transmissão que realizam diminuirá.

---

1. Professor associado de Direito Civil (UFRGS), Mestre em Direito pela UFRGS, Doutor em Direito pela Universidade de Kassel, Alemanha. Advogado e Árbitro.
2. Mestre em Direito pela UFRGS, advogado.

A pergunta que fica é a seguinte: é lícito às empresas celebrarem um contrato com este objeto – para que apenas os seus vídeos de um *streaming* sejam transmitidos em alta resolução? A resposta a esta pergunta parece ser negativa. Pelo menos um fundamento jurídico para a impossibilidade da contratação nestes termos é, justamente, a neutralidade da rede – há violação a este princípio ao discriminar a velocidade do pacote de dados a depender da fornecedora do serviço.

Poderíamos pensar em um exemplo mais complicado. Ao invés da empresa de *streaming*, agora temos um aplicativo de rede social que busca aumentar sua participação no mercado brasileiro. Para isto, o aplicativo também celebra um contrato com a maior fornecedora de internet do país, mas agora para que o uso deste aplicativo não desconte do pacote de dados contratado pelo consumidor. Assim, o usuário terá acesso integral ao aplicativo mesmo quando seu pacote de dados terminar – e, por consequência, ficar impossibilitado de utilizar os aplicativos concorrentes. Esta situação viola a neutralidade da rede?

E se esse fosse um aplicativo de mensagens, amplamente utilizado, num contexto eleitoral, em que os usuários receberiam notícias através dele e não pudessem verificar a veracidade do recebido em razão da limitação do pacote de dados, que não lhes confere acesso ao navegador? Haveria alguma mudança?

Como demonstram estes exemplos, a previsão da neutralidade da rede impacta diretamente o dia-a-dia da maioria da população. Situações simples, tomadas como dadas, poderiam ser absolutamente diferentes caso este princípio não fosse garantido pelo Marco Civil da Internet.

Com base nesses aspectos, o presente artigo abordará os principais desafios à neutralidade da rede passados dez anos da promulgação do Marco Civil da Internet. Tais situações vão desde o acesso patrocinado a aplicações, a modulações no tráfego de dados, que alteram a velocidade de transmissão a depender do conteúdo consumido. Mais do que isto, também serão analisados os últimos desdobramentos norte-americanos relacionados a este princípio, uma vez que a Federal Communications Commission restaurou a neutralidade da rede nos Estados Unidos em abril de 2024.

1. DELINEAMENTOS CONCEITUAIS DA NEUTRALIDADE DA REDE

A neutralidade da rede está prevista em três pontos distintos do Marco Civil da Internet – como disciplina do uso da internet no Brasil[3], em seção específica

---

3. "Art. 3º A disciplina do uso da internet no Brasil tem os seguintes princípios: (...) IV – preservação e garantia da neutralidade de rede".

a densificar o princípio[4] e como diretriz de atuação do poder público[5] – além de receber capítulo próprio no Decreto n° 8.771/16[6], que regulamenta o Marco Civil para tratar, dentre outros assuntos, das hipóteses admitidas de discriminação de pacotes de dados na internet e de degradação de tráfego.

O primeiro autor a conceituar este princípio foi Tim Wu, em seu *Network neutrality, broadband discrimination*[7], publicado em 2003 e fortemente influenciado pelas discussões travadas com Lessig e com Lemley[8]. Wu afirma que a proteção da neutralidade da rede é semelhante à defesa de um mercado justo e competitivo em qualquer outra área.[9] Nesse sentido, a neutralidade da rede também se desdobra em

---

4. "Seção I. Da Neutralidade de Rede. Art. 9° O responsável pela transmissão, comutação ou roteamento tem o dever de tratar de forma isonômica quaisquer pacotes de dados, sem distinção por conteúdo, origem e destino, serviço, terminal ou aplicação. (...)".
5. "Art. 24. Constituem diretrizes para a atuação da União, dos Estados, do Distrito Federal e dos Municípios no desenvolvimento da internet no Brasil: (...) VII – otimização da infraestrutura das redes e estímulo à implantação de centros de armazenamento, gerenciamento e disseminação de dados no País, promovendo a qualidade técnica, a inovação e a difusão das aplicações de internet, sem prejuízo à abertura, à neutralidade e à natureza participativa".
6. "Capítulo II. Da neutralidade de rede. Art. 3° A exigência de tratamento isonômico de que trata o art. 9° da Lei n° 12.965, de 2014, deve garantir a preservação do caráter público e irrestrito do acesso à internet e os fundamentos, princípios e objetivos do uso da internet no País, conforme previsto na Lei n° 12.965, de 2014. Art. 4° A discriminação ou a degradação de tráfego são medidas excepcionais, na medida em que somente poderão decorrer de [i] requisitos técnicos indispensáveis à prestação adequada de serviços e aplicações ou [ii] da priorização de serviços de emergência, sendo necessário o cumprimento de todos os requisitos dispostos no art. 9°, § 2°, da Lei n° 12.965, de 2014. (...)".
7. WU, Tim. Network neutrality, broadband discrimination. *Journal on Telecommunications & High Tech Law*, v. 2, 2003, p. 141-175.
8. "Ainda antes de Tim Wu criar o termo neutralidade da rede, Mark Lemley e Lawrence Lessig foram alguns dos primeiros pesquisadores a enfocarem a interferência de provedores de acesso no tráfego Internet do ponto de vista da regulação. A relação entre Lessig e Wu, como professor e aluno, colaborou em grande medida para a trajetória percorrida por Wu, que despontou como a grande referência cunhando o termo neutralidade da rede, em uma análise profunda sobre o mercado de provimento e a organização e práticas dos operadores de redes. O mote de Lemley e Lessig era o princípio fim a fim (ou *e2e*, *end to end*), como um dos principais conceitos no cerne do design e arquitetura da rede. Para os autores, o e2e tinha uma implicação direta para a não discriminação de tráfego e era essa característica que garantia o potencial de inovação exponencial da Internet, principalmente pela organização da rede com um núcleo simples e inteligência nas pontas. (...) Analisando o caso dos Estados Unidos da América, Lemley e Lessig apontam que a história da Internet em si foi afetada pelo controle da AT&T sobre as telecomunicações no país. Eles ressaltam o importante papel do governo em abrir a rede para a inovação e garantir esse ambiente propício à Internet e suas dinâmicas tecnológicas e de inovação. (...) A definição de neutralidade da rede, como demonstraram Lemley e Lessig (2000) acima, é frequentemente associada a esse princípio fim a fim, frisando o controle da rede nas pontas, ou seja, os intermediários (provedores de acesso/conexão) devem abster-se de tomar decisões que cabem apenas aos usuários finais" (SANTOS, Vinicius Wagner Oliveira. *Neutralidade da rede e o Marco Civil da internet no Brasil: atores, políticas e controvérsias*. Tese de Doutorado. Universidade Estadual de Campinas, 2016. p. 111-113).
9. "The promotion of network neutrality is no different than the challenge of promoting fair evolutionary competition in any privately owned environment, whether a telephone network, operating system, or even a retail store. Government regulation in such contexts invariably tries to help ensure that the short- term interests of the owner do not prevent the best products or applications becoming available

um incentivo aos atores privados para que busquem posições no longo prazo que tendem a tornar o mercado menos concentrado e mais competitivo. Para que isso se concretize, o grande desafio é demonstrar, aos agentes econômicos, ser mais vantajoso deixar de obter vantagens imediatas para pensar num horizonte mais longo.

É dessa ideia de uma internet neutra e aberta[10] que surge a neutralidade da rede. Cíntia Rosa Pereira de Lima a conceitua, partindo de quatro premissas[11], como

> um princípio da arquitetura da rede que orienta os provedores de acesso à internet a não realizarem nenhuma forma de discriminação, seja em razão da origem, seja em razão do conteúdo, ressalvadas hipóteses técnicas e de interesse público e relevância social, a serem previamente definidos pelos órgãos competentes, no caso, o Comitê Gestor de Internet do Brasil (CGI.br) e a Agência Nacional de Telecomunicações'(Anatel)[12].

A conceituação a partir de um dever de não-discriminação, baseado na isonomia[13] de tratamento na rede[14], também foi adotada pelo Marco Civil[15]. Já

---

to end-users. The same interest animates the promotion of network neutrality: preserving a Darwinian competition among every conceivable use of the Internet so that the only the best survive" (Wu, *op. cit.*, p. 142).

10. Disposição que deve ser preservada pelas ofertas comerciais e pelos modelos de cobrança de acesso à internet, segundo regra do art. 10º, do Decreto nº 8.771/16: "Art. 10. As ofertas comerciais e os modelos de cobrança de acesso à internet devem preservar uma internet única, de natureza aberta, plural e diversa, compreendida como um meio para a promoção do desenvolvimento humano, econômico, social e cultural, contribuindo para a construção de uma sociedade inclusiva e não discriminatória".
11. Que são as seguintes: "Assim, o conceito de neutralidade da rede pode ser estabelecido a partir de quatro premissas, quais sejam: a) arquitetura da rede, ou seja, a internet foi idealizada *ab initio* como uma ferramenta de comunicação plural e pública, devendo ser mantida assim; b) interesses econômicos, no sentido que esse princípio impõe a igualdade no tratamento dos pacotes de dados favorecendo as regras da justa concorrência; c) proteção dos direitos e garantias fundamentais dos usuários, em especial, o direito à privacidade (para que seus dados não sejam acessados) e direito à informação (para que saibam que tipo de controle está sendo feito pelos provedores); e d) finalidade pública ou social, isto é, algumas hipóteses de discriminação de pacotes de dados são admissíveis quando assim o exigir o interesse público e a ordem social" (LIMA, Cíntia Rosa Pereira de. Os desafios à neutralidade da rede: o modelo regulatório europeu e norte-americano em confronto com o Marco Civil da Internet brasileiro. *Revista de Direito, Governança e Novas Tecnologias*, v.4, n. 1, jan./jun. 2018. p. 56).
12. *Idem*.
13. Disposição desdobrada pelo art. 3º, do Decreto nº 8.771/16: "Art. 3º A exigência de tratamento isonômico de que trata o art. 9º da Lei nº 12.965, de 2014, deve garantir a preservação do caráter público e irrestrito do acesso à internet e os fundamentos, princípios e objetivos do uso da internet no País, conforme previsto na Lei nº 12.965, de 2014".
14. "Entende-se por neutralidade na rede ou princípio da neutralidade o dever de tratamento isonômico para todos os dados e informações que trafegam na rede. Com a crescente utilização da Internet e, ao exemplo da tecnologia P2P, o tráfego na rede aumentou drasticamente. Portanto, ao utilizarmos diversos mecanismos e tecnologias para a Internet, o uso que empregamos nas estruturas que arquitetam a rede pode variar de intensidade" (MADALENA, Juliano. Comentários ao Marco Civil da internet – Lei 12.965, de 23 de abril de 2014. *Revista de Direito do Consumidor*, v. 94, jul./ago. 2014. p. 332).
15. "Art. 9º O responsável pela transmissão, comutação ou roteamento tem o dever de tratar de forma isonômica quaisquer pacotes de dados, sem distinção por conteúdo, origem e destino, serviço, terminal ou aplicação. (...)".

o Comitê Gestor da Internet a definiu a partir da possibilidade de filtragem ou privilégio de tráfego apenas por critérios técnicos e éticos[16], aproximando-se do Decreto nº 8.771/16[17].

Christopher Yoo, por seu turno, entende estar errado o foco da neutralidade em aplicações e conteúdos[18]. Seu principal argumento é que os benefícios da neutralidade da rede são grandes a ponto de serem voluntariamente adotados neste panorama mais amplo[19] – reconhecendo, assim, os benefícios trazidos pela adoção deste princípio. O problema, segundo o autor, está na última milha[20], na

---

16. "6. Neutralidade da rede. Filtragem ou privilégios de tráfego devem respeitar apenas critérios técnicos e éticos, não sendo admissíveis motivos políticos, comerciais, religiosos, culturais, ou qualquer outra forma de discriminação ou favorecimento" (COMITÊ GESTOR DA INTERNET NO BRASIL (CGI.br). *Resolução CGI.br/RES/2009/003/P*. Disponível em: https://www.cgi.br/resolucoes/documento/2009/CGI.br_Resolucao_2009_003.pdf. Acesso em 29 abr. 2024).
17. Como se percebe na redação dos artigos 5º e 7º: "Art. 5º Os requisitos técnicos indispensáveis à prestação adequada de serviços e aplicações devem ser observados pelo responsável de atividades de transmissão, de comutação ou de roteamento, no âmbito de sua respectiva rede, e têm como objetivo manter sua estabilidade, segurança, integridade e funcionalidade. § 1º Os requisitos técnicos indispensáveis apontados no *caput* são aqueles decorrentes de: I – tratamento de questões de segurança de redes, tais como restrição ao envio de mensagens em massa (*spam*) e controle de ataques de negação de serviço; e II – tratamento de situações excepcionais de congestionamento de redes, tais como rotas alternativas em casos de interrupções da rota principal e em situações de emergência. Art. 7º O responsável pela transmissão, pela comutação ou pelo roteamento deverá adotar medidas de transparência para explicitar ao usuário os motivos do gerenciamento que implique a discriminação ou a degradação de que trata o art. 4º, tais como: I – a indicação nos contratos de prestação de serviço firmado com usuários finais ou provedores de aplicação; e II – a divulgação de informações referentes às práticas de gerenciamento adotadas em seus sítios eletrônicos, por meio de linguagem de fácil compreensão. Parágrafo único. As informações de que trata esse artigo deverão conter, no mínimo: I – a descrição dessas práticas; II – os efeitos de sua adoção para a qualidade de experiência dos usuários; e III – os motivos e a necessidade da adoção dessas práticas".
18. "Network neutrality's central concern is that owners of cable modem and DSL systems will use their control over the last mile to harm application and content providers. This Part demonstrates how net- work neutrality is fundamentally a concern about vertical integration. Section A maps network neutrality onto the two leading approaches for modeling the vertical structure of the broadband industry. Section B draws on the insights of vertical integration theory to show that network neutrality proponents are focusing on the wrong policy problem. Broadband policy would be better served if regulation was targeted not at preserving and promoting competition in applications and content, but rather at increasing competition in the last mile" (YOO, Christopher S. Beyond net neutrality. *Harvard Journal of Law & Technology*, v. 19, 2005/2006. p. 13).
19. "There can be no question that interoperability provides substantial economic benefits. Making Internet applications and content universally accessible increases the value of the network to both end users and providers of applications and content. Indeed, as the FCC has recognized, the benefits from network neutrality are often so compelling that the vast majority of network owners can be expected to adhere to it voluntarily" (*idem*, p. 5).
20. "The same economic reasoning holds true for broadband. Suppose that vertical integration in broadband were banned altogether and that every last-mile provider were forced to divest its ownership interests in any content or applications provider. Would doing so reduce the market power of the last-mile providers? The answer is clearly 'no.' The market power exercised by DSL and cable modem providers exists because of the limited number of options that end users have for obtaining last-mile services. The number of options will remain the same regardless of whether or not last-mile providers hold ownership stakes in content and application providers or whether unaffiliated content and application providers

chegada ao usuário. Neste sentido, Yoo sugere alterar o foco aos benefícios que deixariam de existir caso a neutralidade fosse imposta[21].

Como proposta de resolução do problema, Yoo defende a diversidade da rede[22]. Segundo este conceito, na ausência de um prejuízo claro à concorrência, a resposta padrão das autoridades regulatórias deveria ser no sentido de abster-se de proibir a prática contestada e, em vez disso, avaliar o seu efeito concorrencial caso a caso[23]. A principal vantagem seria permitir práticas de rede diversas, aumentando a concorrência e permitindo a inovação[24].

2. DESAFIOS CONTEMPORÂNEOS RELACIONADOS À NEUTRALIDADE DA REDE

2.1 O *zero-rating*: entre possíveis problemas concorrenciais e as notícias falsas em eleições

Talvez o maior desdobramento da neutralidade da rede seja o *zero rating*. O *zero rating* é o patrocínio do uso de aplicações e serviços pelo provedor de aplicação ou pelo provedor de conexão[25], com o propósito de não descontar estes acessos da franquia de dados contratada pelo usuário.

---

are granted nondiscriminatory access. Vertical disintegration thus has no effect on last-mile providers' ability to extract supracompetitive returns. Consumers will receive benefits only by promoting entry by alternative network capacity" (*idem*, p. 16).

21. "That said, when deciding whether to impose network neutrality as a regulatory mandate, the key question is not whether network neutrality provides substantial benefits. Instead, the key inquiry is whether circumstances exist in which deviations from network neutrality would create benefits that would be foreclosed if network neutrality were imposed" (*idem*, p. 6).
22. Ver, essencialmente, a parte III do artigo: YOO, *op. cit.*, p. 18-56.
23. "In the absence of a clear competitive harm, the standard response under competition policy is to forbear from categorically prohibiting the challenged practice and instead to evaluate its effect on competition on a case-by-case basis" (*idem*, p. 7).
24. "This approach allows policymakers to steer a middle course when facing uncertainty about the competitive impact of conflicting business models. Rather than presumptively favoring one particular architecture and placing the burden of proof on parties wishing to deviate from it, adopting a more restrained regulatory posture permits policymakers to avoid committing to either side of the debate and instead permit both approaches to go forward until the economic implications become clearer. The approach I am proposing would have its biggest impact with respect to practices that could possibly promote or harm competition and for which it is difficult to anticipate how competition will be affected. Presumptions in favor of a particular architecture effectively foreclose the potential benefits of alternative approaches even when there is no clear indication that permitting such a deviation would cause any demonstrable harm. A more restrained approach would give the benefit of the doubt to ambiguous cases and permit them to go forward unless and until there was a concrete showing of anticompetitive harm. Any other rule would short-circuit the process of experimentation with new products and alternate organizational forms that is essential to a properly functioning market" (*idem*, p. 7).
25. "O zerorating, ou acesso patrocinado, é a prática pela qual um provedor de aplicações (uma rede social, por exemplo) ou um provedor de conexão patrocina o acesso a aplicações e serviços específicos. Por meio desse patrocínio, o consumo de dados dos serviços patrocinados não são descontados da contam

Vedada por vários países[26], esta prática é amplamente utilizada pelas operadoras de internet móvel para permitir que o usuário continue acessando determinados conteúdos e aplicações mesmo depois de atingido o limite máximo de dados contratados. No Brasil, esta prática se alastrou em conjunto aos planos de internet móvel pré-pagos, que limitam o uso depois de atingida determinada franquia de dados, mas dispõem ou de franquia extra para acessar conteúdos pré-determinados, ou de serviços que não descontam do plano contratado[27].

É neste ponto que reside a problemática em definir se o patrocínio do uso de aplicações e serviços viola o direito concorrencial. Isto porque este custeio facilita o processo de fidelização dos consumidores às aplicações, ampliando a base de usuários e, consequentemente, a fatia de mercado daqueles que pagam pelo acesso ilimitado a seus conteúdos.

A questão torna-se ainda mais palpável ao analisarmos o ponto anterior pela lente do Direito Eleitoral. Isso porque 58% dos usuários brasileiros acessam a internet exclusivamente pelo celular, proporção que chega a 85% nas classes D e E[28]. Consequência disto é que todo usuário que possui plano de dados limitados tende a ficar com acesso restrito aos aplicativos patrocinados em algum momento, impossibilitando a checagem de notícias recebidas pela impossibilidade de acesso às páginas que possibilitariam esta conferência.

Foi com esta preocupação que o Tribunal Superior Eleitoral (TSE) e as operadoras de internet móvel firmaram acordo de *zero rating* para que não se

---

franquia de tráfego disponibilizada aos usuários. Os adeptos do zerorating costumam anunciar essa prática como uma discriminação positiva relativa ao preço ao invés de ser um tratamento discriminatório de tipo técnico, que violaria a neutralidade de rede" (BELLI, Luca. *Da neutralidade da rede ao feudalismo na rede*, abr. 2015. Disponível em: https://repositorio.fgv.br/server/api/core/bitstreams/081368fe-c3b5-462b-bb5c-4e00ef72ff86/content. Acesso em: 19 abr. 2024. p. 1).

26. "Isto significa que o zerorating não é compatível com as regras de neutralidade de rede e, por essa razão, vários países que têm aprovado regras sobre o tema, como o Canadá, a Eslovénia e a Holanda, já decidiram proibir o zerorating. O que é particularmente interessante em relação ao exemplo holandês é que, uma semana após a decisão de proibir o acesso patrocinado, a principal operadora da Holanda, KPN, decidiu dobrar o volume do limite de tráfego de seus planos para celular, para promover uma maior utilização da internet móvel" (*idem*, p. 2).

27. A título de exemplo, no momento em que foi escrito este artigo – abril de 2024 – a Claro, operadora de telefonia móvel, possuía três planos distintos de internet móvel pré-paga, todos com 12gb livres: um com 3gb extras de acesso ao YouTube, outro com 5gb extras de acesso ao Free Fire, e outro com 5gb extras de acesso ao TikTok. Além disso, todos eles possuíam acesso ilimitado ao WhatsApp e ao Claro Música, serviço de *streaming* de música da operadora.

28. "O telefone celular foi o principal dispositivo usado para acessar a Internet (99%). Para 58% dos usuários, o acesso foi feito exclusivamente pelo celular, proporção que chega a 85% nas classes D e E" (COMITÊ GESTOR DA INTERNET NO BRASIL (CGI.br). *Pesquisa sobre o uso das tecnologias de informação e comunicação nos domicílios brasileiros: TIC domicílios 2019*. São Paulo: Comitê Gestor da Internet no Brasil, 2020. p. 24).

descontasse do pacote de dados do usuário o acesso ao site da Justiça Eleitoral[29-30], que concentra os serviços voltados ao eleitorado brasileiro. O acordo vigeu do início da propaganda eleitoral ao final do segundo turno das eleições[31].

Com este acordo, objetivo do Tribunal era frear a disseminação de notícias falsas, permitindo a qualquer usuário o acesso a informações confiáveis a respeito do pleito, além da possibilidade de verificar a veracidade de notícias eventualmente recebidas[32-33]. Ao remover a utilização do pacote de dados como obstáculo de acesso ao site da Justiça Eleitoral, o Tribunal buscou estimular a população

A grande preocupação do Tribunal foi em relação às notícias falsas enviadas por aplicativos de troca de mensagem. Se o TSE utilizou a frequência de uso dos aplicativos como *proxy* para a velocidade de disseminação das notícias, as pes-

---

29. BRASIL. Tribunal Superior Eleitoral. *Operadoras concedem 'zero rating' para site da Justiça Eleitoral; eleitor não usará pacote de dados para navegar.* 29 set. 2020a. Disponível em: https://www.tse.jus.br/comunicacao/noticias/2020/Setembro/operadoras-concedem-zero-rating-para-site-da-justica-eleitoral-eleitor-nao-usara-pacote-de-dados-para-navegar. Acesso em: 20 abr. 2024. .
30. A cláusula do memorando de entendimento é a seguinte: "Cláusula Primeira. Objeto. 1. O presente Memorando tem por objeto o estabelecimento de parceria entre as partes para o enfrentamento à desinformação nas Eleições 2020, bem como a definição das medidas concretas que serão desenvolvidas conjuntamente para esse fim. 2. Por meio do presente Memorando, as Empresas de telefonia móvel concordam em permitir que os seus usuários acessem conteúdos e aplicações publicados sob o domínio http://www.justicaeleitoral.jus.br e seus subdomínios sem cobrança de tráfego de dados ("Zero Rating para as Eleições 2020"). Parágrafo único: Conteúdos e aplicações publicados em outros domínios que estejam publicados nas páginas dos domínios e subdomínios acima não farão jus à isenção da cobrança de tráfego de dados" (BRASIL. Tribunal Superior Eleitoral. *Memorando de Entendimento – TSE nº 39/2020*, 2020b. Disponível em: https://www.tse.jus.br/++theme++justica_eleitoral/pdfjs/web/viewer.html?file=https://www.tse.jus.br/comunicacao/noticias/arquivos/tse-memorando-entendimento-sinditelebrasil/@@download/file/memorando_sinditelebrasil.pdf. Acesso em: 20 abr. 2024).
31. "Cláusula Segunda. Duração. 1. A concessão do Zero Rating para as Eleições 2020 terá duração limitada, tendo início em 27.09.2020, com o começo do período de propaganda eleitoral, e encerramento em 29.11.2020, com o fim do segundo turno das eleições" (*idem*).
32. "O presidente do TSE, ministro Luís Roberto Barroso, ressaltou durante evento das operadoras de telefonia que a disseminação de desinformação, sobretudo quando tenha como alvos o processo eleitoral e as instituições e autoridades responsáveis por sua condução, é capaz de produzir impactos negativos nas eleições e no funcionamento das instituições democráticas. Barroso enfatizou que a parceria vai democratizar o acesso à informação, já que boa parte da população brasileira possui pacote de dados limitado. 'Essa parceria vai permitir que a população brasileira acesse gratuitamente o site da Justiça Eleitoral e obtenha informações verídicas, de fonte genuína, que nos permita enfrentar essa epidemia de notícias falsas', afirmou" (Brasil, 2020a).
33. Os considerandos do memorando de entendimento são absolutamente claros nesse sentido: "Considerando que a disseminação de desinformação, sobretudo quando tenha como alvos o processo eleitoral e as instituições e autoridades responsáveis por sua condução, é capaz de produzir impactos negativos nas eleições e no funcionamento das instituições democráticas; Considerando que o Tribunal Superior Eleitoral instituiu, em agosto de 2019, o Programa de Enfrentamento à Desinformação com foco nas Eleições 2020 ('Programa de Enfrentamento à Desinformação') para combater e mitigar os efeitos negativos provocados pela desinformação no processo eleitoral; Considerando que a promoção de iniciativas voltadas à 'Contenção à Desinformação', à 'Identificação e Checagem de Desinformação' e ao 'Aperfeiçoamento de Recursos Tecnológicos' constituem eixos prioritários do programa" (Brasil, 2020b).

quisas parecem justificar este receio: há pouquíssimas diferenças no uso desses aplicativos ao longo das classes sociais no Brasil – e uma das explicações pode ser, justamente, o *zero rating* adotado pelas empresas de telefonia:

> As diferenças entre classes sociais foram pequenas no caso do envio de mensagens instantâneas: 96% dos usuários das classes A e B, 93% dos da classe C e 87% dos pertencentes às classes DE declararam realizar essa atividade. A semelhança nas proporções indica que, além de serem atividades mais simples em termos de habilidades digitais requeridas, a prática de zero rating pelas operadoras de telefonia móvel, cujos planos permitem o uso de alguns aplicativos dessa categoria sem contar na franquia de dados dos usuários, pode influenciar a utilização[34].

A questão pendente é saber se o acordo firmado pelo TSE viola a neutralidade da rede, ou se, por outro lado, a discriminação positiva realizada está fora do âmbito de aplicação da regra de proibição à discriminação trazida pelo Marco Civil. Assim, é necessário verificar se há diferença entre as discriminações positivas no âmbito eleitoral e aquela alegada pelas operadoras de internet que, ao franquear o livre uso de determinados aplicativos, justificam-na pela vantagem conferida ao usuário.

Neste sentido, é importante diferenciar o sentido comum do sentido jurídico do termo discriminação[35]. É a discriminação ilegal, baseada em critérios proibidos, que faz incidir a norma antidiscriminatória. Baseado nisso, não parece razoável afirmar que o memorando firmado pelo TSE violou a neutralidade da rede. Isso porque o acesso ao site da justiça eleitoral não é critério proibido, além de não haver qualquer questão concorrencial envolvida. Não bastasse isso, é possível considerar o interesse público fundamento suficiente, neste caso – vislumbrando o contexto de acesso à internet no Brasil – a chancelar o conteúdo do acordo celebrado.

O caso das operadoras de internet é distinto em dois fatores essenciais: a ausência de interesse público na intensidade do exemplo anterior e a existência de interesses concorrenciais envolvidos. O primeiro é evidente porque se utiliza preponderantemente o interesse privado – a vantagem ao usuário – como argumento principal a sustentar a prática do *zero rating*. O segundo fator implica, em síntese, a possível violação à concorrência no patrocínio de acesso a determinadas aplicações com base em acordos comerciais.

---

34. CGI.br, *op. cit.*, 2020, p. 73.
35. "No sentido comum, como referido, 'discriminação' designa um estado de fato no qual ocorrem tratamentos injustificadamente diferenciados. No sentido jurídico, 'discriminação' é, além disso, o elemento de uma política, que leva em conta, entre os diversos tratamentos injustificadamente diferenciados, aqueles que possuem significância social. Por isso, os contornos da 'discriminação jurídica' serão condizentes com os elementos constitutivos dessa política, como por exemplo, com os critérios que a legitima e as específicas finalidades perseguidas (p. ex., a acentuar a garantia da dignidade ou a garantir a igualdade de chances)" (SILVA, Jorge Cesa Ferreira da. A proteção contra discriminação no direito contratual brasileiro. *Revista de Direito Civil Contemporâneo*, v. 1, n. 1, out./dez. 2014, p. 43).

Por fim, é importante ressaltar a possibilidade de os prestadores de serviço de internet descriminarem ou degradarem o tráfego de dados para restringir o envio de mensagens em massa. Essa medida excepcional é expressamente autorizada pelo art. 5°, §1°, I, do Decreto n° 8.771/16[36], com o objetivo de manter a segurança da rede e de manter sua estabilidade, segurança, integridade e funcionalidade.

Ou seja, a análise contextual, os fatores e os interesses envolvidos apontam à inequívoca possibilidade de celebração de acordos como o celebrado pelo TSE. Mais do que isto, tais iniciativas densificam e concretizam importantes fundamentos do Marco Civil, como o exercício da cidadania nos meios digitais[37] e a pluralidade[38].

2.2. A modulação de tráfego de dados (*traffic shaping*), a internet dualista (*two-tier internet*) e a proibição prevista no art. 9°, II, do Decreto n° 8.771/16

Pela similitude e pela incidência na mesma regra do decreto regulador do Marco Civil, trataremos em um mesmo tópico a modulação de tráfego de dados e a internet dualista. No *traffic shaping* os provedores de acesso à internet alteram a velocidade de transmissão de alguns conteúdos, em detrimento de outros[39] – visando incentivar os usuários a acessar as plataformas que, ao se valerem de velocidades maiores de conexão, transmitem conteúdo com maior qualidade.

A *two-tier* internet é a possibilidade de os provedores diminuírem ou aumentarem a velocidade da conexão a partir de acordos firmados – criando, literalmente, duas camadas de conexão, com velocidades e possibilidades de acesso diferentes. O fundamento desta diferenciação seria uma compensação em função dos investimentos realizados nas redes e nos serviços de comunicação[40]. Ou seja:

---

36. "Art. 5° Os requisitos técnicos indispensáveis à prestação adequada de serviços e aplicações devem ser observados pelo responsável de atividades de transmissão, de comutação ou de roteamento, no âmbito de sua respectiva rede, e têm como objetivo manter sua estabilidade, segurança, integridade e funcionalidade. § 1° Os requisitos técnicos indispensáveis apontados no caput são aqueles decorrentes de: I – tratamento de questões de segurança de redes, tais como restrição ao envio de mensagens em massa (*spam*) e controle de ataques de negação de serviço".
37. "Art. 2° A disciplina do uso da internet no Brasil tem como fundamento o respeito à liberdade de expressão, bem como: (...) II – os direitos humanos, o desenvolvimento da personalidade e o exercício da cidadania em meios digitais".
38. "Art. 2° A disciplina do uso da internet no Brasil tem como fundamento o respeito à liberdade de expressão, bem como: (...) III – a pluralidade e a diversidade".
39. "Esses riscos se agravam na medida em que falta transparência no denominado 'traffic shaping' ('modulação do tráfego de dados'), ou seja, os provedores de acesso à internet não informam e nem justificam a redução de velocidade para a transmissão de determinado conteúdo em detrimento de outros" (Lima, *op. cit.*, p. 53).
40. "Outros desafios são levantados no contexto da neutralidade da rede. Uma questão problemática diz respeito aos riscos de se favorecer uma 'internet dualista' ('two-tier Internet'). Isto porque os provedores investem muitos recursos financeiros na melhoria de redes e serviços para que sejam cada vez mais

os fornecedores que pagam mais aos provedores de serviços teriam o direito a uma camada preferencial de conexão, mais veloz, estável e confiável, influenciando diretamente na qualidade do conteúdo entregue ao usuário.

Nestes termos, poderíamos pensar em uma empresa de *streaming* que, firmando contrato com determinado provedor de internet, garantiria uma conexão de rede melhor se comparada àquela entregue a seus concorrentes. No consumidor final, isto pode significar melhor qualidade de som e de imagem, influenciando na percepção tanto da qualidade do conteúdo, quanto da plataforma – e, assim, potencialmente aumentando a participação de mercado, visto que produtos percebidos como melhores tendem a apresentar maior atratividade.

No Brasil, estas práticas são impedidas pela regra do artigo 9º, II, do Decreto nº 8.771/16, que regulamenta o Marco Civil:

> Art. 9º Ficam vedadas condutas unilaterais ou acordos entre o responsável pela transmissão, pela comutação ou pelo roteamento e os provedores de aplicação que: (...) II – priorizem pacotes de dados em razão de arranjos comerciais.

Há, entretanto, duas situações nas quais são possíveis a discriminação ou a degradação de tráfego de dados: em decorrência ou de requisitos técnicos indispensáveis à prestação adequada de serviços e aplicações, ou da priorização de serviços de emergência[41], sempre respeitando os requisitos do art. 9º, § 2º, do Marco Civil[42]. Quanto aos requisitos técnicos, uma das hipóteses expressamente prevista de incidência da norma é o controle de ataques de negação de serviço[43],

---

velozes, portanto se acredita que a eles interessa a flexibilidade da neutralidade da rede para buscarem uma compensação adicional para inserir determinado conteúdo na 'linha rápida' ('fast lane') e deixar aqueles que não se dispuseram a pagar na linha lenta" (*idem*, p. 52-53).

41. É o que determina o art. 4º, do Decreto nº 8.771/16: "Art. 4º A discriminação ou a degradação de tráfego são medidas excepcionais, na medida em que somente poderão decorrer de [i] requisitos técnicos indispensáveis à prestação adequada de serviços e aplicações ou [ii] da priorização de serviços de emergência, sendo necessário o cumprimento de todos os requisitos dispostos no art. 9º, § 2º, da Lei nº 12.965, de 2014".

42. "Art. 9º O responsável pela transmissão, comutação ou roteamento tem o dever de tratar de forma isonômica quaisquer pacotes de dados, sem distinção por conteúdo, origem e destino, serviço, terminal ou aplicação. (...). § 2º Na hipótese de discriminação ou degradação do tráfego prevista no § 1º, o responsável mencionado no *caput* deve: I – abster-se de causar dano aos usuários, na forma do art. 927 da Lei nº 10.406, de 10 de janeiro de 2002 – Código Civil; II – agir com proporcionalidade, transparência e isonomia; III – informar previamente de modo transparente, claro e suficientemente descritivo aos seus usuários sobre as práticas de gerenciamento e mitigação de tráfego adotadas, inclusive as relacionadas à segurança da rede; e IV – oferecer serviços em condições comerciais não discriminatórias e abster-se de praticar condutas anticoncorrenciais".

43. "Art. 5º Os requisitos técnicos indispensáveis à prestação adequada de serviços e aplicações devem ser observados pelo responsável de atividades de transmissão, de comutação ou de roteamento, no âmbito de sua respectiva rede, e têm como objetivo manter sua estabilidade, segurança, integridade e funcionalidade. § 1º Os requisitos técnicos indispensáveis apontados no caput são aqueles decorrentes de: I – tratamento de questões de segurança de redes, tais como restrição ao envio de mensagens em massa (spam) e controle de ataques de negação de serviço";

conhecidos como ataques de *ransomware*. Espécie de *malware* – a combinação entre *malicius* e *software* –, há duas categorias de ataques de *ransomware*: os de bloqueio, afetando as funções essenciais das máquinas, e os de criptografia, indisponibilizando o acesso aos dados ao criptografá-los.

Cada vez mais frequentes, inclusive em nível mundial, estes ataques têm afetado alguns tribunais brasileiros. Em 2021, por exemplo, em pleno período de pandemia, o Tribunal de Justiça do Rio Grande do Sul foi alvo de um ataque deste tipo[44] – no caso, inserindo um *ransomware* de criptografia no sistema, tornando-o absolutamente indisponível aos usuários. Nestas situações, os atacantes costumam cobrar determinada quantia para disponibilizar as informações.

2.3 A decisão de abril de 2024 da Federal Communications Commission americana

Nos últimos vinte anos, a neutralidade da rede sofreu reviravoltas grandes a ponto de se afirmar e, posteriormente, infirmar sua existência no ordenamento jurídico norte-americano. Em 2015, a Federal Communications Commission (FCC, ou Comissão Federal de Comunicações) instaurou o princípio da neutralidade da rede no âmbito federal estadunidense[45], seguindo pedido expresso do então presidente, Barack Obama[46].

Ocorre que a decisão foi revertida[47] em 2018, afastando a existência da neutralidade da rede em âmbito federal nos EUA. Já em 2021, após discussões em diversas Cortes de Justiça, o presidente Joe Biden solicitou à FCC, por meio de decreto executivo[48], que restaurasse a neutralidade da rede.

---

44. LIMA, Lilian. TJ-RS diz que sistema de informática do Tribunal foi alvo de ataque cibernético: "é muito grave", *G1*, 29 abr. 2021. Disponível em: https://g1.globo.com/rs/rio-grande-do-sul/noticia/2021/04/29/tj-rs-diz-que-sistema-de-informatica-do-tribunal-foi-alvo-de-ataque-hacker-e-muito-grave.ghtml. Acesso em: 28 abr. 2024.
45. FEDERAL COMMUNICATIONS COMMISSION (FCC). *Proceeding 23-320*. Disponível em: https://www.fcc.gov/ecfs/search/docket-detail/23-320. Acesso em: 26 abr. 2024.
46. MECHABER, Ezra. President Obama urges FCC to implement stronger net neutrality rules, National Archives. 10 nov. 2014. Disponível em: https://obamawhitehouse.archives.gov/blog/2014/11/10/president-obama-urges-fcc-implement-stronger-net-neutrality-rules. Acesso em: 26 abr. 2024.
47. NET neutrality has officially been repealed. Here's how that could affect you, *The New York Times*, 11 jun. 2018. Disponível em: https://www.nytimes.com/2018/06/11/technology/net-neutrality-repeal.html. Acesso em: 26 abr. 2024.
48. "(l) To promote competition, lower prices, and a vibrant and innovative telecommunications ecosystem, the Chair of the Federal Communications Commission is encouraged to work with the rest of the Commission, as appropriate and consistent with applicable law, to consider: (i) adopting through appropriate rulemaking "Net Neutrality" rules similar to those previously adopted under title II of the Communications Act of 1934 (Public Law 73-416, 48 Stat. 1064, 47 U.S.C. 151 et seq.), as amended by the Telecommunications Act of 1996, in "Protecting and Promoting the Open Internet," 80 Fed. Reg. 19738 (Apr. 13, 2015)" (THE WHITE HOUSE. *Executive Order on Promoting Competition in the American Economy*. 9 jul. 2021. Disponível em: https://www.whitehouse.gov/briefing-room/presiden-

Então, em 25 de abril de 2024 e por três votos a dois, a FCC decidiu restaurar a neutralidade da rede nos Estados Unidos. A decisão foi tomada no procedimento 23-320[49], reclassificando os provedores de acesso à internet no Título II, do *Communications Act*[50] – que organiza a regulação federal de telefonia, internet e meios de comunicações relacionados – ao classificar a internet como um serviço de telecomunicação. A consequência disso é tratar o serviço de internet como serviço essencial, alterando as normas a ele aplicáveis e dando à FCC autoridade para monitorar o mercado e zelar pelo interesse público.

Com isso, a Comissão defende[51] que será possível "proteger consumidores, defender a segurança nacional[52] e avançar na segurança pública". Com a decisão, os provedores de serviços de internet serão proibidos de bloquear, limitar ou se envolver em priorização paga de determinados conteúdos.

Segundo a Comissão, tais proibições visam proteger a internet aberta[53]. Assim, o objetivo é criar uma regulação nacional, sob autoridade da FCC que garanta a continuidade de investimentos no setor e promova a inovação, sem que isto implique em regulação tarifária. Isto assegura que a FCC possa monitorar interrupções nos serviços de internet, desempenhando um papel mais importante na resolução destes problemas.

Ao mesmo tempo que avoca a si competências importantes, como o monitoramento do mercado e a possibilidade de proibir determinadas condutas, a agência demonstra estar empenhada em não interferir na política de preços das empresas, um dos grandes receios das companhias[54]. Com isto, a Comissão busca

---

tial-actions/2021/07/09/executive-order-on-promoting-competition-in-the-american-economy/. Acesso em: 26 abr. 2024).
49. FCC, *op. cit.*
50. Ou seja, reenquadrando-as na regulação de *commom carriers* (ESTADOS UNIDOS DA AMÉRICA. *Communications Act of 1934*. Disponível em: https://transition.fcc.gov/Reports/1934new.pdf. Acesso em: 26 abr. 2024).
51. FEDERAL COMMUNICATIONS COMMISSION (FCC). *FCC restores net neutrality – reasserts broadband jurisdiction, reestablishing national open internet standard*, 25 abr. 2024. Disponível em: https://docs.fcc.gov/public/attachments/DOC-402082A1.pdf. Acesso em: 26 abr. 2024.
52. "Safeguard National Security – The Commission will have the ability to revoke the authorizations of foreign-owned entities who pose a threat to national security to operate broadband networks in the U.S. The Commission has previously exercised this authority under section 214 of the Communications Act to revoke the operating authorities of four Chinese state-owned carriers to provide voice services in the U.S. Any provider without section 214 authorization for voice services must now also cease any fixed or mobile broadband service operations in the United States" (*idem*).
53. *Idem*.
54. "While ISPs generally say they don't breach the principles of net neutrality, they object to the reclassification, in large part because it could give the FCC the ability to regulate their pricing. In this case, the FCC has decided to forbear rate regulation as it relates to the ISPs, though a future iteration of the agency could undo that with another regulatory proceeding" (FCC votes to restore net neutrality, *The Verge*, 25 abr. 2024. Disponível em: https://www.theverge.com/2024/4/25/24140157/fcc-vote-restore-net-neutrality-rosenworcel-biden. Acesso em: 26 abr. 2024).

equilibrar a alocação de riscos dos entes privados com a proibição de os provedores de internet de bloquear, limitar ou dar prioridade a determinados conteúdos a partir de compensações financeiras.

Assim, a regulação norte-americana volta a afirmar a existência da neutralidade da rede em nível federal, concedendo maiores poderes à FCC em relação aos provedores de internet. Entretanto, será necessário verificar como tais normas serão aplicadas nos próximos meses e anos, uma vez que possivelmente serão objeto de discussão nos Tribunais, sem mencionar que até a mesmo a conjectura política da eleição presidencial estadunidense certamente influenciará os rumos dessa questão.

CONSIDERAÇÕES FINAIS

A neutralidade da rede garante diversas atividades cotidianas tomadas como certas pelos usuários da internet. Esse é o princípio que fundamenta da preservação da mesma experiência na transmissão de conteúdos sob demanda, independentemente da plataforma, à garantia da integridade do processo eleitoral. Assim, seus desdobramentos se intensificam proporcionalmente às possibilidades de gerenciamento e de personalização nos serviços de fornecimento e acesso à internet.

Ao fim e ao cabo, é a política legislativa de cada ordenamento jurídico que determinará o rigor da observância da neutralidade da rede, como se viu, por exemplo, nos elementos apresentados do direito brasileiro e do direito estadunidense.

Da mesma forma, peculiaridades de determinado contexto social, como o das eleições brasileiras, poderão justificar eventuais flexibilizações de vedações previstas no contexto da neutralidade de rede.

Em síntese, os aspectos analisados nesse trabalho confirmam o quão problemática e desafiadora é a regulação da neutralidade de rede.

REFERÊNCIAS

BELLI, Luca. *Da neutralidade da rede ao feudalismo na rede,* abr. 2015. Disponível em: https://repositorio.fgv.br/server/api/core/bitstreams/081368fe-c3b5-462b-bb5c-4e00ef72ff86/content. Acesso em: 19 abr. 2024.

BRASIL. Tribunal Superior Eleitoral. *Memorando de Entendimento – TSE nº 39/2020b*. Disponível em: https://www.tse.jus.br/++theme++justica_eleitoral/pdfjs/web/viewer.html?file=https://www.tse.jus.br/comunicacao/noticias/arquivos/tse-memorando-entendimento-sinditelebrasil/@@download/file/memorando_sinditelebrasil.pdf. Acesso em: 20 abr. 2024.

BRASIL. Tribunal Superior Eleitoral. *Operadoras concedem 'zero rating' para site da Justiça Eleitoral; eleitor não usará pacote de dados para navegar*. 29 set. 2020a. Disponível em: https://www.tse.jus.br/comunicacao/noticias/2020/Setembro/operadoras-concedem-zero-rating-para-site-da-justica-eleitoral-eleitor-nao-usara-pacote-de-dados-para-navegar. Acesso em: 20 abr. 2024.

COMITÊ GESTOR DA INTERNET NO BRASIL (CGI.br). *Resolução CGI.br/RES/2009/003/P*. Disponível em: https://www.cgi.br/resolucoes/documento/2009/CGI.br_Resolucao_2009_003.pdf. Acesso em 29 abr. 2024.

COMITÊ GESTOR DA INTERNET NO BRASIL (CGI.br). *Pesquisa sobre o uso das tecnologias de informação e comunicação nos domicílios brasileiros: TIC domicílios 2019*. São Paulo: Comitê Gestor da Internet no Brasil, 2020.

ESTADOS UNIDOS DA AMÉRICA. *Communications Act of 1934*. Disponível em: https://transition.fcc.gov/Reports/1934new.pdf. Acesso em: 26 abr. 2024.

FCC votes to restore net neutrality, *The Verge*, 25 abr. 2024. Disponível em: https://www.theverge.com/2024/4/25/24140157/fcc-vote-restore-net-neutrality-rosenworcel-biden. Acesso em: 26 abr. 2024.

FEDERAL COMMUNICATIONS COMMISSION (FCC). *FCC restores net neutrality – reasserts broadband jurisdiction, reestablishing national open internet standard*, 25 abr. 2024. Disponível em: https://docs.fcc.gov/public/attachments/DOC-402082A1.pdf. Acesso em: 26 abr. 2024.

FEDERAL COMMUNICATIONS COMMISSION (FCC). *Proceeding 23-320*. Disponível em: https://www.fcc.gov/ecfs/search/docket-detail/23-320. Acesso em: 26 abr. 2024.

FEDERAL COMMUNICATIONS COMMISSION (FCC). *Protecting and Promoting the Open Internet – DA 15-1425*, 15 dez. 2015. Disponível em: https://docs.fcc.gov/public/attachments/DA-15-1425A1.pdf. Acesso em: 26 abr. 2024.

LIMA, Cíntia Rosa Pereira de. Os desafios à neutralidade da rede: o modelo regulatório europeu e norte-americano em confronto com o Marco Civil da Internet brasileiro. *Revista de Direito, Governança e Novas Tecnologias*, v.4, n. 1, jan./jun. 2018, p. 51-71.

LIMA, Lilian. TJ-RS diz que sistema de informática do Tribunal foi alvo de ataque cibernético: "é muito grave", *G1*, 29 abr. 2021. Disponível em: https://g1.globo.com/rs/rio-grande-do-sul/noticia/2021/04/29/tj-rs-diz-que-sistema-de-informatica-do-tribunal-foi-alvo-de-ataque-hacker-e-muito-grave.ghtml. Acesso em: 28 abr. 2024.

MADALENA, Juliano. Comentários ao Marco Civil da internet – Lei 12.965, de 23 de abril de 2014. *Revista de Direito do Consumidor*, v. 94, jul./ago. 2014, p. 329-350.

MARANHÃO, Juliano; MATTOS, Cesar. *Neutralidade da rede vs. neutralidade regulatória*: uma análise da constitucionalidade da regulação de preços de serviços de conexão à internet, Legal Grounds institute, 26 de março de 2024. Disponível em: https://legalgroundsinstitute.com/blog/neutralidade-de-rede-vs-neutralidade-regulatoria/. Acesso em: 20 abr. 2024.

MECHABER, Ezra. President Obama urges FCC to implement stronger net neutrality rules, National Archives. 10 nov. 2014. Disponível em: https://obamawhitehouse.archives.gov/blog/2014/11/10/president-obama-urges-fcc-implement-stronger-net-neutrality-rules. Acesso em: 26 abr. 2024.

MIRAGEM, Bruno Nubens Barbosa. Parecer sobre a imposição de cláusula de franquia para uso de serviços de acesso banda larga de internet. Riscos a direitos do consumidor de serviços de acesso à internet. Necessidade de atendimento às normas de proteção do consumidor e do usuário da internet. *Revista de Direito do Consumidor*, v. 110, mar./abr. 2017, p. 475-508.

NET neutrality has officially been repealed. Here's how that could affect you, *The New York Times*, 11 jun. 2018. Disponível em: https://www.nytimes.com/2018/06/11/technology/net-neutrality-repeal.html. Acesso em: 26 abr. 2024.

SANTOS, Vinicius Wagner Oliveira. *Neutralidade da rede e o Marco Civil da internet no Brasil: atores, políticas e controvérsias*. Tese de Doutorado. Universidade Estadual de Campinas, 2016.

SILVA, Jorge Cesa Ferreira da. A proteção contra discriminação no direito contratual brasileiro. *Revista de Direito Civil Contemporâneo*, v. 1, n. 1, out./dez. 2014, p. 41-65.

THE WHITE HOUSE. *Executive Order on Promoting Competition in the American Economy.* 9 jul. 2021. Disponível em: https://www.whitehouse.gov/briefing-room/presidential-actions/2021/07/09/executive-order-on-promoting-competition-in-the-american-economy/. Acesso em: 26 abr. 2024.

WU, Tim. Network neutrality, broadband discrimination. *Journal on Telecommunications & High Tech Law*, v. 2, 2003, p. 141-175.

YOO, Christopher S. Beyond net neutrality. *Harvard Journal of Law & Technology*, v. 19, 2005/2006, p. 1-78.

"NEUROLAW", NEURODIREITOS E COMÉRCIO ELETRÔNICO COMO LACUNAS ÉTICAS NO SISTEMA JURÍDICO. POR UMA METODOLOGIA DO DIREITO DIGITAL: NOVE DIRETRIZES PARA SOBREPOR A AUTORREGULAÇÃO ALGORÍTMICA PELA REGULAÇÃO HUMANA

Fernando Rodrigues Martins[1]

Miguel Cabral de Araújo Martins[2]

Sumário: 1. Tecnologia: bem de consumo, bem público e sua vocação para a solução dos "problemas brasileiros" – 2. Fontes do direito e tripla perplexidade: hipercomplexidade, anomia e obsolescência normativa; 2.1 Fontes materiais e lacunas éticas: comércio eletrônico e neurodireitos; 2.2 Fontes formais e os 10 anos do MCI; 2.3 Fontes digitais e desdobramentos – 3. O plano de validade do direito digital e a vedação à reviravolta copernicana: sujeito cognoscente (máquina) e objeto cognoscido (pessoa) – 4. As nove diretrizes metodológicas possíveis ao direito digital – 5. Considerações finais – Referências.

1. TECNOLOGIA: BEM DE CONSUMO, BEM PÚBLICO E SUA VOCAÇÃO PARA A SOLUÇÃO DOS "PROBLEMAS BRASILEIROS"

As fragmentações e pulverizações das ciências aliadas à consolidação de resultados tecnológicos (mais exatos, imediatos e menos dispendiosos) em busca

---

1. Doutor e Mestre em Direito das Relações Sociais pela Pontifícia Universidade Católica de São Paulo. Investigador Científico no Max Planck – Hamburg. Membro da Comissão da Associação Nacional do Ministério Público para acompanhamento da atualização do Código Civil. Membro do Grupo de Trabalho para aperfeiçoar os fluxos e procedimentos administrativos para facilitar o tramite dos processos de tratamento do superendividado do Conselho Nacional de Justiça. Professor Adjunto IV da Faculdade de Direito da Universidade Federal de Uberlândia (graduação e pós-graduação). Membro Associado do Instituto Brasileiro de Direito Civil. Membro Fundador do Instituto Brasileiro de Direito Privado. Diretor Presidente do Instituto Brasileiro de Política e Direito do Consumidor (BRASILCON). Procurador de Justiça em Minas Gerais.
2. Acadêmico de direito na Faculdade de Direito da Universidade Federal de Uberlândia. Estagiário do Ministério Público de Minas Gerais.

da satisfação das infinitas interações humanas, como se sabe, colocaram em xeque diversas áreas e disciplinas, dentre elas, e especialmente, a filosofia.[3]

Foi a metafísica a que mais seguramente perdeu espaços, domínio e proeminência frente às inovações.[4] É impactante perceber que por milênios o pensamento intelectual caracterizou-se na busca da "verdade última", quando atualmente a verdade é científica, mensurada, concreta, mesmo que não represente a realidade.[5]

A propósito da "verdade", na ótica da revolução digital, vale avançar na lembrança de que tal esfera caracteriza-se pela formulação (autonomia) e imposição (heteronomia) de "regras exclusivas e peculiares", através da linguagem algorítmica, não depurada pelos "filtros" da legitimidade constitucional. Porém, é possível que algoritmos estejam "arquitetonicamente desenhados" sem neutralidade ou com tratamento de dados de forma inadequada, gerando, via de consequência, sérios problemas que desvirtuem fatos e causem lesões a direitos fundamentais.[6]

Em suma, recuperada no sistema jurídico pela inserção da dignidade humana, a filosofia (e, sobretudo, a "filosofia do direito") está sendo em alguma medida desproporcionalmente anulada na "revolução digital". Eis o *punctum saliens* que atormenta a sociedade (e os juristas) atualmente.[7]

Essa situação está fatalmente ligada ao momento mais expressivo da sociedade atual, que é da "informação".[8] Informação automatizada, enviesada, hiperinflacionária e, em muitos casos, conflituosa e "desinformadora": não regulada suficientemente.[9] De salientar que o advento da Internet "super" alavancou ainda mais essa fase da civilização humana, por vezes designada em demais "paradig-

---

3. OLIVEIRA, Manfredo Araújo de. *A filosofia na crise da modernidade*. São Paulo: Loyola, 1990. A pragmática da tecnologia permite que "*a razão se liberta de sua autoalienação na teoria*".
4. Ver NEVES, António Castanheira. *A crise actual da filosofia do direito no contexto da crise global da filosofia*: tópicos para a possibilidade de uma reflexiva reabilitação. Coimbra: Coimbra Editora, 2003.
5. RUSSEL, Bertrand. *História do pensamento ocidental*. 21. ed. São Paulo: Nova Fronteira, 2017.
6. CALLEJÓN, Francisco Balaguer; CALLEJÓN, María Luisa Balaguer. *Verdad e interpretación en la sociedad digital*. Navarra: Editorial Aranzadi, 2023. p. 51.
7. MATHIAS, Paulo. *La polis Internet*. Milão: F. Angeli, 2000. Para teorias da verdade (verdade como correspondência, verdade como coerência, verdade como consenso, verdade como pragmática) ver VIANNA, José Ricardo Alvarez. Interpretação do direito e teorias da verdade. *Quaestio Iuris*, vol. 10, n. 04, Rio de Janeiro, 2017. p. 2501-2520.
8. LECLERC, Gérard. *A sociedade de comunicação* – Uma abordagem sociológica e crítica. Tradução: Sylvie Canape. Lisboa: Instituto Piaget, 2000. Para quem a sociedade da informação é síncrona (ubiquidade).
9. ASCENSÃO, José de Oliveira. *Sociedade da informação*: estudos jurídicos. Coimbra: Almedina, 1993. p. 10. Manifestando justamente sobre a necessidade de regulação desta sociedade: "regulamentação das condutas – forte nas relações de massa – mas principalmente, é preciso incrementar e aprimorar os mecanismos de solução de conflitos coletivos que surgem das relações virtuais estabelecidas nas comunidades em rede".

mas" conteudisticamente correlatos (vejam os exemplos: rede, discursiva, aldeia global, comunicacional etc.).[10]

Ao lado disso, a abertura aos *"novos valores"*: as gerações que se substituem e trazem consigo outras "opções" de vida, escolhas diferenciadas, atuações díspares e não uniformes e nem unitárias, inclusive com enorme auxílio do mundo eletrônico, e a partir disso criam um catálogo de "novos direitos".[11] O *"universo"* tornando-se *"diverso"*, plural, aberto, onde o impessoal e o abstrato não se encaixam a único sujeito (clausurado em dispositivos ou modelos) e não servem como padrão ou *standard*.

Com efeito, estas transformações contribuíram para expandir o tráfego democrático[12] e acolher "os diferentes", aqueles não aceitos e inseridos à "margem" da sociedade pelos "senhores" da subjetividade hegemônica. São os historicamente discriminados e identificados no cariz da subjetividade marginal[13] ou de subjetividade subalterna.[14] Louvável, neste ponto, o avanço significativo do sistema jurídico, conforme já visto nas pesquisas e estudos de Erik Jayme que, no âmbito do direito comparado, nos capacitou com teoria baseada em três teses extremamente consentâneas e oportunas: *diversidade – mutabilidade – interdisciplinaridade*.[15]

Mas a contemporaneidade também trouxe o adverso. Em contraposição aos valores, percebe-se notório culto aos *"desvalores"*: "protagonistas digitais" de hoje que não *"presenciaram"* (essa palavra é a mais correta para este texto que difere o "físico" do "remoto") ou se *olvidam* dos percalços do passado: ditaduras, coronelismos, exclusões, fome, miséria etc. Não conhecendo ou ignorando as agruras

---

10. FERRI, P. La conoscenza come bene comune nell'"epoca della rivoluzione digitale. In: OSTROM, E.; HESS, C. (eds.)., *La Conoscenza come bene commune – Dalla teoria alla pratica*. Milano: Bruno Mondadori, 2009. p. 3-24.
11. Rodotà pondera: "el dinamico caleidoscopio de la realidad muestra categorias de derechos que están en contacto con las situaciones concretas que paulatinamente van apareciendo: derechos reproductivos; derechos genéticos; derechos de las personas lesbianas, gays, bisexuales, transexuais (LGBT); communications rights; derecho a la protección de datos personales, que va mas allá de la dimension tradicional de la privacidade y que implica el conjunto de relaciones entre la esfera pública y la privada; derecho a la existencia" (RODOTÀ, Stefano. *El derecho a tener derechos*. Madrid: Editorial Trotta, 2014. p. 80).
12. A iniciar pela necessidade de respeito às diferenças nas relações internacionais: "ora, quando o jargão impositivo do universal tende a sobrepor de maneira tal a quebrar com os padrões de respeito e diálogo dos substratos locais, religiosos e linguísticos, então há quebra do principal aparato da diversidade interdialógica. A adoção acrítica de fórmulas, paradigmas ou correntes das relações internacionais ditas universais pode gerar redução da legitimidade e da democracia, de base local e de especificidades culturais – substratos importantes às nações atualmente" (CASTRO, Thales. *Teoria das relações internacionais*. Brasília: FUNAG, 2012. p. 70).
13. FERRAZ JUNIOR, Tércio Sampaio; BORGES, Guilherme Roman. *A superação do direito como norma: uma revisão descolonial da teoria do direito brasileiro*. São Paulo: Almedina Brasil, 2020. p. 128.
14. SPIVAK, Gayatri Chakravorty. *Pode o subalterno falar?* Belo Horizonte: Editora UFMG, 2018.
15. JAYME, Erik. Visões para uma teoria pós-moderna do direito comparado, *Revista dos Tribunais*, v. 759, São Paulo, RT, jan. 1999.

do "ontem" põem à míngua as estruturas e funcionalidades constitucionais ainda vigentes e necessárias à sustentabilidade pátria.

Neste ponto, é relevante verificar usos e abusos no exercício de determinados direitos (inclusive, fundamentais) em detrimento a outros. Sob o "argumento" erroneamente fulcrado na "liberdade de expressão" em ampla e desproporcional utilização no ambiente das redes, muitas vezes se atenta contra direitos da personalidade, dignidade humana ou mesmo se discrimina.[16] Vale o exemplo, no Brasil, do "podcast" que enalteceu partido nazista, atribuindo à liberdade de expressão caráter absoluto (na modalidade francesa *gendarme* – liberdade política – desfazendo-se das demais liberdades fundamentais ou liberdades responsáveis)[17] em detrimento à civilização humana.[18]

Cabe anotar, todavia, que foi o mercado o mais empoderado pela junção da economia e da informação e não a pessoa natural. A "economia da informação" tem na base a "tecnologização", o que traduz a máxima de que o mundo agora é movido pelas técnicas, instrumentos e ferramentas virtuais, robóticas, todas independentes dos seres humanos.

Mudou o quê? Tudo. A chave girou de posição. Veículos autônomos; economia colaborativa; inteligência artificial (*machine learning*); cidades inteligentes e Internet das coisas; biotecnologia; realidade virtual; impressão 3D; educação (*terceirização da memória*); redes sociais e monetização do "clique"; moedas vir-

---

16. , Flávia Piovesan e Letícia Quixadá concluem: "o direito à liberdade de expressão (a internet tem sido originalmente concebida como uma forma singular de comunicação, que há de assegurar o exercício da liberdade de expressão de forma livre, pluralista e democrática, tendo como princípios orientadores o pluralismo e a não discriminação" (PIOVESAN, Flávia; QUIXADÁ, Letícia. *Internet, direitos humanos e sistemas de justiça*. Revista de Direito Constitucional e Internacional. v. 116. São Paulo: Revista dos Tribunais, 2019. p. 133-153).
17. Michael e Morlok explicam: "Os meios de comunicação social têm, enquanto tais, e para além do art. 5º, n. 1, da Lei Fundamental, uma importância 'decisiva' para o processo democrático: eles podem influenciar consideravelmente a formação da vontade política e o comportamento eleitoral dos cidadãos. Como os direitos fundamentais têm de ser considerados não isoladamente, mas no quadro da unidade constitucional, os preceitos do princípio democrático também influenciam a interpretação do art. 5º, n. 1, frase 2, da Lei Fundamental" (Michael, Lothar; MORLOK, Martin. *Direitos fundamentais*. Tradução: Antônio Francisco de Sousa e Antônio Franco. São Paulo: Saraiva, 2016. p. 216).
18. TJSP. Agravo de Instrumento de nº 2214006-28.2022.8.26.0000. Ação de obrigação de fazer. Desmonetização de página da plataforma YouTube, pertencente ao ora agravado Google. Conteúdo retirado do ar pelo canal *Flow Cast*. Desmonetização do canal pessoal do agravante. Suspensão. Decisão que indeferiu a tutela de urgência para retomar a monetização. Inconformismo do requerente, que recorre com o pedido de concessão da liminar. Não acolhimento. Desmonetização como instrumento de sanção para respeito aos termos de uso da plataforma. Previsão expressa nos termos de serviço. Divulgação ampla e acessível na rede mundial de computadores. Conteúdo propagado pelo agravante que agride o ordenamento. Sugestão de fundação de partido nazista. Propagação de símbolos e ideologia nazistas criminalizados em lei. Desmonetização como instrumento de desestímulo à desinformação e ao discurso de ódio. Decisão mantida. Recurso não provido.

tuais (*fintech* e *criptomoedas*); contratos inteligentes (*blockchain*), robótica, *big data*, cibersegurança, nanotecnologia etc.[19]

No âmbito das estruturas sociais é fácil verificar que as "*relações digitais*" – nas mais diversas modalidades: pessoas naturais e pessoas naturais (P2P); empresas e consumidores (B2C); empresas e empresas (B2B); consumidores e consumidores (C2C); governo e empresas (G2B); e governo e consumidores (G2C), na realidade, expostas em esferas privadas e públicas – não estão situadas em planos de coordenação (horizontalidade), senão em óbvia "sujeição" ao poder das plataformas.[20] Em outras palavras, até governos que se valiam de relações de subordinação com os cidadãos, têm sérios problemas de verticalidade com a revolução digital.[21]

Alcançando funções tão relevantes na *economia da informação*, é curial perceber alguns assombros e abusividades perpetradas no mercado digital: i – utilização e mineração não consentida de dados pessoais dos usuários; ii – discriminação por preços ou localização para oferta de produtos e serviços; iii – mecanismos por ferramentas invisíveis e invasivas à privacidade dos titulares; iv – vigilância automática e contínua dos comportamentos dos internautas nas plataformas; v – indução e persuasão nas tomadas de decisões pelos utentes, sejam pessoas naturais ou não; vi – danos aos *neurodireitos* causados pela *neurotecnologia*.[22]

Pois bem, o mercado estando no controle (quase) absoluto da tecnologia, sem a presença do Estado, por vezes ultrapassa os "limites essenciais" para a convivência e alteridade humana. A tecnologia e a pesquisa tecnológica são "direitos-deveres" assegurados na Constituição Federal (art. 218), possibilitadas à livre iniciativa, mas também "fomentadas" vinculadamente pelos poderes públicos. Na modalidade "direito", tanto numa como noutra esfera, não podem sobrepor aos demais *interesses fundamentais*.[23]

---

19. PERELMUTER, Guy. *Futuro presente*: o mundo movido à tecnologia. Barueri: Companhia Editora Nacional, 2019.
20. Valendo aqui da classificação quanto às relações humanas (aproximação, delimitação, subordinação e coordenação) retiradas da lição de MONTORO, André Franco. *Introdução à ciência do direito*. São Paulo: Revista dos Tribunais. p. 208.
21. Ver MARQUES, Claudia Lima; MARTINS, Fernando Rodrigues. A verticalidade digital e direito de equiparação. Pelo fim da estagnação legislativa na proteção dos consumidores digitais. In: BENJAMIN, Antonio Herman de Vasconcelos e; MARQUES, Claudia Lima; MARTINS, Fernando Rodrigues (coords.). *Comércio eletrônico e proteção digital do consumidor* – o PL 3.514/2015 e os desafios na atualização do CDC. Indaiatuba: Editora Foco, 2024.
22. Ver por todos ROUVROY, A. Privacy, data protection and the unprecedented challenges of the ambient intelligence. *Studies in Ethics, Law, and Technology*, v. 2, n. 1, 2008.
23. Os §§ 1º e 2º do art. 218 da CF assim dispõem: § 1º A pesquisa científica básica e tecnológica receberá tratamento prioritário do Estado, tendo em vista o *bem público* e o progresso da ciência, tecnologia e inovação. § 2º A pesquisa tecnológica voltar-se-á preponderantemente para a solução dos *problemas brasileiros* e para o desenvolvimento do sistema produtivo nacional e regional.

Gize-se, portanto, que a tecnologia e a pesquisa tecnológica estão associadas à ideia de *"bem de consumo"* (enquanto na iniciativa privada), à noção de *"bem público"* (quando financiadas pelos poderes públicos), conquanto nas duas modalidades têm por objetivo resolver os *"problemas brasileiros"*.[24]

Ora, *"bem público"* é o *bem não particular*, "bem" que não está à disponibilidade de única pessoa ou grupo econômico, senão de toda coletividade para ser instrumento de acesso a inúmeros direitos fundamentais. Nessa situação, as *big techs* mesmo se valendo da tecnologia para lucratividade (diga-se, o que é legítimo), encontram no Brasil limites aos respectivos exercícios de "direitos tecnológicos" (conectividade, privacidade, dados etc.) que devem ser ponderados frente à situação de domínio difuso e coletivo estabelecido na legalidade constitucional. Essa conclusão, pode ser muito bem comparada aos fármacos, que são definidos como *"bens fundamentais"*, por autorizada doutrina neoconstitucional.[25]

Três pontos fulcrais que corroboram essa ótica. O primeiro é de natureza legislativa, pois o Marco Civil da Internet estabelece como direito básico o "acesso universal" à Internet no país. O segundo é de ordem pragmática, já que na pandemia SARS-COVID-19 foram justamente os aplicativos que garantiram muitas provisões de produtos e serviços essenciais à população brasileira. O terceiro de âmbito social, na medida que a atuação das plataformas fixa conexões e relações em número indeterminado de pessoas.

De outro lado, as questões focadas ao mundo digital devem ter por horizonte a finalidade traçada pela Constituição Federal. É o que dispõe o § 2º do art. 218 CF quanto à tecnologia. Mesmo que o conceito de *"problemas brasileiros"* seja indeterminado, isso não obstaculiza o intérprete a refleti-lo dentro das mazelas sociais e individuais, fundo axiológico primaz dos direitos fundamentais.

Destarte, desenvolvimento nacional; fortalecimento da economia; imunização das desigualdades, exclusões, ruínas pessoais, marginalidade, fome; melhoria das condições sanitárias, de higiene e saúde; fim do analfabetismo; acesso às políticas públicas habitacionais; e, sobretudo, respeito aos povos, aos invisibili-

---

24. BERCOVICI, Gilberto. Ciência e inovação sob a ótica da Constituição de 1988. *Revista dos Tribunais*, vol. 916, 2012, São Paulo, RT, 2012. p. 267-294. O grande desafio é a preservação da liberdade científica, em suas várias dimensões, sem que esta seja instrumentalizada pelos interesses dos que exercem o poder político ou pelos interesses do poder econômico privado
25. Adverte Ferrajoli: "Podemos chamar de bens patrimoniais os bens disponíveis no mercado através de atos de disposição ou de troca, a par dos direitos patrimoniais dos quais são o objeto, a cujos titulares é, portanto, reservado o seu uso e gozo. Chamarei por outro lado de bens fundamentais os bens cuja acessibilidade é garantida a todos e a cada um porque objeto de outros tantos direitos fundamentais e que, por isso, da mesma forma que estes, são subtraídos à lógica do mercado: o ar, a água e outros bens do patrimônio ecológico da humanidade e, ainda, os órgãos do corpo humano, os fármacos considerados 'essenciais' ou 'salva-vidas' e similares" (FERRAJOLI, Luigi. Por uma carta de bens fundamentais, *Revista Sequência*, nº 60, p. 29-73, UFSC, jul. 2010).

zados e aos vulneráveis. [26]Enfim, esses são os principais "problemas" existentes em nosso país, cabendo ao direito, dentro de suas funcionalidades, a imunização de tais circunstâncias lesivas.

Daí o caráter "transversal" das *questões jurídicas digitais*, porque (i) envolve a aplicação do Código de Defesa do Consumidor, considerando: *prestações de serviços* e *produtos* inerentes à referida tecnologia (elétricos, conectividade, *hardwares* e *softwares*), *provedores* (acesso, conteúdo, backbone, hospedagem etc.) e *contratos de adesão* dessas relações; (ii) ainda carece da intervenção do direito público, exatamente considerando que a necessária regulação ultrapassa os limites dos interesses privados, para a promoção da pessoa e do cidadão.[27]

2. FONTES DO DIREITO E TRIPLA PERPLEXIDADE: HIPERCOMPLEXIDADE, ANOMIA E OBSOLESCÊNCIA NORMATIVA

É possível observar tripla perplexidade no que respeitam as fontes jurídicas na contemporaneidade. Ao tempo que se depara com conjunto hipercomplexo e multinível[28] de fontes, igualmente se constata enorme "falta de fôlego" do sistema jurídico na regulação ou interpretação de matérias fáticas sobejamente essenciais na solução dos "dramas humanos" ou, como quer a Constituição Federal, dos "problemas brasileiros", sem falar do descompasso temporal e de conteúdo que qualquer legislação poderá ter ante as constantes modificações do mundo digital.

O Direito, enquanto sistema normativo que rege as relações sociais, possui diversas fontes que contribuem para sua formação, evolução e aplicação. As fontes de direito representam meios pelos quais as normas jurídicas são criadas, expressas, interpretadas e integradas ao ordenamento jurídico. Tradicionalmente, estas fontes são classificadas em materiais e formais.[29] Com o avanço tecnológico

---

26. RIBEIRO, Darcy. *O Brasil como problema*. São Paulo: Global Editora, 2023.
27. Afirma Pimentel: "Ademais, e considerando que se entende por direito privado o setor do direito objetivo que regulamenta as relações entre particulares nas quais não se presenteiam questões envolvendo o Estado ou a Administração Pública; considerando, também, que as regras jurídicas que tratam da aplicação da tecnologia ao direito envolvem diretamente o interesse estatal, tendo a Constituição Federal disciplinado, no art. 5º, XII, a garantia da inviolabilidade dos dados informáticos e telemáticos; considerando, enfim, que a doutrina sempre entendeu que as regras processuais e procedimentais têm nítido caráter público, conclui-se que a alternativa mais adequada é enquadrá-lo no gênero do direito público, sobretudo, porque o direito tecnológico visa a, precisamente, procedimentalizar as relações jurídicas em geral por meio de meios virtuais" (PIMENTEL, Alexandre Freire. Diagnóstico sobre a imprecisão das designações sobre direito processual tecnológico: processo informático, eletrônico, telemático, digital, virtual ou cibernético? *Revista de Processo*. vol. 296. São Paulo, Revista dos Tribunais, 2019. p. 353-375).
28. FERRAJOLI, Luigi. *Constitucionalismo más allá del estado*. Tradução: Perfecto Andrés Ibáñez. Madrid: Trotta, 2018.
29. Ver por todos NORONHA, Fernando. *Direito das obrigações*. São Paulo: Saraiva, 2000.

e a plataformização da sociedade, todavia, cabe reconhecer as "fontes digitais" como nova categoria.

O advento da "*época da digitalidade*"[30] transformou e está "*eviscerando*" as pautas culturais, econômicas, políticas e institucionais do mundo. O ponto a verificar é notório: o fluxo de informações – considerando o volume, a amplitude, a invasividade e o imediatismo – que traz como efeitos a dispensa dos modelos outrora legitimamente constituídos, especialmente aqueles derivados do Estado, a fim de que a comunidade virtual interaja sem "mediações" ou "representatividade".[31] Os modelos do Estado de Direito estão em claro declínio.

É dizer: o "Estado Constitucional", baseado, sobretudo, nos critérios de representação (legisladores e direitos) e jurisdição (intérpretes e aplicação), aos poucos definha perante o "Estado Digital" (*big techs* e *algoritmos*).[32]

Pois bem. Ao lado disso, é importante relembrar que a "crise das fontes" já era paralelamente percebida como produto precipuamente da globalização. A questão reflete a constatação acerca da multiplicidade de sujeitos de direitos e de estatutos disciplinadores nacionais, transnacionais e internacionais introdutores de valores, princípios e regras que se habilitam a servir de pauta normativa e que redimensionam a extensão e profundidade do sistema jurídico exigindo "equilíbrio" e "harmonização", ou seja, coerência e unidade.

Portanto, podemos a partir disso refletir sobre o "*direito de homeostaticidade*" ou à necessidade em buscar "estabilidade", mesmo diante de evoluções.[33] Também cabível gerir os eventuais conflitos em "*diálogo das fontes*" para aparar arestas dos diversos documentos constitucionais, convencionais, supralegais e legais, tratando-os pelos critérios de complementaridade, coordenação e

---

30. Adverte Juan Luis Suárez: "La condición humana es ya condición digital. Los elementos principales de la vida humana, todo aquello que condiciona nuestra existencia como seres humanos, se nos presenta y se vive de manera digital" (SUÁREZ, Juan Luis. *La condición digital*. Madrid: Editorial Trotta, 2023. p. 20).
31. Rodotà, *op. cit.*, p. 308.
32. Segundo Callejón: "O mundo digital é um mundo regido pelos algoritmos. Eles já regulam uma grande parte da nossa realidade, a qual é fragmentada, física e digital, o que, em si mesmo, poderia não ser um problema se a cultura jurídica em que se baseia a realidade digital fosse a mesma que lastreia a realidade física, isto é, se a regulação da realidade digital, mesmo sendo global e baseada no Direito Privado, se fundamentasse em princípios e valores coerentes com aqueles estabelecidos na cultura constitucional, na realidade física, nas constituições 'analógicas'. Nessa situação, estaríamos diante de vertentes que projetam uma mesma cultura jurídica e, então, o direito 'no país dos algoritmos' seria algo razoavelmente aceitável, porque estaríamos dentro de uma realidade homogênea desde o ponto de vista da cultura jurídica" (CALLEJÓN, Francisco Balaguer. *A constituição do algoritmo*. Tradução: Diego Fernandes Guimarães. Rio de Janeiro: Forense, 2023. p. 53).
33. Stefano Rodotà explica: "De esta manera, con el discurrir del tiempo y al afinarse la instrumentación jurídica, puede dicirse que progresivamente si ha ido poniendo a punto un corpus normativo que puede ser denominado "derecho de homeostaticidad", garantia democrática del mantenimiento de lo nuevo en una dimensíon todavía selada por el gobierno de las leyes y no del único y siempre gobierno de los hombres" (Rodotà, *op. cit.*, p. 58).

coerência, harmonizando as fontes em torno dos "*direitos humanos*" em jogo no caso concreto.[34]

Todavia, apesar de considerar a hipercomplexidade de tantas regras, valores e princípios, chega-se a outro ponto em total discrepância que é a ausência de regulação: a "*anomia*".[35] Apesar desta etapa presente ser tão instrumentalizada, não se percebe regulação própria ou adequada para diversas circunstâncias fáticas imbrincadas, conflituosas e excludentes que exigem não apenas a presença do Estado, mas, antes disso, o respeito aos deveres de solidariedade e alteridade. Isso ocorre com extrema facilidade na chamada "realidade virtual", onde o domínio da tecnologia por poucos dita regras e causa injustiça para muitos.

Muitos aspectos são causa disso, mas alguns merecem destaque: i – não regular, como opção do legislador, ao passo que possa assemelhar-se à opção, não deixa de ser *prevaricação constitucional*, diante de diversas obrigações a que o parlamento está vinculado tendo por nexo normativo os direitos e deveres fundamentais (dentre eles a promoção do consumidor e dos vulneráveis)[36]; ii – num quadro normativo-sistemático, não regular é dar vazão às patologias da incerteza, abusos e incoerência, deixando de lado valores fundamentais como a segurança jurídica, previsibilidade, publicidade, compreensibilidade, razoabilidade e estabilidade, enfim atentado à *proteção da confiança* no âmbito da legalidade constitucional[37]; iii – a dimensão automática e imediata das ferramentas e dispositivos tecnológicos e digitais a envolver conhecimento específico a respeito do tema mediante legislação que não envelheça e não se torne obsoleta diante das instantâneas modificações, um passo para a "*obsolescência normativa*".[38]

---

34. SARLET, Ingo Wolfgang; Fensterseifer, Tiago. Fontes do direito ambiental: uma leitura contemporânea à luz do marco constitucional de 1988 e a teoria do diálogo das fontes. *Doutrinas Essenciais de Direito Constitucional*. São Paulo: Revista dos Tribunais, 2015. vol. 9. p. 1.023-1.051.
35. DurkheiM, Émile. *Divisão do Trabalho Social*. Lisboa: Ed. Presença, 1977. p. 22-23. Especialmente na frase: "estado de indeterminação jurídica".
36. Ver por todos CANOTILHO, José Joaquim Gomes. *Constituição dirigente e vinculação do legislador*: contributo para a compreensão das normas constitucionais programáticas. Lisboa: Coimbra, 1982. p. 216.
37. Vale a abordagem de Jorge Miranda: "Olhada do aspecto subjetivo, a segurança jurídica reconduz-se a proteção da confiança, tal como a jurisprudência e a doutrina constitucionais do Estado de direito democrático a têm interpretado. Os cidadãos têm direito à proteção da confiança, da confiança de que podem pôr nos atos do poder político que contendam com a suas esferas jurídicas. E o Estado fica vinculado a um dever de boa-fé (ou seja, de cumprimento substantivo, e não meramente formal, das normas e de lealdade e respeito pelos particulares" (MIRANDA, Jorge. *Direitos fundamentais*. 2. ed. Coimbra: Almedina, 2018. p. 337).
38. SOLÍS, Julio Ismael Camacho. El derecho constitucional y la protección social em Latinoamérica. *Revista do Direito do Trabalho*. v. 137. São Paulo: Revista dos Tribunais, 2010. p. 332-358.

2.1 Fontes materiais e lacunas éticas: comércio eletrônico e neurodireitos

Fontes materiais, também conhecidas como fontes de produção ou orgânicas, referem-se aos fatores sociais, econômicos, políticos, culturais e históricos que influenciam a criação do Direito. São os aspectos fáticos do sistema social que "*irritam*" os demais sistemas (político, econômico e jurídico)[39], gerando direitos, deveres, responsabilidades, moldando as relações. Em outras palavras, são os valores, interesses e conflitos presentes na sociedade que demandam a regulação e regulamentação jurídica.

Talvez aqui a metáfora: entre o fato e o direito, para a produção da norma, há um "*link*" que é o reconhecimento ou assimilação que o sistema jurídico permite ao operador para a verificação da normalidade e normatividade do fato em si. Em decorrência disso, o fato pode ser "assimilado integralmente", "parcialmente" ou "não assimilado".[40]

Na última hipótese, existindo reiterações de conflitos e não havendo dispositivos certos e determinados e, de outra monta, sendo a hipótese de insegurança jurídica e incerteza quanto à utilização de princípios do direito, a "lacuna" será ética, porque antes de tudo de *natureza política*.

Em casos tais, mesmo cumprindo a vedação ao judiciário quanto à sentença *non liquet*, há limites para opção a ser feita e que não podem ser levadas a efeito sem os filtros amplos e claros dos ambientes institucionalmente preparados e funcionalmente competentes para decidir as opções de solução.[41]

Se entreolharmos na contemporaneidade com facilidade reconheceremos que há inúmeras "dimensões materiais" ainda não reguladas ou não acolhidas hermeneuticamente e que abrem espaços para "lacunas éticas"[42], vale o exemplo do comércio eletrônico[43] e dos *neurodireitos*.[44]

---

39. LUHMANN, Niklas. *El derecho de la sociedad*. 2. ed. Cidade do México: Editorial Herder/Universidad Iberoamericana, 2005.
40. NEVES, António Castanheira. *Metodologia jurídica*: problemas fundamentais. Coimbra: Coimbra Editora, 1993. p. 230.
41. Explica Neves: "Admitindo, no entanto, que nem sempre seja fácil distinguir o jurídico do político [...] sobretudo no caso das grandes questões, aquelas que impliquem opções importantes de cunho também religioso, ético ou político num contexto problemático, ou sempre que esteja perante questões cuja solução convoque mais razões de oportunidade do que fundamentos de validade, o princípio democrático justificará que o decidente jurídico assuma uma auto-limitação (no sentido da judicial self-restraint) a favor do legislador" (*idem*, p. 237).
42. CARBONIER, Jean. *L'hypothèse du non-droit*. Archives de philosophie du droit. Paris: Sirey, 1963. p. 25-47. Conceituando lacuna ética como a ausência de juridicidade para questões relevantes que merecem atenção da sociedade e do Estado.
43. Ver por todos MARQUES, Claudia Lima. Proteção do consumidor no comércio eletrônico e a chamada nova crise do contratos: por um direito do consumidor aprofundado. In: MARQUES, Claudia Lima;

Evidente que a teoria geral dos contratos e a disciplina dos contratos de consumo do CCDC são aplicáveis ao comércio eletrônico, todavia não albergam as suficientes e adequadas respostas que os eventuais conflitos suscitam. De outro lado, especificamente, o comércio eletrônico no Brasil é unicamente regulado pelo Decreto nº 7.962/2013. A redação de referido instrumento copiou em parte as diretrizes do PL 3514/15. Enquanto referido decreto está vigendo (*de lege lata*), o projeto de lei está paralisado na Câmara dos Deputados há quase 10 anos (*de lege ferenda*). Ambos, a despeito do mérito em ineditamente tentar apresentar soluções às inúmeras adversidades ocorridas nos arranjos negociais virtuais, não contemplam em seus conteúdos previsões para as "plataformas eletrônicas".

Vale o registro que só no ano de 2023 o nível de transações no *e-commerce* nacional movimentou o valor de R$ 185,7 bilhões.[45] Trata-se de mercado relevante, com atuação em todos os segmentos de comércio e com franca expansão, dado o nível facilitado dos arranjos negociais.

Se há 33 anos atrás a preocupação, para fins de responsabilidade civil nas relações de consumo, se dava em torno do fabricante, produtor, importador (CDC, art. 12), enfim daquele que introduz os bens no mercado, restando ao comerciante a imputação em danos apenas subsidiariamente e em hipóteses fechadas, o advento das plataformas modificou radicalmente esta situação. Atualmente é o "*trade*" (o grande comerciante) o real e fortalecido fornecedor, que sujeita não apenas os consumidores, mas os próprios fabricantes e produtores às suas próprias regras.[46]

Esse "*trade*" tem nome: as plataformas de comércio (Amazon, Ebay, Mercado Livre, Shopee, Wix etc.) e, efetivamente, a responsabilidade subsidiária, nestas hipóteses, é medida insuficiente para atendimento dos direitos fundamentais dos consumidores.

São comuns seguidos riscos e danos verificáveis no âmbito do *e-commerce*, inclusive a partir das plataformas: fraudes e golpes, mediante criação de sites falsos ou simulação de lojas autênticas; apropriação de identidade de usuário, com

---

MIRAGEM, Bruno. *Doutrinas Essenciais de Direito do Consumidor*. São Paulo: Revista dos Tribunais, 2011. vol. 2. p. 827-884.

44. Ver o relatório de GENSER, Jared; DAMIANOS, Stephen; YUSTE, Rafael. *Safeguarding Brain Data: Assessing the Privacy Practices of Consumer Neurotechnology Companies*. NeuroRights Foundation, abr. 2024. Disponível em: https://www.perseus-strategies.com/wp-content/uploads/2024/04/FINAL_Consumer_Neurotechnology_Report_Neurorights_Foundation_April-1.pdf. Acesso em: 11 maio 2024.
45. ASSOCIAÇÃO BRASILEIRA DE COMÉRCIO ELETRÔNICO (ABComm). Pesquisas, [s/d]. Disponível em: https://abcomm.org/noticias/pesquisa-profissional-de-e-commerce/. Acesso em: 25 maio 2024.
46. GARCIA-MICÓ, Tomás Gabriel. Platform Economy and Product Liability: Old Rules for New Markets. *Revista D'Internet*, Dret I Política, Department of Law and Political Science, Universitat Oberta de Catalunya, ed. 2022.

mineração indevida e não consentida de dados; comercialização de produtos defeituosos, viciados, de circulação proibida; ausência de suportes de atendimento aos consumidores ou imposição de obstáculos para atendimento (como no caso dos *chatbots*); indução a erros e enganos, com ausência da correta, clara e objetiva informação, levando à transações virtuais inseguras; tempo de espera do produto; imposição de altos custos para devolução de produtos, bem como inexistência de canais para direito de arrependimento ou substituição de produtos e serviços.[47]

Do exposto, temas como classificação dos mercados eletrônicos, instrumentos documentais de consumo e contratualização virtual, oferta digital, direitos das partes junto às plataformas comerciais (direito à informação recebida e emitida, direito de uso de programa, direito de arrependimento, direito de confirmação de pedido, direito e proteção a dados pessoais e sensíveis no âmbito das plataformas, direito à prestação de serviços adicionada ao contrato de produto etc.)[48] e, ainda, interpretação favorável ao consumidor, bem como resolução de conflitos espaciais, até hoje não estão assegurados por nenhuma legislação de direito digital específica no país.

Da mesma forma não se regularam no Brasil os "*neurodireitos*". Matéria essa já tratada nos Estados Unidos e no Chile, os neurodireitos expressam a promoção dos usuários das redes digitais em face das violações contantes das neurotecnologias, especialmente aquelas que possam lesar a tomada de decisões, a vigilância ou modificação de comportamentos e a invasão da privacidade mental dos titulares.

Vale destaque aos cinco principais *neurodireitos*: o "*direito à privacidade mental*" ou à capacidade de manter a atividade mental protegida contra a divulgação não consentida; o "*direito à identidade*" ou à capacidade de controlar a integridade mental e senso de identidade; o "*direito à liberdade de pensamento*" e livre arbítrio para escolher as próprias ações; o "*direito ao acesso justo de ampliação mental ou cognitiva*" ou à capacidade de garantir que os benefícios de melhorias na capacidade sensorial e mental através da neurotecnologia sejam distribuídos justamente na população; e o "*direito à proteção contra preconceitos algorítmicos*" ou à capacidade de garantir que as tecnologias não insiram preconceitos.[49]

Exemplo para urgente tratativa legislativa: as plataformas digitais atualmente atuam em mercado sensível, servindo ao público, especialmente jovem, mediante

---

47. 58% dos brasileiros apontam despreparo das empresas para lidar com dúvidas e reclamações, *Portal E-Commerce Brasil*, 8 dez. 2023. Disponível em: https://www.ecommercebrasil.com.br/noticias/58-dos--brasileiros-apontam-despreparo-das-empresas-para-lidar-com-duvidas-e-reclamacoes. Acesso em: 27 maio 2024.
48. BALLEL, Teresa Rodrigues de las Heras. *El régimen jurídico de los mercados electrónicos cerrados*. Madrid: Marcial Pons, 2006. p. 419 e ss.
49. Genser; Damianos; Yuste, *op. cit.*

a difusão das famosas "*Smarts Drugs*" com a finalidade de "*neuro-aprimoramento*" (*neuroenhancement*).[50]

No Chile, foi editada a Lei nº 21.383/21 dispondo que "*el desarrollo científico y tecnológico estará al servicio de las personas y se llevará a cabo con respeto a la vida y a la integridad física y psíquica. La ley regulará los requisitos, condiciones y restricciones para su utilización en las personas, debiendo resguardar especialmente la actividad cerebral, así como la información proveniente de ella*".

Os *atalhos mentais*, as *influências digitais*, os *estímulos virtuais*, especialmente, proporcionados pelo capitalismo de vigilância e geralmente inseridos por designs deceptivos (Dark Patterns)[51] têm neutralizado a *identidade cerebral* da humanidade, tudo sob o disfarce da inovação e da tecnologia, mediante os instrumentos da inteligência artificial, dos algoritmos e da robótica. Tais práticas ocorrem não apenas nas plataformas de comércio, mas no âmbito de toda rede. Estamos agora diante de novo tipo de dano: o "*assédio cerebral*".

Portanto, faz-se necessária uma "*neurolaw*" entre nós. Não à toa a excelente contribuição filosófica:

> "Ou acompanhamos as tendências mais positivas da evolução em curso e criamos um projeto de civilização centrado sobre os coletivos inteligentes: recriação do vínculo social, mediante trocas do saber, reconhecimento, escuta e valorização das singularidades democracia mais direta, mais participativa, enriquecimento de vidas individuais, invenção de formas novas de cooperação aberta para resolver os terríveis problemas que a humanidade deve enfrentar, disposição de infraestruturas informáticas e culturais de inteligência coletiva".[52]

2.2 Fontes formais e os 10 anos do MCI

Fontes formais, por sua vez, são meios pelos quais os dispositivos jurídicos são oficialmente expressos e adotados no ordenamento jurídico. Se apresentam, classicamente, sob duas formas principais: fontes formais imediatas, como a Constituição, leis complementares, ordinárias, decretos, entre outros; e fontes formais mediatas, que incluem jurisprudência, costumes e doutrina. As primeiras possuem processo legislativo específico para criação e formalização, as segundas emergem da interpretação, dos usos e dos costumes da sociedade, bem como da análise acadêmica.

---

50. ESPOSITO, M.; COCIMANO, G.; MINISTRIERI, F.; ROSI, G.L.; NUNNO, N.D.; MESSINA, G.; SESSA, F.; SALERNO, M. Smart drugs and neuroenhancement: what do we know? *Front Biosci*, Landmark Ed., ago. 2021, v. 30, n. 26(8), p. 347-359. doi: 10.52586/4948. PMID: 34455764.
51. BERGSTEIN, Laís; GONÇALVES, Caroline Visentini Ferreira. *Dark Patterns* e práticas comerciais deceptivas: os riscos aos consumidores. In: BENJAMIN, Antonio Herman de Vasconcelos e; MARQUES, Claudia Lima; MARTINS, Fernando Rodrigues (coords.). *Comércio eletrônico e proteção digital do consumidor* – o PL 3.514/2015 e os desafios na atualização do CDC. Indaiatuba: Editora Foco, 2024.
52. LÉVY, Pierre. *O que é o virtual?* Tradução: Paulo Neves. São Paulo: Editora 34, 2011. p. 118.

O direito, como sistema, adotando "*ondas de recepção*"[53], já não se pode dividir entre fontes formais diretas ou indiretas, mesmo porque em algumas hipóteses essa distinção não faz sentido, como no caso dos precedentes obrigatórios, das súmulas vinculantes, assim como na necessária e prudente aplicação das convenções internacionais de direitos humanos,[54] especialmente levando-se em consideração o controle de convencionalidade, bem como na busca do auxílio do direito comparado.[55]

Aliás, o "*modelo comparatista*"[56], ao mesmo tempo que nos brinda com excelentes funcionalidades, também nos informa as muitas lacunas que deveriam ser solvidas internamente e não são. Com relevo nesta ordem de ideias algumas manifestações internacionais bastantes relevantes que contribuem sobre temas relativos às plataformas digitais e inteligência artificial.

Sem ser exaustivo, cabe mencionar: i – GDPR – Regulação Geral sobre a Proteção de Dados da União Europeia de 2018, aproveitado em parte por nossa LGPD; ii – DMA – Lei de Mercados Digitais (*Digital Markets Act*) da União Europeia, com o objetivo de garantir a justa concorrência entre os "trades" e aumentar a transparência nas plataformas digitais; DSA –Lei de Serviços Digitais (*Digital Services Act*) igualmente da União Europeia, com a finalidade de modernizar regras de responsabilidade e segurança nas plataformas digitais; Princípios da OCDE sobre Inteligência Artificial, de 2019, instituindo diretrizes que visam garantir que sistemas de inteligência artificial sejam seguros, justos e transparentes; Carta Ética da IA da Unesco, de 2021, estabelecendo critérios de implementação responsável dos desenhos de inteligência artificial.

A nível interno, para as questões de Internet, se insere o Marco Civil da Internet (MCI), introduzido pela Lei nº 12.965/14. Referida legislação, muito embora introduza fundamentos, princípios, direitos e deveres de internautas, provedores e outros agentes, não pode ser definida exatamente como "microssistema" na

---

53. Moura Vicente, Dário. O lugar dos sistemas jurídicos lusófonos entre as famílias jurídicas. In: MIRANDA, Jorge (org.). *Estudos em homenagem ao Professor Doutor Martim de Albuquerque*. Coimbra: Faculdade de Direito da Universidade de Lisboa/Coimbra Ed., 2010. p. 401-429. Em exposição lúcida, dá conta das fases de transposição entre sistemas jurídicos, ou seja, a adoção das tendências estrangeiras para a formação do nosso ordenamento: a primeira (séc. XII) na recepção do direito romano; a segunda (séc. XIX e XX) na recepção das grandes codificações; e a terceira (séc. XX e XXI) na recepção de diretrizes do *common law*, especialmente no que respeita a Internet.
54. LORENZETTI, Ricardo Luis. *Fundamentos de derecho privado* – Código Civil y Comercial de la Nación Argentina. Buenos Aires: La Ley, 2016. p. 22. Cabe a lembrança do Código Civil da República Argentina que em seu texto admitiu expressamente a aplicação dos tratados internacionais de Direitos Humanos. (art. 1º).
55. FRADERA, Véra. *Reflexões sobre a contribuição do direito comparado para a elaboração do direito comunitário*. Belo Horizonte: Del Rey, 2010.
56. ZWEIGERT, Konrad; KÖTZ, Heinz. *An introduction to comparative law*. 3. ed. Tradução: Tony Weir. Oxford: Clarendon Press, 2011.

medida em que se fixou em normatização mais básica, sem avançar em tipos variados de responsabilização, deixando de coordenar multiplicidade de matérias. Veja o exemplo do Código de Defesa do Consumidor que mantém diversos nichos jurídicos e disciplinas variadas: eis excelente modelo de microssistema.

O MCI, considerando a época em que foi introduzido no ordenamento, tem o mérito em destacar como "fundamentos": a (i) liberdade de expressão; (ii) o reconhecimento do fenômeno da escala mundial da rede; (iii) os direitos humanos, o desenvolvimento da personalidade e o exercício da cidadania em meios digitais; (iv) a pluralidade e a diversidade; (v) a abertura e colaboração; (vi) a livre-iniciativa, a livre concorrência e a defesa do consumidor; e (vii) a finalidade social da rede.

Igualmente incorpora princípios normativos importantes, com dimensão de peso à (i) garantia da liberdade de expressão, comunicação e manifestação de pensamento; (ii) proteção da privacidade; (iii) proteção dos dados pessoais; (iv) preservação e garantia da neutralidade de rede; (v) preservação da estabilidade, segurança e funcionalidade da rede, por meio de medidas técnicas compatíveis com os padrões internacionais e pelo estímulo ao uso de boas práticas; (vi) responsabilização dos agentes de acordo com suas atividades, nos termos da lei; (vii) preservação da natureza participativa da rede; (viii) liberdade dos modelos de negócios promovidos na Internet.

Ainda fixa direitos básicos, como: (i) acesso à Internet a todos; (ii) informação, ao conhecimento e à participação na vida cultural e na condução dos assuntos públicos; (iii) inovação e do fomento à ampla difusão de novas tecnologias e modelos de uso e acesso; e (iv) adesão a padrões tecnológicos abertos que permitam a comunicação, a acessibilidade e a interoperabilidade entre aplicações e bases de dados.

Fundamentos, princípios e direitos já são, *per se*, relevantes disposições legislativas que contribuem significativamente para a sedimentação de limites e exercícios de interesses no ambiente regulado (mundo virtual). Portanto, é dizer que para época de sua entrada no mundo jurídico foi estatuto parcialmente adequado, mesmo porque serviu não apenas aos operadores jurídicos, senão para os próprios *players*.

Entretanto, trouxe consigo o demérito em não responsabilizar satisfatoriamente os abusos ocorridos por meio das plataformas (especialmente pela péssima redação do art. 19)[57] e de regular de forma insuficiente a proteção dos internautas, deixando de reconhecer a *assimetria informacional* e a *vulnerabilidade digital*,

---

57. MARTINS, Guilherme Magalhães. Vulnerabilidade e responsabilidade civil na internet: a inconstitucionalidade do artigo 19 do Marco Civil. *Revista de Direito do Consumidor*. São Paulo, n. 137. São Paulo: Revista dos Tribunais, 2021. p. 33-59.

notadamente, preceitos essenciais para a necessária promoção inclusiva daqueles que atuam na qualidade de consumidores deste ambiente.

Ademais, questões relacionadas às disrupções pela utilização de algoritmos, impulsionamentos à tomada de decisões, inteligência artificial, Chat GPT, entre outras operações realizadas no mundo digital não foram objeto de regulação. Portanto, aos olhos atuais, o MCI mostra-se em óbvia obsolescência normativa, carecendo os operadores e intérpretes lançarem mão de outras ferramentas hermenêuticas para solução dos casos concretos.[58]

2.3 Fontes digitais e desdobramentos

Já tivemos a oportunidade de assim manifestar sobre os algoritmos e inteligência artificial:

> "Feitas essas observações e embora muito se compreenda como possível a utilização das funcionalidades das tecnologias de informação no âmbito do direito, desde já cabe anunciar que os algoritmos e a inteligência artificial: i) não são fontes jurídicas e muito menos normas: são meros atalhos; ii) não são métodos de interpretação e nem mesmo podem ser utilizados neste âmbito jurídico; e iii) não são institutos jurídicos. Os algoritmos e a inteligência artificial não são fontes, porquanto não há reconhecimento desta natureza pelo sistema jurídico. Fontes são figuras de expressão de onde promanam o direito".[59]

As fontes carecem de dois critérios essenciais: autoridade e razoabilidade.[60] *Autoridade*, considerando a força obrigatória de sua aplicação, dela não cabendo prescindir quando for o caso de hipótese de incidência. *Razoabilidade*, pois quando não há uma lei que obrigue pode existir fonte derivada de argumentos razoáveis de aplicação, como no caso da jurisprudência e doutrina (a doutrina não tendo a hierarquia de qualquer lei, é aceita como fonte dado seu histórico de construção do direito).[61]

Em suma, é a legitimidade constitucional e legal que habilitam a compreensão das fontes, entretanto sem exclusividade "do positivismo". Direito é movimento, é

---

58. MARQUES, Claudia Lima. O "diálogo das fontes" como método da nova teoria geral do direito: um tributo a Erik Jaime. In: MARQUES, Claudia Lima (coord.). *Diálogo das fontes*: do conflito à coordenação de normas do direito brasileiro. São Paulo: Revista dos Tribunais, 2012.
59. MARTINS, Fernando Rodrigues; FERREIRA, Keila Pacheco. "Interpretação 4.0" do direito, inteligência artificial e algoritmos: entre disrupções digitais e desconstrutivismos. *Revista de Direito do Consumidor*. São Paulo, n. 138, nov./dez. 2021. Disponível em: https://dspace.almg.gov.br/handle/11037/43032. Acesso em: 14 fev. 2022. p. 153-173.
60. Ver Lorenzetti, *op. cit.*, p. 23.
61. Conforme Justo arremata "Na verdade, sendo a doutrina o estudo científico do direito a que se dedicam os jurisconsultos, a sua influência na vida jurídica é importantíssima: na construção dos institutos jurídicos, na determinação dos princípios gerais do direito, na feitura e interpretação das leis, na integração das lacunas, na codificação do material normativo, na formação dos juristas etc." (JUSTO, A. Santos. *Introdução ao estudo do direito*. 10. ed. Coimbra: Coimbra Editora, 2019. p. 212).

diária tarefa construtora, sendo essencial a atuação da coordenada, concentrada, dialógica, especialmente entre legislação e jurisdição. O que não se admite são tipos de decisões "não legitimadas" tomarem corpo como fontes, mesmo que haja opiniões diversas a esta, admitindo os algoritmos como fonte.[62]

A revolução proporcionada pela era digital transformou significativamente todas as esferas, sistemas e setores da vida social, inclusive o Direito. Contudo, não se abstraiu da noção básica de que fonte necessita do filtro político-constitucional,[63] é uma questão voltada aos "requisitos de democraticidade" e não de "computação" ou mesmo da "ditadura dos desejos".[64]

Pois bem. Abordar *"fontes digitais de direito"* é expressar sobre aqueles fatos jurídicos ou decisões predominantemente expressas por conta e em razão do ambiente virtual, influenciando tanto à elaboração quanto à aplicação do Direito e, para tanto, e a partir disso, formando a "norma jurídica".

Nesta esteira, estão inclusas desde a legislação institucionalizada para regular o ciberespaço, como leis de proteção de dados, Marco Civil da Internet, direitos autorais na internet, legislação da Administração Pública Digital, até o vasto campo da jurisprudência que se forma a partir de decisões judiciais relacionadas a casos envolvendo tecnociência.

Além disso, a doutrina e os costumes jurídicos também se adaptam e evoluem com base nas interações digitais, possibilitando que o ambiente das plataformas *online* e redes sociais possam, a partir de seus conflitos, problemas e comportamentos, servirem de cenário para a interpretação e aplicação do Direito. Vale o exemplo do que hoje a doutrina trata como *"ilícito digital"*.[65]

3. O PLANO DE VALIDADE DO DIREITO DIGITAL E A VEDAÇÃO À REVIRAVOLTA COPERNICANA: SUJEITO COGNOSCENTE (MÁQUINA) E OBJETO COGNOSCIDO (PESSOA)

É, pois, de registro que no mundo fático os algoritmos, a inteligência artificial e outras inovações podem substituir não apenas as decisões humanas, senão os próprios seres humanos e suas relações.

A atenta filosofia assim apresenta relevante crítica:

---

62. Ver Callejón, *op. cit.*, p. 49. O autor menciona as possibilidades por outros estudiosos, sem concordar, no entanto.
63. Ver Pizzorusso, para quem fonte tem caráter *"erga omnes"* (PIZZORUSSO, Alessandro. *Delle fonti del Diritto. Commentario del Codice Civile, art. 1-9*. Roma: Nicola Zanichelli Editore; Ed. Del Foro Italiano, 1977. p. 240).
64. Rodotà, *op. cit.*, p. 65.
65. MATTEU, Ivelise; CARDOSO, Leonardo; CARDOSO, Rafael. *A liberdade de expressão e o discurso de ódio nas redes sociais*. Revista de Direito e as Novas Tecnologias. v. 19. São Paulo: Revista dos Tribunais, 2023.

"As operações automatizadas substituem o contato humano, a ação conduzida em comum, levando à abolição progressiva da troca, das relações interpessoais e, consequentemente, do acordo, de desacordo, de conflito, de negociação, até de "amigos", "de amizade", enfim, de sociabilidade fundada na soma de todas as subjetividades que nos obriga a trabalhar em comunidade e a fazer apelo à nossa inteligência partilhada. O que está em jogo é a marginalização da palavra, dos vínculos induzidos pela linguagem e, mais genericamente, da necessária contemplação daquela alteridade que inspira muitas das nossas ações. A nossa pluralidade é negada em favor de um mundo onde tudo tenha um valor utilitário. Nós também acabaremos reduzidos a esta equação e então nos tornaremos meros instrumentos, simples engrenagens de uma máquina impessoal, usados apenas se as circunstâncias assim o exigirem".[66]

É importante relembrar que ao sistema jurídico através de suas estruturas e funcionalidades cabe verificar a validade das interações que possam produzir tais circunstâncias.

Os princípios constitucionais (*ratio juris*), como a dignidade da pessoa humana, a liberdade de expressão, a privacidade e a proteção de dados pessoais, são pilares que devem guiar todas as interações sociais, incluindo as digitais. Portanto, as tecnologias avançadas devem ser coordenadas pela aplicabilidade desses princípios, assegurando direitos fundamentais no espaço digital.

Noutro giro, remarque-se algo além. A contribuição de Kant foi exatamente aquela de permitir o *conhecimento transcendental*, pelos juízos sintéticos e analíticos, a partir da premissa do sujeito (cognoscente) e do objeto (cognoscido), valorizando a metafísica com base em Copérnico.[67] Da natureza humana, como conhecedores estudávamos os objetos, nós os sujeitos. Contudo, a tecnociência faz hoje exatamente o contrário, nos transforma em objeto de conhecimento. Enfim, do sujeito-robô ao objeto pessoa.

À medida que a inteligência artificial e a robótica se tornam cada vez mais presentes no cotidiano, a questão da submissão dessas tecnologias às normas humanas ganha destaque. É imperativo (categórico) que as disposições robóticas, incluindo algoritmos de decisão e sistemas autônomos, operem dentro de um quadro legal que priorize os direitos e interesses humanos. Isso significa que, além de estarem em conformidade com os princípios constitucionais, essas tec-

---

66. SADIN, Éric. *Critica della ragione artificile* – Una difesa dell'umanità. Roma: Luis University Press, 2019. p. 171.
67. Como explica Adeodato: "A revolução copernicana proposta pela Crítica Kantiana parte de uma mudança na atitude que adota o sujeito cognoscente: o problema não é se se pode conhecer por meio da razão ou da experiência – questão em torno da qual se debatiam racionalistas e empiristas – mas sim como se pode conhecer, isto é, quais os limites do conhecimento, seja pelo lado racional, seja pelo lado empírico. A pergunta é: quais as condições de possibilidade da razão pura e da experiência, como existem elas em nós e diante de nós?" (ADEODATO, João Maurício. *Filosofia do Direito*: Uma crítica à verdade na ética e na ciência. São Paulo: Saraiva, 2013. p. 62).

nologias devem ser transparentes, explicáveis e responsáveis perante os usuários e a sociedade em geral.

O cuidado que se põe é exatamente nosso sistema jurídico (que é sistema de limites e sistema de validade) ser substituído por outro sistema. Neste sentido:

> "Aquilo que era privilégio das normas de 'normalização tecnológica' vai ter, na História do Direito, pela primeira vez, um espetacular exemplo de uma ligação direta com a norma estatal, ou das partes, à realidade, com os Smarts Contracts e a Internet das Coisas. A norma, a cláusula, vai fechar e abrir a porta da casa, vai imobilizar a viatura cuja prestação não foi paga. Mas isso, na sua maravilha inaudita, (pré)anuncia a nossa frágil inutilidade, uma norma que se aplicará a si própria, prescindindo, talvez, de nós. Os nossos velhos códigos crepusculares (e impotentes) face ao código fonte do Blockchain".[68]

4. AS NOVE DIRETRIZES METODOLÓGICAS POSSÍVEIS AO DIREITO DIGITAL

Compreendemos que o direito digital é campo emergente em termos jurídicos e tem a relevante "função" de controlar o mundo digital que é altamente virtual, móvel, com transformações instantâneas, onde predomina o mercado, sem prejuízo de riscos voltados à substituição das decisões humanas, das mentalidades humanas e da própria humanidade.

Nesta esteira, apresentamos as seguintes diretrizes que podem ser aptas ao direito digital:

a) *a transversalidade*, considerando a natureza interdisciplinar do Direito Digital. Seara onde se cruzam várias disciplinas, incluindo direito, tecnologia da informação, ética e sociologia. Isso permite uma abordagem mais holística para resolver questões jurídicas relacionadas à tecnologia, sempre com a aplicação do Código de Defesa do Consumidor por questões óbvias;

b) *a virtualidade*, porquanto através dela vivencia-se a atualização constante, instantânea e sincronizada do mundo digital, reconhecendo a necessidade de que as leis digitais sejam pensadas de idêntica forma: passíveis de evolução imediata, como modelo de controle dos espaços digitais, sem cair em obsolescência normativa;

c) a *permissibilidade* é a proposta de que ações em ambientes digitais devem ser baseadas no consentimento esclarecido e prévio. Isso é particularmente relevante para questões de privacidade e proteção de dados;

d) a *explicabilidade* envolve a necessidade de tornar as tecnologias compreensíveis para os usuários, o que pode ser alcançado através de tutoriais ou outras formas de *educação digital*;

e) a *acessibilidade* como resposta à necessidade de tornar a tecnologia acessível a todos, independentemente das habilidades ou recursos; o que é fundamental para garantir a inclusão digital (*mínima* e *responsável*);

---

68. ROCHA, Manuel Lopes. Nota prévia. In: ROCHA, Manuel Lopes; PEREIRA, Rui Soares. *Inteligência artificial & Direito*. Coimbra: Almedina, 2020. p. 8

f) a *decidibilidade* é a diretriz pela qual as decisões humanas devem ser respeitadas no ambiente digital, o que é extremamente necessário no contexto da inteligência artificial, onde as decisões são frequentemente tomadas por algoritmos;

g) a *recatabilidade* que possibilita aos indivíduos o direito de controlar suas informações pessoais on-line e de serem respeitados, especialmente pelos motores de busca;

h) a *vulnerabilidade digital* como reconhecimento das falhas inerentes ao ambiente digital e, ao mesmo tempo, a ligação da legislação digital com os direitos fundamentais; e

i) a *injuntividade* que representa a aplicação de sanções aptas a proteger os direitos digitais, os neurodireitos e demais direitos fundamentais e básicos assegurados aos usuários, as quais, sem prejuízo das demais consequências jurídicas do sistema (responsabilidade civil, penal e regulatória), ainda podem autorizar (i) direito ao esquecimento, (ii) direito à desindexação, (ii) direito à correção e (iv) suspensão ou interrupção da monetização da plataforma digital.

5. CONSIDERAÇÕES FINAIS

O direito digital tem importante contribuição à humanidade, assim como a própria tecnologia. Os avanços tecnológicos estão "virtualmente" ligados ao direito digital, sendo realidade mundial a necessidade de regulação humanitária desse campo. A pretensão única desse estudo é justamente propiciar caminhos futuros para a serventia das neurotecnologias e tecnociências à pessoa humana.

REFERÊNCIAS

58% dos brasileiros apontam despreparo das empresas para lidar com dúvidas e reclamações, *Portal E-Commerce Brasil*, 8 dez. 2023. Disponível em: https://www.ecommercebrasil.com.br/noticias/58-dos-brasileiros-apontam-despreparo-das-empresas-para-lidar-com-duvidas-e-reclamacoes. Acesso em: 27 maio 2024.

ADEODATO, João Maurício. *Filosofia do Direito*: Uma crítica à verdade na ética e na ciência. São Paulo: Saraiva, 2013.

ASCENSÃO, José de Oliveira. *Sociedade da informação*: estudos jurídicos. Coimbra: Almedina, 1993.

ASSOCIAÇÃO BRASILEIRA DE COMÉRCIO ELETRÔNICO (ABComm). Pesquisas, [s/d]. Disponível em: https://abcomm.org/noticias/pesquisa-profissional-de-e-commerce/. Acesso em: 25 maio 2024.

BALLEL, Teresa Rodrigues de las Heras. *El regímen jurídico de los mercados electrónicos cerrados*. Madrid: Marcial Pons, 2006.

BERCOVICI, Gilberto. Ciência e inovação sob a ótica da Constituição de 1988. *Revista dos Tribunais*, vol. 916, 2012, São Paulo, RT, 2012. p. 267-294.

BERGSTEIN, Laís; GONÇALVES, Caroline Visentini Ferreira. *Dark Patterns* e práticas comerciais deceptivas: os riscos aos consumidores. In: BENJAMIN, Antonio Herman de Vasconcelos e; MARQUES, Claudia Lima; MARTINS, Fernando Rodrigues (coords.). *Comércio eletrônico e proteção digital do consumidor* – o PL 3.514/2015 e os desafios na atualização do CDC. Indaiatuba: Editora Foco, 2024.

CALLEJÓN, Francisco Balaguer. *A constituição do algoritmo*. Tradução: Diego Fernandes Guimarães. Rio de Janeiro: Forense, 2023.

CALLEJÓN, Francisco Balaguer; CALLEJÓN, María Luisa Balaguer. *Verdad e interpretación en la sociedad digital*. Navarra: Editorial Aranzadi, 2023.

CANOTILHO, José Joaquim Gomes. *Constituição dirigente e vinculação do legislador:* contributo para a compreensão das normas constitucionais programáticas. Lisboa: Coimbra, 1982.

CARBONIER, Jean. *L"hypothèse du non-droit*. Archives de philosophie du droit. Paris: Sirey, 1963.

CASTRO, Thales. *Teoria das relações internacionais*. Brasília: FUNAG, 2012.

DurkheiM, Émile. *Divisão do Trabalho Social*. Lisboa: Ed. Presença, 1977.

ESPOSITO, M.; COCIMANO, G.; MINISTRIERI, F.; ROSI, G.L.; NUNNO, N.D.; MESSINA, G.; SESSA, F.; SALERNO, M. Smart drugs and neuroenhancement: what do we know? *Front Biosci*, Landmark Ed., ago. 2021, v. 30, n. 26(8), p. 347-359. doi: 10.52586/4948. PMID: 34455764.

FERRAJOLI, Luigi. *Constitucionalismo más allá del estado*. Tradução: Perfecto Andrés Ibáñez. Madrid: Trotta, 2018.

FERRAJOLI, Luigi. Por uma carta de bens fundamentais, *Revista Sequência*, nº 60, p. 29-73, UFSC, jul. 2010.

FERRAZ JUNIOR, Tércio Sampaio; BORGES, Guilherme Roman. *A superação do direito como norma:* uma revisão descolonial da teoria do direito brasileiro. São Paulo: Almedina Brasil, 2020.

FERRI, P. La conoscenza come bene comune nell"epoca della rivoluzione digitale. In: OSTROM, E.; HESS, C. (eds.)., *La Conoscenza come bene commune* – Dalla teoria alla pratica. Milano: Bruno Mondadori, 2009. p. 3-24.

FRADERA, Véra. *Reflexões sobre a contribuição do direito comparado para a elaboração do direito comunitário*. Belo Horizonte: Del Rey, 2010.

GARCIA-MICÓ, Tomás Gabriel. Platform Economy and Product Liability: Old Rules for New Markets. *Revista D'Internet*, Dret I Política, Department of Law and Political Science, Universitat Oberta de Catalunya, ed. 2022.

GENSER, Jared; DAMIANOS, Stephen; YUSTE, Rafael. Safeguarding Brain Data: Assessing the Privacy Practices of Consumer Neurotechnology Companies. *NeuroRights Foundation*, abr. 2024. Disponível em: https://www.perseus-strategies.com/wp-content/uploads/2024/04/FINAL_Consumer_Neurotechnology_Report_Neurorights_Foundation_April-1.pdf. Acesso em: 11 maio 2024.

JAYME, Erik. Visões para uma teoria pós-moderna do direito comparado, *Revista dos Tribunais*, v. 759, São Paulo, RT, jan. 1999.

JUSTO, A. Santos. *Introdução ao estudo do direito*. 10. ed. Coimbra: Coimbra Editora, 2019.

LECLERC, Gérard. *A sociedade de comunicação* – Uma abordagem sociológica e crítica. Tradução: Sylvie Canape. Lisboa: Instituto Piaget, 2000.

LÉVY, Pierre. *O que é o virtual?* Tradução: Paulo Neves. São Paulo: Editora 34, 2011.

LORENZETTI, Ricardo Luis. *Fundamentos de derecho privado* – Código Civil y Comercial de la Nación Argentina. Buenos Aires: La Ley, 2016.

LUHMANN, Niklas. *El derecho de la sociedad*. 2. ed. Cidade do México: Editorial Herder/Universidad Iberoamericana, 2005.

MARQUES, Claudia Lima. O "diálogo das fontes" como método da nova teoria geral do direito: um tributo a Erik Jaime. In: MARQUES, Claudia Lima (coord.). *Diálogo das fontes:* do conflito à coordenação de normas do direito brasileiro. São Paulo: Revista dos Tribunais, 2012.

MARQUES, Claudia Lima. Proteção do consumidor no comércio eletrônico e a chamada nova crise do contratos: por um direito do consumidor aprofundado. In: MARQUES, Claudia Lima; MIRAGEM, Bruno. *Doutrinas Essenciais de Direito do Consumidor.* São Paulo: Revista dos Tribunais, 2011. vol. 2. p. 827-884.

MARQUES, Claudia Lima; MARTINS, Fernando Rodrigues. A verticalidade digital e direito de equiparação. Pelo fim da estagnação legislativa na proteção dos consumidores digitais. In: BENJAMIN, Antonio Herman de Vasconcelos e; MARQUES, Claudia Lima; MARTINS, Fernando Rodrigues (coords.). *Comércio eletrônico e proteção digital do consumidor – o PL 3.514/2015 e os desafios na atualização do CDC.* Indaiatuba: Editora Foco, 2024.

MARTINS, Fernando Rodrigues; FERREIRA, Keila Pacheco. "Interpretação 4.0" do direito, inteligência artificial e algoritmos: entre disrupções digitais e desconstrutivismos. *Revista de Direito do Consumidor.* São Paulo, n. 138, nov./dez. 2021. Disponível em: https://dspace.almg.gov.br/handle/11037/43032. Acesso em: 14 fev. 2022. p. 153-173.

MARTINS, Guilherme Magalhães. Vulnerabilidade e responsabilidade civil na internet: a inconstitucionalidade do artigo 19 do Marco Civil. *Revista de Direito do Consumidor.* São Paulo, n. 137. São Paulo: Revista dos Tribunais, 2021. p. 33-59.

MATHIAS, Paulo. *La polis Internet.* Milão: F. Angeli, 2000.

MATTEU, Ivelise; CARDOSO, Leonardo; CARDOSO, Rafael. *A liberdade de expressão e o discurso de ódio nas redes sociais.* Revista de Direito e as Novas Tecnologias. v. 19. São Paulo: Revista dos Tribunais, 2023.

MICHAEL, Lothar; MORLOK, Martin. *Direitos fundamentais.* Tradução: Antônio Francisco de Sousa e Antônio Franco. São Paulo: Saraiva, 2016.

MIRANDA, Jorge. *Direitos fundamentais.* 2. ed. Coimbra: Almedina, 2018.

MONTORO, André Franco. *Introdução à ciência do direito.* São Paulo: Revista dos Tribunais.

MOURA Vicente, Dário. O lugar dos sistemas jurídicos lusófonos entre as famílias jurídicas. In: MIRANDA, Jorge (org.). *Estudos em homenagem ao Professor Doutor Martim de Albuquerque.* Coimbra: Faculdade de Direito da Universidade de Lisboa/Coimbra Ed., 2010. p. 401-429.

NEVES, António Castanheira. *A crise actual da filosofia do direito no contexto da crise global da filosofia:* tópicos para a possibilidade de uma reflexiva reabilitação. Coimbra: Coimbra Editora, 2003.

NEVES, António Castanheira. *Metodologia jurídica:* problemas fundamentais. Coimbra: Coimbra Editora, 1993.

NORONHA, Fernando. *Direito das obrigações.* São Paulo: Saraiva, 2000.

OLIVEIRA, Manfredo Araújo de. *A filosofia na crise da modernidade.* São Paulo: Loyola, 1990.

PERELMUTER, Guy. *Futuro presente:* o mundo movido à tecnologia. Barueri: Companhia Editora Nacional, 2019.

PIMENTEL, Alexandre Freire. Diagnóstico sobre a imprecisão das designações sobre direito processual tecnológico: processo informático, eletrônico, telemático, digital, virtual ou cibernético? *Revista de Processo.* vol. 296. São Paulo, Revista dos Tribunais, 2019. p. 353-375.

PIOVESAN, Flávia; QUIXADÁ, Letícia. *Internet, direitos humanos e sistemas de justiça.* Revista de Direito Constitucional e Internacional. v. 116. São Paulo: Revista dos Tribunais, 2019. p. 133-153.

PIZZORUSSO, Alessandro. *Delle fonti del Diritto. Commentario del Codice Civile, art. 1-9*. Roma: Nicola Zanichelli Editore; Ed. Del Foro Italiano, 1977.

RIBEIRO, Darcy. *O Brasil como problema*. São Paulo: Global Editora, 2023.

ROCHA, Manuel Lopes. Nota prévia. In: ROCHA, Manuel Lopes; PEREIRA, Rui Soares. *Inteligência artificial & Direito*. Coimbra: Almedina, 2020.

RODOTÀ, Stefano. *El derecho a tener derechos*. Madrid: Editorial Trotta, 2014.

ROUVROY, A. Privacy, data protection and the unprecedented challenges of the ambient intelligence. *Studies in Ethics, Law, and Technology*, v. 2, n. 1, 2008.

RUSSEL, Bertrand. *História do pensamento ocidental*. 21. ed. São Paulo: Nova Fronteira, 2017.

SADIN, Éric. *Critica della ragione artificile – Una difesa dell'umanità*. Roma: Luis University Press, 2019.

SARLET, Ingo Wolfgang; Fensterseifer, Tiago. Fontes do direito ambiental: uma leitura contemporânea à luz do marco constitucional de 1988 e a teoria do diálogo das fontes. *Doutrinas Essenciais de Direito Constitucional*. São Paulo: Revista dos Tribunais, 2015. vol. 9.

SOLÍS, Julio Ismael Camacho. El derecho constitucional y la protección social em Latinoamérica. *Revista do Direito do Trabalho*. v. 137. São Paulo: Revista dos Tribunais, 2010. p. 332-358.

SPIVAK, Gayatri Chakravorty. *Pode o subalterno falar?* Belo Horizonte: Editora UFMG, 2018.

SUÁREZ, Juan Luis. *La condición digital*. Madrid: Editorial Trotta, 2023.

VIANNA, José Ricardo Alvarez. Interpretação do direito e teorias da verdade. *Quaestio Iuris*, vol. 10, n. 04, Rio de Janeiro, 2017.

ZWEIGERT, Konrad; KÖTZ, Heinz. *An introduction to comparative law*. 3. ed. Tradução: Tony Weir. Oxford: Clarendon Press, 2011.

PLATAFORMIZAÇÃO DA VIDA HUMANA E MARCO CIVIL DA INTERNET: EFETIVIDADE DO PARADIGMA PROTETIVO DA INFORMAÇÃO PARA SERVIÇOS DIGITAIS

Guilherme Magalhães Martins[1]

Guilherme Mucelin[2]

Sumário: Introdução – 1. Plataformização e vulnerabilidade na prestação de serviços digitais; 1.1 Plataformização e qualificação jurídica das plataformas no direito brasileiro; 1.2 Prestação de serviços por plataformas e vulnerabilidade digital do usuário – 2. Efetividade do paradigma da informação na prestação de serviços digitais; 2.1 Deficiências do mero fornecimento de informação como paradigma de proteção; 2.2 Quatro estratégias para a retomada da efetividade do paradigma da informação – Considerações finais – Referências.

INTRODUÇÃO

A proliferação de plataformas multifuncionais e da sua pervasiva presença nos domínios públicos e privados, característica típica da economia digital global, impulsiona a necessidade de considerarmos que as atividades comerciais desses agentes deixam de estar confinadas apenas no âmbito do mercado. A plataformização – processo que descreve a crescente omnipresença e onisciência de plataformas *online* – é o termo que caracteriza o fato de que aplicações de internet passam a ter governamentalidade coletiva e individual, com reflexos diretos em interesses não só patrimoniais, mas, sobretudo, existenciais e na democracia.

Governamentalidade é uma noção, tradicionalmente, associada ao Estado. Porém, a ele não se restringe, pois passa a ser concebida contemporaneamente

---

1. Pós-doutor em Direito Comercial pela USP. Doutor e Mestre em Direito Civil pela UERJ. Professor associado de Direito Civil da UFRJ. Professor permanente do doutorado em Direito, Instituições e Negócios da UFF. Vice-presidente do Instituto BRASILCON. Procurador de Justiça do Ministério Público do Estado do Rio de Janeiro.
2. Doutor (com período na Nova de Lisboa) e Mestre em Direito pela Universidade Federal do Rio Grande do Sul. Especialista em Droit comparé et européen des contrats et de la consommation pela Université de Savoie Mont-Blanc e em direito do consumidor pela Universidade de Coimbra. Pós-doutorando na Universidade de Mediterrânea de Reggio Calabria e na Universidade Federal Fluminense. Pesquisador visitante do Max-Planck-Institut für ausländisches und internationales Privatrecht e Research Fellow na Information Society Law Center na Universidade de Milão. Diretor de e-commerce e plataformização das relações humanas do Instituto Brasilcon. E-mail: mucelin27@gmail.com.

como meio de condução de pessoas e grupos inseridos em relações de poder, como é as digitais. Na atual condição humana que se estende em forma de dados e perfis, a governamentalidade é instituída de modo unilateral por plataformas digitais por uma série de termos e condições de uso, políticas de privacidade, políticas de coleta de dados e outros instrumentos congêneres, os quais são executados e fiscalizados por automatizações e inteligências artificiais (IAs).

Esses instrumentos, na dimensão digital – que é uma nova camada construída da realidade social –, se funcionalizam como "constituições por adesão cogente" ao operacionalizarem, a partir da chancela do direito privado, os poderes que exercem, incluindo a interpretação e aplicação de direitos fundamentais. Em face disso, reações diversas do Direito passaram a ser desenvolvidas, a fim de pautar as atuações de plataformas e de legitimar as suas disposições contratuais dentre alguns parâmetros de transparência, tendo como paradigma de proteção da parte aderente a informação.

Uma das primeiras dessas reações no Brasil a esse contexto foi o Marco Civil da Internet (MCI), Lei Federal 12.965, de 23 de abril de 2014, que estabelece princípios, garantias, direitos e deveres para o uso da Internet no país. Desde sua promulgação, tornou-se uma peça central no panorama jurídico nacional no que tange às plataformas e ao mundo *online*. No entanto, apesar de sua significância, observa-se uma subutilização de dispositivos que, progressivamente, se mostram cada vez mais relevantes e, inversamente, menos eficazes, como é o caso do art. 7°, incisos VI e XI, que versam sobre informação e a sua comunicação.

Nosso objetivo neste capítulo é analisar esses direitos informacionais no que tange à prestação de serviços digitais, especialmente aqueles contratados com plataformas, ante à possível crise atual do paradigma protetivo da informação. Ainda, discutimos a efetividade do direito à informação e da proteção do usuário ao questionarmos os meios tradicionais de fornecimento da informação. Pretendemos, com isso, extrair lições para regulações futuras na área da tecnologia para que a legislação surta os efeitos para os quais foi criada diante das transformações tecnológicas constantes, de modo a se tentar garantir a efetividade da proteção da pessoa humana na sociedade da informação.

Para tanto, adotando-se a metodologia dedutiva, dividimos o estudo em duas partes. A primeira trata do fenômeno da (1.1) plataformização e da qualificação jurídica das plataformas no direito brasileiro e da (1.2) vulnerabilidade do usuário em relação a serviços digitais; a segunda se debruça sobre as (2.1) deficiências do fornecimento de informação como paradigma de proteção, sugerindo, por fim, (2.2) quatro estratégias para a retomada da efetividade desse paradigma. Vejamos.

1. PLATAFORMIZAÇÃO E VULNERABILIDADE NA PRESTAÇÃO DE SERVIÇOS DIGITAIS

A plataformização da vida humana é uma condição de funcionamento da economia digital e é acompanhada por um aumento significativo na prestação de serviços *online*, em que usuários se encontram submissos a termos e condições de uso e às práticas dos fornecedores operadores de plataformas. Não é por outro motivo que a doutrina especializada tem reconhecido uma nova vulnerabilidade – a digital – que explica a necessidade de novas regulações diante de novos desenvolvimentos tecnológicos, cada vez mais complexos. Nesse sentido, necessário verificar, no domínio do direito brasileiro, a qualificação jurídica desses agentes econômicos, bem como os fatores de assimetria que impregnam as relações estabelecidas entre eles e os usuários.

1.1 Plataformização e qualificação jurídica das plataformas no direito brasileiro

A palavra *plataforma* contém, em si, uma grande variedade de usos e conotações. Um dos mais antigos se dá na conjuntura arquitetônica. Nesse aspecto, significa uma superfície elevada natural ou construída destinada a uma operação ou atividade em que pessoas ou objetos podem ficar em pé, cuja origem etimológica remonta a *platte fourme*, uma clara alusão à forma física (do francês "forma plana"). A partir disso, desenvolveram-se utilizações mais sofisticadas, com a ideia de que plataforma é a fundação, a base de alguma ação, evento, condição etc. sob a qual algo se sucederá ou se desenvolverá.

Na política, a seu turno, apesar de inicialmente se referir ao palanque no qual algum candidato se dirigia ao público, disso desvinculou-se e passou a ser compreendida como as próprias crenças e posições políticas articuladas por um partido ou coligação. No âmbito técnico computacional, o termo aponta para dois aspectos: o primeiro, uma infraestrutura que suporta *design* e uso de aplicações específicas de *hardware* ou de *software* e, o segundo, a descrição de ambientes digitais que permitem aos usuários projetar e implantar aplicativos ou utilizar aplicativos de terceiros.[3]

Poder-se-ia pensar que o sentido que melhor descreve as plataformas digitais atualmente é o último. Contudo, é de se notar que todos esses domínios semânticos são relevantes para a construção de um novo: plataforma como (super)estrutura social. Isso se dá em função de *plataformas* emergirem como um suporte para atividades *online* que é aparentemente aberto, neutro, igualitário e progressista,

---

3. GILLESPIE, Tarleton. The politics of 'platforms'. *New media & society*, v. 12, n. 3, p. 347-364, 2010. p. 349-350.

insculpindo em si características imaterialmente "físicas", ideológicas, comerciais, comunicacionais e estruturais da sociedade, a qual passa a se organizar em todos os campos em torno delas e na morfologia de redes.[4]

Daí que de seu aspecto eminentemente econômico surge o de governamentalidade social: "longe de serem meras proprietárias de informações, essas companhias estão se tornando as proprietárias das infraestruturas da sociedade" enquanto "a sociedade se torna cada vez mais dependente delas [plataformas]".[5] Por conta disso, as suas principais lógicas contaminam todos os setores da vida humana: multipontas, efeitos de rede, estruturação técnica, organizacional e de mercado,[6] personalização, câmaras de eco, datificação da vida privada,[7] entre outras – o que denominamos de "efeito plataforma".[8]

Uma consequência marcante desse "efeito", de um lado, é a concentração de poderes significativos, predominantemente privados, que lhes permitem direcionar decisões e interesses individuais e coletivos, tanto econômicos quanto políticos e existenciais e, de outro, o reconhecimento de uma nova vulnerabilidade e o seu agravamento. Por meio de seus códigos e termos e condições de uso, essas entidades estabelecem uma soberania digital ao estruturarem o ambiente *online* que oferecem, muitas vezes abrigando uma população maior do que a de muitos países. Coordenam e influenciam comportamentos, interações, relações e conteúdos, enquanto captam, processam, monitoram e perfilam dados dos usuários para lhes dirigir e incentivar ações e comportamentos futuros.[9]

Além disso, as plataformas têm um papel decisivo na determinação de aspectos basilares da vida, como acesso a oportunidades em diversas esferas, desde o público – como benefícios sociais, justiça e processos eleitorais – até o privado, incluindo mercado de consumo, oportunidades de trabalho e dinâmicas afetivas – tudo de maneira opaca[10] e automatizada com a utilização de sistemas

---

4. Veja, por todos: CASTELLS, Manuel. *A sociedade em rede*. São Paulo: Paz e Terra, 1999.
5. SRNICEK, Nick. *Platform capitalism*. Cambridge: Polity Press, 2017. p. 109 e 137.
6. HELMOND, Anne. The Platformization of the Web: Making Web Data Platform Ready. *Social Media + Society*, jul./dez. 2015, p. 1-11. p. 5.
7. LIMA, Daniela Cenci. A datificação da vida privada. *Revista de Direito e as Novas Tecnologias*, v. 15, São Paulo, abr./jun. 2022.
8. "Efeito plataforma" é uma expressão inspirada em Schwab, que significa que "as organizações digitais criam redes que emparelham compradores e vendedores de uma grande variedade de produtos e serviços e, assim, desfrutam de rendimentos crescentes de escala. A consequência do efeito plataforma é uma concentração de poucas plataformas que dominam seus mercados", compreendidas, a partir daí, como gatekeepers (SCHWAB, Klaus. *A quarta revolução industrial*. São Paulo: Edipro, 2019. p. 21).
9. MARTINS, Guilherme Magalhães; MUCELIN, Guilherme. Inteligência artificial, perfis e controle de fluxos informacionais: a falta de participação dos titulares, a opacidade dos sistemas decisórios automatizados e o regime de responsabilização. *Revista de Direito do Consumidor*, v. 146, a. 32, mar./abr. 2023, p. 93-127.
10. Sobre o tema: PASQUALE, Frank. *The black box society*: The Secret Algorithms That Control Money and Information. Cambridge: Harvard University Press, 2015.

de IA.[11] Assegura-se, com isso, que o espaço digital não é, de forma alguma, livre da maneira como foi pretendida por seu criador:[12] "o ambiente digital é sujeito à governança (ou autoridade) de atores privados. Google, Facebook, Amazon, TikTok e Apple são exemplos paradigmáticos de forças que competem com as autoridades públicas no exercício de poderes *online*".[13]

Por essas razões, *plataformização* não é uma *coisa*, senão a reconfiguração de relações de poder na sociedade a partir da transformação contínua de atividades, processos e relações em fluxos informacionais constitutivos de serviços digitais orquestrados por meio de plataformas, as quais tornam possível a conexão e a presença na dimensão digital de Estados, organizações, empresas e pessoas. Sem elas, não há falar em mundo *online*. Concorrem, para tanto, a coleta e tratamento de diversos tipos de dados, inclusive pessoais e sensíveis, o afrouxamento de direitos fundamentais (privacidade, autodeterminação, personalidade, informação etc.) e a outorga/fortalecimento de poderes em níveis individual, coletivo e político a esses agentes econômicos/sociais.[14]

No ângulo legal, o direito brasileiro ainda não se ocupa de forma específica de plataformas digitais. Todavia, qualifica-as juridicamente, não interessando o modelo de negócios ou nicho em que se situam, como aplicações de internet: "o conjunto de funcionalidades que podem ser acessadas por meio de um terminal conectado à internet".[15] Em rigor, serão constituídas na forma de pessoa jurídica, exercendo suas atividades de forma organizada, profissionalmente e com fins econômicos.[16] Parece-nos, todavia, que, devido à sua centralidade e às suas especificidades nas sociedades contemporâneas, essa definição não é mais suficiente.

---

11. MARQUES, Claudia Lima; MUCELIN, Guilherme. Inteligência Artificial e "opacidade" no consumo: a necessária revalorização da transparência para a proteção do consumidor. In: GUIA, Rodrigo da; TEPEDINO, Gustavo (Org.). *O Direito Civil na Era da Inteligência Artificial*. São Paulo: RT, 2020. p. 411-440.
12. Neste sentido, o criador da web pretende desenvolver uma nova web, a Solid: "*Inventor of the World Wide Web, Tim Berners-Lee, aims to promote a new architecture for the web, Solid, which would allow users to remain in control over their data. He is concerned that powerful technology companies have subverted the open and collaborative nature of the web, and he plans to restore it*" (NOGAREDE, Justin. *Governing online gatekeepers*: taking power seriously. Bruxelas: The Foundation for European Progressive Studies (FEPS), 2021. p. 32).
13. DE GREGORIO, Giovanni. *Digital Constitucionalism in Europe*. Reframing Rights and Powers in the Algorithmic Society. Cambridge: Cambridge University Press, 2022. p. 8.
14. DE GREGORIO, Giovanni. *Digital Constitucionalism in Europe*. Reframing Rights and Powers in the Algorithmic Society. Cambridge: Cambridge University Press, 2022. p. 80.
15. MCI. Art. 5. Para os efeitos desta Lei, considera-se: (...). VII – aplicações de internet: o conjunto de funcionalidades que podem ser acessadas por meio de um terminal conectado à internet (...).
16. MCI. Art. 15. Art. 15. O provedor de aplicações de internet constituído na forma de pessoa jurídica e que exerça essa atividade de forma organizada, profissionalmente e com fins econômicos deverá manter os respectivos registros de acesso a aplicações de internet, sob sigilo, em ambiente controlado e de segurança, pelo prazo de 6 (seis) meses, nos termos do regulamento.

A fim de sanar essa falta, diversos Projetos de Lei (PL) foram propostos. A título ilustrativo, cite-se o PL 2120/23, que pretende instituir o Marco Legal das Plataformas Digitais. De acordo com a proposta, consideram-se plataformas digitais as aplicações de internet que ofertem serviços de redes sociais, ferramentas de busca e de mensagem instantânea, excluindo-se as de comércio eletrônico, realização de reuniões, enciclopédias online sem fins lucrativos e repositórios científicos e educativos.[17] Também foram consagradas, a exemplo do *Digital Services Act* da União Europeia,[18] plataformas de grandes dimensões (*gatekeepers*).

Outra iniciativa legislativa a ser destacada advém do Relatório Final dos trabalhos da Comissão de Juristas responsável pela revisão e atualização do Código Civil, que trouxe o Projeto distinguindo dois tipos de plataformas. O primeiro é geral, considerando-as como serviços de hospedagem virtual que têm como funcionalidade principal o armazenamento e a difusão de informações ao público; o segundo tipo é mais restrito, pois diz respeito às plataformas de grande alcance, elencando como requisitos para categorizá-las como tal um número médio de usuários mensais no Brasil superior a dez milhões, como redes sociais, buscadores e provedores de mensagens instantâneas.[19]

No que tange ao direito do consumidor, algumas ponderações adicionais se fazem necessárias, haja vista que a resposta ao questionamento se as plataformas se qualificam como fornecedoras não é, ainda, unânime na jurisprudência nacio-

---

17. PL 2120/23. "Art. 2º Para os efeitos desta Lei, são considerados provedores de aplicações de internet do tipo plataforma digital, doravante denominados plataformas digitais, os provedores de aplicações que ofertem serviços de: I – redes sociais; II – ferramentas de busca; e III – mensagem instantânea. § 1º Esta Lei se aplica às plataformas digitais constituídas na forma de pessoa jurídica, que ofertem serviços ao público brasileiro e exerçam atividade de forma organizada, e cujo número de usuários registrados no país seja superior a 10.000.000 (dez milhões), há pelo menos 12 (doze) meses, incluindo aqueles cujas atividades sejam realizadas por pessoa jurídica sediada no exterior. § 2º Esta Lei não se aplica a provedores de aplicações cuja atividade primordial seja: I – comércio eletrônico; II – realização de reuniões fechadas por vídeo ou voz; III – enciclopédias online sem fins lucrativos; IV – repositórios científicos e educativos".
18. O Digital Services Act (DSA) reconhece que o potencial de causar danos aumenta conforme o tamanho das plataformas online em termos de número de usuários. Para mitigar esses riscos, a DSA inclui obrigações adicionais para plataformas online muito grandes (aquelas com 45 milhões ou mais de usuários ativos mensais em média na UE). Uma das obrigações impostas a tais plataformas é realizar uma avaliação anual de quaisquer riscos sistêmicos significativos causados por seus serviços e pelo seu uso na União. (CAUFFMAN, Caroline; GOANTA, Catalina. A new order: the digital services act and consumer protection. *European Journal of Risk Regulation*, v. 12, n. 4, p. 758-774, 2021, p. 770).
19. "Art. Consideram-se como plataforma online os serviços de hospedagem virtual que tenham como funcionalidade principal o armazenamento e a difusão de informações ao público"; "Art. Consideram-se como plataforma digital de grande alcance os serviços de hospedagem virtual que tenham como funcionalidade principal o armazenamento e a difusão de informações ao público, cujo número médio de usuários mensais no Brasil seja superior a dez milhões, tais como as redes sociais, ferramentas de busca e provedores de mensagens instantâneas" (CJCODCIVIL. *Relatório Final dos trabalhos da Comissão de Juristas responsável pela revisão e atualização do Código Civil*. Abril 2024. Disponível em: https://legis.senado.leg.br/comissoes/comissao?codcol=2630. Acesso em: 18 abr. 2024).

nal. Sabe-se que fornecedor, segundo o art. 3º, do CDC, "é toda pessoa física ou jurídica, pública ou privada, nacional ou estrangeira, bem como os entes despersonalizados, que desenvolvem atividade de produção, montagem, criação, (...) ou comercialização de produtos ou prestação de serviços", sendo por isso remunerado.

Que existe uma relação de consumo quando um consumidor internauta é destinatário final fático e econômico do serviço prestado pela plataforma digital ninguém tem dúvidas, pois restam preenchidos os elementos objetivos, subjetivos e teleológico que caracterizam uma relação jurídica de consumo. Contudo, a depender do modelo de negócios, poderá haver outras personagens inseridas nessa relação, como nos moldes da economia do compartilhamento ou de *marketplaces* em que existe outro fornecedor (direto)[20] atuando frente ao consumidor em conjunto à plataforma – uma relação, pois, triangular e conexa.

Colocado de outra forma, ao menos dois personagens se conectarão por intermédio da aplicação de internet. Daqui duas situações serão possíveis: (i) a plataforma será considerada como fornecedora da relação subjacente, caso nela tenha um papel ativo, seja na definição de cláusulas contratuais bastante robustas, seja ainda por outras medidas que configurem um certo nível de controle e orquestração; ou (ii) não será considerada fornecedora, pois seu papel se limita a um veículo de ofertas, à lembrança de um classificado de jornal, exercendo pouco ou nenhum controle acerca da relação estabelecida entre o consumidor e o fornecedor direto.[21]

Independentemente disso, em todas essas relações em que presente a plataforma digital como viabilizadora ou anunciante haverá uma gama de contratos

---

20. Esse fornecedor direto pode assumir diferentes formas, dependendo do contexto: (i) um empregado, caso seja reconhecido o vínculo empregatício entre a plataforma e o prestador do serviço, cumprindo os requisitos estabelecidos; (ii) um consumidor equiparado, se sua vulnerabilidade for comprovada e ele não atender aos critérios de fornecedor (tais como habitualidade, profissionalismo, organização etc.); (iii) autônomo, nos casos em que trabalhar com total liberdade e autodeterminação. Nesse sentido, a plataforma também poderá se enquadrar como empregadora ou como contratante regulada pelo direito civil comum, tudo por conta da multimodalidade e da heterogeneidade das relações estabelecidas entre plataformas e usuários. Veja mais em: MUCELIN, Guilherme; CUNHA, Leonardo Stocker P. da. *Relações trabalhistas ou não trabalhistas na economia do compartilhamento*. São Paulo: RT, 2021.
21. Veja o trecho da ementa: "2. A relação da pessoa com o provedor de busca de mercadorias à venda na internet sujeita-se aos ditames do Código de Defesa do Consumidor, ainda que o serviço prestado seja gratuito, por se tratar de nítida relação de consumo, com lucro, direto ou indireto, do fornecedor. 3. Não obstante a evidente relação de consumo existente, a sociedade recorrida responsável pela plataforma de anúncios "OLX", no presente caso, atuou como mera página eletrônica de "classificados", não podendo, portanto, ser responsabilizada pelo descumprimento do contrato eletrônico firmado entre seus usuários ou por eventual fraude cometida, pois não realizou qualquer intermediação dos negócios jurídicos celebrados na respectiva plataforma, visto que as contratações de produtos ou serviços foram realizadas diretamente entre o fornecedor e o consumidor" (BRASIL. Superior Tribunal de Justiça. Recurso Especial 1836349, julgado em 24 de jun. 2022). Sobre o tema, veja também: MUCELIN, Guilherme. *Conexão online e hiperconfiança*: os players da economia do compartilhamento e o Direito do Consumidor. São Paulo: RT, 2020.

conexos interligando esses tríplices atores[22] e possibilitando as prestações de serviços. Haverá, ainda, no âmbito de análise interno de uma relação do indivíduo singularmente considerado com a plataforma, peças contratuais que, em conjunto, regerão a relação estabelecida entre essas partes: os termos e condições de uso, políticas de privacidade e outros pedaços informacionais de efeito vinculante – o que será a seguir analisado.

1.2 Prestação de serviços por plataformas e vulnerabilidade digital do usuário

De origem romana (*locatio conductio operarum*), prestação de serviços significa, em linhas gerais, que um sujeito coloca, mediante retribuição e durante certo tempo, seus próprios serviços à disposição de outrem. Por prestação serviço, logo, compreende-se um fazer, uma conduta que pode ser tanto material quanto imaterial. Desse modo, o contrato que tenha por objeto a prestação de serviços se configura como o documento vinculante que formaliza o compromisso de uma parte – o prestador, pessoa natural ou jurídica – em realizar serviços à outra parte – tomador, também pessoa natural ou jurídica – em troca de remuneração[23] direta ou indireta.

Trata-se de negócio jurídico que envolve uma obrigação de fazer economicamente relevante, um ato ou omissão útil, podendo ser complementada por um dar ou pela criação ou entrega de bem material ou conteúdo acessório ao fazer principal. O *fazer*, logo, é a causa de contratar geradora de expectativa legítima, pela qual se poderá exigir essa atividade[24] por meio das tutelas apropriadas.

Serviço em si poderá então ser caracterizado como *trabalho*, quando se submeterá, se preenchidos determinados requisitos, à disciplina prevista na legislação trabalhista; ou como uma *atividade*[25] ou *funcionalidade*,[26] submetendo-se à legislação civil se os sujeitos forem paritários; se assimétricos, de consumo, na hipótese

---

22. BERGSTEIN, Laís; SEYBOTH, Ricardo. Desafios e Possibilidades da Conexidade Contratual Formadora dos Marketplaces no Brasil. *Revista Científica Disruptiva*, v. IV, n. 1, p. 39-52, jan./jun. 2022.
23. FONTOURA, Rodrigo Brandão. *Contratos de prestação de serviço e mitigação de riscos*. Indaiatuba: Foco, 2021. p. 19 e ss.
24. MARQUES, Claudia Lima. Revisando a teoria geral dos serviços com base no Código de Defesa do Consumidor. In: MARQUES, Claudia Lima et al. *Contratos de serviços em tempos digitais*. Contribuição para uma nova teoria geral dos serviços e princípios de proteção dos consumidores. São Paulo: RT, 2021. p. 63-142. p. 73 e 78.
25. Código de Defesa do Consumidor. Art. 3º (...). § 2º Serviço é qualquer atividade fornecida no mercado de consumo, mediante remuneração, inclusive as de natureza bancária, financeira, de crédito e securitária, salvo as decorrentes das relações de caráter trabalhista.
26. "A utilização de funcionalidades digitais pressupõe a adesão do usuário aos termos de uso, que são tipos de condições gerais contratuais estabelecidas pelo provedor de aplicação, determinando assim o conteúdo da relação jurídica entre as partes. Portanto, ao utilizar serviços fornecidos por meio de uma aplicação, como participar de uma rede social ou acessar serviços digitais simultaneamente aos serviços físicos, é necessário concordar com os termos de uso, assim como com qualquer funcionali-

em que o serviço seja prestado a consumidores;[27] ou ainda a outras legislações em diálogo, quando, por exemplo, "a atividade de tratamento [*de dados pessoais*] tenha por objetivo a oferta ou o fornecimento de bens ou serviços" e enseje, por isso, a análise conjunta à Lei Geral de Proteção de Dados Pessoais (LGPD).

Ao contrário da União Europeia,[28] no Brasil ainda não trata designadamente na legislação atual da prestação de serviços digitais, embora propostas legislativas tenham sido encabeçadas, fortemente influenciadas pelo direito da União, em clara verificação fática do *Brussel Effect*[29] em território nacional. Cabe, nesse ponto, ressaltar a proposta da já citada Comissão de atualização do Código Civil, que pretende criar o Capítulo VII-A, denominado "Da prestação de serviços e do acesso a conteúdos digitais", inaugurado pela conceituação de prestação de serviço.

Segundo o art. 609-A do Projeto, "a prestação digital de serviço ou de acesso a seus conteúdos digitais é composta por um conjunto de prestações de fazer, economicamente relevantes, que permitam ao usuário criar, tratar, armazenar ou ter acesso a dados em formato digital", do mesmo modo que "partilhar, efetivar mudanças ou qualquer outra interação com dados em formato digital e no ambiente virtual".[30]

Cabe frisar que, para a prestação de serviços digitais, não existe um único documento que rege a relação entre usuário e plataforma, *site* ou *app*. Há, ao contrário, um conjunto de instrumentos que, unidos, se prestam a conformar os direitos, deveres e obrigações das partes,[31] possibilitando assim a prestação e regendo o comportamento dos contratantes. Em outros termos, no ambiente *online*, contratos são frequentemente compostos por uma série de elementos topologicamente dispersos em diversos *links* em diferentes localizações, formando uma espécie de mosaico contratual.

Os termos e condições de uso do serviço, as políticas de privacidade, as diretrizes de coleta de dados e os centros de informações sobre IA são exemplos de

---

dade oferecida para download por plataformas digitais" (MIRAGEM, Bruno. Código Civil de 2002 e o direito civil do futuro. *Revista de Direito do Consumidor*, v. 145, p. 209-233, São Paulo, jan./fev. 2023).
27. Código Civil. Art. 593. A prestação de serviço, que não estiver sujeita às leis trabalhistas ou a lei especial, reger-se-á pelas disposições deste Capítulo.
28. Veja, em especial, o Digital Services Act e a Digital Content Directive. Neste último, observe a redação do art. 2(2): Para efeitos da presente diretiva, entende-se por: (...) 2) "Serviço digital": a) um serviço que permite ao consumidor criar, tratar, armazenar ou aceder a dados em formato digital, ou b) um serviço que permite a partilha ou qualquer outra interação com os dados em formato digital carregados ou criados pelo consumidor ou por outros utilizadores desse serviço", que se revela quase idêntica em substância à proposta brasileira.
29. Sobre o tema: RODRIGUES, Eduardo B. O Efeito Bruxelas. *Scientia Iuris*, v. 25, n. 2, p. 205-207, 2021.
30. CJCODCIVIL. *Relatório Final dos trabalhos da Comissão de Juristas responsável pela revisão e atualização do Código Civil*. Abril 2024. Disponível em: https://encurtador.com.br/loDMR. Acesso em: 18 abr. 2024.
31. LIPPI, Marco et al. CLAUDETTE: an automated detector of potentially unfair clauses in online terms of service. *Artifcial Intelligence and Law*, v. 27, p. 117-139, 2019. p. 117.

pedaços informacionais de valor vinculante que compõem o contrato de prestação de serviços digitais. Esse contrato é, em rigor, abrangente, muitas vezes de longa duração e extrapola a sua mera finalidade negocial. Essas disposições, ao serem reunidas, não apenas constituem um acordo formal entre as partes, mas formam um documento que regula a relação entre o provedor do serviço e o usuário,[32] bem como entre este último e outras partes eventualmente envolvidas em modelos de negócios *online*. Mais que isso, também regula aspectos existenciais e de personalidade por conta do tratamento de dados pessoais[33] que são constitutivos – e não acessórios – dos serviços digitais em todos os aspectos.[34]

Apesar de serem juridicamente vinculantes, as peças contratuais de plataformas digitais nem sempre são lidas ou compreendidas na íntegra pelos usuários. Isso se deve à forma como os contratos são apresentados: em formato fragmentado e em cascata, com linguagem jurídica complexa e textos extensos. Essa configuração dificulta a compreensão completa das obrigações assumidas pelos usuários,[35] que se submetem unilateralmente às condições impostas pelas plataformas. As cláusulas contratuais podem conter, por exemplo, restrições aos direitos dos usuários, exoneração de responsabilidade, definição de foro e jurisdição, imposição de obrigatoriedade de arbitragem e outras disposições que impactam diretamente a relação entre as partes,[36] causando-lhe assimetrias e potencialmente prejudicando o exercício de direitos.

---

32. Conforme Hironaka e Monaco, os Termos de Uso e Serviço possuem natureza civil e contratual, não se enquadrando na maioria dos casos como normas consumeristas. Esses termos estabelecem os direitos e deveres tanto dos usuários quanto da plataforma, considerando as obrigações impostas pela legislação brasileira, especialmente o Marco Civil da Internet, com o objetivo de preservar a integridade do ambiente virtual para todos os envolvidos (HIRONAKA, Giselda Maria Fernandes Novaes; MONACO, Gustavo Ferraz de Campos. Relação jurídica entre plataforma digital e seus usuários. Possibilidade de autorregulamentação expressa em termos de serviço. Má-utilização da plataforma que se configura como abuso de direito (Parecer). *Revista de Direito Civil Contemporâneo*, v. 29, p. 357-368, São Paulo, out./dez. 2021).
33. SARLET, Ingo Wolfgang. O Direito Fundamental à Proteção de Dados Pessoais na Constituição Federal Brasileira de 1988. *Privacy and Data Protection Magazine*, n. 1, p. 12-49, 2021. p. 18; no mesmo sentido: BIONI, Bruno Ricardo. *Proteção de Dados Pessoais*: a função e os limites do consentimento. 3. ed. Rio de Janeiro: Forense, 2021. p. 55.
34. COHEN, Julie E. *Between truth and power*: The Legal Constructions of Informational Capitalism. Oxford: Oxford University Press, 2019. p. 37-38.
35. "Nos contratos de redes sociais, o usuário consente com os termos de uso, mas o texto em si usa de linguagem formal, muitas vezes com diversos links externos, o que afasta ainda mais o interesse do usuário em compreender o que ele está lendo. (...) As empresas tendem a complicar os termos de uso, criando obstáculos para a livre compreensão do usuário, que sem perceber acaba compartilhando seus dados livremente" (ABRUSIO, Juliana. A banalização do consentimento e a consequente fadiga dos cliques. *Revista dos Tribunais*, v. 1047, p. 177-186, São Paulo, jan. 2023).
36. VERBICARO, Dennis; MARTINS, Ana Paula Pereira. A contratação eletrônica de aplicativos virtuais no Brasil e a nova dimensão da privacidade do consumidor. *Revista de Direito do Consumidor*, v. 116, p. 369-391, São Paulo, mar./abr. 2018.

A frase *Li e aceito* é, assim, tendo em vista dos empecilhos da efetividade do direito à informação nesses contratos,[37] considerada como a "maior mentira da internet".

Um estudo investigou o comportamento dos usuários em relação à leitura das políticas de privacidade e termos de uso de uma rede social fictícia, com o objetivo de avaliar quantos usuários ignoravam esses documentos e suas cláusulas. Os resultados revelaram que 97% dos usuários aceitaram as políticas em segundos, mesmo que 74% não tenham a lido (o que levaria, em média, de 29 a 32 minutos), e 93% concordaram com os termos de uso também em segundos (que demoraria entre 15 a 17 minutos para serem lidos). Surpreendentemente, cláusulas como autorização para compartilhar dados pessoais com a Agência de Segurança Nacional dos EUA e empregadores, além de fornecer um filho primogênito como pagamento pelo acesso, passaram despercebidas por 98% dos participantes.[38]

A pesquisa citada abordou *exclusivamente* as políticas de privacidade e os termos de uso do serviço digital de uma rede social. Outros estudos apresentam diversas estimativas temporais sobre o assunto. Por exemplo, no âmbito das políticas de privacidade, seria necessário dedicar 244 horas por ano, o equivalente a 40 minutos por dia, para ler todas as políticas dos *sites* mais visitados[39] – sem mencionar que, atualmente, muito mais aplicativos são instalados e mais páginas são visitadas diariamente do que em 2008, ano em que foi realizado esse levantamento. Isso evidencia um provável aumento no tempo a ser dispendido para realizar tal empreitada, considerando ainda todo o conjunto contratual adicional.

Encontramos, assim, indivíduos muitas vezes limitados em sua capacidade de compreender ao que se vincularão. As razões podem variar: face jurídica e juslinguística[40] da vulnerabilidade, por vezes com elementos sociais ou pessoais, como no caso dos analfabetos e idosos; falta de alternativas no fornecimento de serviços digitais e efeitos *lock-in*; excesso de informação inútil ou escassez de informação comunicada (face informacional da vulnerabilidade); termos e con-

---

37. RAMOS, Anna Luíza Salles; SANTANA, Héctor Valverde. A efetividade do direito à informação adequada em relação aos termos de uso e serviço e políticas de privacidade. *Revista de Direito do Consumidor*, v. 134, p. 175-194, São Paulo, mar./abr. 2021.
38. OBAR, Jonathan A.; OELDORF-HIRSCH, Anne. The biggest lie on the internet: Ignoring the privacy policies and terms of service policies of social networking services. *Information, Communication & Society*, v. 23, n. 1, p. 128-147, 2020. Versão consultada disponível em: https://encurtador.com.br/ckwT4. Acesso em: 21 abr. 2024.
39. McDonald, Aleecia M.; Cranor, Lorrie Faith. The Cost of Reading Privacy Policies. *I/S: a Journal of Law and Policy*, v. 4, n. 525, p. 543-568, ano 2008-2009. p. 563.
40. MARTINS, Guilherme Magalhães; MUCELIN, Guilherme; SOUTO, Luana Mathias. Acesso à justiça e vulnerabilidades jurídica e linguística. In: ALVES, Rogério Pacheco; NETTO, Fernando Gama de Miranda. *Acesso à justiça e os desafios do nosso tempo*. Rio de Janeiro: Lumen Juris, 2024. p. 43-62.

dições escritos de maneira complexa, entre outras.[41] A todo esse conjunto dá-se o nome de vulnerabilidade digital.

Com ela, se "descreve um estado universal de indefesa e suscetibilidade a (exploração de) desequilíbrios de poder que são resultado da crescente automação do comércio, da datificação das relações consumidor-fornecedor e da própria arquitetura dos mercados digitais". É sobre meios de imposição de governamentalidade: "vulnerabilidade é sobre o poder ou a capacidade dos atores comerciais de afetar as decisões, desejos e comportamentos do consumidor de maneira que o consumidor, tudo considerado, não tolera, mas também não está em posição de impedir".[42]

Um dos efeitos relevantes será a afetação da autodeterminação informativa e da autonomia privada das pessoas que contratam serviços digitais, além de discriminação e outros riscos advindos dessas dinâmicas. Em razão disso, todos acabam concordando com as disposições contratuais, mesmo que estas não representem completamente seus interesses,[43] mas apenas se refira à capacidade de acessar o serviço. Será que estamos diante de uma crise do paradigma protetivo da informação?

2. EFETIVIDADE DO PARADIGMA DA INFORMAÇÃO NA PRESTAÇÃO DE SERVIÇOS DIGITAIS

O dever de informação e o correspondente direito constituem a pedra angular do paradigma de proteção do usuário de serviços digitais amplamente adotado em várias jurisdições, incluindo o Brasil. Essa abordagem tem suas raízes em um contexto histórico em que informações e dados não eram abundantes, os serviços não tão complexos e a regulação não demandava a divulgação de enormes volumes de informações. Na contemporaneidade, esse paradigma enfrenta desafios significativos, o que nos leva a questionar sua deficiência, uma vez que ele é e sempre será fundamental para a tomada de decisões não viciadas pelos usuários. Nesse sentido, é imprescindível destacar as limitações do simples fornecimento de informações como cumprimento do dever, bem como explorar estratégias que possam superá-las.

---

41. Sobre o tema, veja: HOWELLS, Geraint. The potential and limits of consumer empowerment by information. *Journal of Law and Society*, v. 32, n. 3, set. 2005. p. 349-370.
42. HELBERGER, N.; SAX, M.; STRYCHARZ, J.; MICKLITZ, H.-W. Choice Architectures in the Digital Economy: Towards a New Understanding of Digital Vulnerability. *Journal of Consumer Policy*, nov. 2021. DOI: https://doi.org/10.1007/s10603-021-09500-5. p. 2 e 9.
43. ABRUSIO, Juliana. A banalização do consentimento e a consequente fadiga dos cliques. *Revista dos Tribunais*, v. 1047, p. 177-186, São Paulo, jan. 2023.

2.1 Deficiências do mero fornecimento de informação como paradigma de proteção

O MCI é uma lei de vanguarda em nosso país, pois colocou em foco o debate sobre os direitos digitais dos usuários da internet no Brasil. Fora concebida[44] de uma maneira flexível e estruturalmente principiológica, de modo a preservar a sua utilidade frente à rápida evolução tecnológica, mesmo diante de pertinentes críticas dispensadas a esse diploma.[45] Passados mais de dez anos desde a sua aprovação, contudo, ainda subsistem controvérsias em respeito à interpretação, à constitucionalidade do regime de responsabilização[46] e, sobretudo, à subaplicação de importantes dispositivos que têm por escopo fomentar as bases de promoção das liberdades e dos direitos fundamentais na rede.

No campo da prestação de serviços digitais, referindo-se ao conjunto contratual que lhes dá sustentação, destaquem-se duas de suas disposições: os incisos VI e XI do art. 7º. O primeiro estabelece como direito dos usuários o fornecimento de "informações claras e completas constantes dos contratos de prestação de serviços (...)" e o segundo traz a "publicidade e clareza de eventuais políticas de uso".[47] São, pois, direitos dos usuários que se espelham, portanto, como deveres atribuídos às plataformas digitais e a outras aplicações de internet – um relativo à informação em si e outro concernente à comunicação dessa informação: uma funcionalização do princípio geral da transparência[48] (que nem sempre é observada[49]).

Nessa *ratio*, é preciso que as informações constantes em disposições que regem serviços digitais não sejam genéricas[50] nem redigidas com *dark*

---

44. Sobre a história do Marco Civil da Internet, veja, por todos: SOUZA, Carlos Affonso; LEMOS, Ronaldo. *Marco Civil da Internet*: Construção e Aplicação. Juiz de Fora: Editar, 2016.
45. Veja, por todos: TOMASEVICIUS FILHO, Eduardo. Marco Civil da Internet: uma lei sem conteúdo normativo. *Estudos Avançados*, 2016, v. 30, n. 86, p. 269-285.
46. Nesse sentido: MARTINS, Guilherme Magalhães. Vulnerabilidade e responsabilidade civil na Internet: a inconstitucionalidade do Artigo 19 do Marco Civil. *Revista de Direito do Consumidor*, v. 137, p. 33-59, 2021.
47. Marco Civil da Internet. Art. 7º. O acesso à internet é essencial ao exercício da cidadania, e ao usuário são assegurados os seguintes direitos: (...). VI – informações claras e completas constantes dos contratos de prestação de serviços, com detalhamento sobre o regime de proteção aos registros de conexão e aos registros de acesso a aplicações de internet, bem como sobre práticas de gerenciamento da rede que possam afetar sua qualidade; (...) XI – publicidade e clareza de eventuais políticas de uso dos provedores de conexão à internet e de aplicações de internet (...).
48. GARCIA, Rebeca. Marco Civil da Internet no Brasil: repercussões e perspectivas. *Revista dos Tribunais*, v. 964, p. 161-190, São Paulo, fev. 2016.
49. SILVA, Joseane Suzart Lopes da. A responsabilidade civil dos provedores em face dos consumidores de produtos e serviços contratados no ambiente virtual: a relevância do Marco Civil da Internet regulamentado pelo Decreto Federal 8.771/2016. *Revista de Direito Civil Contemporâneo*, v. 10, p. 151-190, São Paulo, jan./mar. 2017.
50. MENDES, Laura Schertel. O diálogo entre o Marco Civil da Internet e o Código de Defesa do Consumidor. *Revista de Direito do Consumidor*, v. 106, p. 37-69, São Paulo, jul./ago. 2016.

patterns[51] ou técnicas de *neuromarketing*,[52] de modo complexo ou cujo efeito equivalente seja a dificultação da compreensão do pactuado, engenhosidade ou abusividade. Assim, por exemplo, de acordo com o MCI e a LGPD e seus princípios, nos contratos de prestação de serviços digitais a finalidade de um determinado tratamento de dados pessoais não pode ser aberta demais, pois deve ser específica e informar ao titular o seu objetivo, inclusive para que possa exercitar os seus direitos como consentir informadamente, se opor, retirar o consentimento etc. Ou mesmo no caso do compartilhamento de tais dados com terceiros, em que deverá haver a informação sobre quem são, eventual nova finalidade para tratamento subsequente, bem como novo consentimento, sob pena de violação da boa-fé objetiva e da configuração da irregularidade desse tratamento.

Também é de se observar que, quando o suporte fático permite a subsunção da relação estabelecida ao Código de Defesa do Consumidor (CDC) – seja por enquadramento estrito do consumidor, seja ainda por equiparação –, há o reforço ao dever de informar na prestação de serviços digitais. Trata-se de princípio que rege a Política Nacional das Relações de Consumo (art. 4º, IV), direito básico do consumidor (art. 6º, I e XIII, CDC), vinculadora dos termos declarados (art. 30, CDC), possibilitando comprovar inclusive o disposto em publicidades (art. 36), configuradora de infração penal em caso de falsidade, enganosidade ou omissão (art. 66, CDC) e hipótese de responsabilização (arts. 12 e 14, CDC).

Lado outro, nesse contexto, também destacamos diversas propostas legislativas para aprimorar a dimensão digital e o uso da IA no país. O projeto de atua-

---

51. "Aproveitando-se da lógica da imediatez, alguns fornecedores de produtos/serviços apostam em práticas que dificultam – seja pela quantidade de ações necessárias, seja pelos termos utilizados e/ou pela arquitetura de seu sítio eletrônico – ou enganam os consumidores, com a finalidade de firmar uma contratação e/ou impedir o seu cancelamento. As práticas que materializam essa situação são identificadas pelo termo *dark patterns*, ou, em português, padrões obscuros. (...) a lei é omissa quanto ao modo pelo qual os termos de usos e as aceitações devem ser regulados, gerando um consentimento involuntário" (MELLO, Leonardo Tozarini; SODRÉ, Marcelo Gomes; ANDRADE, Vitor Morais de. Legislação consumerista brasileira em face dos padrões obscuros nas interfaces digitais. *Revista de Direito do Consumidor*, v. 150, p. 49-71, São Paulo, nov./dez. 2023).

52. "O consumidor muitas vezes não consegue discernir que, ao concordar com os Termos de Uso e Políticas de Privacidade de um serviço ou produto online, está, na verdade, autorizando a prática de mineração de dados e o compartilhamento desses dados pelo fornecedor. Isso ocorre porque os Termos e Políticas são frequentemente formulados de maneira a suavizar a linguagem e torná-la menos direta e explicativa, utilizando práticas de neuromarketing. Expressões como "coleta", "ajuda" e "compartilhamento" são usadas no lugar de termos mais diretos como "compra e venda da informação" e "mineração de dados", dando a impressão de que o consumidor está participando de uma comunidade conectada com um objetivo altruístico de democratizar o acesso à informação, tornando-a gratuita para o benefício de todos". (PARCHEN, Charles Emmanuel; FREITAS, Cinthia Obladen de Almendra; MEIRELES, Jussara Maria Leal de. Vício do consentimento através do neuromarketing nos contratos da era digital. *Revista de Direito do Consumidor*, v. 115, p. 331-356, São Paulo, jan./fev. 2018".

lização do Código Civil[53] é um exemplo, pois pretende complementar o disposto no MCI ao especificar dialogicamente[54] e sistematicamente deveres exigíveis de plataformas no que concerne aos contratos que elaboram. Nesse sentido, alguns dispositivos e algumas considerações preliminares merecem destaque.

Em primeiro, ressalte-se a proposta do art. 609-B, a qual traz a obrigatoriedade de possibilitar o armazenamento duradouro de contratos, para possibilitar uma transparência nem só dos negócios, como também da elaboração das cláusulas contratuais gerais, sob pena de eventual falta informacional ser considerada vício se "o contrato não contiver cláusulas contratuais gerais que permitam a informação do usuário, de maneira clara e suficiente, sobre as características de compatibilidade, de funcionalidade, de durabilidade e de interoperabilidade do serviço".

Complementando, o art. 609-C estabelece que os prestadores de serviços digitais devem notificar os usuários sobre quaisquer propostas de alteração de cláusulas contratuais gerais, estipulando um prazo de reflexão razoável (sem especificá-lo, contudo) para que, se assim for da vontade do aderente, recuse o negócio ou opte por alguma alternativa de continuação do vínculo nas hipóteses de dependência tecnológica ou de grave prejuízo. Para dar efetividade à norma, constitui como proibição cláusulas que imponham unilateralmente alterações aos contratos ou extensão de efeitos retroativos (exceto se mais benéficas) por serem consideradas abusivas e nulas de pleno direito.

Já o art. 609-D, a par de trazer a possibilidade de celebração de serviços digitais por tempo determinado e renovável, inova ao trazer um direito à explicação de alguma "sanção" aplicada ao contratante aderente, como nos casos de suspensão, cessação e imposição de restrições ao contrato ou ao usuário. Lado outro, o art. 609-E explicita que os prestadores desses serviços deverão adotar salvaguardas a respeito da segurança no meio digital e da natureza do contrato, especialmente contra atos maliciosos e outros riscos em matéria de cibersegurança e de violação de informações de dados do usuário e de terceiros.

No novo Livro sobre Direito Civil Digital, a seu turno, há também o dever de elaboração desses instrumentos contratuais de forma acessível, transparente e de fácil compreensão, de modo que as previsões que contrariarem normas cogentes ou de ordem pública serão também nulas de pleno direito. Especificam-se os tipos de informações, que devem incluir os referentes a ferramentas, sistemas

---

53. Todos os artigos elencados são provenientes do Relatório: CJCODCIVIL. *Relatório Final dos trabalhos da Comissão de Juristas responsável pela revisão e atualização do Código Civil*. Abril 2024. Disponível em: https://encurtador.com.br/ejwxG. Acesso em: 18 abr. 2024.
54. Sobre diálogo das fontes em direito digital, leia: MUCELIN, Guilherme. Transformação digital e diálogo das fontes: a interface jurídica de proteção das pessoas entre o virtual e o analógico. In: MARQUES, Claudia Lima; MIRAGEM, Bruno. *Diálogo das Fontes*: novos estudos sobre a coordenação e aplicação das normas no direito brasileiro. São Paulo: RT, 2020.

ou processos utilizados para moderação e curadoria de conteúdo, abrangendo inclusive sobre (i) processos automatizados, realizados sem a intervenção humana; (ii) formação de perfis; e (iii) existência de monetização, patrocínio do conteúdo ou outras formas de contrapartida.[55]

Para a interpretação desses vínculos, há previsão de critérios a serem observados. O primeiro refere-se à consideração das disposições estabelecidas em eventuais acordos originais, bem como em acordos subsequentes ou em assentimento para a prática de condutas que geraram os efeitos a serem analisados, o que reflete uma valorização da vontade aderida; o segundo se direciona a considerar os direitos das partes na eficácia dos fatos; e, o terceiro, à legislação aplicável.

Entende-se como desafiadora a tarefa de estabelecer diretrizes interpretativas para contratos complexos do âmbito digital, muitas vezes interligados e sempre com disposições dispersas em vários documentos. No entanto, é importante notar que, na prestação de serviços digitais envolvendo pessoa natural – especialmente quando há a presença de Inteligência Artificial (que deve ser identificada e seguir princípios de boa-fé, padrões éticos e a função social do contrato) – tais diretrizes interpretativas podem ter um impacto negativo na proteção dos contratantes vulneráveis. Notadamente, será a hipótese caso haja uma atribuição de peso maior acerca dos termos, condições de uso e congêneres em relação às demais circunstâncias, ainda mais se sem as devidas considerações das especificidades possivelmente levem o sujeito à agravação de sua vulnerabilidade digital por conta da interseccionalidade existente entre os diversos fatores de assimetria.

Isso é reforçado pela observação da natureza unilateral e de adesão desses contratos, em que a liberdade de contratar e de contratação ficam empalidecidas em virtude das peculiaridades do meio, da utilização de *dark patterns* e de possíveis manipulações a partir de sistemas algorítmicos e IAs (que o Projeto também pretende endereçar).

Neste tema, ressalte-se a proposta brasileira de regulação de IA, que tem como fundamento o acesso à informação, a proteção de vulneráveis (definida no Projeto de Lei como "reconhecimento da assimetria de informação ou de poder de pessoas naturais) e a integridade da informação (art. 2º, X, XIV e XV). Como direitos, além de outros, traz a informação prévia quanto à interação com agentes artificiais e outras informações eventualmente existentes em regulamentos, podendo ser fornecidas mediante o uso de ícones ou símbolos facilmente identificáveis.

Como se percebe, há o objetivo de se diminuir a vulnerabilidade digital-informacional a partir do tradicional paradigma protetivo adotado em diversas

---

55. CJCODCIVIL. *Relatório Final dos trabalhos da Comissão de Juristas responsável pela revisão e atualização do Código Civil*. Abril 2024. Disponível em: https://encurtador.com.br/ejwxG. Acesso em: 18 abr. 2024.

jurisdições: o fornecimento de informações como dever daquele que causa tal assimetria e direito de quem é afetado. Quanto mais informação, melhor e mais refletida será a decisão em contratar *vis-à-vis* seus interesses e expectativas legítimas: essa é a lógica predominante,[56] considerando que informar é tornar comum (*communicatio-ionis, communico-are, communis*).[57]

De fato, a informação é a peça central e o instrumento tradicional de proteção do sujeito em diversos âmbitos em que presente assimetrias dessa natureza, do consumidor[58] à proteção de dados e à inteligência artificial, aumentando-se a quantidade informacional à medida que o objeto a que se refere a informação se torna mais complexo.

Retornando-se ao MCI como exemplo, uma crítica doutrinária comum – concorde-se ou não – é a da falta de efetividade na aplicação dos direitos de informação do art. 7º na prática, já que seriam apenas uma repetição das disposições básicas do direito do consumidor, sem uma especificação clara sobre como os usuários podem realmente ter acesso a essa publicidade e clareza nas informações. Isso decorre também da ausência de procedimentos, parâmetros e recursos para que os usuários exerçam esses direitos. Apesar da norma posta, ela não parece ter promovido mudanças substanciais nas práticas comerciais e nas cláusulas contratuais respectivas[59] – e essa é uma lição valiosa para regulações futuras e em andamento.

2.2 Quatro estratégias para a retomada da efetividade do paradigma da informação

No contexto contemporâneo, em que a opacidade dos sistemas algorítmicos são uma realidade e que o desenvolvimento de IAs, componentes da prestação de serviços digitais, ainda não possui explicações precisas acerca de todo o seu funcionamento, o paradigma da informação adotado até aqui pode se mostrar

---

56. OEHLER, Andreas; WENDT, Stefan. Good Consumer Information: the Information Paradigm at its (Dead) End?. *Journal of Consumer Policy*, v. 40, 2017, p. 179-191. p. 185.
57. MARQUES, Claudia Lima. *Contratos no Código de Defesa do Consumidor*: o novo regime das relações contratuais. 9. ed. São Paulo: RT, 2019. [e-book].
58. HOWELLS, Geraint. The potential and limits of consumer empowerment by information. *Journal of Law and Society*, v. 32, n. 3, set. 2005. p. 349-370. p. 353. Nesse sentido também: "Sob o paradigma da informação, espera-se que o consumidor esteja 'razoavelmente bem informado', 'razoavelmente observador' e 'cuidadoso' em relação às informações que recebe e, portanto, seja capaz de se proteger de decisões erradas" (STĂNESCU, Catalain Gabriel. The Responsible Consumer in the Digital Age: On the Conceptual Shift from 'Average' to 'Responsible' Consumer and the Inadequacy of the 'Information Paradigm' in Consumer Financial Protection. *Tilburg Law Review*, n. 24, v. 1, 2019, p. 49-67. p. 55. Tradução nossa).
59. Nesse sentido: GONÇALVES, Victor Hugo Pereira. *Marco Civil da Internet Comentado*. São Paulo: Atlas, 2017.

inadequado para todos os casos.[60] Nesse sentido, aponta-se provavelmente uma crise no sistema de proteção da condição humana no ambiente digital baseada em deveres de mero fornecimento de informação sem se atentar para sua qualidade e para sua real comunicação.[61]

Como se observa, se terá um aumento expressivo – e constante – de informações disponibilizadas conforme exigências legais sem que haja eficácia real de seu objetivo primeiro: garantir a transparência e a oportunidade de a pessoa ter ciência daquilo que contrata. Ou seja, pode até haver o cumprimento formal do dever (informação-fornecimento), mas paralelamente um incumprimento substancial em termos de qualidade informativa (informação-comunicação)[62] que, por isso, torna esse paradigma parcialmente inefetivo nas circunstâncias atuais.

Como se viu, a utilização de tal paradigma somente obrigando ao fornecimento de informações é inadequado por três razões principais: (i) nem todos os usuários lerão; (ii) dos que lerão, nem todos compreenderão; e (iii) nem todas as informações importantes serão repassadas ao sujeito de modo efetivo. Ainda se deve levar em consideração que a anuência do usuário aos termos de uso e outras condições predefinidas pelos provedores de aplicação não suscetíveis de alteração caracterizam a natureza contratual de adesão[63] e, no mais das vezes, de catividade, de prolongação no tempo,[64] que contribui ainda mais para a sua vulnerabilidade digital.[65]

---

60. MANTELERO, Alessandro. The future of consumer data protection in the E.U.: Re-thinking the 'notice and consent' paradigm in the new era of predictive analytics. *Computer Law & Security Review*, v. 30, n. 6, p. 643-660, dez. 2014. p. 644.
61. LI, Chia-Ying. Why do online consumers experience information overload? An extension of communication theory. *Journal of Information Science*, p. 1-17, Out. 2016.
62. OEHLER, Andreas; WENDT, Stefan. Good Consumer Information: the Information Paradigm at its (Dead) End? *Journal of Consumer Policy*, v. 40, 2017, p. 179-191.
63. O Código Civil propõe regras de proteção (art. 423 e 424) e, em se tratando de relação de consumo, aplica-se o art. 54 do CDC, o qual define e impõe um direito de esclarecimento e de facilidade na comunicação das informações essenciais, bem como as disposições acerca do teor abusivo de cláusulas conforme o art. 51 (MIRAGEM, Bruno. Código Civil de 2002 e o direito civil do futuro. *Revista de Direito do Consumidor*, v. 145, p. 209-233, São Paulo, jan./fev. 2023).
64. Faz sentido que haja um revival intenso dos contratos cativos de longa duração. Com o fenômeno da servicização e do acoplamento entre dares e fazeres, com prevalência das utilidades (serviços) fornecidas que se pretendem se estender temporalmente em caso de fornecimento contínuo (muitas vezes disfarçado de mero acesso) e com a automatização dos próprios contratos, prevalece nos arranjos de serviços digitais contemporâneos a indefinição temporal (ou o tempo atemporal contratual) do pactuado e da relação entre fornecedores e consumidores, seja mesmo pela continuidade do tratamento de dados pessoais desses sujeitos. Sobre contratos cativos de longa duração: MARQUES, Claudia Lima. *Contratos no Código de Defesa do Consumidor*: o novo regime das relações contratuais. 9. ed. São Paulo: RT, 2019. [e-book].
65. Sobre o tema: HELBERGER, N.; SAX, M.; STRYCHARTZ, J.; MICKLITZ, H.-W. Choice. Architectures in the Digital Economy: Towards a New Understanding of Digital Vulnerability, *Journal of Consumer Policy*, p. 2, dez. 2021.

A teoria contratual do direito do consumidor bem analisa a questão. Nos contratos de consumo, como regra, a vontade é substituída pela adesão à confiança, a qual deriva de informações e da comunicação social: "a opção passa a ser confiar ou não confiar, pois não mais se tem como alternativa a construção de vontades, mas apenas aderir ou não aderir".[66] Nos contratos de prestação de serviços digitais, há o mesmo raciocínio, pois importa mais o resultado (fruição do serviço e acesso a conteúdos) que a vontade inicial que criou esse resultado. A proteção, logo, carece de um novo paradigma adaptado aos novos tempos: a confiança,[67] que "deve ser a base para a reconstrução da autonomia privada dos mais fracos" – princípio máximo, junto da boa-fé objetiva – das relações contratuais que serve de base do tráfego jurídico.[68]

Paradigmas, sabe-se, não se excluem, mas convivem.[69] A proteção da confiança nasce justamente da hipercomplexidade e da hiperinformação, que reclamam o estabelecimento da garantia da aplicação e efetividade do direito, levando-se em consideração igualmente a regularidade das tratativas e dos termos acordados. Nesse contexto, são destacados "os deveres impostos aos fornecedores no que se refere ao adequado esclarecimento e informação do consumidor sobre o conteúdo do contrato e, em determinadas situações, de suas consequências patrimoniais e pessoais".[70]

Efetivamente, o que caracteriza pessoas naturais no ambiente digital é o déficit ou superávit[71] de informações, tratando-se, pois, da representação de um dos principais fatores de assimetria, como já é sinalizado de longa data no âmbito do direito do consumidor.[72] Tal situação repete-se e se generaliza a outras dinâmicas em que o usuário não é consumidor estrito senso, mas é pessoa natural (equiparável

---

66. ROCHA, Amélia Soares da. *Contratos de consumo*: parâmetros eficientes para a redução da assimetria informacional. Indaiatuba: Foco, 2021. p. 101.
67. MARQUES, Claudia Lima. *Confiança no comércio eletrônico e a proteção do consumidor*: um estudo dos negócios jurídicos de consumo no comércio eletrônico. São Paulo: RT, 2004. p. 31 e ss.
68. MARQUES, Claudia Lima. Função social do contrato como limite da liberdade de contratar e a confiança legítima no resultado em tempos digitais. In: MARQUES, Claudia Lima et al. *Contratos de serviços em tempos digitais*. Contribuição para uma nova teoria geral dos serviços e princípios de proteção dos consumidores. São Paulo: RT, 2021. p. RB-7.12. e RB-7.6.
69. KUHN, Thomas. *A estrutura das revoluções científicas*. 3. ed. Chicago/London: The University of Chicago Press, 2022. p. vii.
70. MIRAGEM, Bruno. *Curso de Direito do Consumidor*. Rio de Janeiro: Forense, 2024. p. 239-240.
71. Conforme Marques e Klee: "Hoje, porém, a informação não falta, ela é abundante, manipulada, controlada e, quando fornecida, no mais das vezes, desnecessária, limitada ou conseguida somente após se vincular com um click" (MARQUES, Claudia Lima; KLEE, Antônia Espíndola. Os direitos do consumidor e a regulamentação do uso da internet no Brasil: convergência no direito às informações claras e completas nos contratos de prestação de serviços de internet. In: LEITE, George Salomão; LEMOS, Ronaldo (Coord.). *Marco Civil da Internet*. São Paulo: Atlas S.A., 2014. p. 469-517. p. 473).
72. CALAIS-AULOY, Jean; TEMPLE, Henri. *Droit de la consommation*. Paris: Daloz, 2010. p. 55.

a consumidor em determinados casos, como é a hipótese do art. 29 do CDC) que contrata com grandes *players* digitais estruturalmente dominantes do mercado.

Se há, na contemporaneidade, abundância ou seleção de informações que prejudicam a concreção do direito à informação e a decisão não viciada do internauta, a questão a ser colocada é o que se deve fazer para contornar essas falhas informacionais para que seu objetivo seja cumprido, para que seja efetivo. No domínio jurídico, por efetividade se compreende a eficácia social da norma: "designa a atuação prática da norma, fazendo prevalecer, no mundo dos fatos, os interesses por ela tutelados. Ela expressa a aproximação, tão íntima quanto possível, entre o *dever ser* normativo e o *ser* da realidade social".[73]

Sob o paradigma da informação, espera-se que a pessoa seja informada de maneira clara, ostensiva e de fácil compreensão, especialmente se está diante da decisão entre acesso e fruição de um serviço digital ou nenhum acesso, ou quando a informação é deveras manipulada pelo fornecedor. Daqui, alguns fatores devem ser levados em conta: (i) o nível de conhecimento presumido que o usuário possui sobre determinado serviço e os riscos envoltos em confrontação com a complexidade do serviço; (ii) a intensidade e o grau de absorção real da informação e as maneiras de sua comunicação (iii) a atuação crítica com relação ao processamento da informação em face de sua qualidade.[74]

Cabe, portanto, referir que o dever de informação será realmente cumprido se observado o grau de vulnerabilidade do sujeito titular do direito. Isso é muito bem-visto no caso de consumidores que não sabem ler – "é preciso organizar a informação conforme o grau de vulnerabilidade do consumidor-aderente: a informação não pode, por exemplo, ser considerada válida e eficaz, ser prestada da mesma forma ao consumidor alfabetizado e alfabetizado".[75] No setor *online*, além da consideração dos meios pelos quais as informações são repassadas,[76] saber ler também não garantirá a correta compreensão do informado, por conta, muitas vezes, da iliteracia digital, que significa uma incapacidade real – uma vulnerabilidade tecnológica[77] – de saber utilizar e ter familiaridade com dispositivos, *links* e práticas.

---

73. BARROSO, Luís Roberto. Eficácia e efetividade do direito à liberdade. *Revista do Instituto Brasileiro de Direitos Humanos*, v. 2, p. 100-109. p. 65. 2001.
74. STĂNESCU, Cătălin Gabriel. The responsible consumer in the digital age: on the conceptual shift from 'average' to 'responsible' consumer and the inadequacy of the 'information paradigm' in consumer financial protection. *Tilburg Law Review*, [s.l.], v. 24, n. 1, p. 49-67, 2019. p. 52 e 53.
75. ROCHA, Amélia Soares da. *Contratos de consumo*: parâmetros eficientes para a redução da assimetria informacional. Indaiatuba: Foco, 2021. p. 71.
76. HENSCHEL, Rainer F.; CLEFF, Evelyne B. Information requirements and consumer protection in future M-commerce: textual information overload or alternative regulation and communication? *International Journal of Intercultural Information Management*, v. 1, n. 1, p. 58-73, 2007. p. 67.
77. Veja a pertinente distinção entre vulnerabilidade digital e tecnológica em: FERREIRA, Vitor Hugo do Amaral. *Tutela de Efetividade no Direito do Consumidor* Brasileiro – a tríade prevenção-proteção-tratamento revelada nas relações de crédito e consumo digital. São Paulo: RT, 2022. [e-book]

Algumas estratégias são apresentadas para a retomada da efetividade do direito de informação. A primeira é a utilização concomitante[78] de elementos gráficos de origem certificada. Seria o caso, por exemplo, do uso de selos e marcas que atestem qualidade informacional elaborados por órgãos oficiais, pelo Poder Judiciário e pelos componentes do Sistema Nacional de Defesa do Consumidor de forma cooperativa. Ao se reunirem bases de dados a respeito das reclamações e ações dos consumidores, poder-se-ia outorgar um "selo de qualidade" a determinado serviço digital, significando que ele é seguro, que não apresenta casos judiciais acerca de suas cláusulas, deveres de informação e assim por diante, sendo atualizado periodicamente.

A segunda proposta, que pode ser uma prática complementar à anterior, é o uso de sinais, símbolos, imagens, animações e sons de pelos fornecedores de serviços digitais. Isso, além de ajudar o usuário a memorizar pontos relevantes de interesse, também pode simplificar a provisão de informações e a sua compreensão. Assim trouxe o Projeto de Lei (PL) originário da Comissão de Juristas responsável pela elaboração de norma de regulação de IA no país. De acordo com o PL, na Seção II, que trata dos direitos associados a informação e compreensão das decisões tomadas por sistemas de inteligência artificial, especificamente o art. 7º, § 1º, "Sem prejuízo do fornecimento de informações de maneira completa em meio físico ou digital aberto ao público, a informação referida no inciso I[79] do *caput* deste artigo será também fornecida, quando couber, com o uso de ícones ou símbolos facilmente reconhecíveis".

Uma terceira sugestão seria segmentar as informações com base na legislação e nas diretrizes dos órgãos responsáveis, como a Autoridade Nacional de Proteção de Dados e a Secretaria Nacional do Consumidor. Nesse sentido, seria vantajoso distinguir entre informações essenciais e não essenciais. Isso não implicaria em omitir as informações não essenciais; uma abordagem eficaz seria desenvolver um resumo das questões críticas para a tomada de decisão do usuário, apresentando-as de forma clara e concisa, com elementos gráficos e lúdicos, como apontado anteriormente. Quanto às informações não essenciais, poderiam ser disponibilizadas em seções de fácil acesso dentro do aplicativo ou do *site* prestador do serviço.[80] Evidentemente, essa sugestão levaria a outro desafio: compreender a essencialidade da informação.

---

78. Sem, evidentemente, que se exclua o dever de prestar informações textuais, que é de observância obrigatória por lei(s).
79. BRASIL. Congresso Nacional. PL 2338/2023. Art. 7º Pessoas afetadas por sistemas de inteligência artificial têm o direito de receber, previamente à contratação ou utilização do sistema, informações claras e adequadas quanto aos seguintes aspectos: I – caráter automatizado da interação e da decisão em processos ou produtos que afetem a pessoa".
80. Veja estudo sobre o tema: LODDER, A. R.; CARVALHO, J. M. P Online Platforms: Towards an Information Tsunami with New Requirements on Moderation, Ranking, and Traceability. *European Business Law Review*, v. 33, n. 4, p. 537-556, 2022.

A quarta estratégia possível é o empoderamento dos usuários e da sociedade civil mediante o uso de sistemas automatizados e inteligência artificial que detectem cláusulas contratuais potencialmente abusivas e o uso de linguagem não acessível, bem como verificar se certas informações estão presentes e são suficientes à luz do quadro regulatório próprio,[81] seja do Marco Civil da Internet, de direito do consumidor, de proteção de dados pessoais ou de regulação da IA – às vezes todos de modo dialógico.

Tais sistemas poderiam ser tanto de consulta pública – como copiar e colar um "termo de uso" – a fim de verificar as questões informacionais, como o uso de IAs personalizadas[82] nos próprios dispositivos eletrônicos individuais, capazes de verificar, pela perfilização e por parâmetros estabelecidos na legislação, a melhor maneira de comunicar as informações. Importante, nesse âmbito, será o exercício de direito de acesso a dados pessoais de determinado fornecedor de serviços digitais, bem como o acesso a "informações claras e adequadas a respeito dos critérios e dos procedimentos utilizados para a decisão automatizada" (art. 20, § 1º, LGPD) como forma de oportunizar o treinamento personalizado de uma IA pessoal e de fomentar contramedidas algorítmicas como forma de empoderamento dos usuários.[83]

Assim, ferramentas dessa magnitude poderiam aprimorar a compreensão dos usuários sobre os termos que estão aceitando ao fruir de serviços digitais. Do mesmo modo, poderia beneficiar organizações e agências de proteção ao consumidor ao tornar seu trabalho mais eficaz e eficiente, permitindo a análise e monitoramento automáticos de um grande volume de documentos.[84]

Das estratégias apontadas, cabe referir que eventual implementação de uma ou outra isoladamente não terá o condão de resolver a questão da assimetria de informações e das falhas que isso poderá trazer à prestação de serviços digitais. Não existe uma solução única – porque a plataformização da vida humana não se dá em um único âmbito nem mesmo surte seus efeitos nocivos individualmente.

---

81. LIEPIN, Ruta et al. GDPR Privacy Policies in CLAUDETTE: Challenges of Omission, Context and Multilingualism. In: Automated Semantic Analysis of Information in Legal Text (ASAIL 2019). *CEUR Workshop Proceedings*, v. 2385, 2019. p. 5.
82. Nesse sentido: MUCELIN, Guilherme; PALMEIRA, Mariana. Inteligências artificiais generativas personalizadas e a "pessoa algorítmica". *Conjur*. 18 out. 2023. Disponível em: https://www.conjur.com.br/2023-out-18/garantias-consumo-ias-generativas-personalizadas-pessoa-algoritmica/. Acesso em: 31 maio 2024.
83. Veja o caso da Uber em Genebra, na Suíça: PIDOUX, Jessica; DEHAYE, Paul-Olivier; GURSKY, Jacob. *Governing work through personal data*: the case of Uber Drivers in Geneva. Disponível em: https://firstmonday.org/ojs/index.php/fm/article/view/13576/11410. Acesso em: 31 maio 2024.
84. LIPPI, Marco et al. CLAUDETTE: an automated detector of potentially unfair clauses in online terms of services. *Artificial Intelligence and Law*, v. 27, p. 117-139, 2019. p. 118.

De um lado, somente mais dispositivos de lei que obrigam ao fornecimento de informações sem se atentar a sua real comunicação, à vulnerabilidade dos receptores e à essencialidade do conteúdo informativo não fará com que o dever de informação seja substancialmente observado pelos fornecedores; por outro, também não é viável repassar a responsabilidade informativa diretamente ao usuário individualmente considerado. Será necessário, ao contrário, determinações conjuntas da sociedade civil, do Estado – seja por regulação, pelo Poder Judiciário, Ministério Público e pela proteção administrativa do usuário de serviços digitais – e dos fornecedores, tudo para que o cumprimento formal do dever/direito à informação não se reverta em danos aos usuários e em custos em possíveis ações judiciais.

CONSIDERAÇÕES FINAIS

Diante dos desafios identificados e da crescente vulnerabilidade dos usuários de serviços digitais devido a diversas formas de assimetrias, especialmente as informacionais, torna-se claro que a proteção do usuário demanda uma abordagem adaptativa e multifacetada para ser eficaz. Assim, partindo dos direitos de informação delineados no Marco Civil da Internet e em outras legislações pertinentes, é evidente que simplesmente fornecer informações, como exigido por diversas normas existentes e em desenvolvimento, não será suficiente se não forem implementadas estratégias que envolvam todos os interessados e se as vulnerabilidades dos usuários não forem adequadamente consideradas.

Portanto, para garantir a proteção efetiva das pessoas naturais que interagem com plataformas online e outros provedores de serviços digitais, será crucial um esforço conjunto da sociedade civil, do Estado e dos fornecedores desses serviços em diversos níveis – individual, social, estatal e comercial. Isso inclui não apenas a criação de novas normas, mas também a sua fiscalização e aplicação eficazes, visando estabelecer uma cultura e um ambiente regulatório que promovam a transparência, a responsabilidade e o empoderamento dos usuários como requisitos fundamentais para o funcionamento da economia digital.

REFERÊNCIAS

ABRUSIO, Juliana. A banalização do consentimento e a consequente fadiga dos cliques. *Revista dos Tribunais*, São Paulo, v. 1047, p. 177-186, jan. 2023.

BARROSO, Luis Roberto. Eficácia e efetividade do direito à liberdade. *Revista do Instituto Brasileiro de Direitos Humanos*, 2001, v. 2, p. 100-109.

BERGSTEIN, Laís; SEYBOTH, Ricardo. Desafios e Possibilidades da Conexidade Contratual Formadora dos Marketplaces no Brasil. *Revista Científica Disruptiva*, v. IV, n. 1, p. 39-52, jan./jun. 2022.

BIONI, Bruno Ricardo. *Proteção de Dados Pessoais*: a função e os limites do consentimento. 3. ed. Rio de Janeiro: Forense, 2021.

BRASIL. Superior Tribunal de Justiça. Recurso Especial 1836349, julgado em 24 de jun. 2022.

CALAIS-AULOY, Jean; TEMPLE, Henri. *Droit de la consommation*. Paris: Daloz, 2010.

CASTELLS, Manuel. *A sociedade em rede*. São Paulo: Paz e Terra, 1999.

CAUFFMAN, Caroline; GOANTA, Catalina. A new order: the digital services act and consumer protection. *European Journal of Risk Regulation*, v. 12, n. 4, p. 758-774, 2021.

CJCODCIVIL. *Relatório Final dos trabalhos da Comissão de Juristas responsável pela revisão e atualização do Código Civil*. Abril 2024. Disponível em: https://legis.senado.leg.br/comissoes/comissao?codcol=2630. Acesso em: 18 abr. 2024.

COHEN, Julie E. *Between truth and power*: The Legal Constructions of Informational Capitalism. Oxford: Oxford University Press, 2019.

DE GREGORIO, Giovanni. *Digital Constitucionalism in Europe*. Reframing Rights and Powers in the Algorithmic Society. Cambridge: Cambridge University Press, 2022.

FERREIRA, Vitor Hugo do Amaral. *Tutela de Efetividade no Direito do Consumidor* Brasileiro – a tríade prevenção-proteção-tratamento revelada nas relações de crédito e consumo digital. São Paulo: RT, 2022. [e-book]

FONTOURA, Rodrigo Brandão. *Contratos de prestação de serviço e mitigação de riscos*. Indaiatuba: Foco, 2021.

GARCIA, Rebeca. Marco Civil da Internet no Brasil: repercussões e perspectivas. *Revista dos Tribunais*, v. 964, p. 161-190, São Paulo: RT, fev. 2016.

GILLESPIE, Tarleton. The politics of 'platforms'. *New media & society*, v. 12, n. 3, p. 347-364, 2010.

GONÇALVES, Victor Hugo Pereira. *Marco Civil da Internet Comentado*. São Paulo: Atlas, 2017.

HELBERGER, N.; SAX, M.; STRYCHARZ, J.; MICKLITZ, H.-W. Choice Architectures in the Digital Economy: Towards a New Understanding of Digital Vulnerability. *Journal of Consumer Policy*, nov. 2021.

HELMOND, Anne. The Platformization of the Web: Making Web Data Platform Ready. *Social Media + Society*, p. 1-11, jul./dez. 2015.

HENSCHEL, Rainer F.; CLEFF, Evelyne B. Information requirements and consumer protection in future M-commerce: textual information overload or alternative regulation and communication? *International Journal of Intercultural Information Management*, v. 1, n. 1, p. 58-73, 2007.

HIRONAKA, Giselda Maria Fernandes Novaes; MONACO, Gustavo Ferraz de Campos. Relação jurídica entre plataforma digital e seus usuários. Possibilidade de autorregulamentação expressa em termos de serviço. Má-utilização da plataforma que se configura como abuso de direito (Parecer). *Revista de Direito Civil Contemporâneo*, v. 29, p. 357-368, São Paulo, out./dez. 2021.

HOWELLS, Geraint. The potential and limits of consumer empowerment by information. *Journal of Law and Society*, v. 32, n. 3, set. 2005.

KUHN, Thomas. *A estrutura das revoluções científicas*. 3. ed. Chicago/London: The University of Chicago Press, 2022.

LI, Chia-Ying. Why do online consumers experience information overload? An extension of communication theory. *Journal of Information Science*, p. 1-17, Out. 2016.

LIEPIN, Ruta et al. GDPR Privacy Policies in CLAUDETTE: Challenges of Omission, Context and Multilingualism. Automated Semantic Analysis of Information in Legal Text (ASAIL 2019). *CEUR Workshop Proceedings*, v. 2385, 2019.

LIMA, Daniela Cenci. A datificação da vida privada. *Revista de Direito e as Novas Tecnologias*, São Paulo, v. 15, abr./jun. 2022.

LIPPI, Marco et al. CLAUDETTE: an automated detector of potentially unfair clauses in online terms of service. *Artifcial Intelligence and Law*, v. 27, p. 117-139, 2019.

LODDER, A. R.; CARVALHO, J. M. P Online Platforms: Towards an Information Tsunami with New Requirements on Moderation, Ranking, and Traceability. *European Business Law Review*, v. 33, n. 4, p. 537-556. 2022.

MANTELERO, Alessandro. The future of consumer data protection in the E.U.: Re-thinking the 'notice and consent' paradigm in the new era of predictive analytics. *Computer Law & Security Review*, v. 30, n. 6, p. 643-660, dez. 2014.

MARQUES, Claudia Lima; KLEE, Antônia Espíndola. Os direitos do consumidor e a regulamentação do uso da internet no Brasil: convergência no direito às informações claras e completas nos contratos de prestação de serviços de internet. In: LEITE, George Salomão; LEMOS, Ronaldo (Coord.). *Marco Civil da Internet*. São Paulo: Atlas S.A., 2014.

MARQUES, Claudia Lima; MUCELIN, Guilherme. Inteligência Artificial e "opacidade" no consumo: a necessária revalorização da transparência para a proteção do consumidor. In: GUIA, Rodrigo da; TEPEDINO, Gustavo (Org.). *O Direito Civil na Era da Inteligência Artificial*. São Paulo: RT, 2020.

MARQUES, Claudia Lima. *Confiança no comércio eletrônico e a proteção do consumidor*: um estudo dos negócios jurídicos de consumo no comércio eletrônico. São Paulo: RT, 2004.

MARQUES, Claudia Lima. *Contratos no Código de Defesa do Consumidor*: o novo regime das relações contratuais. 9. ed. São Paulo: RT, 2019. [e-book].

MARQUES, Claudia Lima. Função social do contrato como limite da liberdade de contratar e a confiança legítima no resultado em tempos digitais. In: MARQUES, Claudia Lima et al. *Contratos de serviços em tempos digitais*. Contribuição para uma nova teoria geral dos serviços e princípios de proteção dos consumidores. São Paulo: RT, 2021.

MARQUES, Claudia Lima. Revisando a teoria geral dos serviços com base no Código de Defesa do Consumidor. In MARQUES, Claudia Lima et al. *Contratos de serviços em tempos digitais*. Contribuição para uma nova teoria geral dos serviços e princípios de proteção dos consumidores. São Paulo: RT, 2021.

MARTINS, Guilherme Magalhães; MUCELIN, Guilherme; SOUTO, Luana Mathias. Acesso à justiça e vulnerabilidades jurídica e linguística. In: ALVES, Rogério Pacheco; MIRANDA NETTO, Fernando Gama de. *Acesso à justiça e os desafios do nosso tempo*. Rio de Janeiro: Lumen Juris, 2024.

MARTINS, Guilherme Magalhães; MUCELIN, Guilherme. Inteligência artificial, perfis e controle de fluxos informacionais: a falta de participação dos titulares, a opacidade dos sistemas decisórios automatizados e o regime de responsabilização. *Revista de Direito do Consumidor*, v. 146, a. 32, p. 93-127, mar./abr. 2023.

MARTINS, Guilherme Magalhães. Vulnerabilidade e responsabilidade civil na Internet: a inconstitucionalidade do Artigo 19 do Marco Civil. *Revista de Direito do Consumidor*, v. 137, p. 33-59, 2021.

MCDONALD, Aleecia M.; Cranor, Lorrie Faith. The Cost of Reading Privacy Policies. *I/S: a Journal of Law and Policy*, v. 4, n. 525, p. 543-568, ano 2008-2009.

MELLO, Leonardo Tozarini; SODRÉ, Marcelo Gomes; ANDRADE, Vitor Morais de. Legislação consumerista brasileira em face dos padrões obscuros nas interfaces digitais. *Revista de Direito do Consumidor*, v. 150, p. 49-71, São Paulo, nov./dez. 2023.

MENDES, Laura Schertel. O diálogo entre o Marco Civil da Internet e o Código de Defesa do Consumidor. *Revista de Direito do Consumidor*, v. 106, p. 37-69, São Paulo, jul./ago. 2016.

MIRAGEM, Bruno. Código Civil de 2002 e o direito civil do futuro. *Revista de Direito do Consumidor*, v. 145, p. 209-233, São Paulo, jan./fev. 2023.

MIRAGEM, Bruno. *Curso de Direito do Consumidor*. Rio de Janeiro: Forense, 2024.

MUCELIN, Guilherme; CUNHA, Leonardo Stocker P. da. *Relações trabalhistas ou não trabalhistas na economia do compartilhamento*. São Paulo: RT, 2021.

MUCELIN, Guilherme. *Conexão online e hiperconfiança*: os players da economia do compartilhamento e o Direito do Consumidor. São Paulo: RT, 2020.

MUCELIN, Guilherme. Transformação digital e diálogo das fontes: a interface jurídica de proteção das pessoas entre o virtual e o analógico. In: MARQUES, Claudia Lima; MIRAGEM, Bruno. *Diálogo das Fontes*: novos estudos sobre a coordenação e aplicação das normas no direito brasileiro. São Paulo: RT, 2020.

MUCELIN, Guilherme; PALMEIRA, Mariana. Inteligências artificiais generativas personalizadas e a "pessoa algorítmica". *Conjur*. 18 out. 2023. Disponível em: https://www.conjur.com.br/2023-out-18/garantias-consumo-ias-generativas-personalizadas-pessoa-algoritmica/.

NOGAREDE, Justin. *Governing online gatekeepers*: taking power seriously. Bruxelas: The Foundation for European Progressive Studies (FEPS), 2021.

OBAR, Jonathan A.; OELDORF-HIRSCH, Anne. The biggest lie on the internet: Ignoring the privacy policies and terms of service policies of social networking services. *Information, Communication & Society*, v. 23, n. 1, p. 128-147, 2020. Versão consultada disponível em: https://encurtador.com.br/ckwT4. Acesso em: 21 abr. 2024.

OEHLER, Andreas; WENDT, Stefan. Good Consumer Information: the Information Paradigm at its (Dead) End? *Journal of Consumer Policy*, v. 40, p. 179-191. 2017.

PARCHEN, Charles Emmanuel; FREITAS, Cinthia Obladen de Almendra; MEIRELES, Jussara Maria Leal de. Vício do consentimento através do neuromarketing nos contratos da era digital. *Revista de Direito do Consumidor*, São Paulo, v. 115, p. 331-356, jan./fev. 2018.

PASQUALE, Frank. *The black box society*: The Secret Algorithms That Control Money and Information. Cambridge: Harvard University Press, 2015.

PIDOUX, Jessica; DEHAYE, Paul-Olivier; GURSKY, Jacob. *Governing work through personal data*: the case of Uber Drivers in Geneva. Disponível em: https://firstmonday.org/ojs/index.php/fm/article/view/13576/11410. Acesso em: 31 maio 2024.

RAMOS, Anna Luíza Salles; SANTANA, Héctor Valverde. A efetividade do direito à informação adequada em relação aos termos de uso e serviço e políticas de privacidade. *Revista de Direito do Consumidor*, v. 134, p. 175-194, São Paulo, mar./abr. 2021.

ROCHA, Amélia Soares da. *Contratos de consumo*: parâmetros eficientes para a redução da assimetria informacional. Indaiatuba: Foco, 2021.

RODRIGUES, Eduardo B. O Efeito Bruxelas. *Scientia Iuris*, v. 25, n. 2, p. 205-207, 2021.

SARLET, Ingo Wolfgang. O Direito Fundamental à Proteção de Dados Pessoais na Constituição Federal Brasileira de 1988. *Privacy and Data Protection Magazine*, n. 1, p. 12-49, 2021.

SCHWAB, Klaus. *A quarta revolução industrial*. São Paulo: Edipro, 2019.

SILVA, Joseane Suzart Lopes da. A responsabilidade civil dos provedores em face dos consumidores de produtos e serviços contratados no ambiente virtual: a relevância do Marco Civil da Internet regulamentado pelo Decreto Federal 8.771/2016. *Revista de Direito Civil Contemporâneo*, v. 10, p. 151-190, São Paulo, jan./mar. 2017.

SOUZA, Carlos Affonso; LEMOS, Ronaldo. *Marco Civil da Internet*: Construção e Aplicação. Juiz de Fora: Editar, 2016.

SRNICEK, Nick. *Platform capitalism*. Cambridge: Polity Press, 2017.

STĂNESCU, Cătălin Gabriel. The responsible consumer in the digital age: on the conceptual shift from 'average' to 'responsible' consumer and the inadequacy of the 'information paradigm' in consumer financial protection. *Tilburg Law Review*, [s.l.], v. 24, n. 1, p. 49-67, 2019.

TOMASEVICIUS FILHO, Eduardo. Marco Civil da Internet: uma lei sem conteúdo normativo. *Estudos Avançados*, v. 30, n. 86, p. 269-285. 2016.

VERBICARO, Dennis; MARTINS, Ana Paula Pereira. A contratação eletrônica de aplicativos virtuais no Brasil e a nova dimensão da privacidade do consumidor. *Revista de Direito do Consumidor*, v. 116, p. 369-391, São Paulo, mar./abr. 2018.

CYBERBULLYING E CRIMES VIRTUAIS: COMO O MARCO CIVIL PODE OFERECER MELHORES RESPOSTAS

José Augusto de Souza Peres Filho[1]

Ricardo de Holanda Melo Montenegro[2]

Sumário: Introdução – 1. Fundamentação teórica – 2. A lei de combate ao *cyberbullying* e o Marco Civil da Internet – 3. Diálogos atuais sobre o art. 19 do Marco Civil da Internet no combate ao *cyberbullying* – 4. Jurisprudência sobre *cyberbullying* e reflexões sobre conciliação – 5. Propostas de melhoria e inovação legislativa no combate ao *cyberbullying* – 6. Conclusão – Referências.

INTRODUÇÃO

A vida em sociedade mudou bastante após o advento da internet e o avanço do desenvolvimento de novas tecnologias, a criação de novos meios de comunicação sociais-digitais, de modo especial as novas formas de conexão e comunicação para as relações humanas proporcionadas pela internet, até a maneira de exercer a cidadania migrou com o avanço tecnológico, aliás, a economia, o trabalho, os crimes em massa migraram para o ambiente digital.

É fato que as interações no mundo virtual aumentaram em maior proporção em razão de aplicativos de mensagens e redes sociais. Crianças, adolescentes e jovens, adultos e idosos estão cada vez mais hiper conectados à essencialidade

---

1. Promotor de Justiça do Ministério Público do Rio Grande do Norte desde 1990. Mestre em Direito Constitucional pela Universidade Federal do Rio Grande do Norte – UFRN. É professor de Direito do Consumidor da Escola Superior da Magistratura do Distrito Federal desde 2014. Foi secretário-geral adjunto do Conselho Nacional do Ministério Público. Procurador-Geral de Justiça do Ministério Público do Rio Grande do Norte no biênio 2007/2009. Presidiu a Associação do Ministério Público do Consumidor – MPCON no período de 2010 a 2012 e foi vice-presidente do Instituto de Política e Direito do Consumidor – Brasilcon, no período 2014/2016. Atualmente é Coordenador Disciplinar no CNPM.
2. Engenheiro de Computação com ênfase em telecomunicações e Advogado. Especialista em Direito Digital e Proteção de Dados Pessoais pelo Instituto Brasileiro de Ensino, Desenvolvimento e Pesquisa – IDP e em Direito Público pela Esmafe/RS e Universidade de Caxias do Sul (UCS); É servidor da Agência Nacional de Telecomunicações – Anatel desde 2005; Conciliador voluntário na Justiça Federal (Paraíba) desde 2019; Pesquisador voluntário no Centro de Direito, Internet e Sociedade (CEDIS) do IDP – projeto *Privacy Lab* e do Grupo de Altos Estudos sobre Computação em Nuvem, do *Legal Grounds Institute*, da Universidade de São Paulo – USP.

de dispositivo computacional (celular, notebook, computador, *AI pin*[3], tablet, relógios inteligentes, dispositivos de realidade aumentada e visão computacional, *IoT* – internet das coisas, jogos *on-line* etc.), facilidades que transferem os fatos reais para o mundo virtual, com as mesmas consequências e efeitos do mundo físico, maximizados pelo maior volume virtual.

Nesse contexto emergem os denominados delitos virtuais, cibernéticos ou digitais, que podem ser descritos de forma ampla como atividades ilegais ou qualquer ato ilícito em que um indivíduo (agente) utiliza recursos tecnológicos, pela internet ou não, sejam computacionais, de comunicação (com ou sem transmissão por radiofrequência), *hardware* ou *software*, dispositivos de armazenamento etc.

Atualmente é mais fácil e prático realizar um contato virtual com outra pessoa do que presencial, por isso a importância de uma política criminal que contemplasse o crime virtual na espécie de *cyberbullying*.

Essa guerra de acontecimentos tecnológicos das últimas três décadas, comparável à revolução industrial, gera inúmeros desafios a serem enfrentados pelas chamadas sociedades tecnológicas, influenciam diretamente no aperfeiçoamento do ordenamento jurídico brasileiro e provocam a necessidade de melhoria das estruturas de controle e monitoramento desse tipo de crime para prevenir ocorrências e proteger as vítimas.

O Fundo das Nações Unidas para a Infância (Unicef), por meio do U-Report, indicou que mais de 170 mil U-*reporters* de 13 a 24 anos participaram de pesquisa sobre *cyberbullying* e violência, destacando que no Brasil, 37% dos respondentes da pesquisa afirmaram já ter sido vítima de *cyberbullying* e, além disso, 36% dos adolescentes brasileiros informaram já ter faltado à escola após ter sofrido *bullying on-line* de colegas de classe, tornando o Brasil o país com o maior percentual ante os pesquisados.[4]

É nesse contexto social, jurídico e tecnológico que este artigo pretende contribuir no esclarecimento das definições de *cyberbullying*, crimes virtuais e como o Marco Civil da Internet (MCI – Lei 12.965/2014) pode oferecer respostas mais efetivas.

Para tanto, a pesquisa abordada neste artigo é de natureza descritiva exploratória, tem como objetivo principal correlacionar os principais de dispositivos normativos que combate o *cyberbullying*, mapear a jurisprudência atualmente

---

3. Dispositivo com inteligência artificial (IA) que pode ser fixado na roupa do consumidor e que projeta uma interface para visualização. Disponível em: https://humane.com/. Acesso em: 13 mar. 2024.
4. Unicef – Fundo das Nações Unidas para a Infância. *Mais de um terço dos jovens em 30 países relatam ser vítimas de bullying*, Nova York, 4 set. 2019. Disponível em: https://www.unicef.org/brazil/comunicados-de-imprensa/mais-de-um-terco-dos-jovens-em-30-paises-relatam-ser-vitimas-bullying-online. Acesso em: 28 mar. 2024.

aplicada e, quando possível, identificar e listar melhorias procedimentais, normativas e eventuais mecanismos jurídicos que assegurem a aplicação e eficácia da Lei.

1. FUNDAMENTAÇÃO TEÓRICA

Antes de abordar o assunto *cyberbullying*, é importante conhecermos o significado da palavra *bully*[5], que possui origem inglesa e pode ser compreendida como agressor, agressora, valentão, valentona. A prática de ser agressivo com outra pessoa deu origem ao termo *bullying*.

A partir da transformação das comunicações humanas com a evolução tecnológica, o termo *bullying* ganhou o prefixo *"cyber"*, que pode assumir, dentre as várias outras definições possíveis, alusões à tecnologia da informação e comunicações (TICs), à computação, à internet, à segurança digital, a crimes cibernéticos e interações humanas ou robóticas *on-line*, aspectos que contribuíram para a formação do termo *cyberbullying*.

Portanto, a prática de usar meios tecnológicos, entre esses, a internet, para praticar agressividade e enviar mensagens prejudiciais e desagradáveis pode ser configurada como *cyberbullying*.

O Ministério Público Federal, em seu livro sobre crimes cibernéticos,[6] com elementos analisados pelo Escritório das Nações Unidas sobre Drogas e Crime[7], que os abusos contra crianças facilitados pelas tecnologias de informação e comunicações podem ser perpetrados por meio de: material de apelo sexual abusivo para crianças (pornografia infantil); exploração sexual e comercial de crianças; *cyberenticement* (ciberdedução), *solicitation* (convite malicioso dirigido à criança) e *grooming* (ganhar a confiança do menor); *cyberharassment* (assédio pela internet), *cyberstalking* (perseguição na internet); exposição a conteúdo prejudicial e *cyberbullying*.

Dan Olweus,[8] professor pesquisador de psicologia na Universidade de Bergen, Noruega, um dos pioneiros a falar sobre o tema, define *bullying* ou vitimização para um acontecimento em que o aluno está sendo intimidado ou vitimizado, ao

---

5. Tradução disponível em a partir do https://dictionary.cambridge.org/dictionary/english-portuguese/bully.
6. BRASIL. Ministério Público Federal. *Crimes cibernéticos*. 2ª Câmara de Coordenação e Revisão, Criminal. Brasília: MPF, 2018.
7. UNODC – United Nations Office on Drugs and Crime. *Cybercrime* – Teaching Module Series. Viena, 2019. Disponível em: https://sherloc.unodc.org/cld/en/education/tertiary/cybercrime.html. Acesso em: 28 mar. 2024.
8. OLWEUS, D. *Bullying at School:* What We Know and What We Can Do. Oxford: Wiley-Blackwell, 1993; OLWEUS, D. *Personality and aggression*. In: COLE, J.K.; JENSEN, D.D. (eds.). *Nebraska Symposium on Motivation 1972*. Lincoln: University of Nebraska Press, 1973;
OLWEUS, D. *Mobbning* – vad vi vet och vad vi kan göra. Stockholm: Liber, 1986.

ser exposto, repetidamente e ao longo do tempo, a ações negativas por parte de um ou mais outros alunos, em que a expressão "ações negativas" é caracterizada quando alguém intencionalmente inflige, ou tenta infligir[9], dano ou desconforto a outra pessoa – basicamente o que está implícito na definição de comportamento agressivo[10].

Nesse contexto, a Lei 13.185/2015 definiu que *bullying* é uma intimidação sistemática, caracterizada por todo ato de violência física ou psicológica, intencional e repetitivo que ocorre sem motivação evidente, praticado por indivíduo ou grupo, contra uma ou mais pessoas, com o objetivo de intimidá-la ou agredi-a, causando dor e angústia à vítima, em uma relação de desequilíbrio de poder entre as partes envolvidas.

A legislação assevera que esses atos são caracterizados por serem sistemáticos para intimidar, culminando em humilhação, discriminação, ataques físicos, insultos pessoais, comentários sistemáticos, apelidos pejorativos, ameaças por quaisquer meios, grafites depreciativos, expressões preconceituosas, isolamento social consciente e premeditado, pilhérias, que podem assumir diversas formas ou classificação: verbal, moral, sexual, social, psicológica, física, material, virtual.

A mesma Lei define o conceito de *cyberbullying*, repisando ser uma intimidação sistemática por meio da internet (rede mundial de computadores), quando utilizados instrumentos que são próprios para depreciar, incitar a violência, adulterar fotos e dados pessoais com o objetivo de criar meios de constrangimento psicossocial.

Patchin e Hinduja definem que cyberbullying é quando alguém, repetidamente e intencionalmente assedia, maltrata ou zomba de outra pessoa *on-line* ou enquanto usa telefones celulares ou outros dispositivos eletrônicos[11].

Para Unicef, *cyberbullying* é o *bullying* realizado por meio das tecnologias digitais. O destaque maior e a diferença entre os dois é que o *cyberbullying* deixa

---

9. Infligir significa causar ou impor algo prejudicial ou doloroso a alguém ou algo. Isso pode incluir causar dor física, impor uma penalidade ou causar danos de alguma forma.
10. Tradução livre e adaptada do trecho: "*I define bullying o victimization in the following general way: a student is being bullied or victimized whe he or she is exposed, repeatedly and over time, to negative actions on the part of one or more other students (Olweus 1986 and 1991). The meaning of the expression 'negative actions' must be specified further. It is a negative action when someone intentionally inflicts, or attempts to inflict, injury or discomfort upon another – basically what is implied in the definition of aggressive behavior*" (Olweus, op. cit., 1973).
11. Tradução livre do excerto: "*Cyberbullying is when someone repeatedly and intentionally harasses, mistreats, or makes fun of another person on-line or while using cell phones or other electronic devices*" (PATCHIN, J.W.; HINDUJA, S. Bullies move beyond the schoolyard: a preliminary look at cyberbullying. *Youth Violence and Juvenile Justice*, 2006, v. 4, n. 2, p. 148-169. Disponível em: https://doi.org/10.1177/1541204006286288. Acesso em: 9 mar. 2024).

um rastro digital, que fornece indícios úteis e elementos probatórios para adoção de medidas mitigadoras e compensatórias.

Alessandra Borelli, especialista em direito digital, afirma que o *cyberbullying* pode ser compreendido como o *bullying* praticado em ambiente virtual, que não tem fronteiras ou limites e, muitas vezes, pelo fato de o agressor valer-se de um pseudo anonimato não se sabe de início quem ele é, tampouco a razão de sua atitude.

Outro ponto relevante que acende um diálogo é a carência de dados estatísticos oficiais do Estado brasileiro e, muito embora, existam estatísticas isoladas de mensuração de *cyberbullying*, realizadas pela Pesquisa Nacional de Saúde do Escolar (PeNSE)[12] produzida pelo Instituto Brasileiro de Geografia e Estatística (IBGE), por dados da Central Nacional de Denúncias de Crimes Cibernéticos da Safernet[13], organização de defesa dos direitos humanos em ambiente virtual e pelo instituto Ipsos, que apontou que o Brasil à época era o segundo país no *ranking* de *cyberbullying* no mundo, com 30% dos pais ou responsáveis entrevistados afirmando que seus filhos já se envolveram em casos de *cyberbullying*[14].

No Brasil não há uma estatística nacional ou por estado, município, sobre crimes ou ocorrências de *cyberbullying*, o que mostra uma deficiência do Estado brasileiro para acompanhar esse assunto.

O crime de *cyberbullying* pode ser acompanhado por taxas de vitimização, indicadores que mensuram o quantitativo de pessoas que foram vítimas de crime em certo período, de modo a avaliar a efetividade da política criminal e das políticas públicas.

Em estudo consolidado pelo *Cyberbullying Research Center*[15], com dados coletados de 2023 a partir de uma amostra representativa nacionalmente de 5.005 estudantes do ensino fundamental e médio com idades entre 13 e 17 anos nos Estados Unidos, foi constatada uma taxa de vitimização por *cyberbullying* no percentual de 54,6%. A medida dessa taxa é de 31,2% para o período de 2007 a 2023.

---

12. INSTITUTO BRASILEIRO DE GEOGRAFIA E ESTATÍSTICA. (IBGE) Pesquisa Nacional de Saúde do Escolar (Pense), Rio de Janeiro, IBGE, 10 set. 2021. Disponível em: https://agenciadenoticias.ibge.gov.br/media/com_mediaibge/arquivos/ad542e8a6ea81cd154e61fc7edf39d00.pdf. Acesso em: 24 mar. 2024.
13. SAFERNET. Denúncias de crimes de discurso de ódio e de imagens de abuso sexual infantil na internet têm crescimento em 2022, [s.l.], [s/d]. Disponível em: https://new.safernet.org.br/content/denuncias--de-crimes-de-discurso-de-odio-e-de-imagens-de-abuso-sexual-infantil-na-internet. Acesso em: 24 mar. 2024.
14. IPSOS. Global Views on Cyberbullying, 27 jun. 2018. Disponível em https://www.ipsos.com/en/global-views-cyberbullying. Acesso em: 24 mar. 2024.
15. PATCHIN J.W.; HINDUJA, S. *Cyberbullying Research in Review*. Cyberbullying Research Center, 16 fev. 2024. Disponível em: https://cyberbullying.org/summary-of-our-cyberbullying-research e https://cyberbullying.org/Cyberbullying-Research-In-Review.pdf. Acesso em: 29 mar. 2024.

O acompanhamento realizado pelo referido centro de pesquisa é uma boa prática que pode ser implementada no Brasil na própria estrutura do poder público, porquanto, ao observar indicadores em nível nacional e também em nível mais granular possível (por município, escola, ambientes coletivos etc.), é possível construir melhores soluções para o acompanhamento de políticas públicas e adotar ações preventivas e corretivas.

Talvez esse mecanismo de consolidação de indicadores e taxas de vitimização de *cyberbullying*, representado em painéis de controle de dados (*dashboards*), com acompanhamento em tempo real e *on-line*, represente um insumo importante para ações proativas e reativas dos vários atores (pais, professores, instituições públicas etc.), portanto, uma alternativa que ajuda na implantação da cultura da paz em ambientes coletivos.

Por exemplo, se há uma escola com crescimento nos indicadores de crimes ou ocorrências de *cyberbullying*, há espaço para ações internas e externas ao cenário de *cyberbullying* a partir dos atores mais próximos envolvidos, como para órgãos de segurança pública que podem agir para mitigar acontecimentos trágicos maiores e em massa.

O recente estudo colaborativo realizado em vários países da Europa, Ásia central e no Canadá por meio da *Health Behavior in School-aged Children*[16], em colaboração com a Organização Mundial da Saúde (OMS), mediu o comportamento saudável de crianças em idade escolar e divulgou pesquisa que apontou que um, em cada oito adolescentes, relatou ter praticado *cyberbullying* em outras pessoas pelo menos uma ou duas vezes nos últimos meses (14% dos meninos e 9% das meninas), e 15% dos adolescentes relataram ter sofrido *cyberbullying* pelo menos uma ou duas vezes nos últimos dois meses (15% dos meninos e 16% das meninas).

No estudo realizado pela EU *Kids On-line*[17], cerca de um quinto das crianças vitimadas *on-line* relatam que ficaram muito chateado após a experiência. Dados coletados na Estônia revelam que o percentual de crianças que sofreram *cyberbullying*, em oito anos, não diminuiu, apesar das inúmeras iniciativas das partes interessadas. A pesquisa destacou ainda que trinta e nove por cento das crianças haviam se deparado com sites prejudiciais, na maioria das vezes discursos de ódio.

---

16. COSMA, A.; MOLCHO, M.; PICKETT, W. *A focus on adolescent peer violence and bullying in Europe, central Asia and Canada*. Health Behaviour in School-aged Children (*HBSC*) international report from the 2021/2022 survey. Copenhagen: WHO Regional Office for Europe, 2024. v. 2. Disponível em: https://iris.who.int/bitstream/handle/10665/376323/9789289060929-eng.pdf. Acesso em: 31 mar. 2024.

17. SMAHEL, D.; MACHACKOVA, H.; MASCHERONI, G.; DEDKOVA, L.; STAKSRUD, E.; ÓLAFSSON, K.; LIVINGSTONE, S.; HASEBRINK, U. EU Kids Online, 2020 – Survey results from 19 countries. EU Kids Online. doi:10.21953/lse.47fdeqj01ofo. Disponível em: https://eprints.lse.ac.uk/103294/1/EU_Kids_Online_2020_March2020.pdf. Acesso em: 24 mar. 2024.

2. A LEI DE COMBATE AO *CYBERBULLYING* E O MARCO CIVIL DA INTERNET

Os tipos penais que caracterizam o *cyberbullying* como crime está previsto na Lei 14.811, de 12 de janeiro de 2024, e autoriza o Estado, suas instituições, agentes públicos e privados a atuarem com segurança jurídica no combate à intimidação cibernética (virtual), não somente para punir, mas também para tutelar os direitos fundamentais da vida, da saúde e, além de limitar o poder punitivo do Estado, busca prevenir a prática de crimes e assegurar a ordem social para um assunto cada vez mais crescente.

Renee Souza et al. enfatizam que o novo tipo penal para *cyberbullying* surge como resposta à crítica doutrinária de que a Lei 13.185/2015, destinada a criar um Programa de Combate ao *Bullying*, não criminalizou a conduta, embora, dependendo da sua manifestação, o agente pudesse ser responsabilizado por crimes contra a honra (calúnia, difamação ou injúria), lesão corporal ou ameaça, de acordo com o Código Penal (arts. 138, 139, 140, 129 e 146).

A lei de *cyberbullying* abrange vários pontos de grande relevância e atualiza outros dispositivos legislativos, protegendo o indivíduo contra atitudes que possam afetar adversamente sua integridade emocional, psicológica e social, priorizando uma abordagem educacional em razão de consequências e centrada na aplicação de penalidades, fatores que incentivam uma cultura de paz. A seguir estão as principais modificações efetuadas.

- Medidas de proteção à criança e ao adolescente contra a violência nos estabelecimentos educacionais ou similares;
- Cria a Política Nacional de Prevenção e Combate ao Abuso e Exploração Sexual da Criança e do Adolescente;
- Altera o Código Penal;
- Altera a Lei dos Crimes Hediondos;
- Altera o Estatuto da Criança e do Adolescente.

A lei estabelece que é responsabilidade do poder público desenvolver, juntamente com a comunidade escolar, protocolos para estabelecer medidas de proteção à criança e ao adolescente contra qualquer forma de violência, assegurando capacitação continuada do corpo docente e integrada à informação da comunidade escolar.

É tema central da lei o direcionamento do art. 5º, o qual define ser dever do estabelecimento de ensino, dos clubes e das agremiações recreativas, assegurar medidas de conscientização, prevenção, diagnose e combate à violência e à intimidação sistemática.

A lei também trouxe um ponto de controle permanente para mitigar os riscos às situações de violência e *cyberbullying*, na medida que obriga os estabelecimentos educacionais e similares, públicos ou privados, a manter fichas cadastrais e certidões de antecedentes criminais atualizadas de todos os seus colaboradores.

A tabela a seguir apresenta um resumo dos dispositivos penais específicos relacionados a *bullying* e *cyberbullying* da Lei 14.811/2024.

Tabela 1 – *Bullying* e *Cyberbullying* – tipificação penal

Crime	Tipificação	Sanção
Intimidação sistemática (*bullying*)	Art. 146-A	Multa, se a conduta não constituir crime mais grave.
Intimidação sistemática virtual (*cyberbullying*)	Art. 146-A, parágrafo único	Reclusão, de 2 (dois) anos a 4 (quatro) anos, e multa, se a conduta não constituir crime mais grave.

Iniciando o debate relacionado ao Marco Civil da Internet, é inegável o avanço e a segurança jurídica que este marco regulatório trouxe para o Brasil, tanto para os segmentos econômicos, como para os consumidores que se tratam os temas tecnologia, dados e internet, principalmente porque definiu princípios, garantias, direitos e responsabilidades para o uso da internet no Brasil.

Nessa senda, é importante observamos a literalidade do dispositivo em destaque, a saber:

> Art. 19. Com o intuito de assegurar a liberdade de expressão e impedir a censura, o provedor de aplicações de internet **somente poderá ser responsabilizado civilmente por danos decorrentes de conteúdo gerado por terceiros se**, *após ordem judicial específica*, não tomar as providências para, no âmbito e nos limites técnicos do seu serviço e dentro do prazo assinalado, tornar indisponível o conteúdo apontado como infringente, ressalvadas as disposições legais em contrário. (grifos nossos)

Todavia, ante a dinâmica e os inúmeros conflitos enfrentados pelos consumidores brasileiros na prestação de serviços digitais, em especial o tema foco deste artigo (*cyberbullying*), um aperfeiçoamento legislativo talvez seja indispensável ao futuro da regulação de serviços digitais, à prestação de serviços por provedores de aplicações e hospedagem na internet e por prestadoras de serviços de telecomunicações, todos com atuação em ambientes tecnológicos *on-line*.

Verifica-se que o art. 19 do MCI parece ter se transformado em uma proteção às grandes empresas de tecnologia (*Big Techs*), ao não imputar atendimento ao cidadão de forma eficiente e eficaz, deixando a cargo do Estado os afazeres de cobrar e solucionar toda e qualquer resposta às práticas ilícitas de *cyberbullying* e demais conflitos que surgem nas relações humanas digitais, para os quais, intermediários ou não, são meios ou provedores de aplicações na internet.

Em que pese o trecho inicial do art. 19 faça uma defesa da liberdade de expressão e impedimento à censura, esse dispositivo normativo incentiva as *Big Techs* a se colocarem em situação de cegueira deliberada e nada fazer quando instadas pelo consumidor a agir em situação de flagrante ilícito, como o *cyberbullying*, vez que prevê a ação de provedores de aplicações de internet tão somente quando acionado por ordem judicial específica.

Como mencionado, apesar da defesa da liberdade de expressão, há uma clara limitação no combate ao *cyberbullying* pelas *Big Techs* e aplicativos que tratam conteúdo digital e moderam conteúdo, mesmo quando essas são acionadas a darem respostas a conteúdos ilícitos armazenados, priorizados por seus algoritmos e, muitas vezes monetizados, deixando o consumidor sem qualquer resposta.

Na prática, esse dispositivo transfere toda a responsabilidade pela resolução de conflitos de *cyberbullying* e outros para instituições públicas do Estado e para o Poder Judiciário. Isso sobrecarrega e transforma essas instituições em balcões de resolução de conflitos do setor privado, além disso, deixa de priorizar mecanismos alternativos de resolução de conflitos (MASC) e afasta a autonomia de decisão das partes envolvidas.

Importante frisar que toda essa discussão não se trata de defender a revogação do dispositivo (art. 19), retirando proteção à privacidade, liberdade de expressão e segurança digital, mas um diálogo para reflexão da imprescindível designação de responsabilidades aos atores que viabilizam serviços digitais na internet, principalmente para as *Big Techs* que concentram poder de mercado significativo (PMS).

Portanto, esses desafios e limitações implicam na regulação efetiva e no enfrentamento ao *cyberbullying* e crimes virtuais, que incluem questões de jurisdição, anonimato, liberdade de expressão, moderação de conteúdo digital, entre outros.

3. DIÁLOGOS ATUAIS SOBRE O ART. 19 DO MARCO CIVIL DA INTERNET NO COMBATE AO *CYBERBULLYING*

Está em discussão no Supremo Tribunal Federal (STF) a constitucionalidade do art. 19 da Lei 12.965/2014 (Marco Civil da Internet), o qual determina a necessidade de prévia e específica ordem judicial de exclusão de conteúdo para a responsabilização civil de provedor de internet, *websites* e gestores de aplicativos de redes sociais por danos decorrentes de atos ilícitos praticados por terceiros.

No centro da discussão está o Recurso Extraordinário (RE 1.037.396/SP) *leading case* do Tema 987, inserido na sistemática de Repercussão Geral, em que o Ministério Público Federal por meio da Procuradoria-Geral da República (PGR), emitiu o Parecer Agep-STF/PGR 457163/2023, que defende o descabimento de o provedor de hospedagem de perfis pessoais (redes sociais) controlar previamente o conteúdo dos dados que transitam em seus servidores; e também que o provedor de aplicações de internet, independentemente de ordem judicial, deve atuar com a devida diligência, a fim de observar os direitos fundamentais, prevenir sua violação e reparar danos decorrentes de condutas de usuários não acobertadas pela liberdade de expressão, a exemplo de manifestações ilegais desidentificadas, baseadas em fatos sabidamente inverídicos ou de conteúdo criminoso.

A PGR afirma que a interpretação do art. 19 do MCI há de ser realizada pela perspectiva dos direitos à liberdade de expressão e à informação, sem perder de vista a necessidade de se preservar tais valores à luz da dignidade humana e da tutela da privacidade e da honra, e assevera que após prévia e expressa comunicação do ofendido, com as respectivas razões para a exclusão de dados inadequados, o provedor de aplicação de internet que mantiver conteúdo claramente ofensivo ou humilhante em relação ao usuário ou a terceiro há de ser responsabilizado, independentemente de ordem judicial.

Ainda em seu parecer, o *parquet* ressalta que os provedores e gestores de aplicativos de internet hão de dispor de mecanismos de acionamento para a comunicação de abusos e atuar de forma preventiva e de boa fé, realizando, espontaneamente, a verificação e, se for o caso, a imediata remoção de conteúdo sabidamente ilícito, sob pena de responsabilização por omissão.

Montenegro, em consonância com o entendimento do Ministério Público,[18] entende que a mera notificação do consumidor indicando ao provedor de aplicação dano decorrente de conteúdo gerado por terceiros ou conteúdo ilegal, quando acompanhada da inércia de ação das plataformas digitais e permanência em estado de cegueira deliberada, é suficiente para responsabiliza-las, e não apenas a ordem judicial específica, como previsto no art. 19.

O pesquisador ressalta ainda que a falta de ação das *Big Techs* e provedores de aplicação viola o devido processo tecnológico, por desrespeitar a paridade de armas digitais com a ausência de transparência ao consumidor e instâncias recursais resolutivas e, muito embora, existam inúmeros registros de denúncias por práticas de *cyberbullying* e outros temas como desinformação, não é informado qualquer protocolo de identificação, prazo para atendimento, nenhuma informação sobre o trâmite interno de tratamento da denúncia é prestada, deixando o consumidor sem alternativa, restando somente recorrer ao Poder Judiciário, ao Ministério Público e aos órgãos de defesa do consumidor.

---

18. MONTENEGRO, R. H. M. *Devido Processo Tecnológico*: na prestação de serviços digitais (tratamento de conteúdo digital) sob responsabilidade das *Big Techs*. São Paulo: Editora Dialética, 2023. p. 46-54.

O Instituto Brasileiro de Política e Direito do Consumidor (Brasilcon), na qualidade de *amicus curiae*, apresentou na Manifestação 49.778/2023 a seguinte sugestão: "independe de notificação judicial a responsabilidade civil do provedor de aplicações que exerce essa atividade de forma organizada, profissionalmente e com fins econômicos (provedores de grande vulto) por conteúdo inserido por terceiros em caso de pedofilia, discurso de ódio, desinformação e perfis falsos, sem prejuízo do reconhecimento de outras violações a direitos fundamentais".

Destacamos ainda que, semelhante entendimento pode ser aplicado aos serviços de telecomunicações realizados pelas prestadoras de telecomunicações, mesmo tendo sido cientificada de questões de ato ilícito (*cyberbullying*, fraudes etc.) pela vítima, mas essas mantiverem o serviço de telecomunicações ou número telefônico (código de acesso) ativo que proporciona o ilícito, monetizadas pelo pagamento do serviço, podendo ser também responsabilizadas por omissão.

A mesma lógica também é cabível para os prestadores de radiodifusão (televisão e rádio) e comunicações sociais digitais que, mesmo após notificadas de situações de ato ilícito não agem, ao contrário, também divulgam por seus meios (radiofrequência ou internet), práticas caracterizadas como atos ilícitos (*cyberbullying,* fraudes etc.), amplificando os danos à vítima.

4. JURISPRUDÊNCIA SOBRE *CYBERBULLYING* E REFLEXÕES SOBRE CONCILIAÇÃO

Na pesquisa realizada sobre a jurisprudência atual, buscou identificar casos concretos de *cyberbullying* que estivessem enquadrados no escopo da nova Lei 11.841/2024 e outros exemplos reais em que já ocorreram julgamentos, de modo a explanar o tema.

O caso concreto tratado na Apelação Cível 50035889120178210027, julgado em 30 de janeiro 2024 pela Quinta Câmara Cível do Tribunal de Justiça do Rio Grande do Sul, anterior à Lei de *Cyberbullying*, relata que uma aluna sofreu danos em decorrência do *cyberbullying*, face a postagem de sua foto e comentários pejorativos em grupo de WhatsApp, realizados por uma colega de turma, para a qual restou evidente que a menor sofreu com os efeitos diretos do *bullyng* digital, inclusive, após a postagem, seus pais a transferiram de escola e passou a fazer tratamento psicológico.

Outro caso relevante que ocorreu no Brasil, anterior à Lei 11.841/2024, que demonstra a importância do tema não somente pelo fim trágico, mas de modo especial porque ainda não existia o crime de *cyberbullying* tipificado em lei, mas principalmente porque não foram adotadas medidas de intervenção preventivas, corretivas e outras ações possíveis em termos de políticas públicas educativas e comportamentais.

O acontecimento citado está descrito na Apelação Cível 1.0394.14.005128-2/001, que teve como relator o Des. Renato Dresch, da 4ª Câmara Civil do Tribunal de Justiça de Minas Gerais – TJMG, julgado em 2018, no qual o tribunal relembrou que é dever da instituição de ensino combater a violência e a intimidação sistemática (*bullying* e *cyberbullying*) por força da Lei 13.185/2015. O julgado destacou que o estabelecimento de ensino tem o dever de guarda e preservação da integridade física dos seus alunos, devendo ter atuação preventiva para evitar danos ou ofensas aos estudantes e enfatizou que, de acordo com a prova dos autos, um aluno que praticava intimidação sistemática (*cyberbullying*) à colega de sala foi vítima de golpe de faca nas dependências da instituição de ensino da rede pública estadual, durante intervalo das aulas, o que causou àquele hemorragia interna aguda e o levou a óbito.

Esses casos reais provocam reflexões sobre a necessidade de observar os vários lados e dimensões de um conflito humano, ou seja, enxergar o agressor (que praticava *cyberbullying*), o agredido (vítima do *cybergullying*) e também um terceiro agente que criaria outro risco de aumentar o conflito.

A partir dessas ocorrências, é possível enxergar como positiva a intervenção proativa por meio de técnicas de conciliação e mediação que envolvam ambientes coletivos digitais, alternativas plausíveis para dirimir o conflito de *cyberbullying* cada vez mais crescente internacionalmente e no Brasil.

Identificar proativamente o conflito e não deixar que esse cresça e termine tragicamente, é um primeiro e enorme passo dos atores envolvidos em direção à cultura de paz, adotar medidas de prevenção e combate à violência contra crianças e adolescentes são essenciais.

Criar comissões de conciliação em escolas e outros ambientes coletivos que difundam o conhecimento sobre a prática de *bullying* e *cyberbullying*, suas implicações psicológicas e penais, podem diminuir o risco de ocorrências dessas práticas, aumentar a participação de alunos em trabalhos que envolvam esses temas e a comunicação não violenta, com palestras periódicas de atores internos e externos, também podem ser alternativas que mitiguem os casos de *cyberbullying*.

5. PROPOSTAS DE MELHORIA E INOVAÇÃO LEGISLATIVA NO COMBATE AO *CYBERBULLYING*

O *cyberbullying* é um problema real crescente e que se manifesta de inúmeras formas, desde a publicação de simples comentários em texto, a imagens ou vídeos ofensivos, até os próprios memes muitas vezes são uma forma de *cyberbullying*, a disseminação de informações falsas, quando o agente assume a imagem de alguém para realizar fraudes virtuais ou pratica bullying etc.

Nessa senda, Nitya Harshitha *et al* propõem o uso de modelos híbridos com técnicas de aprendizagem de máquina (*machine learning* – ML), aprendizagem profunda (*deep learning* – DL), algoritmos e modelos de redes neurais convolucionais (*Convolutional Neural Network* – CNN), os quais dão suporte à inteligência artificial e permitem atuarem em um conjuntos de dados dinâmicos disponíveis em várias plataformas, de modo a detectar de forma proativa e em tempo real a prática de cyberbullying, tornando a identificação rápida e eficaz para em qualquer formato (texto, áudio, vídeo etc.).

Ansary[19] sugere que o combate ao *cyberbullying* deve ser reforçado com medidas e estratégias eficazes de prevenção e programas de intervenção, além de elencar com outros pesquisadores vários problemas de saúde que afetam crianças, adolescentes, jovens e adultos vítimas de *cyberbullying*, com grandes repercussões psicológicas, disfunção psicossocial de longo prazo, dentre essas, a depressão, baixa autoestima, pensamentos suicidas, alto nível de estresse, baixa empatia, altos níveis de ansiedade e agressão, descompromisso moral.

Portanto, o Marco Civil da Internet, a regulação da prestação de serviços digitais, legislações que abordam os setores econômicos tecnológicos, o ecossistema digital e funções de investigação, devem ser aprimoradas para fortalecer o combate ao *cyberbullying*, ao estabelecer novas obrigações normativas aos provedores de aplicação e *Big Techs*, como por exemplo, a divulgação de relatórios de transparência e de indicadores de *cyberbullying*.

Defende-se também a obrigação de existência de estrutura de atendimento ao consumidor (*on-line*), que contemple o devido processo tecnológico e a paridade de armas digitais, questões específicas que poderiam tornar descentralizada e mais eficiente a luta contra o *cyberbullying* e crimes virtuais, empoderando o consumidor com meios eficazes para fiscalizar e agir.

Conforme mencionado, atualmente há várias maneiras técnicas e inovadoras pelas quais os prestadores de serviços digitais podem ajudar os consumidores a resolver os diversos conflitos que surgem no ambiente *on-line*. Assim, é justificável o fomento de políticas públicas jurídicas-tecnológicas que exijam investimentos em soluções que facilitem a vida do consumidor.

6. CONCLUSÃO

O estudo tratou ao longo do debate os termos, conceitos e dispositivos normativos, listou dados estatísticos sobre a prática de *cyberbullying* no Brasil e nos

---

19. ANSARY, N. S. Cyberbullying: Concepts, theories, and correlates informing evidence-based best practices for prevention. *Aggression Violent Behavior*, n. 50, jan./fev. 2020. Disponível em: https://doi.org/10.1016/j.avb.2019.101343. Acesso em: 31 mar. 2024.

Estados Unidos, contemporizou o momento vivido pela sociedade brasileira que agora pode contar com uma legislação penal que combate o *cyberbullying*.

O artigo trouxe uma reflexão para a sociedade e as vítimas de *cyberbullying* e crimes virtuais, com implicações práticas para propostas de melhorias no Marco Civil da Internet e outras legislações, bem como indicou a necessidade de avanços no atendimento ao consumidor que envolve prestadoras de serviços digitais com poder de mercado significado (*Big Techs* etc.), de modo a empoderar o consumidor, lhe entregando autonomia para fiscalizar e agir em casos de *cyberbullying* e uso de recursos tecnológicos em ambiente *on-line*.

Como ponto crucial o trabalho destacou a carência de devido processo tecnológico e paridade de armas digitais, a partir da falta de ação das *Big Techs* em relação aos registros de *cyberbullying* e apresentou informações atualizadas sobre as dificuldades que o art. 19 do Marco Civil da Internet traz para o combate ao *cyberbullying*, sobrecarregando o Poder Judiciário, Ministério Público e órgãos de defesa do consumidor.

Um direcionamento para pesquisas futuras ou ações que pode contribuir para a evolução no combate ao *cyberbullying* é criar obrigações legislativas e realizar campanhas de educação digital e midiática para os diversos níveis (federal, estadual, municipal) e por diversos atores, públicos e privados, focando sempre na educação básica e em ambientes coletivos.

A pesquisa também sugeriu a criação de comissões de conciliação em escolas e outros ambientes coletivos, que difundam o conhecimento sobre a prática de *bullying* e *cyberbullying*, suas implicações psicológicas e penais, de modo a diminuir o risco de ocorrências dessas práticas, também recomendou aumentar a participação de alunos em trabalhos que envolvam esses temas, a comunicação não violenta e em palestras periódicas de atores internos e externos, para mitigar os casos de *cyberbullying*.

As escolas, ambientes coletivos presenciais e digitais (internet) são espaços de construção e formação cidadã, portanto o tema *cyberbullying* deve ser amplamente discutido e conhecido, de modo a evitar a implicação em situações indesejáveis de crimes e infrações que terminem na Justiça e em um Juiz da Infância e da Juventude.

REFERÊNCIAS

ANSARY, N. S. Cyberbullying: Concepts, theories, and correlates informing evidence-based best practices for prevention. *Aggression Violent Behavior*, n. 50, jan./fev. 2020. Disponível em: https://doi.org/10.1016/j.avb.2019.101343. Acesso em: 31 mar. 2024.

BORELLI, Alessandra. *Educação contra a violência virtual*. Entrevista à Carta Educação. Disponível em: https://www.cartacapital.com.br/educacao/educacao-contra-a-violencia-virtual/. Acesso em: 29 mar. 2024.

BRASIL. Lei nº 12.965, de 23 de abril de 2014. Estabelece princípios, garantias, direitos e deveres para o uso da Internet no Brasil. *Diário Oficial da União*, Brasília, DF, 24 abr. 2014. Disponível em: https://www.planalto.gov.br/ccivil_03/_ato2011-2014/2014/lei/l12965.htm. Acesso em: 13 mar. 2024.

BRASIL. Lei nº 13.185, de 6 de novembro de 2015. Institui o Programa de Combate à Intimidação Sistemática (*Bullying*). *Diário Oficial da União*, Brasília, DF, 9 nov. 2015. Disponível em: https://www.planalto.gov.br/ccivil_03/_Ato2015-2018/2015/Lei/L13185.htm. Acesso em: 17 mar. 2024.

BRASIL. Lei nº 14.811, de 12 de janeiro de 2024. Institui medidas de proteção à criança e ao adolescente contra a violência (*Cyberbullying*). *Diário Oficial da União*, Brasília, DF, 15 jan. 2014. Disponível em: https://www.planalto.gov.br/ccivil_03/_ato2023-2026/2024/lei/l14811.htm. Acesso em: 07 mar. 2024.

BRASIL. Ministério Público Federal. *Crimes cibernéticos*. 2ª Câmara de Coordenação e Revisão, Criminal. Brasília: MPF, 2018.

COSMA, A.; MOLCHO, M.; PICKETT, W. *A focus on adolescent peer violence and bullying in Europe, central Asia and Canada*. Health Behaviour in School-aged Children (*HBSC*) international report from the 2021/2022 survey. Copenhagen: WHO Regional Office for Europe, 2024. v. 2. Disponível em: https://iris.who.int/bitstream/handle/10665/376323/9789289060929-eng.pdf. Acesso em: 31 mar. 2024.

ENGLANDER, Elizabeth; DONNERSTEIN, Edward; KOWALSKI, Robin; LIN, Carolyn A.; PARTI, Katalin. Defining Cyberbullying. *Pediatrics*, nov. 2017, v. 140 (Supplement_2). Disponível em: https://publications.aap.org/pediatrics/article/140/Supplement_2/S148/34183/Defining-Cyberbullying. Acesso em: 02 mar. 2024.

INSTITUTO BRASILEIRO DE GEOGRAFIA E ESTATÍSTICA. (IBGE) Pesquisa Nacional de Saúde do Escolar (Pense), Rio de Janeiro, IBGE, 10 set. 2021. Disponível em: https://agenciadenoticias.ibge.gov.br/media/com_mediaibge/arquivos/ad542e8a6ea81cd154e61fc7edf39d00.pdf. Acesso em: 24 mar. 2024.

IPSOS. Global Views on Cyberbullying, 27 jun. 2018. Disponível em https://www.ipsos.com/en/global-views-cyberbullying. Acesso em: 24 mar. 2024.

MONTENEGRO, R. H. M. *Devido Processo Tecnológico*: na prestação de serviços digitais (tratamento de conteúdo digital) sob responsabilidade das *Big Techs*. São Paulo: Editora Dialética, 2023.

NITYA, Harshitha T.; PRABU, M.; SUGANYA, E., SOUNTHARRAJAN, S.; BAVIRISETTI, D.P.; GADDE, N.; UPPU, L.S. ProTect: a hybrid deep learning model for proactive detection of cyberbullying on social media. *Front. Artif. Intell*, mar. 2024, v. 7. doi: 10.3389/frai.2024.1269366. Disponível em: https://pubmed.ncbi.nlm.nih.gov/38510470/. Acesso em: 12 mar. 2024.

OLWEUS, D. *Bullying at School*: What We Know and What We Can Do. Oxford: Wiley-Blackwell, 1993.

OLWEUS, D. *Mobbning* – vad vi vet och vad vi kan göra. Stockholm: Liber, 1986.

OLWEUS, D. *Personality and aggression*. In: COLE, J.K.; JENSEN, D.D. (eds.). *Nebraska Symposium on Motivation 1972*. Lincoln: University of Nebraska Press, 1973.

PATCHIN J.W.; HINDUJA, S. *Cyberbullying Research in Review*. Cyberbullying Research Center, 16 fev. 2024. Disponível em: https://cyberbullying.org/summary-of-our-cyberbullying-research e https://cyberbullying.org/Cyberbullying-Research-In-Review.pdf. Acesso em: 29 mar. 2024.

PATCHIN, J.W.; HINDUJA, S. Bullies move beyond the schoolyard: a preliminary look at cyberbullying. *Youth Violence and Juvenile Justice*, 2006, v. 4, n. 2, p. 148-169. Disponível em: https://doi.org/10.1177/1541204006286288. Acesso em: 9 mar. 2024.

SAFER NET. Denúncias de crimes de discurso de ódio e de imagens de abuso sexual infantil na internet têm crescimento em 2022, [s.l.], [s/d]. Disponível em: https://new.safernet.org.br/content/denuncias-de-crimes-de-discurso-de-odio-e-de-imagens-de-abuso-sexual-infantil-na-internet. Acesso em: 24 mar. 2024.

SMAHEL, D.; MACHACKOVA, H.; MASCHERONI, G.; DEDKOVA, L.; STAKSRUD, E.; ÓLAFSSON, K.; LIVINGSTONE, S.; HASEBRINK, U. EU Kids Online, 2020 – Survey results from 19 countries. EU Kids Online. doi:10.21953/lse.47fdeqj01ofo. Disponível em: https://eprints.lse.ac.uk/103294/1/EU_Kids_Online_2020_March2020.pdf. Acesso em: 24 mar. 2024.

SOUZA, R. et. al.

UNICEF – Fundo das Nações Unidas para a Infância. *Mais de um terço dos jovens em 30 países relatam ser vítimas de bullying,* Nova York, 4 set. 2019. Disponível em: https://www.unicef.org/brazil/comunicados-de-imprensa/mais-de-um-terco-dos-jovens-em-30-paises-relatam-ser-vitimas-bullying-online. Acesso em: 28 mar. 2024.

UNODC – United Nations Office on Drugs and Crime. *Cybercrime* – Teaching Module Series. Viena, 2019. Disponível em: https://sherloc.unodc.org/cld/en/education/tertiary/cybercrime.html. Acesso em: 28 mar. 2024.

ACESSO À INFORMAÇÃO E DESINFORMAÇÃO NA ERA DIGITAL: COMO O MARCO CIVIL DA INTERNET PODE SE ADAPTAR PARA A EFETIVA PROTEÇÃO DOS CONSUMIDORES MEDIANTE A APROVAÇÃO DO PROJETO DE LEI N.º 2630/2020 EM PROL DO USO RESPONSÁVEL E TRANSPARENTE.

Joseane Suzart Lopes da Silva[1]

Sumário: Introdução – 1. O Marco Civil da Internet e a problemática da (des)informação após quase uma década de vigência; 1.1 A Medida Provisória n.º 1.068/2021 e a tentativa de restringir o poder de as redes sociais moderarem conteúdos: o fomento à desinformação prejudicial aos consumidores e à população em geral; 1.2 A inconstitucionalidade formal e material da Medida Provisória n.º 1.068/2021 e a eliminação da ameaça de esdrúxula alteração do Marco Civil da Internet. – 2. O acesso à informação no mundo digital e a adaptação do Marco Civil da Internet: discussões no Supremo Tribunal Federal e uma breve exposição sobre as divergências doutrinárias detectadas; 2.1 As regras sobre a responsabilização dos provedores de conexão e de aplicação presentes nos arts. 18 a 21 do Marco Civil da Internet; 2.2 A tramitação de Recursos Extraordinários, com caráter de repercussão geral, no Supremo Tribunal Federal: o Marco Civil da Internet no cerne dos Temas 533 e 987; 2.3 A responsabilização dos provedores de internet, *websites* e gestores de aplicativos de redes sociais desvinculada da prévia intervenção do poder judiciário: dissensos e consensos – 3. A relevância do Projeto de Lei n.º 2630/2020 para a instituição da Lei Brasileira de Liberdade, Responsabilidade e Transparência na Internet: a prevenção e o combate às *fake News* no mercado de consumo; 3.1 Âmbito de aplicação da proposta de criação da Lei Brasileira de Liberdade, Responsabilidade e Transparência na Internet e conceitos essenciais; 3.2 Vedações, deveres dos agentes e a compulsória transparência sobre significativos dados para o combate à desinformação na Internet, os conteúdos patrocinados e os serviços públicos; 3.3 Medidas contra a desinformação e boas práticas que corroboram o *modus operandi* para a adaptação do Marco Civil da Internet à nova realidade emergente: a desnecessidade de se aguardar o prévio posicionamento do judiciário; 3.3.1 Serviços de Mensageria Privada: novas regras para se evitar a desinformação e promover a segurança no ciberespaço; 3.3.2 Os obrigatórios Relatórios impostos pelos arts. 6º e 7º do Projeto de Lei em análise em compasso com a transparência no setor virtual; 3.4 A atuação do poder público de acordo com o Projeto de Lei n.º 2630/2020: a educação dos indivíduos e as sanções aplicáveis aos infratores – 4. Conclusão – Referências.

---

1. Promotora de Justiça do Consumidor do Ministério Público da Bahia. Professora Adjunta da Faculdade de Direito da Universidade Federal da Bahia. Pós-doutorado pelo Instituto Jurídico da Universidade de Coimbra. Diretora do Brasilcon de apoio ao Ministério Público. Supervisora Científica do Projeto de Extensão Universitária ABDECON/FDUFBA.

INTRODUÇÃO

As interações no ambiente virtual intensificaram-se e avolumaram-se nos dois últimos séculos, conduzindo diversos países à edição de conjuntos normativos específicos para o tratamento da temática. Em 23 de abril de 2014, portanto há quase uma década, o Brasil publicizou o teor da Lei Federal n.º 12.965, cuja vigência iniciou-se após 60 dias, restando estabelecidos princípios, garantias, direitos e deveres para o uso da Internet. No período pandêmico, o manejo dos sistemas computadorizados expandiu-se dada a sua imprescindibilidade diante da coibição dos contatos presenciais. Após ser debelado o cenário de calamidade em saúde, os sujeitos habituaram-se ao acesso de uma multiplicidade de aparatos facilitadores das intercomunicações. A realidade pós-moderna tem sido marcada pela forte presença de tais instrumentos, suscitando o exame dos aspectos negativos que emergem.

A despeito da inquebrantável relevância do Marco Civil do espaço virtual para o nosso País, o acesso à informação ainda perpassa por agruras que dificultam e/ou inviabilizam o contato com dados reais e/ou completos e há também a disseminação de conteúdo antiético. Objetiva-se, no presente artigo, analisar o problema da desinformação no ambiente virtual e a viabilidade de sua mitigação por intermédio da aprovação do Projeto de Lei n.º 2630/2020 destinado à instituição da Lei Brasileira de Liberdade, Responsabilidade e Transparência na Internet. Questiona-se, em sede de hipótese central da pesquisa, se a implementação deste novel diploma será suficiente para se amenizar o panorama das intituladas *fakes news* no mercado de consumo. Não se almeja discorrer acerca da Lei n.º 12.965/2014, eis que já amplamente explorada pela doutrina e objeto de discussões nos tribunais pátrios, mas, sim, averiguar as possibilidades de se resguardar a disseminação de informações verídicas, claras e precisas.

Na primeira parte, encontram-se observações sobre a Medida Provisória n.º 1.068/2021, cujo intento foi restringir o poder direcional das redes sociais moderarem conteúdos, expondo-se, de forma breve, as providências judiciais e legislativas adotadas. Em seguida, transpõe-se o texto para a abordagem atinente ao Projeto de Lei n.º 2630/2020, que tenciona tratar do uso responsável e transparente da Internet. São explicitados os conceitos essenciais e o âmbito de incidência da proposta legislativa, bem como os deveres dos agentes, as vedações e as sanções em face do uso irregular do espaço virtual. As medidas contra a desinformação e as boas práticas são apresentadas sob um viés crítico e em derradeiro plano, registra-se a imprescindível atuação do poder público quanto à educação dos indivíduos e cominação das penalidades aplicáveis aos infratores[2].

---

2. Para a realização deste empreendimento, optou-se pela utilização dos métodos hermenêutico, dialético e argumentativo, seguindo-se a vertente crítico-metodológica e as linhas de investigação jurídico-projetiva e jurídico-prospectiva. O tipo de pesquisa concretizada foi a exploratória, de natureza bibliográfica e

1. O MARCO CIVIL DA INTERNET E A PROBLEMÁTICA DA (DES) INFORMAÇÃO APÓS QUASE UMA DÉCADA DE VIGÊNCIA

O uso da internet no Brasil, dada a sua importância como bem jurídico, defendida por Pietro Perlingieri, foi disciplinado pela Lei n.º 12.965/2014 e pelo Decreto Federal n.º 8.771/2016. Os princípios disciplinadores encontram-se enumerados no art. 3o, incisos I a VIII, deste diploma legal, e harmonizam-se com os postulados constitucionais vigentes[3]. A manutenção da estabilidade, segurança e funcionalidade da rede, por meio de medidas técnicas compatíveis com os padrões internacionais e do estímulo ao uso de boas práticas, beneficia a todos os usuários. A liberdade dos modelos de negócios promovidos na Internet, desde que não conflitem com os demais vetores estabelecidos, coaduna-se com a livre iniciativa e a concorrência. A responsabilização dos agentes em conformidade com as suas atividades e nos termos das normas jurídicas vigentes, estampada no inciso VI, valida a assertiva de que o Marco Civil não traz normas que sejam dissonantes com a proteção dos indivíduos, quer sejam vistos como civis, consumidores, comerciantes ou empresários[4].

Os direitos e as garantias dos usuários da Internet encontram-se evidenciados nos arts. 7o, incisos I a XIII, e 8o da Lei n.º 12.965/2014 e podem ser acoplados em três blocos que versam sobre o respeito à vida privada e intimidade dos sujeitos[5], à qualidade dos serviços prestados e à proteção do consumidor. Importante atentar que o inciso XIII do art. 7o estabelece, como prerrogativa dos internautas, "a aplicação das normas de proteção e defesa do consumidor nas relações de consumo realizadas na internet", estando tal disposição interligada com todas as demais, visto que os contratantes de produtos ou serviços como destinatários finais devem ter assegurados o respeito a sua esfera particular e o acesso a serviços qualificados. Não obstante o Marco Civil da Internet assegurar tais premissas, a disseminação de falsas informações sobre bens, conteúdos inapropriados e diversos outros aspectos tornaram-se cada vez mais frequentes, ocasionando a desinformação para a coletividade.

---

documental, bem como a técnica da documentação indireta. Cf.: WITKER, Jorge. *Como elaborar una tesis en derecho*: pautas metodológicas y técnicas para el estudiante o investigador del derecho. Madrid: Civitas, 2023. p. 100.

3. PERLINGIERI, Pietro. L'informazione come bene giuridico, *Rassegna di diritto civile*, 2/90. p. 329.
4. Cf.: PINHEIRO, Patrícia Peck. Abertura e colaboração como fundamento do Marco Civil. In: LEITE, George Salomão; LEMOS, Ronaldo (coords.). *Marco Civil da Internet*. São Paulo: Atlas, 2014. p. 93-104; LEMOS, Ronaldo. O Marco Civil como símbolo de desejo por inovação no Brasil. In: LEITE, George Salomão; LEMOS, Ronaldo (coords.). *Marco Civil da Internet*. São Paulo: Atlas, 2014. p. 3-11.
5. DONEDA, Danilo. O direito fundamental à proteção dos dados pessoais. In: MARTINS, Guilherme Magalhães (Coord.). *Direito Privado e Internet*. São Paulo: Atlas, 2014, p. 61-78; LIMBERGER, Têmis. *O direito à intimidade na era da informática*. Porto Alegre: Livraria do Advogado, 2007, p. 58 e seguintes.

1.1 A Medida Provisória n.º 1.068/2021 e a tentativa de restringir o poder de as redes sociais moderarem conteúdos: o fomento à desinformação prejudicial aos consumidores e à população em geral

Com o escopo de dispor sobre o uso das redes sociais, o governo federal brasileiro, em 6 de setembro de 2021, editou a Medida Provisória n.º 1.068/2021, vindo a alterar a Lei n.º 12.965/2014 e a Lei n.º 9.610/1998[6]. Foram inseridas modificações nos arts. 1º, 5º, 7º, 8º e 28 do Marco Civil da Internet e no art. 109 da Lei de Direitos Autorais. Não constitui meta deste artigo efetivar um aprofundamento sobre o conteúdo da citada providência normativa adotada pelo poder executivo, mas, sim, apontar o seu principal desígnio. A intenção era a de coibir que os provedores removessem perfis e conteúdos violadores dos termos de uso, exceto por "justa causa". Os arts. 8º-B e 8º-D, que foram inseridos do MCI, passaram a exigir a devida motivação para a dita providência e, no art. 8º-C, foram relacionadas as ocorrências que poderiam engendrá-la[7]. Ademais, o art. 8º- A acoplou outros direitos e garantias para os usuários das redes perante a moderação indevida de informações.

A lista taxativa, transcrita no art. 8º-C, § 1º, incisos I a IV, da sobredita Medida Provisória, conquanto correlacione-se com sérias questões, foi criticada por colidir com a autonomia das redes sociais para a remoção ou suspensão de conteúdos, aplicando-se as regras dos termos de serviços[8]. A Coalizão Direitos na Rede questionou que "ao estabelecer o que seria 'justa causa' para a ação das redes sociais, a MP revela-se arbitrária, insuficiente e atécnica". Ressaltou que a existência de um rol de exceções termina por não abarcar situações que pressupõem posicionamento veloz e altivo por parte destes agentes econômicos[9], como se observa com o discurso em prol do ódio, desrespeito ao pluralismo de opiniões e as práticas de desinformação em geral.

Importante destacar que a existência de flagrantes informações falsas relativas a determinado produto ou serviço, em desrespeito à Lei n.º 8.078/1990, não se

---

6. BRASIL. Presidência da República. Medida Provisória 1.068, de 06 de setembro de 2021. Altera a Lei nº 12.965, de 23 de abril de 2014, e a Lei nº 9.610, de 19 de fevereiro de 1998, para dispor sobre o uso de redes sociais. Brasília, 2021. Disponível em: https://presrepublica.jusbrasil.com.br/legislacao/1276592025/medida-provisoria-1068-21. Acesso em: 9 set. 2021.
7. LEAL, Martha; PALHARES, Felipe. Moderação nas redes sociais e a Medida Provisória nº 1.068. São Paulo, *Revista Consultor Jurídico*, 12 set. 2021. Disponível em: https://www.conjur.com.br/2021-set-12/leal-palhares-moderacao-redes-sociais-mp-1068/. Acesso em: 2 abr. 2024.
8. PEREIRA JR., Ademir Antonio; VIEIRA, Yan Villela. MP 1.068, regulação de conteúdo em redes sociais e livre iniciativa. São Paulo, *Revista Consultor Jurídico*, 21 set. 2021. Disponível em: https://www.conjur.com.br/2021-set-21/opiniao-mp-1068-regulacao-conteudo-redes-sociais/. Acesso em: 2 mar. 2024.
9. *Coalisão Direitos na Rede repudia MP que altera Marco Civil da Internet, e alerta sobre riscos*. https://ok.org.br/noticia/coalizao-direitos-na-rede-repudia-mp-que-altera-marco-civil-da-internet-e-alerta-para-riscos/. Acesso em: 2 mar. 2024.

encontrava no referido elenco. Limitou-se a Medida Provisória a indicar, como "justas causas" na esfera consumerista, apenas o desrespeito à autorregulação do mercado e a oferta de produto impróprio, como se depreende no art. 8º-C, § 1º, inciso II, respectivamente, nas alíneas "j" e "l". Sem embargo da utilidade do Conselho Nacional de Autorregulamentação Publicitária, não se pode desprestigiar a proeminência e o poder coercitivo das normas integrantes do microssistema consumerista. A manutenção das alterações impostas no Marco Civil da Internet fragilizaria a proteção dos interesses e direitos dos destinatários finais, razão pela qual houve rejeição da multicitada MP, como será visto no próximo tópico.

1.2 A inconstitucionalidade formal e material da Medida Provisória n.º 1.068/2021 e a eliminação da ameaça de esdrúxula alteração do Marco Civil da Internet.

As irresignações com o substrato da Medida Provisória n.º 1.068/2021[10] espraiaram-se e engendraram a propositura de Ações Diretas de Inconstitucionalidade, a impetração de mandado de segurança[11] e manifestos por parte da sociedade civil organizada. O Supremo Tribunal Federal, ao examinar as ADIns 6.991, 6.992, 6.993, 6.994, 6.995, 6.996 e 6.998, encetadas por partidos políticos[12], em sede de liminar, determinou a suspensão dos seus efeitos, seguindo a manifestação da Procuradoria Geral da República. A presidência do Senado Federal efetivou a devolução da MP para o governo federal, considerando-se que as previsões se denotavam "contrárias à Constituição e às leis, caracterizando exercício abusivo do Executivo, além de trazer insegurança jurídica"[13]. No entanto, no bojo do Projeto de Lei n.º 3227/2021, o poder executivo reiterou o conteúdo impugnado e rechaçado nas esferas judicial e legislativa, praticamente replicando o texto derrogado[14].

Sob o aspecto formal, o Supremo Tribunal Federal reconheceu a inconstitucionalidade da Medida Provisória, em epígrafe, por abarcar matéria que tangencia

---

10. Cf.: *Governo edita medida provisória que limita remoção de conteúdos de redes sociais*. Disponível em: https://www.camara.leg.br/noticias/803707-governo-edita-medida-provisoria-que-limita-remocao-de-conteudos-de-redes-sociais. Acesso em: 5 abr. 2024.
11. O mandado de segurança foi impetrado, de modo autônomo, pelo Senador Alessandro Vieira (STF, Mandado de Segurança n.º 38.216-DF), Rel. Min. Ricardo Lewandowski, j. 11.10.2021).
12. Foram propostas, respectivamente, pelo PSB, Solidariedade, PSDB, PT, Partido Novo, PDT e pelo Conselho Federal da Ordem dos Advogados do Brasil.
13. MP 1.068/21. Rosa e Pacheco barram MP que dificulta remoção de conteúdo nas redes. A ministra suspendeu o texto e o presidente do Senado devolveu a MP ao governo, *Migalhas*, 15 set. 2021. Disponível em: https://www.migalhas.com.br/quentes/351649/rosa-e-pacheco-barram-mp-que-dificulta-remocao-de-conteudo-nas-redes. Acesso em: 5 abr. 2024.
14. CORREA, ivo. A MP da Mentira – MP 1068/2021 é inconstitucional e tenta deixar caminho livre para a desinformação e as *fake news*. *Jota*, 9 set. 2021. Disponível em: https://www.jota.info/opiniao-e-analise/artigos/a-mp-da-mentira-0909202. Acesso em: 4 abr. 2024.

direitos e garantias fundamentais, nos termos do art. 62, § 1º, alínea "a", da Carta Maior. Quanto ao enfoque de natureza material, embasou-se no caráter unilateral do instrumento, que não teve o amparo da participação ativa da população. Outrossim, enunciou-se a questão da ofensa à livre concorrência e livre iniciativa, resguardadas pelos arts. 1º, inciso IV, e 170, *caput* e inciso IV, da Constituição Federal. Preservou-se, assim, a ordem democrática no Brasil e foram enaltecidas as prerrogativas essenciais dos indivíduos, mantendo-se a integridade dos ditames constitucionais[15]. A essência da malfadada Medida Provisória violava conquistas consagradas desde 1988 e que não poderiam passar impunes pelas malhas do STF[16] e do Congresso Nacional[17].

2. O ACESSO À INFORMAÇÃO NO MUNDO DIGITAL E A ADAPTAÇÃO DO MARCO CIVIL DA INTERNET: DISCUSSÕES NO SUPREMO TRIBUNAL FEDERAL E UMA BREVE EXPOSIÇÃO SOBRE AS DIVERGÊNCIAS DOUTRINÁRIAS DETECTADAS

O Marco Civil da Internet, intitulado como a "constituição da internet no Brasil", tanto por Tim-Berners Lee[18] quanto por Stefano Rodotá[19], vem sendo submetido a uma série de discussões para a sua adaptação ao atual cenário e a previsão de novas regras perante a desinformação e conteúdos antiéticos que reinam nas redes sociais. Na seara legislativa, tramita o Projeto de Lei n.º 2630/2020, proposto pelo Senado Federal[20], direcionado para a criação da Lei Brasileira de Liberdade, Responsabilidade e Transparência na Internet. No Supremo Tribunal Federal, encontram-se, em curso, os Recursos Extraordinários 1.037.396 e RE 1.057.258, com repercussão geral, cujo cerne diz respeito à aplicação das regras contidas na Lei n.º 12.965/2014, tendo sido realizadas audiências públicas em virtude da significância da matéria. Debate-se a responsabilidade de provedores

---

15. SARLET, Ingo Wolfgang. Direitos fundamentais, *fake news* e democracia: notas acerca da MP 1.068. Direitos fundamentais. Lei n.º 12.965, Liberdade de Expressão, MP 1068. *GEN Jurídico*, 30 set. 2021. Disponível em: https://blog.grupogen.com.br/juridico/areas-de-interesse/civil/direitos-fundamentais-mp-1068/. Acesso em: 3 abr. 2024.
16. MONTEIRO, Artur Pericles Lima. Armadilhas à liberdade de expressão na MP 1.068/2021. A inconstitucionalidade material na nova regulação da moderação de conteúdo no Marco Civil. *Jota*, 14 set. 2021. Disponível em: https://www.jota.info/stf/supra/armadilhas-a-liberdade-de-expressao-na-mp-1068-2021-14092021. Acesso em: 5 abr. 2024.
17. SILVA, Ricardo Leonel da. A MP 1068/21 e o PL 3227/21 – A obsessão por "fake news" e o (des)controle social. *Migalhas*, 21 out. 2021. Disponível em: https://www.migalhas.com.br/depeso/353257/a-mp-1068-21-e-o-pl-3227-21. Acesso em: 5 abr. 2024.
18. CARVALHO, Edmilson de. *Tim-Berners Lee*: Marco Civil será o presente para o aniversário da web. Disponível em: https://www.jusbrasil.com.br/noticias/tim-berners-lee-marco-civil-sera-o-melhor-presente-para-o-aniversario-da-web/114478582/amp. Acesso em: 20 mar. 2023.
19. RODOTÀ, Stefano. *El derecho a tener derechos*. Madrid: Trotta, 2014. p. 343.
20. BRASIL. Senado Federal. Projeto de Lei n.º 2630/2020. Disponível em: https://www25.senado.leg.br/web/atividade/materias/-/materia/141944. Acesso em: 5 abr. 2024.

e de aplicativos de internet sobre conteúdos ilícitos ou ofensivos postados pelos seus usuários[21].

2.1 As regras sobre a responsabilização dos provedores de conexão e de aplicação presentes nos arts. 18 a 21 do Marco Civil da Internet

Com esteio no art. 18 da Lei n.º 12.965/2014, o provedor de conexão à internet não será responsabilizado civilmente por danos decorrentes de material gerado por terceiros. Já os provedores de aplicação somente serão responsabilizados por conteúdos ilícitos se não cumprirem a ordem judicial que determine a retirada do material em certo prazo. Dispõe o § 1o do art. 19 que a decisão deverá conter identificação clara e específica do conteúdo apontado como infringente, a fim de permitir a sua inequívoca localização, sob pena de nulidade[22]. O § 4o reitera que o instituto processual da tutela antecipada pode ser aplicado quando existir prova robusta do fato e fundado receio de dano irreparável ou de difícil reparação, considerando-se também o interesse da coletividade na disponibilização do conteúdo na Internet.

Compete ao provedor de aplicação retirar o conteúdo que fora objeto de ordem judicial nesse sentido, mas a sua responsabilidade não se limita apenas a cumprir a determinação do Poder Judiciário. O art. 20 da Lei n.º 12.965/14 estatui que lhe cabe comunicar ao usuário, que realizou a inserção do material, os motivos que embasaram a indisponibilização do conteúdo, desde que disponha dos seus contatos[23]. As informações prestadas deverão permitir o contraditório e a ampla defesa do usuário em juízo, salvo expressa previsão legal ou determinação judicial fundamentada em contrário[24]. De acordo com o parágrafo único, o provedor de aplicações de Internet substituirá o mencionado material quando esta diligência for solicitada por aquele que apresentou o conteúdo.

Visando assegurar maior celeridade quanto à indisponibilização de imagens, vídeos ou de outros materiais contendo cenas de nudez ou de atos sexuais de caráter privado, o art. 21 do Marco Civil da Internet determina que o provedor de aplicações deverá promover a sua diligente retirada após o recebimento de

---

21. STF inicia audiência pública sobre regras do Marco Civil da Internet. *Revista Consultor Jurídico*, Seção Futuro em Debate, 28 mar. 2023. Disponível em: https://www.conjur.com.br/2023-mar-28/stf-inicia-audiencia-publica-regras-marco-civil-internet/. Acesso em: 7 abr. 2024.
22. Dispõe o § 2º do art. 19 que "A aplicação do disposto neste artigo para infrações a direitos de autor ou a direitos conexos depende de previsão legal específica, que deverá respeitar a liberdade de expressão e demais garantias previstas no art. 5º da Constituição Federal".
23. BARBOSA, Fernanda Nunes. Informação e consumo: a proteção da privacidade do consumidor no mercado contemporâneo da oferta. In: MARTINS, Guilherme Magalhães (coord.). *Direito Privado e Internet*. São Paulo: Atlas, 2014. p. 233-248.
24. CUNHA, Maurício Ferreira. A defesa dos interesses e dos direitos dos usuários em juízo. In: LEITE, George Salomão; LEMOS, Ronaldo (coords). *Marco Civil da Internet*. São Paulo: Atlas, 2014, p. 1002 e ss.

notificação pelo participante ou seu representante legal. Deixando de retirá-lo com eficiência nos limites técnicos do serviço, a sua responsabilidade será subsidiária pela violação da intimidade decorrente da divulgação de tal material sem autorização de seus participantes. A notificação deverá conter elementos que permitam a identificação específica do material apontado como violador da intimidade do participante e a verificação da legitimidade para apresentação do pedido, sob pena de nulidade[25].

2.2 A tramitação de Recursos Extraordinários, com caráter de repercussão geral, no Supremo Tribunal Federal: o Marco Civil da Internet no cerne dos Temas 533 e 987

O Recurso Extraordinário n.º 1.057.258, que alberga o Tema 533, tendo como Relator o Ministro Luiz Fux, discute sobre o dever de a empresa hospedeira de sítio observar o substrato divulgado e de não o manter, quando considerado ilícito, sem a antecedente intervenção do Judiciário[26]. Analisa-se, com esteio nos arts. 5º, incisos II, IV, IX, XIV, XXXIII e XXXV; e 220, §§ 1º, 2º e 6º, da Constituição Federal de 1988, se existe "o dever de empresa hospedeira de sítio na rede mundial de computadores de fiscalizar o conteúdo publicado em seus domínios eletrônicos e de retirar do ar informações consideradas ofensivas", independentemente da atuação do aparato jurisdicional. Questiona-se se "à falta de regulamentação legal da matéria, os aludidos princípios constitucionais incidem diretamente", possibilitando uma atuação mais enérgica e célere por parte dos mencionados provedores[27].

Já o Recurso Extraordinário n.º 1.037.396 (Tema 987), atuando, na condição de Relator, o Ministro Dias Toffoli, volta-se para o exame da constitucionalidade do art. 19 da Lei n.º 12.965/2014. Isso porque para fins de responsabilização civil, por danos decorrentes de atos ilícitos praticados por terceiros, determina a necessidade de prévia e específica ordem judicial de exclusão de conteúdo. Examina-se, com espeque nos arts. 5º, incisos II, IV, IX, XIV e XXXVI; e 220, *caput*, §§ 1º e 2º, da nossa Carta Maior, a constitucionalidade do art. 19 da Lei n.º 12.965/2014. Justifica-se o embate no fato de o Marco Civil da Internet impor condição "para a responsabilização civil de provedor de internet, websites e gestores de aplicativos

---

25. REINALDO FILHO, Demócrito Ramos. *Responsabilidade por publicações na Internet*. Rio de Janeiro: Forense, 2004; PORTO, Renato. Pequenos navegantes: a influência da mídia nos hábitos de consumo do público infanto-juvenil. In: MARTINS, Guilherme Magalhães (coord.). *Direito Privado e Internet*. São Paulo: Atlas, 2014. p. 371-382.
26. *Conjur, op. cit.*, 2023.
27. STF, Recurso Extraordinário 1.057.258, Tema 533. Disponível em: https://portal.stf.jus.br/jurisprudenciaRepercussao/verAndamentoProcesso.asp?incidente=5217273&numeroProcesso=1057258&classeProcesso=RE&numeroTema=533. Acesso em: 10 abr. 2024.

de redes sociais por danos decorrentes de atos ilícitos de terceiros"[28]. Indubitável desvelam-se a essência conflituosa das questões, suprarretratadas, e a necessidade de atualização do Marco Civil da Internet, com o fito de não pairarem dúvidas para a responsabilização dos agentes inseridos no espaço virtual.

2.3 A responsabilização dos provedores de internet, websites e gestores de aplicativos de redes sociais desvinculada da prévia intervenção do poder judiciário: dissensos e consensos

O "caráter anacrônico" da Lei n.º 12.965/2014 vem sendo indigitado pelo atual governo federal, aduzindo a Secretaria de Comunicação Social da Presidência da República (Secom) "não ter nenhuma dúvida" sobre a urgência de se consolidar a regulação de mídias no Brasil. O Marco Civil da Internet, segundo o citado órgão público, não apresenta soluções para certos aspectos do ambiente *online* que geram preocupação. Argumenta que a liberdade de expressão tem limites e que não abrange apenas a conotação individual, esvaindo-se para a seara coletiva, e "que é a sociedade quem estabelece até onde se pode ir, ao se manifestar um pensamento ou ideia"[29]. Em entrevista, o Ministro Luís Roberto Barroso alertou que "A regulação é absolutamente inevitável, o que precisamos acertar é a dose do remédio", visto que a revolução digital propiciou inúmeros benefícios, como a democratização do acesso à informação e ao conhecimento, porém, há "um subproduto grave que é a proliferação da desinformação, dos discursos de ódios, das teorias conspiratórias e da destruição de reputações"[30].

A demora do Poder Legislativo em disciplinar tema tão urgente, verbera José Miguel Garcia Medina, "acaba servindo de justificativa para a atuação mais incisiva de outros órgãos do Estado"[31]. Sustenta que a "inação legislativa" tem sido denunciada como a mais relevante "causa do ativismo judicial", que vem sendo

---

28. STF, Recurso Extraordinário 1.037.39, Tema 987. Disponível em: https://portal.stf.jus.br/jurisprudenciaRepercussao/verAndamentoProcesso.asp?incidente=5160549&numeroProcesso=1037396&classeProcesso=RE&numeroTema=987. Acesso em: 10 abr. 2024.
29. BOND, Letycia. "Se Marco Civil foi suficiente, hoje não é mais", diz Paulo Pimenta. Segundo o ministro, legislação já havia falhado em casos de pedofilia. *Agência Brasil*, 15 maio 2023. Disponível em: https://agenciabrasil.ebc.com.br/geral/noticia/2023-05/se-marco-civil-foi-suficiente-hoje-nao-e-mais-diz-paulo-pimenta. Acesso em: 6 abr. 2024.
30. A REGULAÇÃO é inevitável, diz ministro Barroso sobre PL das *fake news*. Segundo o ministro, é necessário, contudo, que seja acertado "a dose do remédio". *Migalhas*, 2 maio 2023. Disponível em: https://www.migalhas.com.br/quentes/385699/a-regulacao-e-inevitavel-diz-ministro-barroso-sobre-pl-das-fake-news. Acesso em: 6 abr. 2024.
31. MEDINA, José Miguel Garcia. Liberdade, responsabilidade e transparência na internet: o que está em jogo? São Paulo, *Revista Consultor Jurídico – Conjur*, Seção Processo Novo, 26 abr. 2023. Disponível em: https://www.conjur.com.br/2023-abr-26/processo-liberdade-responsabilidade-transparencia-internet/. Acesso em: 5 abr. 2024.

criticado pelo setor jurídico[32], como se verifica com a tramitação dos Recursos Extraordinários que tratam dos Temas 533 e 987, expostos nas linhas precedentes. O autor não descarta que o Supremo atribua "interpretação conforme à Constituição" aos dispositivos da Lei n.º 12.965/2014. Poderá estender as exceções previstas no art. 21 do Marco Civil da Internet, relacionadas à publicação de conteúdos de natureza sexual, "a outras hipóteses em que sejam colocados em risco direitos fundamentais previstos na Constituição". Nessa hipótese, haveria uma maior proteção para os usuários do ambiente virtual, considerados como consumidores que merecem a devida tutela.

No entanto, leciona o multicitado autor que o ideal seria a atuação profícua e satisfatória do poder legislativo, evitando-se também a proliferação de atos de órgãos do Poder Executivo. A título de exemplo, traz, à tona, a Portaria n.º 351, publicada, em 13/4/2023, pelo Ministério da Justiça e Segurança Pública, com o fito de prevenir que plataformas de redes sociais disseminem conteúdos flagrantemente ilícitos, prejudiciais ou danosos[33]. Previu-se que a Secretaria Nacional do Consumidor deverá instaurar processo administrativo em decorrência de conteúdos que incentivem ataques contra ambiente escolar ou façam apologia e incitação a esses crimes ou a seus perpetradores. A Senacon também deverá requisitar que se avaliem riscos sistêmicos decorrentes do funcionamento dos seus serviços e sistemas relacionados, incluindo os algorítmicos, adotando-se medidas de mitigação[34]. Destina-se à apuração e responsabilização dos envolvidos e poderá resultar na suspensão dos serviços da atividade desenvolvida por algum provedor.

O caminho para o aperfeiçoamento da regulação da rede no Brasil, enunciam Roberto Lemos, Carlos Affonso Pereira de Souza e Sergio Branco, "não passa pela supressão de elementos centrais do Marco Civil". Propugnam "pelo reconhecimento do seu papel como balizador das novas soluções regulatórias", pois veem possíveis retrocessos nas propostas de regulação. Consideram que "**é melhor o Poder Judiciário continuar como o árbitro final da liberdade de expressão** na internet do que transferir esse poder às plataformas sob a guarida de um "dever geral de cuidado"[35]. Concluem no sentido de que: "Não faz sentido fazer isso reduzindo o poder do Judiciário, limitando sua atuação em prol de uma capacidade

---

32. MEDINA, José Miguel Garcia. *Constituição Federal Comentada*. 7. ed. São Paulo: Editora Revista dos Tribunais, 2022.
33. Medina, *op. cit.*, 2023.
34. BRASIL. Ministério da Justiça e Segurança Pública. *Portaria n.º 351/2023*. Disponível em: https://www.gov.br/mj/pt-br/centrais-de-conteudo/publicacoes/categorias-de-publicacoes/portarias/portaria-do--ministro_plataformas.pdf/view. Acesso em: 20 jun. 2023.
35. LEMOS, Ronaldo; SOUZA, Carlos Affonso Pereira de; BRANCO, Sergio. Mudar Marco Civil da Internet ameaça liberdade de expressão, *Jornal da Advocacia*, 27 de março de 2023. Disponível em: https://jornaldaadvocacia.oabsp.org.br/noticias/ponto-de-vista/mudar-marco-civil-da-internet-ameaca-liberdade-de-expressao/. Acesso em: 3 abr. 2024.

ampliada das plataformas. **Pode ser óbvio, mas vale dizer: não se limita o poder das plataformas aumentando o poder das plataformas**"[36]. Compreensíveis as ponderações de ambas as correntes de pensamento sobre a adaptação do Marco Civil da Internet à realidade atual. Sem embargo da pertinência das fundamentadas colocações, não se pode desconsiderar que se existem sérias e delongadas discussões no espectros judicial e legislativo, há inescusável carência de normatização.

3. A RELEVÂNCIA DO PROJETO DE LEI N.º 2630/2020 PARA A INSTITUIÇÃO DA LEI BRASILEIRA DE LIBERDADE, RESPONSABILIDADE E TRANSPARÊNCIA NA INTERNET: A PREVENÇÃO E O COMBATE ÀS *FAKE NEWS* NO MERCADO DE CONSUMO

A evolução das tecnologias digitais de informação e comunicação propulsionou, segundo Manuel Castells, uma estrutura social em rede, patente nos diversos meandros da atividade humana, marcada por uma interdependência global. Verbera que tais instrumentos sempre foram os vetores dos poderes dominantes e alternativos, das resistências e das mudanças sociais[37]. Com a "convergência digital", há um intenso compartilhamento de discursos, diálogos e um intercâmbio contínuo de ideias, propiciando a difusão de concepções e experiências[38]. Nada obstante, a propulsão de ideias foi sendo maculada por notícias falsas e pelo estigma da falta de ética, lisura e honestidade, que se tornaram avassaladores nas últimas décadas, causando consequências deletérias para a sociedade em geral, evidenciando a necessidade de medidas apropriadas.

Regras específicas regulamentadoras do uso da Internet, em atenção à veracidade e transparência, têm sido sustentadas pela Coalizão Direitos na Rede, que congrega uma multiplicidade de entidades da sociedade civil. A aprovação do Projeto de Lei n.º 2630/2020 tem sido qualificada como fundamental para o combate à desinformação no ambiente virtual do Brasil[39]. Seguindo esta mesma trilha de intelecção, José Miguel Garcia Medina enfatiza a imperiosidade desta diligência com o desiderato de fomentar o regular acesso à informação e o combate à publicização de dados inverídicos, que terminam por impelir os sujeitos à uma

---

36. Idem.
37. CASTELLS, Manuel. Inovação, Liberdade e Poder na Era da Informação. In: MORAES, Dênis de (org.). *Sociedade Midiatizada*. Tradução: Carlos Frederico Moura da Silva, Maria Inês Coimbra Guedes, Lucio Pimentel. Rio de Janeiro: Mauad, 2006. p. 225.
38. CASTELLS, Manuel. *A sociedade em rede*: a era da informação: economia, sociedade e cultura. Tradução: Roneide Venancio Majer. 24. ed. São Paulo: Paz e Terra, 2013. p. 56.
39. COALIZÃO DIREITOS NA REDE. Aprova PL 2630 – Para uma regulação democrática das plataformas digitais, [s./], [s/d]. Disponível em: https://direitosnarede.org.br/campanha/pl2630/. Acesso em: 20 set. 2023.

concepção errônea ou equivocada da realidade[40]. O aludido prospecto legislativo, nos termos do seu art. 2º, propõe-se a considerar todos os princípios e as garantias previstos na Lei n.º 12.965/2014 e na Lei n.º 13.709/2018, ou seja, não se pretende impor supressões às prerrogativas angariadas[41].

Visa o PL n.º 2630/2020 concretizar quatro principais objetivam que, conforme os arts. 1º, *caput*, e 3º, incisos I a III, reportam-se ao estabelecimento de normas, diretrizes e mecanismos de transparência para as redes sociais e os serviços de mensageria privada através da Internet. A intenção é desestimular o abuso ou a manipulação com potencial de dar causa a danos individuais ou coletivos, fortalecendo o processo democrático por meio do combate à desinformação e do fomento à diversidade. A busca por maior transparência sobre conteúdos pagos disponibilizados para o usuário é outra meta perseguida. Igualmente, desencorajar o uso de contas inautênticas para disseminar desinformação nas aplicações do ambiente virtual é vertente programada em benefício da veracidade, precisão e clareza.

Apesar de a proposta legislativa, no seu art. 2º, não conter referência à Lei n.º 8.078/90, não se pode olvidar que os arts. 6º, incisos II e III, 30 a 37[42], do microssistema consumerista, determinam que a oferta e publicidade de produtos e serviços apresentem dados verídicos e inteligíveis. A prestação de esclarecimentos satisfatórios sobre os bens de consumo, no decorrer da fase anterior à contratação, no momento da sua formalização e após a sua conclusão, qualifica-se como tarefa imperativa. Não se deve permitir que expectativas falsas sejam fomentadas nas mentes dos indivíduos, primando-se sempre que aspectos verdadeiros lhes sejam transmitidos sobre os bens[43]. A divulgação deve ser precisa e conter os elementos essenciais do futuro negócio jurídico, para que este possa aperfeiçoar-se com a aceitação do destinatário, conforme aduz Ghestin[44].

3.1 Âmbito de aplicação da proposta de criação da Lei Brasileira de Liberdade, Responsabilidade e Transparência na Internet e conceitos essenciais

O raio de abrangência do Projeto de Lei n.º 2630/2020, nos moldes do seu art. 1º, §§ 2º e 30, estende-se para as pessoas jurídicas ou provedores de aplicação

---

40. Medina, *op. cit.*, 2023.
41. BRASIL. Senado Federal. *Projeto de Lei n.º 2630/2020*. Disponível em: https://www25.senado.leg.br/web/atividade/materias/-/materia/141944. Acesso em: 05 abr. 2024.
42. Cf.: BENJAMIN, Antônio Herman Vasconcellos. Oferta e Publicidade. In: BENJAMIN, Antônio Herman Vasconcellos; MARQUES, Claudia Lima; BESSA, Leonardo Roscoe. *Manual de Direito do Consumidor*. 9. ed. São Paulo: Revista dos Tribunais, 2020. p. 285-317.
43. PAISANT, G. *Défense et illustration du droit de la consommation*. Paris: LexisNexis, 2015. p. 100-109.
44. GHESTIN, J.; DESCHÉ, B. *Traité des contrats*: la vente. Paris: L.G.D.J, 1990. p. 156.

sediados no exterior, desde que ofertem serviço ao público brasileiro ou pelo menos um integrante do mesmo grupo econômico possua estabelecimento no nosso País[45]. Entrementes, há uma inaceitável limitação quanto ao campo de incidência da proposta legislativa para reger tão somente aqueles que tenham usuários registrados no patamar de dois milhões ou mais. Dispõe o seu art. 1º, § 1º, que não se aplica aos que tenham percentual inferior, servindo as disposições legais apenas de "parâmetro para aplicação de programa de boas práticas", buscando-se utilizar medidas adequadas e proporcionais no combate à desinformação e na transparência sobre conteúdos pagos[46]. Ora, o mais propício seria não haver tal restrição, eis que a conduta escorreita dos agentes deverá ser exigida sem qualquer atrelamento ao quantitativo dos eventuais afetados. Relembre-se que o Código de Defesa do Consumidor reúne normas de ordem pública e interesse social, que não se confinam a um número específico de pessoas[47].

No art. 4º, incisos I a XII, do Projeto de Lei n.º 2630/2020, estão listados conceitos fundamentais para a compreensão dos demais dispositivos normativos planejados, sobressaindo alguns a serem abordados. Define-se a desinformação como o conteúdo, em parte ou no todo, inequivocamente falso ou enganoso, colocado fora de contexto, manipulado ou forjado, passível de verificação. Exige-se o potencial de causar danos individuais ou coletivos, ressalvado o ânimo humorístico ou de paródia[48]. Na seara consumerista, não são punidos o *puffing* e o apelo midiático com vistas ao entretenimento, pois não são julgados como violadores das normas vigentes[49]. Intitula-se "conteúdo patrocinado" qualquer que seja criado, postado, compartilhado ou oferecido, como comentário por indivíduos, em troca de pagamento pecuniário ou valor estimável em dinheiro[50]. Nesse caso, há explícita relação de consumo dada a monetização da prática, que engloba um retorno financeiro.

A conta inautêntica é aquela criada ou usada com o propósito de espalhar desinformação ou assumir identidade de terceira pessoa para enganar o público, dando azo a concepções inverídicas[51]. Consideram-se disseminadores artificiais quaisquer programas de computador ou tecnologia empregados para simular,

---

45. Dispõe o art. 29 do PL que os provedores de rede social e de serviço de mensageria privada deverão nomear mandatários judiciais no Brasil, aos quais serão dirigidos os atos processuais decorrentes da aplicação desta Lei, tornando essa informação facilmente disponível na plataforma digital.
46. BRASIL, *op. cit.*, 2020.
47. Cf.: MARQUES, Claudia Lima. Introdução ao Direito do Consumidor. In: BENJAMIN, Antônio Herman Vasconcellos; MARQUES, Claudia Lima; BESSA, Leonardo Roscoe. *Manual de Direito do Consumidor*. 9. ed. São Paulo: Revista dos Tribunais, 2020. p. 39-64.
48. Conferir o inciso II do art. 4º do Projeto de Lei n.º 2630/2020.
49. Cf.: Benjamin, *op. cit.*
50. Conferir o inciso VIII do art. 4º do citado PL.
51. Examinar o inciso IV do art. 4º do citado PL.

substituir ou facilitar atividades de humanos na propagação de conteúdo em aplicações. Podem constituir uma rede, coordenada e articulada por pessoa ou grupo, conta individual, governo ou empresa, com o objetivo de obter ganhos financeiros e ou políticos[52]. Serviços de mensageria privada são aqueles que abarcam comunicações instantâneas por meio interpessoal, acessíveis a partir de terminais móveis com alta capacidade de processamento[53]. Podem ser também utilizados outros equipamentos digitais conectados à rede, destinados, principalmente, à comunicação privada entre seus usuários, inclusive os criptografados.

3.2 Vedações, deveres dos agentes e a compulsória transparência sobre significativos dados para o combate à desinformação na Internet, os conteúdos patrocinados e os serviços públicos

Com a aprovação do Projeto de Lei n.º 2630/2020, de acordo com o seu art. 5º, incisos I a IV, as aplicações não poderão admitir contas inautênticas, disseminadores artificiais não rotulados, ou seja, não comunicados, redes por estes integradas para a divulgação de desinformação e conteúdos patrocinados sem a prévia identificação. São vedações que não implicam restrição aos arts. 5º, inciso IX, e 220 da Constituição Federal, posto que não afetarão o livre desenvolvimento da personalidade individual e manifestações culturais. Há a preservação das expressões artística, intelectual, de conteúdo satírico, religioso, ficcional e literário, ou qualquer outra, coibindo-se estritamente as que sejam ilícitas. As ditas regras harmonizam-se com o direito à informação e o princípio da transparência – ambos congraçados pelo Código de Defesa do Consumidor[54].

A identificação dos rótulos dos disseminadores artificiais e dos conteúdos patrocinados exige evidência, devendo ser mantida, inclusive quando o conteúdo ou a mensagem for compartilhado, encaminhado ou repassado[55]. Determina o § 3º do citado art. 5º do PL que compete aos provedores de aplicação desenvolver procedimentos para melhorar a proteção da sociedade contra condutas ilícitas. Dada a natureza complexa e em rápida mudança dos comportamentos inautênticos, constitui obrigação daqueles prevenir o uso de imagens manipuladas para imitar a realidade. São imposições que se adequam ao quanto previsto nos arts. 6º, inciso III, 30 a 38, do microssistema consumerista, na condição de dispositivos

---

52. Verificar os incisos V e VI o art. 4º do multicitado PL.
53. Cf.: RONDE, François Rossignol de la. *Droit des Technologies avancées*. Bruxelles: La Charte, 2017. Tome 1. Libertés, Données et Fichiers. p. 67.
54. Cf.: BARENGHI, Andrea. *Diritto dei Consumatori*. Milano: Wolters Kluwer, 2018. p. 135-164; RAYMOND, Guy. *Droit de la Consommation*. 5. ed. Paris: LexisNexis, 2019. p. 343-356; LE GAC-PECH, S. *Droit de la consommation*. Paris: Dalloz, 2017. p. 101-111.
55. Assim dispõe o § 1º do art. 5º do PL.

estatuídos para se preservar o verdadeiro e inteligível conteúdo das mensagens divulgadas sobre produtos e serviços[56].

A ausência ou precária informação acerca dos conteúdos patrocinados vem sendo questionada pelos usuários das redes e não se adequa ao quanto preconizado pelos dispositivos normativos registrados no parágrafo anterior deste texto. Com o propósito de garantir a necessária transparência, os arts. 19 a 23 do Projeto de Lei n.º 2630/2020, estabelecem obrigações para os provedores de aplicação. Devem exigir que todos incluam rotulação que se refira aos seguintes aspectos: i) o caráter do conteúdo; ii) o agente financiador; e iii) o público-alvo[57]. Quanto ao primeiro, deve haver expresso registro de que se trata de material pago ou promovido, incluindo-se dados sobre todos que o patrocinador realizou nos últimos 12 (doze) meses e aqueles em execução no momento em que receber a propaganda. O segundo concerne à identificação do pagador, seja pessoa física ou jurídica, e dos eventuais intermediários, direcionando-se o internauta para acessar os seus dados de contato. O derradeiro diz relaciona-se com as fontes de informação e os critérios utilizados para a definição daqueles a quem se dirige a comunicação.

A identificação e a localização dos patrocinadores de conteúdos, inclusive por meio da apresentação de documento de identidade válido, são outras exigências impostas aos provedores de aplicação, no bojo do art. 22 do multicitado PL. Os dados sobre todos os conteúdos patrocinados, quer sejam ativos e inativos relacionados a temas sociais, eleitorais e políticos, devem ser publicizados pelas redes sociais mediante plataforma de acesso irrestrito e facilitado, nos termos do art. 23 da proposta legislativa. Garante-se também que os usuários tenham acesso facilitado à visualização de todos os conteúdos patrocinados com os quais teve contato nos últimos seis meses[58]. A adoção destes paradigmas obrigatórios não conflita com a liberdade no ciberespaço, pois, como leciona Pierry Levi, deve haver exploração da diversidade para benefício mútuo[59], não se admitindo a veiculação de notícias falsas.

As pessoas jurídicas integrantes do poder público, relacionadas no art. 1º, parágrafo único, incisos I e II, da Lei n.º 12.527/2011[60], terão que atender às determinações contidas no art. 24, incisos I e II, do PL. A disponibilização de mecanismo acessível e destacado para qualquer usuário reportar desinformação

---

56. Cf.: Paisant, *op. cit.*, p. 100-109; BAZIN-BEUST, D. *Droit de la consommation*. 3. ed. FAC Universités/Mementos LMD, 2018. p. 288-290.
57. Conferir o art. 20, incisos I a V, do PL.
58. Conferir o art. 19 do Projeto de Lei n.º 2630/2020.
59. LÉVY, Pierre. *Cibercultura*. Tradução: Carlos Irineu da Costa. São Paulo: Editora 34, 2000. p. 31.
60. Referem-se os citados incisos aos órgãos públicos integrantes da administração direta dos Poderes Executivo, Legislativo, incluindo as Cortes de Contas, e Judiciário e do Ministério Público; e às autarquias, fundações e empresas públicas, sociedades de economia mista e demais entidades controladas direta ou indiretamente pela União, Estados, Distrito Federal e Municípios.

será compulsória. Assim sendo, poderá exercer a sua cidadania, que, nas palavras de Hannah Arendt, "é direito a ter direitos"[61], pressupondo a existência o contato com dados reais e não manipulados. Deverão utilizar diretrizes de rotulação de conteúdos patrocinados promovidos pelo setor, amoldando-se ao quanto anteriormente comentado, tornando viável que a população tenha conhecimento sobre o assunto. As pessoas jurídicas de direito privado, na condição de concessionárias, permissionárias ou autorizatárias de serviços públicos, deverão cumprir estas mesmas regras em respeito aos usuários que também são consumidores.

3.3 Medidas contra a desinformação e boas práticas que corroboram o *modus operandi* para a adaptação do Marco Civil da Internet à nova realidade emergente: a desnecessidade de se aguardar o prévio posicionamento do judiciário

Nos arts. 8º a 12 do Projeto de Lei n.º 2630/2020, podem ser visualizadas as medidas propostas contra a desinformação no ambiente virtual, que poderão pacificar os atuais embates no Congresso Nacional e no Supremo Tribunal Federal. Os provedores de aplicação não mais poderão ficar à mercê de determinação judicial diante de casos que exijam a sua imediata atuação, como outrora previsto pelo art. 19, §§ 1º a 4º, da Lei n.º 12.965/2014[62]. Não ficarão também aguardando a notificação do interessado para as providências necessárias quando se depararem com ocorrências ilícitas[63]. Impõe-se postura diligente, não se mantendo inertes perante quaisquer conteúdos que infrinjam a legislação em curso, visto que a pretensa Lei Brasileira de Liberdade, Responsabilidade e Transparência na Internet prescreve-lhes altivez não somente nas hipóteses de nudez ou atos sexuais.

Compete aos provedores de aplicação a tomada de medidas necessárias para proteger a sociedade contra a desinformação por meio de seus serviços, consoante disposto pelo art. 8º do PL em trâmite, prestando satisfatórios esclarecimentos para a sociedade. As providências devem ser proporcionais e não discriminatórias, ou seja, sem implicar restrição ao livre desenvolvimento da personalidade

---

61. ARENDT, Hannah. *Origens do totalitarismo* – Antissemitismo, imperialismo, totalitarismo. Tradução: Roberto Raposo. São Paulo: Cia. das Letras, 1989. p. 332.
62. Sobre o tema: VAINZOF, Rony. Da responsabilidade por danos decorrentes de conteúdo gerado por terceiros. In: MASSO, Fabiano Del; ABRUSIO, Juliana; FLORÊNCIO FILHO, Marco Aurélio. *Marco Civil da internet*: Lei n. 12.965/2014. São Paulo: RT, 2014. p. 200.
63. Sobre o tema, conferir: REsp 2067181/PR, Rel. Min. Nancy Andrighi, 3ª Turma, j. 08/08/2023, *DJe* 15/08/2023. REsp 2012895/SP, Rel. Min. Nancy Andrighi, 3ª Turma, j. 08/08/2023, *DJe* 15/08/2023. REsp 2067181/PR, Rel. Min. Nancy Andrighi, 3ª Turma, j. 08/08/2023, *DJe* 15/08/2023. REsp 2032932/SP, Rel. Min. Ricardo Villas Bôas Cueva, 3ª Turma, j. 08/08/2023, *DJe* 24/08/2023. REsp 2012895/SP, Rel. Min. Nancy Andrighi, 3ª Turma, j. 08/08/2023, *DJe* 15/08/2023. REsp 1980014/SP, Rel. Min. Nancy Andrighi, 3ª Turma, j. 14/06/2022, *DJe* 21/06/2022. REsp 1993896/SP, Rel. Min. Nancy Andrighi, 3ª Turma, j. 17/05/2022, *DJe* 19/05/2022.

individual e à manifestação cultural. Não se admite qualquer entrave à expressão artística, intelectual, de conteúdo satírico, religioso, ficcional, literário ou qualquer outra forma de manifestação cultural. Nota-se que o PL reiterou normativa que já constava no Marco Civil da Internet[64] e que tem raízes na Constituição Federal de 1988, onde a liberdade é consagrada para todos.

As boas práticas para a proteção da sociedade contra a desinformação encontram-se dispostas no art. 10, incisos I a V, do Projeto de Lei n.º 2630/2020 e podem ser acopladas em quatro conjuntos relativos à: i) verificação; ii) rotulagem; iii) desabilitação; e iv) comunicação. O primeiro correlaciona-se com "o uso de verificações provenientes dos verificadores de fatos independentes com ênfase nos fatos", ou seja, de averiguações sérias e desvinculadas de interesses escusos. O segundo corresponde a mencionar "o conteúdo desinformativo como tal". No terceiro, pode-se observar a possibilidade de desabilitar, quando aplicável, os recursos de transmissão do conteúdo desinformativo para mais de um usuário por vez. Admite-se ainda a interrupção imediata da promoção paga ou gratuita artificial do conteúdo, seja por "mecanismo de recomendação" ou outros de ampliação de alcance. Por fim, urge assegurar o envio da informação verificada a todos os usuários alcançados pelo conteúdo desde sua publicação.

A aplicação das medidas, acima expostas, de acordo com o art. 11 do PL, implica a prestação de esclarecimentos ao primeiro usuário a publicar o conteúdo, bem como toda e qualquer pessoa que tenha o compartilhado, mediante exposição dos motivos e detalhamento das fontes usadas na verificação. Os interessados podem recorrer da decisão e os provedores de aplicação devem fornecer mecanismo acessível e em destaque para esta diligência, a ser disponibilizado por, no mínimo, três meses após a decisão. Os §§ 1º e 2º do art. 12 do PL permitem apresentação de informação adicional, a ser considerada no momento da revisão, e, em caso de ser considerada procedente, aqueles devem atuar para reverter os efeitos da decisão original.

As comunidades virtuais têm aumentado com tamanha intensidade e de modo tão veloz que, nos dizeres de Pierre Lévy, originaram uma nova forma de cultura, qual seja, a do ciberespaço ou cibercultura[65]. A emissão de dados em rede dá ensejo a uma verdadeira potência que revela a "desterritorialização planetária"

---

64. Cf.: FLORÊNCIO FILHO, Marco Aurélio. Apontamentos sobre a liberdade de expressão e a violação da privacidade no marco civil da internet. In: DEL MASSO, Fabiano Dolenc; ABRUSIO, Juliana; FLORÊNCIO FILHO, Marco Aurélio (coords.). *Marco Civil da Internet*: Lei 12.965/2014. São Paulo: Revista dos Tribunais, 2014. p. 31-32.
65. Lévy, *op. cit.*, p. 25-26. Conferir também: LEMOS, André. *Cibercultura*. Tecnologia e vida social na cultura contemporânea. Porto Alegre: Sulina, 2002. p. 65-68.

e os desafios para "Ciberdemocracia" [66]. O Projeto de Lei n.º 2630/2020 congrega regras preventivas de difusões ilícitas que estabelecem padrões de conduta, para que os provedores de aplicações não se quedem omissos e indiligentes no aguardo do judiciário. Após uma década da vigência do Marco Civil da Internet, a adaptação ao estado atual, reputado como a era da desinformação, novas normas carecem de implementação. Os consumidores e a população em geral merecem respeito à sua dignidade no espaço virtual e os mecanismos propostos podem amenizar o lastimável quadro em destaque[67].

3.3.1 Serviços de Mensageria Privada: novas regras para se evitar a desinformação e promover a segurança no ciberespaço

As inovações projetadas compatibilizam-se com o princípio da "liberação da palavra" na "Cibercultura", como pondera Pierry Lévy, atendendo-se ao formato responsável[68]. A importância desse vetor advém dos efeitos que ocasiona para a formação da opinião e da esfera pública lastreada em dados reais reproduzidos fidedignamente[69]. Para fins de se evitar a disseminação da desinformação, os arts. 13 a 18, do Projeto de Lei n.º 2630/2020, estatuem regras sobre os serviços de mensageria privada. Os provedores de aplicação, que os ofereçam, terão que adotar políticas de uso que limitem o número de encaminhamentos de um mesmo conteúdo para, no máximo, cinco usuários ou grupos. Além disso, o maior número de membros de cada grupo não poderá ultrapassar 256[70], visto que se fosse admitido número superior, os impactos negativos de notícias inautênticas seriam muito mais prejudiciais.

Os usuários terão que, desde o início, obrigatoriamente, declarar, para os provedores, o uso de disseminadores artificiais ou após a abertura de contas, sob pena de, com base no art. 14, parágrafo único, do PL, haver a exclusão destas. Detectando-se que o volume da movimentação e número de postagens sejam incompatíveis com o uso humano, impõe-se a dita providência, não devendo haver vacilos nesse sentido. Todas as normas de transparência, previstas nos arts. 6º e 7º, devem ser estritamente obedecidas e qualquer ausência deve ser acompanhada por justificativa técnica adequada[71]. Providência interessante consiste na previ-

---

66. Lévy, op. cit., p. 25-26. Conferir também: LÉVY, Pierre. *As tecnologias da inteligência*: o futuro do pensamento na era da informática. 2. ed. Tradução: Carlos Irineu da Costa. São Paulo: Editora 34, 2016. p. 56.
67. Marques, op. cit., p. 39-64.
68. Lévy, op. cit., p. 25-26.
69. Lemos, op. cit., p. 65-68.
70. Conferir o art. 13 do Projeto de Lei n.º 2630/2020.
71. Examinar o art. 17 do PL. Sobre a transparência nas relações de consumo, examinar: Paisant, op. cit.. p. 100-109; Bazin-Beust, op. cit., p. 288-290.

são de mecanismo que permita ao destinatário efetivar o descadastramento de mensagens eletrônicas patrocinadas, obrigando-se o remetente a providenciá-lo no prazo de 48 horas[72].

Os provedores de aplicação prestadores de serviços de mensageria privada devem utilizar todos os meios, ao seu alcance, para limitar a difusão de conteúdo desinformativo e assinalar a sua presença aos seus usuários. A garantia da privacidade e do segredo de comunicações pessoais é diligência salutar que não se admite desconsideração. Em caso de a atividade apresentar funcionalidades de comunicação de massa, como listas de transmissão, conversa em grupo e assemelhados, no momento anterior à entrega da primeira mensagem, devem requerer permissão dos usuários. A autorização para o recebimento do conteúdo em massa será por padrão desabilitada, competindo-lhes fornecer meios acessíveis e destacados para que possam retirar a permissão concedida previamente[73].

3.3.2 Os obrigatórios Relatórios impostos pelos arts. 6º e 7º do Projeto de Lei em análise em compasso com a transparência no setor virtual

A regulamentação do uso das redes sociais, em prol de se prevenir e combater a desinformação e a pulverização de dados falsos, contribuirá para a melhoria do contexto pós-moderno no Brasil. Trata-se de providência que servirá de balizamento para se atender aos princípios da "conexão e da conversação mundial", também designado por Pierri Lévy, como "inteligência coletiva"[74]. Significa afirmar que o manejo do ambiente virtual com responsabilidade e transparência colaborará para a saudável intercomunicação entre os sujeitos e grupos, pautada em informações verdadeiras e éticas. Os arts. 6º a 8º do Projeto de Lei n.º 2630/2020 estabelecem obrigações complementares, que se harmonizam com o direito dos consumidores à informação e o princípio da transparência[75].

Os sítios eletrônicos dos provedores de aplicação devem tornar públicos determinados dados – qualificados como significativos – mediante o uso da Língua Portuguesa e a atualização, no mínimo, em caráter semanal[76]. A disponibilização atenderá a padrões tecnológicos abertos que permitam a comunicação, a acessibilidade e a interoperabilidade entre aplicações e bases de informações[77]. O art. 6º, incisos I a IV, do PL determina a exposição dos números totais acerca de: i) postagens, contas, disseminadores artificiais, redes de disseminação artificial e

---

72. Consultar o art. 17 do PL.
73. Conferir o art. 15, §§ 1º a 3º, do PL.
74. Cf.: Lévy, *op. cit.*, 2000, p. 25-26; Lemos, *op. cit.*, p. 65-68.
75. Cf.: Barenghi, *op. cit.*, p. 135-164; Raymond, *op. cit.*, p. 343-356; Le Gac-Pech, *op. cit.*, p. 101-111.
76. Conferir o § 3º do art. 6º do PL.
77. Conferir o § 2º do art. 6º do PL.

conteúdos patrocinados destacados, removidos ou suspensos; ii) a devida motivação, localização e metodologia utilizada na detecção das irregularidades que geraram tais providências; iii) rotulação de conteúdo, remoções ou suspensões que foram revertidas pela plataforma; e iv) comparação, com métricas históricas, de remoção de contas e de conteúdos no Brasil e em outros países. Quanto aos perfis removidos, as plataformas devem fornecer, de forma desagregada, os dados categorizados por gênero, idade e origem[78].

A elaboração de relatórios pelos provedores de aplicação é outra imposição constante no art. 7º, incisos I a VII, do Projeto de Lei, prevendo-se a publicização destes documentos a cada trimestre, conforme dispõe o § 2º deste mesmo dispositivo normativo. O conteúdo abrangerá as informações acima mencionadas, mas também outras reputadas relevantes, que podem ser agrupadas em quatro blocos que se referem aos seguintes aspectos: i) contas, conteúdos e usuários; ii) disseminações artificiais detectadas; iii) reclamações formalizadas; e iv) política de combate à desinformação. A plataforma deverá explicitar o número de contas registradas em solo brasileiro, bem como as inautênticas removidas da rede, com classificação do comportamento, incluindo a porcentagem de quantas estavam ativas. A quantidade de usuários ativos no período analisado é outro dado a ser registrado, competindo-lhe também informar quais são os conteúdos patrocinados, quem concretizou o pagamento, qual o público-alvo e quanto foi gasto.

Nos relatórios, deverá haver menção expressa ao número de disseminadores artificiais e conteúdos patrocinados não registrados, que foram removidos da rede ou tiveram o alcance reduzido, com a classificação do tipo de comportamento inautêntico e o número de visualizações. O percentual de reclamações recebidas e verificações emitidas no período, indicando a origem e o motivo das irresignações são dados que, compulsoriamente, terão que ser exibidos. O tempo entre o recebimento das queixas e a resposta dada pelo provedor de aplicação, discriminado de acordo com o prazo para a resolução da demanda, necessita constar no multicitado documento. A estrutura dedicada ao combate à desinformação no Brasil, implementada pela plataforma, em comparação a outros países, corresponde a mais um aspecto a ser explanado, contendo o número de pessoal diretamente empregado na análise de conteúdo e outros aspectos relevantes[79].

---

78. Conferir o § 1º do art. 6º do PL.
79. Sobre a temática, recomenda-se a leitura das seguintes produções: BALLY, Romain. De nouveaux droits pour um nouveau Droit. In: CHATRY, Sylvain; GOBERT, Thierry. *Numérique: nouveaux droits, nouveaux usages*; actes de Colloque, 2017. p. 258 ; LÉVY, *op. cit.*, 2016, p. 88; PINHEIRO, Patrícia Peck, O Direito Digital como paradigma de uma nova era. In: WOLKMER, Antônio Carlos; LEITE, José Rubens Morato (orgs.). *Os novos direitos no Brasil*: natureza e perspectivas – uma visão básica das novas conflituosidades jurídicas. 3. ed. São Paulo: Saraiva, 2016. p. 401-433.

3.4 A atuação do poder público de acordo com o Projeto de Lei n.º 2630/2020: a educação dos indivíduos e as sanções aplicáveis aos infratores

O fomento à educação corresponde a um dos deveres constitucionais do poder público e quanto ao uso responsável da Internet está sedimentado em quatro principais pilares contemplados pelos arts. 25 a 27 do PL em destaque: i) o ensino formal; ii) práticas diversificadas para a população; iii) registros de diagnósticos; e iv) a conscientização dos servidores públicos. A capacitação para o seu uso seguro, consciente e responsável deve estar presente em todos os níveis de formação, incluindo-se a integração com outras medidas educacionais, campanhas para evitar a desinformação e promover a transparência sobre conteúdos patrocinados. Para além, compete-lhe realizar levantamentos sobre a temática e promover campanhas no serviço público sobre a importância de se prevenir e combater o acesso a dados falsos ou obscuros.

O poder sancionatório, já consagrado no Marco Civil da Internet, é reiterado no art. 28 do Projeto de Lei n.º 2630/2020, porém, com algumas alterações. Os provedores de aplicação continuam sujeitos à advertência, multa, suspensão temporária das atividades e proibição de exercício destas no País, sem prejuízo das demais sanções civis, criminais ou administrativas cabíveis. Mantiveram-se assegurados o devido processo legal, a ampla defesa e o contraditório, porém, restou previsto que a aplicação compete ao Poder Judiciário. Inovação que não se conforma o exercício do poder de polícia da administração pública e com o princípio da intervenção estatal, presente, no art. 4º, *caput* e inciso II, do CDC[80]. A cominação de penalidades não pode restar circunscrita à esfera judicial, posto que o exercício do poder de polícia pela administração é condição *sine qua non* para a preservação da democracia, como exalta Norberto Bobbio[81].

No que concerne à incidência da sanção pecuniária, entende-se que haverá evolução, uma vez que não foi mantido o limite até 10% do faturamento do grupo econômico no Brasil no seu último exercício. Esta regra está presente no art. 12, inciso II, da Lei n.º 12.965/2014, determinando a exclusão dos tributos, a análise da condição financeira do agente e a proporcionalidade entre a ocorrência e a penalidade[82]. Para a fixação e gradação da sanção, dispõe o § 1º do precitado art. 28 que sejam considerados determinados fatores, quais sejam: i) a gravidade do fato, a partir da consideração dos motivos da infração e das consequências nas esferas individual e coletiva; ii) a reincidência na prática das ilicitudes; e iii) a capacidade econômica do infrator, no caso de aplicação da pena de multa.

---

80. Cf.: LORENZETTI, Ricardo Luis. *Consumidores*. Buenos Aires: Rubinzal-Culzoni Editores, 2005. p. 78.
81. BOBBIO, Norberto. *O futuro da democracia*. 18. ed. Tradução: Marco Aurélio Nogueira. Rio de Janeiro: Paz e Terra, 2009. p. 88.
82. Cf.: Lemos, *op. cit.*, p. 3-11.

São aspectos reputados significativos e que também foram delineados nos arts. 57 e 74 do Código de Defesa do Consumidor, com vistas à imposição de penalidades e a efetiva proteção dos destinatários finais de produtos e/ou serviços[83]. Dispõe o § 2º do mesmo art. 28 do PL que a suspensão temporária das atividades, ou a sua proibição, estará condicionada à prévia aplicação de advertência e multa nos 12 meses anteriores ao cometimento da infração. Regra esta que se assemelha com o quanto disposto pelo art. 59 do CDC com o propósito de evitar punições mais severas e dar oportunidade aos infratores, para que repensem e reformulem as suas condutas. Contudo, a reiteração de comportamentos contrários às disposições normativas pressupõe a incisiva atuação do poder público na aplicação de punições condizentes com os fatos e as consequências geradas.

4. CONCLUSÃO

A desinformação no ambiente virtual assumiu proporções que se tornaram visíveis na última década, sobretudo na esfera da oferta de produtos e serviços, impactando na tomada de decisões por parte dos consumidores. Apesar da vigência da Lei n.º 12.965/2014, intitulada de Marco Civil da Internet, constantes embates têm sido travados no seio judicial e legislativo; o que corrobora a concepção de que há lacuna normativa a ser colmatada. O microssistema instituído pela Lei n.º 8.078/1990 preconiza o dever de os agentes econômicos prezarem pela veracidade, clareza e precisão quando da divulgação dos bens. Todavia, o que se nota é o frequente desrespeito ao quanto positivado pelo ordenamento jurídico brasileiro e a existência de uma insegurança jurídica que deságua no Supremo Tribunal Federal e no Congresso Nacional.

A tramitação dos Temas 533 e 987 no âmbito do STF, acerca da constitucionalidade de determinados dispositivos da Lei n.º 12.965/2014, confirma a necessidade da sua adaptação à realidade atual. Não há mais como manter apenas a regra de que os provedores, ao se depararem com condutas ilegais, devem aguardar a prévia intervenção do aparato jurisdicional ou a notificação do interessado, nos moldes dos arts. 19 a 21 do MCI. O Projeto de Lei n.º 2630/2020 apresenta regras que impõem uma postura ativa dos gestores, perante conteúdos ilícitos, mediante a adoção de boas práticas e de medidas destinadas ao combate à desinformação. A sua aprovação viabilizará a Lei Brasileira de Liberdade, Responsabilidade e Transparência da Internet e previsão de regras mais específicas sobre como agir no ciberespaço, evitando-se que manipulações e informações antiéticas sejam disseminadas.

---

83. Cf.: MARQUES, Claudia Lima. Comentários aos art. 55 a 60 do CDC. In: MARQUES, Claudia Lima; BENJAMIN, Antônio Herman V.; MIRAGEM, Bruno. *Comentários ao Código de Defesa do Consumidor*. 7. ed. São Paulo: Revista dos Tribunais, 2021. p. 1300-1419.

REFERÊNCIAS

A REGULAÇÃO é inevitável, diz ministro Barroso sobre PL das *fake news*. Segundo o ministro, é necessário, contudo, que seja acertado "a dose do remédio". *Migalhas*, 2 maio 2023. Disponível em: https://www.migalhas.com.br/quentes/385699/a-regulacao-e-inevitavel-diz-ministro-barroso-sobre-pl-das-fake-news. Acesso em: 6 abr. 2024.

ARENDT, Hannah. *Origens do totalitarismo* – Antissemitismo, imperialismo, totalitarismo. Tradução: Roberto Raposo. São Paulo: Cia. das Letras, 1989.

BALLY, Romain. De nouveaux droits pour um nouveau Droit. In: CHATRY, Sylvain; GOBERT, Thierry. *Numérique: nouveaux droits, nouveaux usages*; actes de Colloque, 2017.

BARBOSA, Fernanda Nunes. Informação e consumo: a proteção da privacidade do consumidor no mercado contemporâneo da oferta. In: MARTINS, Guilherme Magalhães (coord.). *Direito Privado e Internet*. São Paulo: Atlas, 2014, p. 233-248.

BARENGHI, Andrea. *Diritto dei Consumatori*. Milano: Wolters Kluwer, 2018.

BAZIN-BEUST, D. *Droit de la consommation*. 3. ed. FAC Universités/Mementos LMD, 2018.

BENJAMIN, Antônio Herman Vasconcellos. Oferta e Publicidade. In: BENJAMIN, Antônio Herman Vasconcellos; MARQUES, Claudia Lima; BESSA, Leonardo Roscoe. *Manual de Direito do Consumidor*. 9. ed. São Paulo: Revista dos Tribunais, 2020.

BOBBIO, Norberto. *O Futuro da Democracia*. 18. ed. Tradução: Marco Aurélio Nogueira. Rio de Janeiro: Paz e Terra, 2009.

BOND, Letycia. "Se Marco Civil foi suficiente, hoje não é mais", diz Paulo Pimenta. Segundo o ministro, legislação já havia falhado em casos de pedofilia. *Agência Brasil*, 15 maio 2023. Disponível em: https://agenciabrasil.ebc.com.br/geral/noticia/2023-05/se-marco-civil-foi-suficiente-hoje-nao-e-mais-diz-paulo-pimenta. Acesso em: 6 abr. 2024.

BRASIL. Ministério da Justiça e Segurança Pública. *Portaria n.º 351/2023*. Disponível em: https://www.gov.br/mj/pt-br/centrais-de-conteudo/publicacoes/categorias-de-publicacoes/portarias/portaria-do-ministro_plataformas.pdf/view. Acesso em: 20 jun. 2023.

BRASIL. Presidência da República. *Medida Provisória 1.068, de 06 de setembro de 2021*. Altera a Lei nº 12.965, de 23 de abril de 2014, e a Lei nº 9.610, de 19 de fevereiro de 1998, para dispor sobre o uso de redes sociais. Brasília, 2021. Disponível em: https://presrepublica.jusbrasil.com.br/legislacao/1276592025/medida-provisoria-1068-21. Acesso em: 9 set. 2021.

BRASIL. Senado Federal. *Projeto de Lei n.º 2630/2020*. Disponível em: https://www25.senado.leg.br/web/atividade/materias/-/materia/141944. Acesso em: 5 abr. 2024.

CARVALHO, Edmilson de. *Tim-Berners Lee*: Marco Civil será o presente para o aniversário da web. Disponível em: https://www.jusbrasil.com.br/noticias/tim-berners-lee-marco-civil-sera-o-melhor-presente-para-o-aniversario-da-web/114478582/amp. Acesso em: 20 mar. 2023.

CASTELLS, Manuel. *A sociedade em rede*: a era da informação: economia, sociedade e cultura. Tradução: Roneide Venancio Majer. 24. ed. São Paulo: Paz e Terra, 2013.

CASTELLS, Manuel. Inovação, Liberdade e Poder na Era da Informação. In: MORAES, Dênis de (org.). *Sociedade Midiatizada*. Tradução: Carlos Frederico Moura da Silva, Maria Inês Coimbra Guedes, Lucio Pimentel. Rio de Janeiro: Mauad, 2006.

COALIZÃO DIREITOS NA REDE. Aprova PL 2630 – Para uma regulação democrática das plataformas digitais, [s./], [s/d]. Disponível em: https://direitosnarede.org.br/campanha/pl2630/. Acesso em: 20 set. 2023.

CORREA, ivo. A MP da Mentira – MP 1068/2021 é inconstitucional e tenta deixar caminho livre para a desinformação e as *fake news*. *Jota*, 9 set. 2021. Disponível em: https://www.jota.info/opiniao-e-analise/artigos/a-mp-da-mentira-0909202. Acesso em: 4 abr. 2024.

CUNHA, Maurício Ferreira. A defesa dos interesses e dos direitos dos usuários em juízo. In: LEITE, George Salomão; LEMOS, Ronaldo (coords.). *Marco Civil da Internet*. São Paulo: Atlas, 2014.

DONEDA, Danilo. O direito fundamental à proteção dos dados pessoais. In: MARTINS, Guilherme Magalhães (coord.). *Direito Privado e Internet*. São Paulo: Atlas, 2014.

FLORÊNCIO FILHO, Marco Aurélio. Apontamentos sobre a liberdade de expressão e a violação da privacidade no marco civil da internet. In: DEL MASSO, Fabiano Dolenc; ABRUSIO, Juliana; FLORÊNCIO FILHO, Marco Aurélio (coords.). *Marco Civil da Internet*: Lei 12.965/2014. São Paulo: Revista dos Tribunais, 2014.

GHESTIN, J.; DESCHÉ, B. *Traité des contrats*: la vente. Paris: L.G.D.J, 1990.

LE GAC-PECH, S. *Droit de la consommation*. Paris: Dalloz, 2017.

LEAL, Martha; PALHARES, Felipe. Moderação nas redes sociais e a Medida Provisória nº 1.068. São Paulo, *Revista Consultor Jurídico – Conjur*, 12 set. 2021. Disponível em: https://www.conjur.com.br/2021-set-12/leal-palhares-moderacao-redes-sociais-mp-1068/. Acesso em: 2 abr. 2024.

LEMOS, André. *Cibercultura*. Tecnologia e vida social na cultura contemporânea. Porto Alegre: Sulina, 2002.

LEMOS, Ronaldo. O Marco Civil como símbolo de desejo por inovação no Brasil. In: LEITE, George Salomão; LEMOS, Ronaldo (coords.). *Marco Civil da Internet*. São Paulo: Atlas, 2014.

LEMOS, Ronaldo; SOUZA, Carlos Affonso Pereira de; BRANCO, Sergio. Mudar Marco Civil da Internet ameaça liberdade de expressão, *Jornal da Advocacia*, 27 de março de 2023. Disponível em: https://jornaldaadvocacia.oabsp.org.br/noticias/ponto-de-vista/mudar-marco-civil-da-internet-ameaca-liberdade-de-expressao/. Acesso em: 3 abr. 2024.

LÉVY, Pierre. *Cibercultura*. Tradução: Carlos Irineu da Costa. São Paulo: Editora 34, 2000.

LÉVY, Pierre. *As tecnologias da inteligência*: o futuro do pensamento na era da informática. 2. ed. Tradução: Carlos Irineu da Costa. São Paulo: Editora 34, 2016.

LIMBERGER, Têmis. *O direito à intimidade na era da informática*. Porto Alegre: Livraria do Advogado, 2007.

LORENZETTI, Ricardo Luis. *Consumidores*. Buenos Aires: Rubinzal-Culzoni Editores, 2005.

MARQUES, Claudia Lima. Comentários aos art. 55 a 60 do CDC. In: MARQUES, Claudia Lima; BENJAMIN, Antônio Herman V.; MIRAGEM, Bruno. *Comentários ao Código de Defesa do Consumidor*. 7. ed. São Paulo: Revista dos Tribunais, 2021.

MARQUES, Claudia Lima. Introdução ao Direito do Consumidor. In: BENJAMIN, Antônio Herman Vasconcellos; MARQUES, Claudia Lima; BESSA, Leonardo Roscoe. *Manual de Direito do Consumidor*. 9. ed. São Paulo: Revista dos Tribunais, 2020.

MEDINA, José Miguel Garcia. *Constituição Federal Comentada*. 7. ed. São Paulo: Editora Revista dos Tribunais, 2022.

MEDINA, José Miguel Garcia. Liberdade, responsabilidade e transparência na internet: o que está em jogo? São Paulo, *Revista Consultor Jurídico – Conjur*, Seção Processo Novo, 26 abr. 2023. Disponível em: https://www.conjur.com.br/2023-abr-26/processo-liberdade-responsabilidade-transparencia-internet/. Acesso em: 5 abr. 2024.

MONTEIRO, Artur Pericles Lima. Armadilhas à liberdade de expressão na MP 1.068/2021. A inconstitucionalidade material na nova regulação da moderação de conteúdo no Marco Civil. *Jota*, 14 set. 2021. Disponível em: https://www.jota.info/stf/supra/armadilhas-a-liberdade-de-expressao-na-mp-1068-2021-14092021. Acesso em: 5 abr. 2024.

MP 1.068/21. Rosa e Pacheco barram MP que dificulta remoção de conteúdo nas redes. A ministra suspendeu o texto e o presidente do Senado devolveu a MP ao governo, *Migalhas*, 15 set. 2021. Disponível em: https://www.migalhas.com.br/quentes/351649/rosa-e-pacheco-barram-mp-que-dificulta-remocao-de-conteudo-nas-redes. Acesso em: 5 abr. 2024.

PAISANT, G. *Défense et illustration du droit de la consommation*. Paris: LexisNexis, 2015.

PEREIRA JR., Ademir Antonio; VIEIRA, Yan Villela. MP 1.068, regulação de conteúdo em redes sociais e livre iniciativa. São Paulo, *Revista Consultor Jurídico – Conjur*, 21 set. 2021. Disponível em: https://www.conjur.com.br/2021-set-21/opiniao-mp-1068-regulacao-conteudo-redes-sociais/. Acesso em: 2 mar. 2024.

PERLINGIERI, Pietro. L'informazione come bene giuridico, *Rassegna di diritto civile*, 2/90.

PINHEIRO, Patrícia Peck. Abertura e colaboração como fundamento do Marco Civil. In: LEITE, George Salomão; LEMOS, Ronaldo (coords.). *Marco Civil da Internet*. São Paulo: Atlas, 2014.

PINHEIRO, Patrícia Peck. Abertura e colaboração como fundamento do Marco Civil. In: LEITE, George Salomão; LEMOS, Ronaldo (coords.). *Marco Civil da Internet*. São Paulo: Atlas, 2014.

PINHEIRO, Patrícia Peck. O Direito Digital como paradigma de uma nova era. In: WOLKMER, Antônio Carlos; LEITE, José Rubens Morato (orgs.). *Os novos direitos no Brasil: natureza e perspectivas* – uma visão básica das novas conflituosidades jurídicas. 3. ed. São Paulo: Saraiva, 2016.

PORTO, Renato. Pequenos navegantes: a influência da mídia nos hábitos de consumo do público infanto-juvenil. In: MARTINS, Guilherme Magalhães (coord.). *Direito Privado e Internet*. São Paulo: Atlas, 2014.

RAYMOND, Guy. *Droit de la Consommation*. 5. ed. Paris: LexisNexis, 2019.

REINALDO FILHO, Demócrito Ramos. *Responsabilidade por publicações na Internet*. Rio de Janeiro: Forense, 2004.

RODOTÀ, Stefano. *El derecho a tener derechos*. Madrid: Trotta, 2014.

RONDE, François Rossignol de la. *Droit des Technologies avancées*. Bruxelles: La Charte, 2017. Tome 1 – Libertés, Données et Fichiers.

SARLET, Ingo Wolfgang. Direitos fundamentais, *fake news* e democracia: notas acerca da MP 1.068. Direitos fundamentais. Lei n.º 12.965, Liberdade de Expressão, MP 1068. *GEN Jurídico*, 30 set. 2021. Disponível em: https://blog.grupogen.com.br/juridico/areas-de-interesse/civil/direitos-fundamentais-mp-1068/. Acesso em: 3 abr. 2024.

SILVA, Ricardo Leonel da. A MP 1068/21 e o PL 3227/21 – A obsessão por "fake news" e o (des)controle social. *Migalhas*, 21 out. 2021. Disponível em: https://www.migalhas.com.br/depeso/353257/a-mp-1068-21-e-o-pl-3227-21. Acesso em: 5 abr. 2024.

STF inicia audiência pública sobre regras do Marco Civil da Internet. *Revista Consultor Jurídico – Conjur*, Seção Futuro em Debate, 28 mar. 2023. Disponível em: https://www.conjur.com.br/2023-mar-28/stf-inicia-audiencia-publica-regras-marco-civil-internet/. Acesso em: 7 abr. 2024.

VAINZOF, Rony. Da responsabilidade por danos decorrentes de conteúdo gerado por terceiros. In: MASSO, Fabiano Del; ABRUSIO, Juliana; FLORÊNCIO FILHO, Marco Aurélio. *Marco Civil da internet*: Lei n. 12.965/2014. São Paulo: RT, 2014.

WITKER, Jorge. *Como elaborar una tesis en derecho*: pautas metodológicas y técnicas para el estudiante o investigador del derecho. Madrid: Civitas, 2023.

MODERAÇÃO DE CONTEÚDO ON-LINE POR INTELIGÊNCIA ARTIFICIAL E OS DESAFIOS DO MARCO CIVIL QUANTO À ATINENTE RESPONSABILIDADE CIVIL

Luiz Carlos Goiabeira Rosa[1]

Sumário: Introdução – 1. Internet e moderação – 2. Moderação de conteúdo por meio de inteligência artificial – 3. O insuficiente trato da responsabilidade civil por moderação por IA, pelo Marco Civil da Internet – Conclusão – Referências.

INTRODUÇÃO

A globalização da Internet permitiu uma hiperconectividade genérica, na qual as redes sociais e plataformas assemelhadas desempenham um papel fundamental enquanto instrumentos de efetivação da liberdade de expressão. Dada a facilidade de veiculação dos discursos, usuários se valem de tais redes para se relacionar com outros não só no tocante a trivialidade mas também, e principalmente, expressar suas opiniões e pontos de vista acerca de pessoas e assuntos sobre os quais firmaram determinada convicção, tanto a favor quanto contra.

Nessa linha, observa-se que a liberdade de expressão não é absoluta: o que se opina deve coadunar com a não agressão ao direito alheio. Daí a necessidade de se moderar o discurso para que eventuais excessos sejam decotados a tempo e a ponto de não ofenderem ao próximo, ao que, uma vez ser notório o colossal volume de publicações, as plataformas adotam além da moderação humana a realizada por inteligência artificial (IA) para que se possa o máximo possível permitir a expressão dos usuários de forma a que não agridam o direito alheio.

Contudo, por ser uma tecnologia relativamente recente – e, portanto, ainda em desenvolvimento – soa natural que a IA apresente imperfeições que não raras vezes geram por consequência enganos, enganos esses que em sede de moderação possam se contextualizar em indevidas restrições – desde a mera advertência ao

---

1. Pós-doutor em Democracia e Direitos Humanos pela Universidade de Coimbra (Portugal). Doutor em Direito Privado pela Pontifícia Universidade Católica de Minas Gerais. Mestre em Direito Civil pela Universidade Federal de Minas Gerais. Professor da graduação e do Programa de Pós-graduação *stricto sensu* da Faculdade de Direito da Universidade Federal de Uberlândia. E-mail: lgoiabeira@yahoo.com.br

usuário, passando pela retirada de seu conteúdo postado e até mesmo o banimento do indivíduo das redes sociais – ao fundamento central de violação das regras da plataforma.

Destarte, se por um lado há excessos pelo usuário ao exprimir expressões atentatórias ao direito alheio, por outro lado também pode haver excessos prejudiciais na moderação por IA se esta não for criada, desenvolvida e programada de forma a reciprocamente respeitar o direito do usuário. A esse respeito, o Marco Civil da Internet trouxe satisfatoriamente regras atinentes à responsabilidade civil na moderação por IA?

Nesse contexto, o presente trabalho presta-se a discorrer sobre os desafios do Marco Civil da Internet no trato da responsabilidade civil decorrente de danos causados pelo uso da Inteligência Artificial para moderação de conteúdo nas plataformas digitais. Por meio do método dedutivo, iniciou-se a discussão com uma abordagem conceitual sobre a inteligência artificial, para a fim observar a omissão do Marco Civil da Internet no tocante à responsabilidade civil.

1. INTERNET E MODERAÇÃO

Nos EUA, pesquisas iniciaram-se em 1960 com o propósito de se criar uma rede consubstanciada em um conjunto de computadores autônomos que se comunicariam entre si, onde em 1969, a primeira ligação dessa rede foi efetuada, entre a Universidade de Stanford e a University of California in Los Angeles (UCLA). Surgia então a ARPANET, embrião do que viria a ser hoje a internet: a base desta estava finalmente consolidada, uma "rede de redes" havia se tornado possível,[2] vindo a se desenvolver nos anos e décadas seguintes até se consolidar nos padrões atuais.

Tornada realidade a Internet na década de 1980, no âmbito civil o acesso restringia-se às Universidades onde cientistas de diversos países comunicavam-se diretamente e pelos computadores das universidades e seus terminais.[3] Havia uma certa etiqueta entre os usuários, onde predominavam a educação e lhaneza a ponto de haver regras básicas de convivência, tais como restringir-se ao escopo da discussão, adoção de linguagem culta e escorreita, entre outros comportamentos que refletissem um nível condizente com o contexto. Pela aura de respeito que pairava no meio acadêmico, predominava a liberdade de expressão em toda a sua plenitude com profícua e variada transmissão de conteúdo entre os usuários, sem preocupação ou constrangimento.

---

2. LINS, Bernardo Felipe Estellita. A evolução da Internet: uma perspectiva histórica. *Cadernos Aslegis*, Brasília-DF, n. 48, p. 11-46, jan./abr. 2013. p. 15-16.
3. *Idem*, p. 20.

Então, na década de 1990 a Internet sai dos muros das Universidades e passa a ser acessível à população em geral, notadamente com o advento da *World Wide Web* – o "mundo virtual" – e seus respectivos locais de armazenamento – as "páginas" e "sítios" (*sites*) – bem como o surgimento dos respectivos *softwares* que permitem o acesso a tais locais virtuais – os "navegadores" (*browsers*) – e dos chamados motores de busca – Yahoo, Google e congêneres.

Bernardo Lins observa, a propósito:

> A navegação na Internet havia nascido. Com a proposta, em 1992, do primeiro *web browser*, viabilizou-se a abertura ao público em geral da rede de redes. No mesmo ano, o Congresso dos EUA liberou o uso comercial da rede. A Internet, a partir de então, entraria em rápida expansão, dobrando o número de usuários a cada 18 meses, o volume de dados a cada dois anos e o tamanho físico da rede a cada cinco anos.[4]

Ato contínuo, na primeira década do século XXI (anos 2000-2010) a consolidação da popularização da internet deu-se com a proliferação das redes sociais, compartilhamento de mídia e comércio eletrônico, possibilitando assim de um modo geral o acesso ao mundo virtual pelos mais variados estratos e seguimentos sociais. Isso se afirmou claramente com o advento de dispositivos tais como *tablets*, *smartphones* e dispositivos *Internet of Things* (IoT), os quais passaram a ser de acesso relativamente fácil a qualquer indivíduo.

Não obstante, essa expansão exponencial da Internet também trouxe uma certa permissividade passiva quanto à prática de comportamentos ofensivos por uns usuários em relação a outros: se, por exemplo, atos como o envio de *spam* eram considerados deselegantes por serem intromissivos, hodiernamente essa prática ressoa comum. Isso, além do fato dos atualmente em voga discursos de ódio que tanto prejudicam a higidez material e extramaterial do indivíduo a quem é dirigido.

Conforme o escólio de José Joaquim Gomes Canotilho, sem a positivação constitucional os direitos fundamentais seriam tão somente "direitos do homem na qualidade de normas de ação moralmente justificadas"[5]. Assim, uma vez previstos pela Lei Maior e destarte vetores de uma vida digna, os direitos fundamentais em princípio devem ser interpretados o mais amplamente possível para que possam conferir ao indivíduo a maior efetividade possível. É essa a essência do princípio da máxima efetividade da norma constitucional, bem explicado pelo aludido mestre lusitano:

> Este princípio, também designado por princípio da eficiência ou princípio da interpretação efetiva, pode ser formulado da seguinte maneira: a uma norma constitucional deve ser

---

4. *Idem*, p. 27.
5. CANOTILHO, José Joaquim Gomes. *Direito Constitucional e Teoria da Constituição*. 7. ed. Coimbra: Almedina, 2017. p. 353-356.

atribuído o sentido que maior eficácia lhe dê. É um princípio operativo em relação a todas e quaisquer normas constitucionais, e embora a sua origem esteja ligada à tese da atualidade das normas programáticas (Thoma), é hoje sobretudo invocado no âmbito dos direitos fundamentais (no caso de dúvidas deve preferir-se a interpretação que reconheça maior eficácia aos direitos fundamentais).[6]

Entretanto, se ampliado desmesuradamente o direito fundamental poderá invadir injustamente direito alheio causando-lhe injustificável prejuízo, dessumindo-se de tal mister não existirem direitos fundamentais absolutos. Sobressai-se, portanto, a necessidade de num segundo momento restringir o espectro de abrangência do direito fundamental para que se preserve a harmonia entres os direitos de titulares diferentes.[7]

Nessa linha insere-se a liberdade de expressão, a qual encerra um amplo e extenso contexto haja vista que faculta ao indivíduo o direito de exprimir o que pensa. Infira-se que isso implica inicialmente em permitir ao cidadão externar opiniões, juízos de valor, pensamentos, teorias próprias, posicionamentos sobre os mais variados assuntos mesmo que num primeiro momento essa externação não coadune com a verdade propriamente dita e venha a em princípio redundar num conflito com outros direitos ou fins constitucionalmente protegidos[8].

Contudo, se num segundo momento denota-se tal conflito deve-se ressaltar que muito embora se trate de um direito fundamental – e lado outro, como todos os direitos fundamentais – a liberdade de expressão não é absoluta: o indivíduo não tem o direito de se expressar a ponto de efetivamente invadir de forma injustificadamente prejudicial o direito fundamental alheio – como sói acontecer, a intimidade, honra e privacidade de outrem, entre outros. Tanto é que a própria Constituição Federal de 1988, em seu art. 220, vaticina que "a manifestação do pensamento, a criação, a expressão e a informação, sob qualquer forma, processo ou veículo não sofrerão qualquer restrição, **observado o disposto nesta Constituição**"[9] (grifo nosso), dando-se a entender claramente que os direitos fundamentais

---

6. *Idem*, p. 1.224.
7. Nesse sentido, Canotilho aponta a existência de três espécies de restrições de direitos fundamentais: as previstas expressamente pela Constituição, como no caso da vedação de associação de caráter paramilitar (art. 5º, XVII); as feitas por lei mediante delegação de tal competência pela Constituição, tal qual se dá com a proteção do consumidor ao se condicionar tal mister "na forma da lei" (art. 5º, XXXII) – *in casu*, na forma que a Lei nº 8.078/90 (Código de Defesa do Consumidor) determinar; e a terceira é a realizada por meio da ponderação de princípios no caso concreto em face da qual se aplica o princípio mais adequado à consecução da justiça, restringindo-se para tanto e a bem da ordem e do interesse sociais a abrangência da incidência de outros princípios fundamentais em princípio também incidíveis ao caso (*idem*, p. 450).
8. CANOTILHO, José Joaquim Gomes; MOREIRA, Vital. *Constituição da República Portuguesa Anotada*. Coimbra: Coimbra Editora, 2007. v. 1. p. 572.
9. BRASIL. Constituição da República Federativa do Brasil de 1988. Disponível em: https://www.planalto.gov.br/ccivil_03/constituicao/constituicaocompilado.htm. Acesso em: 18 abr. 2024.

serão o fator de restrição da liberdade de expressão na medida em que o exercício desta vier a ofender aqueles.

Aqui, então, coloca-se uma questão: deixa-se falar o que se quiser e se houver excesso deve-se reprimir, ou se restringe preventivamente o indivíduo a ponto de se regular o que se pode exprimir?

Esse dilema é explicitado por Rita Basílio Simões e Carlos Camponez:

> Digladiam-se os que defendem uma ampla liberdade de expressão, inspirada nos pressupostos da Primeira Emenda da Constituição norte-americana, e os que subscrevem as assunções comunitaristas, que pretendem enquadrar as expressões do dizer, respeitando limites jurídicos mais ou menos definidos, de modo a proteger a sensibilidade dos que se sentem ultrajados por essas mesmas formas de expressão. Como refere Decaux (2016, p. 303), num contexto em que a "cena é o mundo", estamos perante a necessidade de saber se é necessário sacrificar o justo em nome do necessário ou "qual o grau de tolerância de que é necessário prescindir face à intolerância planetária".[10]

Conforme dito, fato é que o avanço tecnológico permitiu a disseminação de extremismos tais quais as agressões em que o ofensor se esconde covardemente sob o manto do anonimato e bem assim as perseguições a grupos vulneráveis, onde ou se tem por objetivo o combate injurioso com vistas a uma improvável e odiosa política de extermínio ou se tenciona ao menos silenciar esses mais fracos. Exemplo contemporâneo disso é o atualmente conhecido por "discurso de ódio", manifestação segregacionista baseada na dicotomia superior (emissor) e inferior (atingido), passando a existir quando é dada a conhecer por outrem que não o próprio autor.[11] Conforme explicam Tatiana Stroppa e Walter Claudius Rothenburg:

> [...] é a divulgação de mensagens que difundem e estimulam o ódio racial, a xenofobia, a homofobia e outras formas de ataques baseados na intolerância e que confrontam os limites éticos de convivência com o objetivo de justificar a privação de direitos, a exclusão social e até a eliminação física daqueles que são discriminados.[12]

A esse respeito, Rita Basílio Simões e Carlos Camponez bem obtemperam:

> Considerando que os conteúdos envolvendo o discurso de ódio difundidos através da internet são tão excludentes quanto os disseminados no espaço público físico, sustenta o recurso a

---

10. SIMÕES, Rita Basílio; CAMPONEZ, Carlos. Participação on-line e conteúdo ofensivo: Limites ético-legais da liberdade de expressão nas redes sociais. In: SIMÕES, Rita Basílio; MARQUES, Maria Beatriz; FIGUEIRA, João (orgs.). *Media, informação e literacia*: rumos e perspectivas. Coimbra: Universidade de Coimbra, 2020. p. 27.
11. SILVA, Rosane Leal da; NICHEL, Andressa; MARTINS, Anna Clara Lehmann; BORCHARDT, Carlise Kolbe. Discursos de ódio em redes sociais: jurisprudência brasileira. *Revista Direito GV*, v. 7, n. 2, p. 445-468, jul. 2011, p. 447.
12. STROPPA, Tatiana; ROTHENBURG, Walter Claudius. Liberdade de expressão e discurso do ódio: o conflito discursivo nas redes sociais. *Revista Eletrônica da Faculdade de Direito da UFSM*, Santa Maria-RS, v. 10, n. 2, p. 450-468, 2015. p. 456.

formas de regulação, entendidas como uma "tecnologia reguladora" que, a par da tecnologia digital já existente (Kaufmann, 2016, p. 26), seja capaz de impedir formas de linchamento de pessoas e grupos na esfera pública online. Neste quadro de discussão, o desafio é o de se saber como assegurar um sistema que garanta uma ampla liberdade de expressão num mundo cada vez mais globalizado, hesitante entre um comunitarismo ainda presente no conceito de Aldeia Global e o hedonismo da Cosmópolis (Ash, 2017).[13]

Nesse mister sobressai-se a moderação de conteúdo, a qual consiste em um:

> [...] processo por meio do qual plataformas de internet agem sobre contas ou conteúdos que violem seus termos de uso, impactando sua disponibilidade, visibilidade e/ou credibilidade. A moderação pode envolver diferentes medidas, tais como remoção, suspensão temporária, redução artificial de alcance ou proeminência, superposição de tela de aviso, adição de informação complementar, dentre outras.[14]

A moderação de conteúdo, pois, presta-se a justamente encontrar o ponto de equilíbrio entre as manifestações do pensamento dos usuários de forma a coibir os excessos e adequar a aludida manifestação ao âmbito de uma legítima liberdade de expressão, isto é, sem que isso implique em dano aos direitos de outrem.

Contudo, o já mencionado exponencial crescimento da Internet redundou no cada vez maior volume de troca de mensagens e arquivos, gerando uma situação em que se tornou praticamente impossível a uma moderação feita somente por humanos conseguir gerenciar tal situação a contento e em tempo real. Para se ter uma ideia, em junho de 2020 15.000 trabalhadores, a esmagadora maioria deles composta por terceirizados, eram os responsáveis pela mediação de conteúdo da plataforma *Facebook* e sua subsidiária Instagram; 10 mil pessoas examinavam o YouTube e outros produtos do Google; e na então plataforma Twitter, tal trabalho era feito por cerca de 1.500 moderadores[15]: a se deixar ao tão só cargo de tais moderadores, a moderação seria ínfima se comparada com o volume de conteúdo ofensivo postado e não analisado, circulando assim inadvertidamente.

Além disso, ressalta-se a questão da saúde psicofísica dos moderadores a qual cedo ou tarde, em maior ou menor escala, vem a ser prejudicada pelo exercício da moderação. Ney Maranhão e Thiago Savino observam a respeito:

---

13. Simões; Camponez, *op. cit.*, p. 28.
14. OLIVA, Thiago Dias; TAVARES, Victor Pavarin; VALENTE, Mariana G. *Uma solução única para toda a internet?* Riscos do debate regulatório brasileiro para a operação de plataformas de conhecimento. São Paulo: InternetLab, 2020. Disponível em: https://www.internetlab.org.br/wp-content/uploads/2020/09/policy_plataformas-conhecimento_20200910.pdf. Acesso em: 25 mar. 2024. p. 11.
15. Cf. BARRET, Paul M. Who moderates the social media giants? A call to end outsourcing. *Center for Business and Human Rights*, New York University, jun. 2020. Disponível em: https://www.stern.nyu.edu/experience-stern/faculty-research/whomoderates-social-media-giants-call-end-outsourcing. Acesso em: 2 fev. 2024.

Um dos moderadores declarou: "Havia uma cesta cheia de cabeças. Foi o que vi há alguns meses. O cara pegando fogo, eu tive que marcar aquele vídeo. Foi tipo 10 centavos por foto" [...]. É como um ex-diretor de assuntos públicos e proteção à criança da Microsoft declarou: "É um trabalho nojento" [...]. De fato, tais condições de trabalho representam um desafio em termos de saúde e segurança ocupacional em muitas formas, com um impacto particularmente intenso sobre a saúde mental dos moderadores. [...] O contato com esse tipo de conteúdo perturbador e os problemas relativos à organização do trabalho podem ser uma fonte de estresse, ansiedade, Burnout e, em casos extremos, Transtorno de Estresse Pós-Traumático – TEPT [...].[16]

Outro ponto digno de nota são os conflitos morais, éticos e culturais que eventualmente e inevitavelmente podem surgir entre as crenças pessoais dos moderadores e as decisões que são obrigados a tomar em relação à moderação. Principalmente se se levar em conta que, sendo terceirizada a esmagadora maioria dos moderadores e não morando estes nos mesmos países das plataformas – por exemplo, o *Facebook* é dos Estados Unidos ao passo que os moderadores são em grande parte oriundos de países tais como as Filipinas e a Índia –, para muitos trabalhadores a moderação de conteúdo normalmente exige assumir ou incorporar um conjunto de valores e fazer julgamentos que podem destoar dos seus próprios códigos morais e valores pessoais e culturais[17].

Mister se fez, então, necessária a adoção da tecnologia para o auxílio a tais moderadores e ao mesmo tempo à otimização da moderação, ao que se adotou a IA.

2. MODERAÇÃO DE CONTEÚDO POR MEIO DE INTELIGÊNCIA ARTIFICIAL

Em 1955, e em companhia de outros, um então professor de matemática chamado John McCarthy propôs-se a estudar a relação entre linguagem e inteligência partindo-se da premissa de que, uma vez que a mente humana aparentemente usa a linguagem como meio de lidar com fenômenos complicados, e dado que todos os aspectos da aprendizagem ou qualquer outra característica da inteligência podem em princípio ser precisamente detalhados para que uma máquina possa para simulá-los[18].

Assim, em 1956 McCarthy e seus colegas propuseram-se a desenvolver um meio de as máquinas usarem linguagem, formar abstrações e conceitos, resolver

---

16. MARANHÃO, Ney; SAVINO, Thiago Amaral Costa. Inteligência artificial "artificial": o trabalho oculto dos moderadores de conteúdo comercial. *Revista da Escola Judicial do TRT da 4. Região*, Porto Alegre, v. 3, n. 5, p. 143-170, jan./jun. 2021. Disponível em: https://rejtrt4.emnuvens.com.br/revistaejud4/article/view/112/96. Acesso em: 15 abr. 2024. p. 159-160.
17. *Idem*, p. 161.
18. MCCARTHY, J.; MINSK, M.L.; ROCHESTER, N.; SHANNON, C.E. *A proposal for the Dartmouth summer research project on artificial intelligence*. 31 ago. 1955. Disponível em: http://jmc.stanford.edu/articles/dartmouth/dartmouth.pdf. Acesso em: 18 mar. 2024. p. 2-10.

tipos de problemas agora reservados aos humanos e os melhorarem[19], ao que McCarthy deu o nome de "inteligência artificial" (*artificial intelligence*) e assim explicou:

> [...] Inteligência é a parte computacional da capacidade de atingir objetivos no mundo. Vários tipos e graus de inteligência ocorrem em pessoas, em muitos animais e em algumas máquinas. [...] *(inteligência artificial)* É a ciência e a engenharia de fabricação de máquinas inteligentes, especialmente programas de computador inteligentes. Está relacionado com a tarefa semelhante de utilizar computadores para compreender a inteligência humana, mas a IA não tem de se limitar a métodos que sejam biologicamente observáveis.[20] (tradução nossa)

Assim, numa análise perfunctória a IA pode ser compreendida como a faculdade de que dispõem programas (*softwares*) e aparelhos (*hardwares*) em realizar tarefas simulando o raciocínio humano. A esse respeito, bem sinteticamente pode-se observar três espécies: superinteligência artificial, inteligência artificial geral, e inteligência artificial limitada.

A Superinteligência Artificial (*Artificial Superintelligence*, ASI), às vezes denominada "IA forte", ainda é meramente conceitual e por isso existe somente no plano teórico. Consiste num sistema que realiza tarefas em nível sobre-humano em praticamente todas as áreas do conhecimento, predominando em todos portanto.

A seu turno, a Inteligência Artificial Geral (*Artificial General Intelligence*, AGI), também adstrita ao nível teórico eis que não existente no plano fático, seria aquela que se aproximaria de um ser humano ao ser capaz de desenvolver habilidades cognitivas e solucionar problemas além daqueles para os quais foi programada. Para tanto, essa modalidade de IA possuiria habilidades tais quais pensamento abstrato, raciocínio lógico e percepção sensorial, entre outros.

A seu turno, a Inteligência Artificial Limitada (*Narrow Artificial Intelligence*, NAI) – também conhecida por IA "fraca" – é programada para realizar atividades específicas e por isso somente a estas se restringe, ao que nesse sentido limita-se à realização de funções predeterminadas e à solução de problemas prefixados. É dizer, em tal modalidade a IA não consegue raciocinar de forma autônoma e por isso realiza tarefas de forma restrita ao objetivo para o qual fora projetada – tradução automática, transcrição de voz para texto, resolução de problemas complexos, entre outros –, eis que não possui consciência em nível tal que lhe permita um raciocínio autônomo e independente. É a atualmente existente.

---

19. *Idem*, p. 2.
20. MCCARTHY, John. *What is artificial intelligence?* Stanford University, Stanford, Califórnia, 12 nov. 2007. Disponível em: http://jmc.stanford.edu/articles/whatisai/whatisai.pdf. Acesso em: 22 abr. 2024. p. 2.

Nesse mister, atualmente a IA necessita do auxílio de algoritmos[21] para tanto posto que não possui autonomia para pensar por si própria. Entrementes, é possível fazer com que tais algoritmos "ensinem" a IA a "pensar", onde há várias formas a tanto e dentre as quais a mais comum é a que se convencionou chamar de *machine learning*, bem explicado por Mirla Costa e Letícia Pires:

> *Machine Learning*, ou Aprendizado de máquina, é um ramo da Inteligência Artificial que se concentra em criar sistemas que podem aprender a partir de dados. Ao invés de serem programados com regras específicas para executar uma tarefa diretamente, esses sistemas são treinados usando dados e algoritmos que lhes permitem melhorar seu desempenho para realizar seu objetivo. Em outras palavras, o *Machine Learning* permite que computadores aprendam com os dados, sem que precise explicitamente programar essa tarefa. Isso contribui para a antecipação de cenários em diversas aplicações que vão desde a previsão do tempo até a detecção de fraudes em transações bancárias.[22]

A esse respeito, explica Tom Michell que o *machine learning* implica na ideia de programas evoluírem automaticamente com a experiência adquirida por meio de conceitos e resultados de muitos campos, incluindo estatística, inteligência artificial, filosofia, teoria da informação, biologia, ciência cognitiva, complexidade computacional e teoria do controle[23], dentre outros. Nesse sentido, explana o citado autor:

> Imagine computadores aprendendo, através de registros médicos, quais tratamentos são mais eficazes para novas doenças, casas que aprendem com a experiência para otimizar os custos de energia com base nos padrões de uso específicos de seus ocupantes, ou assistentes de software pessoais aprendendo a evolução dos interesses de seus usuários, a fim de destacar especialmente relevantes histórias do jornal matinal online. Uma compreensão bem-sucedida de como fazer os computadores aprenderem abriria muitos novos usos de computadores e novos níveis de competência e customização. E uma compreensão detalhada dos algoritmos de processamento de informações para aprendizado de máquina pode levar a uma melhor compreensão das habilidades (e deficiências) de aprendizagem humana também.[24] (tradução nossa)

Destarte, no contexto da *Machine Learning* a máquina aprende com base em dados e algoritmos previamente fornecidos – isto é, por meio de padrões previamente disponibilizados ou de *per si* aprendidos e se valendo de algoritmos a tanto

---

21. De acordo com Paulo Victor Alfeo Reis, algoritmo é um "procedimento lógico-matemático, finito de passos discretos, e eficaz na solução de um problema ou questão pontual" (REIS, Paulo Victor Alfeo. *Algoritmo e Direito*. Coimbra: Almedina, 2020. p. 107). É, portanto, um conteúdo previamente elaborado e determinado que serve de referencial objetivo de identificação de padrões de atividades pela IA.
22. COSTA, Mirla; PIRES, Letícia. Direto ao ponto: o que é *machine learning* com exemplos reais. *Alura*, 19 jan. 2024. Disponível em: https://www.alura.com.br/artigos/machine-learning. Acesso em: 28 mar. 2024.
23. MITCHELL, Tom. *Machine Learning*. Nova York: McGraw-Hill, 1997. p. XV.
24. *Idem*, p. 1.

–, e a partir de então torna-se cada vez mais efetivo o desempenho conforme o aludido aprendizado. Esse expediente redunda na otimização de tarefas que até então exigiam dos seres humanos recursos, tempo e dedicação que agora podem ser redirecionados para outras atividades, melhorando destarte a qualidade de vida do indivíduo em geral.

Nessa linha, importa observar que a IA não só é uma realidade como também está inserida no cotidiano da sociedade, dado que desde o aparelho celular até os mais modernos veículos automotores utilizam-na. Exemplos disso são os mecanismos de busca na Internet; os assistentes virtuais – Alexa, Siri, Cortana, dentre outros – que "interagem" com o usuário; os *bots* de *e-commerce* que realizam tarefas tais quais o rastreio dos hábitos do usuário na internet e, a partir daí, enviam ao usuário publicidade de produtos afins ao seu perfil; as "casas inteligentes", aparelhadas com produtos que funcionam à base de IA – lâmpadas que acendem com um comando verbal, por exemplo.

Nessa linha, denota-se também o uso da IA para a otimização e dinamização da moderação de conteúdo: a aludida IA trabalha com algoritmos previamente elaborados com o fulcro de ensinar a identificação automática de conteúdo que viole diretrizes da comunidade ou padrões legais e uma vez identificado seja automaticamente removido, permitindo-se assim a proteção à integridade dos demais usuários.[25]

A moderação por IA traz uma gama de benefícios, a começar pelo fato de que é mais rápida e eficaz que a moderação por seres humanos na medida em que, alimentada por algoritmos que ensinam um padrão – por exemplo, que ensinem a identificar palavras de baixo calão ou expressões ofensivas –, a IA monitorará contínua e ininterruptamente a plataforma e numa velocidade superior à de um ser humano, de forma a poder muito mais rapidamente que este – é dizer, quase instantaneamente – identificar e remover o conteúdo prejudicial. Outro fator positivo é o caráter eminentemente objetivo e imparcial de suas decisões, dado que a moderação por IA adota estritamente os critérios adotados como padrões da plataforma – as "diretrizes da comunidade" – de forma a analisar o conteúdo tão somente por ele mesmo e não por quem o manifesta, e bem assim sem praticamente qualquer influência além dos algoritmos que a IA adota como parâmetros.

De se notar, ainda, que a moderação por IA reduz o volume de trabalho de moderadores humanos permitindo-lhes a dedicação em outras atividades mais complexas, otimizando destarte o trabalho e aumentando a produtividade da

---

25. Basicamente, a moderação por IA divide-se em *pré-moderação*, quando o conteúdo é analisado antes de ser publicado; *pós-moderação*, quando o conteúdo é revisado logo após sua publicação; *moderação reativa*, quando se responde a questionamentos e congêneres de usuários; *moderação proativa*, quando o conteúdo ofensivo é retirado antes de ser publicado.

plataforma sem comprometer o nível da moderação. Ressalte-se, ademais, a redução de custos com a adoção da aludida modalidade de moderação dado que se reduz a necessidade de moderadores humanos mesmo com o aumento de volume.

3. O INSUFICIENTE TRATO DA RESPONSABILIDADE CIVIL POR MODERAÇÃO POR IA, PELO MARCO CIVIL DA INTERNET

Entrementes, se por um lado há excessos pelo usuário ao exprimir expressões atentatórias ao direito alheio, por outro lado também pode haver excessos prejudiciais na moderação por IA se esta não for criada, desenvolvida e programada de forma a reciprocamente respeitar o direito do usuário.

No Brasil, o enfrentamento aberto desse dilema começou em 2009, quando se iniciou uma discussão acerca da necessidade de sistematização de princípios, garantias, direitos e deveres em relação ao uso da internet, em que o Comitê Gestor da Internet no Brasil (CGI.br) aprovou uma resolução prevendo respectivos princípios[26]. Também em 2009, o Ministério da Justiça estabeleceu uma parceria com o Centro de Tecnologia e Sociedade da Fundação Getulio Vargas (FGV) para a confecção de uma plataforma que possibilitasse a ampla participação dos diversos setores da sociedade no debate acerca da elaboração de um Marco Civil da Internet, naquilo que, segundo Ronaldo Lemos, consubstanciou-se numa "iniciativa pioneira na ideia de uma democracia expandida".[27]

Essa iniciativa culminou na formatação de princípios norteadores a par dos quais se estruturou a minuta de anteprojeto que fora submetido à apreciação e debate públicos em meados de 2010 e, após retificações finais e providências procedimentais, veio a resultar na Lei nº 12.965 de 23 de abril de 2014 a qual veio a ser conhecida como Marco Civil da Internet.

O Marco Civil da Internet veio a buscar preencher uma lacuna consubstanciada no *status* de "terra sem lei" em que se encontrava a Internet, tanto no aspecto de se ter uma falsa ideia de que tudo era permitido no mundo virtual quanto na perspectiva de que os que detinham o poder de limitação poderiam fazê-lo da forma que bem lhe aprouvessem. Como bem destaca Ronaldo Lemos:

A situação pré-Marco Civil era de completa ausência de regulamentação civil da internet no país. Ao contrário do que alguns entusiastas libertários poderiam achar, a ausência de leis nesse âmbito não representa a vitória da liberdade e do *laissez-faire*. Ao contrário, a ausência de uma legislação que trate das questões civis da rede leva a uma grande insegurança jurídica. Uma das razões é que juízes e tribunais, sem um padrão legal para a tomada de decisões sobre

---

26. COMITÊ GESTOR DA INTERNET NO BRASIL (CGI). *Resolução CGI.br/RES/2009/003 P.* Disponível em: http://cgi.br/resolucoes/documento/2009/003. Acesso em: 30 mar. 2024.
27. LEMOS, Ronaldo. O Marco Civil como símbolo do desejo por inovação do Brasil. In: LEITE, George Salomão; LEMOS, Ronaldo. *Marco Civil da Internet.* São Paulo: Atlas, 2014. p. 5.

a rede, acabam decidindo de acordo com regras muitas vezes criadas *ad hoc*, ou de acordo com suas próprias convicções.

Assim é que em 2014 o Marco Civil da Internet veio a estabelecer princípios, garantias, direitos e deveres para o uso da internet no Brasil e determinar as diretrizes para atuação da União, dos Estados, do Distrito Federal e dos Municípios em relação à matéria, conforme a dicção de seu art. 1º.[28] Entretanto, no caso da responsabilidade por moderação de conteúdo – e em especial, a realizada por IA – deixou a desejar.

Já em 2012 – antes, portanto, do Marco Civil –, discutia-se judicialmente a responsabilidade do provedor por conteúdo postado pelo usuário: por ocasião do julgamento do Recurso Especial nº 1.323.754/RJ, o Superior Tribunal de Justiça firmou o entendimento de que o provedor somente seria responsabilizado se após a notificação para retirar o material do ar no prazo de 24 horas assim não o fizesse, nesse caso respondendo solidariamente com o autor direto do dano pela omissão praticada[29]. Esse entendimento fora positivado no art. 19 do Marco Civil, ao atribuir responsabilidade ao provedor caso não tome a providências para, após ordem judicial, retirar o conteúdo ofensivo[30], seguido de obrigações correlatas tais como a de comunicar àquele que postou o conteúdo retirado os motivos e informações relativos à indisponibilização de conteúdo, com informações que permitam o contraditório e a ampla defesa em juízo, salvo expressa previsão legal ou expressa determinação judicial fundamentada em contrário (art. 20).[31]

Contudo e no tocante à moderação por IA, no afã de sopesar a amplitude da liberdade de expressão de forma a não incorrer em censura o legislador preocupou-se mais em delimitar a responsabilidade do provedor – frise-se, responsabilidade esta somente após a notificação pelo ofendido – do que prever por exemplo diretrizes para o respectivo balizamento da moderação por IA: o Marco Civil da Internet priorizou a positivação de condições sob as quais o operador será responsável por conteúdo de terceiros, deixando de adequadamente trazer

---

28. BRASIL. Lei n. 12.695, de 23 de abril de 2014. Estabelece princípios, garantias, direitos e deveres para o uso da internet no Brasil. Disponível em: https://www.planalto.gov.br/ccivil_03/_ato2011-2014/2014/lei/l12965.htm. Acesso em: 1º maio 2024.
29. Superior Tribunal de Justiça, Recurso Especial n. 1.323.754/RJ, 3.ª Turma, Rel. Min. Nancy Andrighi, j. 19 jun. 2012. Disponível em: https://scon.stj.jus.br/SCON/GetInteiroTeorDoAcordao?num_registro=201200057484&dt_publicacao=28/08/2012. Acesso em: 30 mar. 2024.
30. "Art. 19. Com o intuito de assegurar a liberdade de expressão e impedir a censura, o provedor de aplicações de internet somente poderá ser responsabilizado civilmente por danos decorrentes de conteúdo gerado por terceiros se, após ordem judicial específica, não tomar as providências para, no âmbito e nos limites técnicos do seu serviço e dentro do prazo assinalado, tornar indisponível o conteúdo apontado como infringente, ressalvadas as disposições legais em contrário" (Brasil, 2014, *op. cit.*).
31. *Idem.*

à baila um modelo de regulação contextual em que se traçariam diretrizes para a responsabilização pela adoção da IA voltada à moderação das redes sociais.

Um exemplo disso é o fato de o Marco Civil não ter abordado adequadamente entre outros assuntos questões afetas às etapas da moderação por IA – as quais, de modo geral uma vez que se pode variar conforme o tipo adotado, consubstanciam-se em carregamento do conteúdo; análise do conteúdo; envio para revisão humana; aprendizado e melhoramento da IA.

Veja-se:

> Conteúdo é carregado: o processo de moderação de conteúdo normalmente começa quando os usuários carregam texto, imagens ou vídeos em um site ou plataforma. Esse conteúdo pode vir de várias formas, como publicações em redes sociais, comentários, avaliações ou vídeos gerados pelos usuários. Algoritmos de IA analisam conteúdo: algoritmos de IA analisam o conteúdo carregado usando processamento de linguagem natural, visão computacional e outras técnicas de aprendizado de máquina. O conteúdo é sinalizado para revisão: se o conteúdo for considerado prejudicial ou inadequado, ele é sinalizado para revisão por moderadores humanos. Moderadores humanos analisam o conteúdo sinalizado: depois que o conteúdo tiver sido sinalizado pelo sistema de moderação por IA, os moderadores humanos o analisarão cuidadosamente para determinar se ele viola as diretrizes da comunidade ou os padrões legais. Os moderadores examinarão o conteúdo no contexto e considerarão as nuances da situação antes de decidir se aprovam, rejeitam ou escalam o conteúdo para revisão adicional. Algoritmos de IA aprendem e melhoram: durante esta etapa, os algoritmos de IA usam o *feedback* de moderadores humanos para melhorar sua precisão e eficácia na identificação de conteúdo problemático. Além disso, eles podem usar técnicas de aprendizagem por reforço para aprender com seus erros e sucessos, melhorando seu desempenho ao longo do tempo.[32]

Outrossim, quanto à responsabilidade pela moderação por IA o Marco Civil não abordou três questões fulcrais, conforme de forma análoga afirma Adriana Rollo: a falta de compreensão do ciclo de vida da IA e a respectiva definição dos agentes; a caracterização de risco e a lógica da responsabilidade civil.[33]

Conforme dito, o provedor somente é obrigado a notificar o usuário acerca da remoção em caso de ordem judicial, não havendo tal obrigação por exemplo no caso de remoções que o provedor – ou, no caso, a IA – efetue por entender impertinentes ou incompatíveis com seus termos de uso, acrescentando-se que o provedor só é obrigado a informar a respectiva motivação ao usuário se por

---

32. INTUIT MAILCHIMP. A moderação de conteúdo com IA e a reputação da sua empresa. Disponível em: https://mailchimp.com/pt-br/resources/ai-content-moderation/#:~:text=Conte%C3%BAdo%20%C3%A9%20carregado%3A%20o%20processo,ou%20v%C3%ADdeos%20gerados%20pelos%20usu%C3%A1rios. Acesso em: 20 abr. 2024.
33. AGÊNCIA SENADO. Regulamentação da IA exige foco na centralidade humana, aponta debate. *Senado Notícias*, Brasília, 26 out. 2023. Disponível em: https://www12.senado.leg.br/noticias/materias/2023/10/26/regulamentacao-da-ia-exige-foco-na-centralidade-humana-aponta-debate. Acesso em: 28 maio 2024.

este notificado a tanto (art. 20, *caput*). É dizer, nesse ponto, que o Marco Civil não trouxe uma discussão específica sobre a responsabilização do provedor pela adoção incorreta da IA para a moderação quanto à remoção de conteúdo, eis que por exemplo pode-se programar a moderação por IA para automaticamente remover um conteúdo que erroneamente fora identificado como impróprio pelo programador ou porque a IA de *per si* não fora capaz de entender a conotação – isto é, entendeu de forma literal quando na verdade o contexto era figurado – ou porque incorretamente fora programada a tanto.

Um exemplo apropriado é o apresentado por Amélie Heldt:

> Em setembro de 2019, um tribunal alemão condenou um homem que partilhou um vídeo por um meio de comunicação alemão (Deutsche Welle) reportando sobre o ISIS *(Estado Islâmico)* no Facebook. O homem foi considerado culpado de compartilhar material de propaganda de uma organização terrorista proibida. Mais tarde, o Supremo Tribunal da Baviera reverteu esta decisão devido ao erro primário do tribunal no que diz respeito ao elemento de "propagação" porque o compartilhamento de conteúdo que contém um símbolo proibido não equivale a propaganda terrorista. Sem adentrar mais profundamente no direito penal alemão, este caso é um bom exemplo da complexidade de moderar conteúdo *online* gerado por usuários. Ele ilustra em diferentes níveis a necessidade de uma abordagem diferenciada quando se trata do conteúdo em si e da forma como se espera que as plataformas reajam.[34] (tradução nossa)

Também nesse sentido:

> Um exemplo brasileiro relevante dessas falhas diz respeito a uma pessoa que, em outubro de 2020, no Brasil publicou uma foto no Instagram, contendo oito fotografias que mostravam sintomas de câncer de mama, das quais cinco exibiam mamilos, com o título em português que indicava o apoio à campanha Outubro Rosa. Embora as políticas sobre nudez do Facebook incluam expressamente uma exceção permitindo publicações de mamilos para conscientização sobre o câncer de mama, o post foi removido pelo sistema automatizado por meio de aplicação do Padrão da Comunidade sobre Nudez Adulta e Atividade Sexual do Facebook. O caso foi parar no Comitê de Supervisão criado pelo Facebook para reavaliar, de forma independente, decisões de moderação de conteúdo tomadas pela plataforma. Embora o próprio Facebook tenha reconhecido o erro antes da decisão no caso, o comitê enfatizou como a automação cria riscos para a liberdade de expressão — em muitos casos com prejuízos irreversíveis, como no caso em questão, dado que o conteúdo só foi restaurado após o mês de realização da campanha.[35]

---

34. HELDT, Amélie Pia. Content moderation by social media platforms: the importance of judicial review. In: CELESTE, Edoardo; HELDT, Amélie P.; KELLER, Clara Iglesias (orgs.). *Constitutionalising Social Media*. Oxford: Hart, 2022. p. 251.
35. MONTEIRO, Artur Pericles Lima; CRUZ, Francisco Brito; SILVEIRA, Juliana Fonteles da, VALENTE, Mariana G. *Armadilhas e caminhos na regulação da moderação de conteúdo*: Diagnósticos & Recomendações. São Paulo: InternetLab, 2021. Disponível em: https://internetlab.org.br/wp-content/uploads/2021/09/internetlab_armadilhas-caminho-moderacao.pdf. Acesso em: 25 mar. 2024. p. 13.

Como se vê, os algoritmos orientadores da IA moderadora podem ser imprecisos de *per si* a ponto de exemplificativamente erroneamente enquadrarem algo como prejudicial quando não o é, ou considerar válido algo que efetivamente é prejudicial[36]; ou podem vir a ter certa dificuldade para compreender o contexto em que o conteúdo é externado e a partir disso também serem imprecisos, dado que são incapazes de "[...] entender contexto ou detectar a intenção e a motivação do enunciador, falhando em reconhecer o valor social de determinadas formas de conteúdo [...]"[37]. Caso tais imprecisões causem dano a outrem, o Marco Civil quedou silente a respeito perdendo oportunidade ímpar de tratar aprofundadamente sobre a respectiva responsabilidade.

Ainda, a tecnologia de IA para fins de moderação deve ser programada com algoritmos que recebam, como dados de entrada, tanto as regras da plataforma quanto os conteúdos veiculados nela – que funcionam como exemplo de análise de padrões – e emitam com dados de saída o resultado esperado, ou seja, as medidas corretivas caso algum conteúdo infrinja as regras[38]. Aqui também se observa um risco em potencial: quem programa os algoritmos é um ser humano e em tese pode alimentá-lo da forma que bem entender, a ponto de programar o algoritmo para ensinar a IA a ser racista, censitária ou de alguma forma segregadora – excluindo conteúdo de usuários que pensem de forma ideologicamente contrária à do programador, por exemplo –, bastando apenas programar o algoritmo com dados discriminatórios ou no mínimo tendenciosos. Com efeito, há momentos sensíveis em que se faz mister a intervenção humana de modo necessariamente imparcial – e nem sempre pode vir a ser de tal forma, se em tais posições-chave houver alguém preconceituoso – no que aqui também o Marco Civil se calou quando poderia efetivar ainda mais a respectiva responsabilidade.

Bem assim, não se tratou no Marco Civil acerca da individualização da responsabilidade por danos decorrentes de moderação por IA, especificamente

---

36. O exemplo mais polêmico representa a exclusão pelo Facebook da histórica foto da Guerra do Vietnã, na qual uma criança corre desnuda. A postagem foi marcada pela Inteligência Artificial moderadora como inapropriada em razão da nudez e excluída da página, desconsiderando o contexto histórico da imagem. Após diversas críticas, o Facebook, ao revisar a decisão da moderação, percebeu o erro e republicou a postagem (POLETTO, Álerton Emmanuel; MORAIS, Fausto Santos de. A moderação de conteúdo em massa por plataformas privadas de redes sociais. *Prisma Jurídico*, São Paulo, v. 21, n. 1, p. 108-126, jan./jun. 2022, p. 110-111. Disponível em: https://periodicos.uninove.br/prisma/article/view/20573. Acesso em: 18 maio 2024).
37. GOMES, Alessandra; ANTONIALLI, Dennys; OLIVA, Thiago. Drag queens e inteligência artificial: computadores devem decidir o que é "tóxico" na internet? *Internetlab*, 28 jun. 2019. Disponível em: https://internetlab.org.br/pt/noticias/drag-queens-e-inteligencia-artificial-computadores-devem-decidir-o-que-e-toxico-na-internet/. Acesso em: 26 mar. 2024.
38. MARQUES, Ana Flávia. *A moderação de conteúdo por Inteligência Artificial no Twitter e os impactos à liberdade de expressão*. 31p. Monografia (Graduação em Direito) – Universidade Presbiteriana Mackenzie, São Paulo, dez. 2023. Disponível em: https://dspace.mackenzie.br/handle/10899/33827. Acesso em: 10 mar. 2024.

quando esta última de forma autônoma procede de forma danosa: se hipotética e exemplificadamente a IA aprende de *per si* a agir danosamente, a quem se atribuir responsabilidade pelo dano – notadamente se não se souber quem especificamente fora o causador direto?

Se por um lado é sedutor invocar a cláusula geral de responsabilidade civil objetiva, por outro lado a opacidade dos algoritmos dos sistemas autônomos modernos torna muito difícil que se aponte o efetivo causador do dano, fazendo-se com que seja difícil ou até impossível comprovar-se o nexo de causalidade entre o agente e o dano sofrido.[39] A esse respeito, bem aponta Pedro Faria:

> Desta forma, considerando as complexas estruturas algorítmicas dos sistemas de inteligência artificial autônomos, em que não se tem conhecimento dos detalhes que compõem o processo de tomada de decisão da máquina, a atribuição de responsabilidade se torna ainda mais árdua frente à impossibilidade de se identificar o agente causador do dano, que, por exemplo, pode ter decorrido de erro do programador, do desenvolvedor, do fornecedor, do próprio usuário ou, até mesmo, solidariamente de alguns destes ou de todos.[40]

Uma possível solução para tal questão seria a aplicação da teoria da presunção de causalidade, a qual, segundo Pedro Faria, amolda-se nos casos de responsabilidade civil decorrente de inteligência artificial posto que a hipótese é de causalidade alternativa[41] pelo fato de o dano ser produzido por uma pessoa não individualizada que, no entanto, faz parte de um grupo determinado e perfeitamente identificado.[42]

Elucida o citado autor, que:

> [...] sempre que não for possível individualizar o causador do dano decorrente dos sistemas autônomos, principalmente daqueles dotados de maior autonomia, o que dificulta muito a identificação do responsável direto pelo ato, a responsabilização pela sua reparação deverá recair solidariamente sobre todos os agentes que atuaram naquele sistema, salvo se algum deles conseguir comprovar a sua inocência. Sob determinada ótica, essa solução pode sugerir algum grau de injustiça, na medida em que diversos membros do grupo podem ser responsabilizados pela prática de determinado ato que não cometeram. Todavia, parece-nos que tal análise é equivocada já que "a aceitação da responsabilidade civil coletiva importa na efetivação do princípio da solidariedade social, base do Estado Democrático de Direito, ao lado da dignidade da pessoa humana" [...].[43]

---

39. FARIA, Pedro Alberto Schiller de. *A responsabilidade civil na Inteligência Artificial*. Dissertação (Mestrado em Direito) – Faculdade de Direito, Pontifícia Universidade Católica de São Paulo. 146p., São Paulo, 2022. Disponível em: https://www.maxwell.vrac.puc-rio.br/colecao.php?strSecao=autor&nrSeq=61871@2&nrseqaut=27063. Acesso em: 1º maio 2024. p. 100.
40. *Idem*, p. 101-102.
41. *Idem*, p. 102.
42. MULHOLLAND, Caitlin. *A responsabilidade civil por presunção de causalidade*. Rio de Janeiro: GZ, 2009. p. 216.
43. Faria, *op. cit.*, p. 103.

Perdeu assim o Marco Civil da Internet, oportunidade para poder se regular a questão por meio da positivação da teoria da presunção de causalidade, bem como reforçar o trato acerca da responsabilidade civil atinente às outras questões apontadas.

CONCLUSÃO

Por um lado, a moderação de conteúdo por IA é uma tarefa complexa e desafiadora em razão de sua constante mudança e evolução realçadas pela relativa incipiência. Esse cenário enseja um trato o mais específico e cuidadoso possível, para que se possa sopesar eficazmente os benefícios da moderação automatizada de conteúdo com os riscos e limitações da tecnologia.

Por outro lado, dado que de um modo geral um marco civil é um conjunto de diretrizes que visa a regular minimamente os direitos, garantias e deveres atinentes a determinado instituto, melhor andaria o Marco Civil da Internet se, ao invés de tão somente abordar a responsabilidade do provedor pelo que o usuário posta, trouxesse em seu arcabouço normas especificamente atinentes à responsabilidade civil também pela moderação por IA e relacionadas a, como dito, o ciclo de vida da IA, a respectiva definição dos agentes e a caracterização de risco. Adotar-se-ia assim, portanto um caráter preventivo mais eficaz principalmente quanto à autorregulação dos provedores ao moderarem as respectivas plataformas.

REFERÊNCIAS

AGÊNCIA SENADO. Regulamentação da IA exige foco na centralidade humana, aponta debate. *Senado Notícias*, Brasília, 26 out. 2023. Disponível em: https://www12.senado.leg.br/noticias/materias/2023/10/26/regulamentacao-da-ia-exige-foco-na-centralidade-humana-aponta-debate. Acesso em: 28 maio 2024.

BARRET, Paul M. Who moderates the social media giants? A call to end outsourcing. *Center for Business and Human Rights*, New York University, jun. 2020. Disponível em: https://www.stern.nyu.edu/experience-stern/faculty-research/whomoderates-social-media-giants-call-end-outsourcing. Acesso em: 2 fev. 2024.

BRASIL. Constituição da República Federativa do Brasil de 1988. Disponível em: https://www.planalto.gov.br/ccivil_03/constituicao/constituicaocompilado.htm. Acesso em: 18 abr. 2024.

BRASIL. Lei n. 12.695, de 23 de abril de 2014. Estabelece princípios, garantias, direitos e deveres para o uso da internet no Brasil. Disponível em: https://www.planalto.gov.br/ccivil_03/_ato2011-2014/2014/lei/l12965.htm. Acesso em: 1º maio 2024.

CANOTILHO, José Joaquim Gomes. *Direito Constitucional e Teoria da Constituição*. 7. ed. Coimbra: Almedina, 2017.

CANOTILHO, José Joaquim Gomes; MOREIRA, Vital. *Constituição da República Portuguesa Anotada*. Coimbra: Coimbra Editora, 2007. v. 1.

COMITÊ GESTOR DA INTERNET NO BRASIL (CGI). *Resolução CGI.br/ RES/2009/003 P*. Disponível em: http://cgi.br/resolucoes/documento/2009/003. Acesso em: 30 mar. 2024.

COSTA, Mirla; PIRES, Letícia. Direto ao ponto: o que é *machine learning* com exemplos reais. *Alura*, 19 jan. 2024. Disponível em: https://www.alura.com.br/artigos/machine-learning. Acesso em: 28 mar. 2024.

FARIA, Pedro Alberto Schiller de. *A responsabilidade civil na Inteligência Artificial*. Dissertação (Mestrado em Direito) – Faculdade de Direito, Pontifícia Universidade Católica de São Paulo. 146p., São Paulo, 2022. Disponível em: https://www.maxwell.vrac.puc-rio.br/colecao.php?strSecao=autor&nrSeq=61871@2&nrseqaut=27063. Acesso em: 1º maio 2024.

GOMES, Alessandra; ANTONIALLI, Dennys; OLIVA, Thiago. Drag queens e inteligência artificial: computadores devem decidir o que é "tóxico" na internet? *Internetlab,* 28 jun. 2019. Disponível em: https://internetlab.org.br/pt/noticias/drag-queens-e-inteligencia-artificial-computadores-devem-decidir-o-que-e-toxico-na-internet/. Acesso em: 26 mar. 2024.

HELDT, Amélie Pia. Content moderation by social media platforms: the importance of judicial review. In: CELESTE, Edoardo; HELDT, Amélie P.; KELLER, Clara Iglesias (orgs.). *Constitutionalising Social Media*. Oxford: Hart, 2022, p 251-266.

INTUIT MAILCHIMP. A moderação de conteúdo com IA e a reputação da sua empresa. Disponível em: https://mailchimp.com/pt-br/resources/ai-content-moderation/#:~:text=Conte%C3%BAdo%20%C3%A9%20carregado%3A%20o%20processo,ou%20v%C3%ADdeos%20gerados%20pelos%20usu%C3%A1rios. Acesso em: 20 abr. 2024.

LEMOS, Ronaldo. O Marco Civil como símbolo do desejo por inovação do Brasil. In: LEITE, George Salomão; LEMOS, Ronaldo. *Marco Civil da Internet*. São Paulo: Atlas, 2014.

LINS, Bernardo Felipe Estellita. A evolução da Internet: uma perspectiva histórica. *Cadernos Aslegis,* Brasília-DF, n. 48, p. 11-46, jan./abr. 2013.

MARANHÃO, Ney; SAVINO, Thiago Amaral Costa. Inteligência artificial "artificial": o trabalho oculto dos moderadores de conteúdo comercial. *Revista da Escola Judicial do TRT da 4. Região*, Porto Alegre, v. 3, n. 5, p. 143-170, jan./jun. 2021. Disponível em: https://rejtrt4.emnuvens.com.br/revistaejud4/article/view/112/96. Acesso em: 15 abr. 2024.

MARQUES, Ana Flávia. *A moderação de conteúdo por Inteligência Artificial no Twitter e os impactos à liberdade de expressão*. 31p. Monografia (Graduação em Direito) – Universidade Presbiteriana Mackenzie, São Paulo, dez. 2023. Disponível em: https://dspace.mackenzie.br/handle/10899/33827. Acesso em: 10 mar. 2024.

MCCARTHY, J.; MINSK, M.L.; ROCHESTER, N.; SHANNON, C.E. *A proposal for the Dartmouth summer research project on artificial intelligence*. 31 ago. 1955. Disponível em: http://jmc.stanford.edu/articles/dartmouth/dartmouth.pdf. Acesso em: 18 mar. 2024.

MCCARTHY, John. *What is artificial intelligence?* Stanford University, Stanford, Califórnia, 12 nov. 2007. Disponível em: http://jmc.stanford.edu/articles/whatisai/whatisai.pdf. Acesso em: 22 abr. 2024.

MITCHELL, Tom. *Machine Learning*. Nova York: McGraw-Hill, 1997.

MONTEIRO, Artur Pericles Lima; CRUZ, Francisco Brito; SILVEIRA, Juliana Fonteles da, VALENTE, Mariana G. *Armadilhas e caminhos na regulação da moderação de conteúdo*: Diagnósticos & Recomendações. São Paulo: InternetLab, 2021. Disponível em: https://internetlab.org.br/wp-content/uploads/2021/09/internetlab_armadilhas-caminho-moderacao.pdf. Acesso em: 25 mar. 2024.

MULHOLLAND, Caitlin. *A responsabilidade civil por presunção de causalidade*. Rio de Janeiro: GZ, 2009.

OLIVA, Thiago Dias; TAVARES, Victor Pavarin; VALENTE, Mariana G. *Uma solução única para toda a internet?* Riscos do debate regulatório brasileiro para a operação de plataformas de conhecimento. São Paulo: InternetLab, 2020. Disponível em: https://www.internetlab.org.br/wp-content/uploads/2020/09/policy_plataformas-conhecimento_20200910.pdf. Acesso em: 25 mar. 2024.

POLETTO, Álerton Emmanuel; MORAIS, Fausto Santos de. A moderação de conteúdo em massa por plataformas privadas de redes sociais. *Prisma Jurídico,* São Paulo, v. 21, n. 1, p. 108-126, jan./jun. 2022, p. 110-111. Disponível em: https://periodicos.uninove.br/prisma/article/view/20573. Acesso em: 18 maio 2024.

REIS, Paulo Victor Alfeo. *Algoritmo e Direito*. Coimbra: Almedina, 2020.

SILVA, Rosane Leal da; NICHEL, Andressa; MARTINS, Anna Clara Lehmann; BORCHARDT, Carlise Kolbe. Discursos de ódio em redes sociais: jurisprudência brasileira. *Revista Direito GV,* v. 7, n. 2, p. 445-468, jul. 2011, p. 447.

SIMÕES, Rita Basílio; CAMPONEZ, Carlos. Participação on-line e conteúdo ofensivo: Limites ético-legais da liberdade de expressão nas redes sociais. In: SIMÕES, Rita Basílio; MARQUES, Maria Beatriz; FIGUEIRA, João (orgs.). *Media, informação e literacia:* rumos e perspectivas. Coimbra: Universidade de Coimbra, 2020.

STROPPA, Tatiana; ROTHENBURG, Walter Claudius. Liberdade de expressão e discurso do ódio: o conflito discursivo nas redes sociais. *Revista Eletrônica da Faculdade de Direito da UFSM,* Santa Maria-RS, v. 10, n. 2, p. 450-468, 2015.

INCLUSÃO DIGITAL: COMO O MARCO CIVIL PODE FOMENTAR O ACESSO À INTERNET PARA TODOS E, ESPECIALMENTE, AOS VULNERÁVEIS

Marcelo Henrique de Sousa Estevam[1]

Keila Pacheco Ferreira[2]

Sumário: Introdução – 1. Como a inclusão digital deve ser interpretada hodiernamente – 2. O papel do Marco Civil da Internet – 3. Conectividade mínima e responsável – Considerações finais – Referências.

INTRODUÇÃO

Este capítulo tem o desiderato de analisar como o Marco Civil da Internet (MCI – Lei 12.695/2014) pode contribuir para fomentar a inclusão digital para todos da sociedade brasileira contemporânea. No entanto, com enfoque especial aos grupos vulneráveis que estão totalmente ou parcialmente excluídos dessa interação na rede. Até porque, como se sabe, os riscos presentes na rede são diretamente repassados a eles, com possibilidade de danos patrimoniais e extrapatrimoniais tendo em vista violações de direitos, sobretudo à proteção dos dados pessoais.

Para tal, busca-se inicialmente definir "inclusão digital", ou seja, como um processo complexo que vai além do mero fornecimento de acesso mecânico à rede e diretamente relacionado ao letramento digital, de modo a destacar a importância do acesso à internet hodiernamente, os benefícios e desafios da inclusão digital. Em particular, levando em consideração as desigualdades de acesso à internet em diferentes regiões geográficas do país, assim como das barreiras econômicas, sociais e culturais e o impacto da falta dela na educação, consumo e participação cívica.

---

1. Mestre e Bacharel em Direito pela Universidade Federal de Uberlândia. Especialista em Direito Digital e Compliance pelo Ibmec-SP. Pós-graduando em Direito Privado pela FALEG. Organizador e Autor de obras jurídicas. Advogado. estevammarcelo03@gmail.com.
2. Doutora em Direito Civil pela Universidade de São Paulo. Mestre em Direito Civil pela Pontifícia Universidade Católica de São Paulo e associada ao Brasilcon. Professora dos Cursos de Graduação e Mestrado em Direito da Universidade Federal de Uberlândia. keilapacheco@ufu.br.

Em razão disso, busca-se analisar o papel do Marco Civil da Internet frente essa problemática. Dessa maneira, além da sua origem, isto é, do histórico até que acontecesse sua promulgação, será analisado os seus objetivos, princípios fundamentais, como neutralidade da rede, privacidade e liberdade de expressão, e suas bases valorativas, finalísticas e dispositivas.

Para mais, será deliberado como o Marco Civil da Internet pode ser um instrumento para promover a inclusão digital – em diálogo com outras fontes normativas (legislações transversais),[3] como resultado de abordagens alternativas ou complementares para superar a exclusão digital. Por conseguinte, será observado suas limitações e lacunas, sobretudo em torno das críticas ou controvérsias relacionadas à implementação do Marco Civil em termos de inclusão digital, especialmente levando em consideração a plataformização e a verticalidade digital.

Por fim, será apresentado um exemplo de sucesso de política de inclusão digital na Alemanha, seguida por uma avaliação desse mesmo processo no Brasil, considerando tanto a sociedade civil (pessoas, comunidades e empresas de pequeno, médio e grande porte) quanto o Estado sob o viés da conectividade mínima e responsável.[4]

1. COMO A INCLUSÃO DIGITAL DEVE SER INTERPRETADA HODIERNAMENTE

A internet revolucionou a forma de se relacionar socialmente, transfigurando os conceitos tradicionais de tempo, espaço e identidade. De acordo com Martins e Lima,[5] os marcadores temporais como dia, tarde, noite e madrugada perderam sua importância sob o viés das redes, já que os usuários estão constantemente conectados e podem realizar interações comunicativas ou transações comerciais a qualquer momento do dia, mantendo sua validade independentemente do horário.

Para mais, os autores supracitados indicam que quanto ao espaço, a necessidade de presença física foi suplantada pela virtualidade e pela interconexão

---

3. MARTINS, Fernando Rodrigues; FERREIRA, Keila Pacheco. Diálogo de fontes e governança global: hermenêutica e cidadania mundial na concretude dos direitos humanos. *Revista de Direito do Consumidor*. v. 117, p. 443-467, 2018.
4. Quanto à metodologia, registra-se que a presente pesquisa será estruturada por meio do método de pesquisa com cunho de revisão bibliográfica, de textos, artigos e livros publicados que abordam vulnerabilidade, inclusão e o direito digital. Ademais, a presente revisão de literatura será elaborada através de um reexame narrativo, tendo como foco a contextualização da temática abordada de maneira multidisciplinar e sistêmica. O método científico usado será o dedutivo, com abordagem qualitativa e cunho exploratório.
5. MARTINS, Fernando Rodrigues; LIMA, Thainá Lopes Gomes. Da vulnerabilidade digital à curiosa "vulnerabilidade empresarial": polarização da vida e responsabilidade civil do impulsionador de conteúdos falsos e odiosos na "idade" da liberdade econômica. *Revista de Direito do Consumidor,* v. 128, 2020. p. 124.

de lugares, pois não é mais imprescindível que duas ou mais pessoas estejam no mesmo local para se comunicarem. Por outro lado, em relação à identidade, nota-se uma dualidade nos indivíduos, uma vez que além da identidade real da pessoa, surge uma especificidade virtual moldada pela forma como as pessoas se expressam e se apresentam no ambiente online. É importante notar que essa representação virtual gera diversos efeitos, já que pode refletir a exata realidade do usuário ou ser construída através de "máscaras", ou seja, de maneira diferente do comportamento na vida real, como acontece com perfis falsos.

Percebe-se, então, a expansão cada vez mais frequente do uso da internet no cotidiano da coletividade, de modo que com as pessoas se mostram cada vez mais interconectadas, formando uma verdadeira sociedade em rede.[6] Entretanto, apesar de todos esses avanços é sabido que o uso da internet, sobretudo no Brasil – um país marcado por uma desigualdade social estrutural, não é igualitário, sendo que há casos de pessoas excluídas totalmente da interação virtual por fatores econômicos, educacionais ou geográficos ou que estão conectadas apenas parcialmente, já que quando acessam o uso se dá por smartphones e por meio de pacotes de dados limitados.

Em 2021, de acordo com o IBGE, a Pesquisa Nacional por Amostragem de Domicílios Contínua[7] revelou que 90% dos domicílios brasileiros tinham acesso à Internet, um aumento de 6 pontos percentuais em relação a 2019, quando esse número era de 84,0%. Com efeito, percebe-se que houve mudanças significativas no acesso à tecnologia e à internet nos lares brasileiros, com 90% dos domicílios tendo acesso à internet em 2021, mostrando sua onipresença na sociedade.[8]

---

6. CASTELLS, Manuel. *A galáxia internet*: reflexões sobre internet, negócios e sociedade. 2. ed. Lisboa: Fundação Calouste Gulbenkian, 2007. p. 15.
7. "O Instituto Brasileiro de Geografia e Estatística – IBGE, por meio da Pesquisa Nacional por Amostra de Domicílios Contínua – PNAD Contínua, investigou o módulo temático sobre Tecnologia da Informação e Comunicação – TIC1 no quarto trimestre de 2021. A investigação abrangeu o acesso à Internet e à televisão nos domicílios particulares permanentes e o acesso à Internet e a posse de telefone móvel celular para as pessoas de 10 anos ou mais de idade. Cabe destacar que em 2020, primeiro ano da pandemia de COVID-19, não houve investigação sobre esse tema devido à alteração da modalidade de coleta presencial para coleta por telefone. Tornou-se necessária a adequação da extensão do questionário para que contemplasse somente os temas do núcleo básico da PNAD Contínua. Desta forma, a série histórica sobre acesso à Internet e à televisão e posse de telefone móvel celular para uso pessoal, iniciada em 2016, foi interrompida em 2020, e as comparações serão analisadas, no presente informativo, entre os anos de 2019 e 2021" (INSTITUTO BRASILEIRO DE GEOGRAFIA E ESTATÍSTICA (IBGE). Pesquisa Nacional por Amostra de Domicílios Contínua (Pnad Contínua). *Acesso à Internet e à televisão e posse de telefone móvel celular para uso pessoal 2021*, IBGE, 2022. Disponível em: https://biblioteca.ibge.gov.br/visualizacao/livros/liv101963_informativo.pdf).
8. O aumento de seis pontos em dois anos é notável, especialmente considerando a interrupção da pesquisa em 2020 devido à pandemia. É possível que, se essa tendência persistir, em breve, toda a população esteja plenamente conectada às redes.

Todavia, o avanço no acesso à internet ocorreu de forma distinta entre áreas urbanas e rurais. Na área rural, a proporção de domicílios conectados aumentou significativamente, de 57,8% para 74,7%, entre 2019 e 2021. Nas áreas urbanas, o crescimento foi mais moderado, de 88,1% para 92,3%. O acesso em áreas rurais é desafiado pela falta de cobertura, sendo necessário considerar alternativas como o uso de sinal via satélite, apesar dos custos adicionais.

Para mais, a pesquisa do IBGE indica que, em 2021, 83,5% dos domicílios brasileiros possuem banda larga fixa, com variações regionais: Norte (70,5%), Centro-Oeste (85,4%), Nordeste (86,3%), Sudeste (82,7%), e Sul (86,4%). Já a banda larga móvel é utilizada em 79,2% dos domicílios, com variações regionais semelhantes: Norte (82,6%), Centro-Oeste (80,9%), Nordeste (62,2%), Sudeste (87,2%), e Sul (80,2%). Assim, nota-se que as porcentagens de acesso à banda larga fixa e móvel variam significativamente entre as regiões do Brasil.

Em razão disso, o Direito, como ciência ou conjunto de regulamentos normativos, é essencial para lidar com os desafios da sociedade, incluindo conflitos individuais e coletivos – sob o viés das redes ou não. Por conseguinte, com a constante evolução da humanidade, o Direito precisou e precisa se adaptar, especialmente diante das inovações trazidas pela internet. Essa transmutação é exemplificada pela transformação da concepção do "sujeito de direitos".[9] Anteriormente, era considerado um "sujeito ideal", uma figura teórica e normativa. Hoje em dia, é classificado como um "sujeito real", combinando a individualidade do indivíduo com sua consciência de pertencer a uma coletividade, atuando tanto como autoridade quanto como subordinado em suas ações.[10]

Além do conceito idealizado mencionado anteriormente, o "sujeito real" pode também ser uma pessoa socialmente vulnerável, ou seja, alguém concreto que enfrenta dificuldades como fome, falta de moradia, educação ou instrução. Este é o indivíduo que não tem capacidade de reivindicar seus direitos ou cumprir seus deveres perante a sociedade, devido à sua posição de risco ou desigualdade em relação aos outros cidadãos. Em outras palavras, é alguém que pode sofrer danos materiais ou emocionais devido a violações de direitos, quer online ou offline. Portanto, merece proteção por parte do Estado e da sociedade civil para preservar sua dignidade.

O filósofo francês Paul Ricoeur aborda o conceito de sujeito real em seus estudos, especialmente na filosofia hermenêutica e em sua análise da identidade pessoal. Para ele, o sujeito real não pode ser visto apenas como um indivíduo com atributos estáticos, mas como alguém cuja identidade é construída por meio de

---

9. "A teoria tradicional identifica sujeito de direito com pessoa" (LOTUFO, Renan. *Curso avançado de Direito Civil*. São Paulo: RT, 2002. v. 1). p. 92.
10. Martins; Lima, *op. cit.*, p. 124.

sua interação pessoal com as narrativas coletivas e culturais do ambiente em que vive.[11] O autor, então, propõe a ideia de que o indivíduo tem responsabilidade tanto para consigo mesmo quanto para com a coletividade.[12] Entretanto, o sujeito real não deve ser visto apenas como um cidadão que age com responsabilidade coletiva e é influenciado pelo contexto em que está inserido. Ele também deve ser compreendido em termos de suas fragilidades, ou seja, como alguém vulnerável (nos casos em que se enquadra).

Sob esse contexto, a concepção da pessoa humana hodiernamente deve ser baseada na isonomia, ou seja, no princípio aristotélico da igualdade que sugere um tratamento diferenciado para aqueles em posições desproporcionais, como crianças, idosos, analfabetos, pessoas com deficiência, consumidores, entre outros. Assim, o Estado e a comunidade civil têm o dever não apenas de reconhecer e respeitar essas diferenças, mas também de promovê-las para garantir a harmonia social e efetivar os direitos individuais.

Délton Winter de Carvalho[13] define vulnerabilidade como a exposição desproporcional aos riscos, enquanto Cláudia Lima Marques[14] a compara a uma "ferida", representando um estado em que uma pessoa se torna suscetível a ameaças temporárias ou permanentes. Ambos destacam a importância da análise da diferença como um parâmetro para identificar sujeitos fragilizados e que necessitam de atenção especializada.

Nessa perspectiva, von Hippel, segundo Claudia Lima Marques e Bruno Miragem,[15] identifica os vulneráveis através de fatores naturais, sociais e econômicos, como sexo, idade, condição de saúde, analfabetismo, classe social, patrimônio, entre outros. É crucial ressaltar que a vulnerabilidade não se limita à pobreza econômica, mas também abarca diversos outros aspectos. Marques e Miragem[16] ainda afirmam que a vulnerabilidade, conforme mencionado anteriormente, surge do paradigma aristotélico da igualdade, que implica tratar os iguais de forma igual e os desiguais de maneira desigual, de acordo com suas desigualdades, porém de forma aprimorada, pois não é necessário comparar os sujeitos ou situações, uma

---

11. Suas ações devem ser guiadas pela compreensão de que têm impacto tanto positivo quanto negativo na sociedade, exigindo que atue como autoridade e subordinado de suas próprias atitudes, em contextos micro (como família ou trabalho) e macro (como o Estado) – o que, igualmente, se estende ao eixo tecnológico.
12. RICOEUR, Paul. *O justo ou a essência da justiça*. Lisboa: Instituto Piaget, 1995. p. 29.
13. CARVALHO, Delton Winter de. A natureza jurídica da pandemia covid-19 como um desastre biológico: um ponto de partida necessário para o Direito. *Revista dos Tribunais Online*, 2020. p. 10.
14. MARQUES, Claudia Lima. Estudo sobre a vulnerabilidade dos analfabetos na sociedade de consumo: o caso do crédito consignado a consumidores analfabetos. *Revista de Direito do Consumidor*, v. 95, 2014. p. 107.
15. HIPPEL, Eike Von. *Der Schtz der Schwacheren*. Tubingen: Mohr, 1982. p. 1 e ss., apud MARQUES, Claudia Lima; MIRAGEM, Bruno. *O novo direito privado e a proteção dos vulneráveis*. 2. ed. São Paulo: Revista dos Tribunais, 2014. p. 9.
16. *Idem*, p. 10.

vez que a condição de ser "vulnerável" está relacionada diretamente a um risco inerente, seja ele contínuo ou temporário.

Contudo, é fundamental notar que vulnerabilidade não é sinônimo de hipossuficiência.[17] Pois, mesmo uma pessoa instruída e financeiramente estável pode enfrentar deficiências técnicas, factuais, informacionais ou jurídicas em relação a um produto ou serviço, especialmente nas relações de consumo.[18] Registra-se que a hipossuficiência está mais ligada a questões processuais, como a possibilidade de promoção do vulnerável no âmbito das provas, como na inversão do ônus da prova prevista no CDC.[19]

Dessa forma, além de fornecer meios para proteger os interesses primários desses sujeitos, é crucial adotar medidas que criem condições para que a pessoa humana desfrute plenamente de uma vida digna, participando ativamente na sociedade e exercendo todos os seus direitos e deveres. Esse imperativo é ainda mais relevante no contexto atual da sociedade da informação, sobretudo sob o prisma da exclusão digital, uma vez que é sabido que existem ainda pessoas que não possuem acesso à internet por fatores alheios as suas vontades.

Mister destacar que o acesso à internet no Brasil ocorreu no final do século XX e início do século XXI, inicialmente restrito a pessoas com maior nível socioeconômico devido à conexão discada e dependente de linha telefônica. Posteriormente, o uso foi popularizado com a disseminação das *lan houses* e, mais tarde, com o uso generalizado de smartphones. Para mais, é importante destacar que, no contexto brasileiro, o acesso às redes por meio de smartphones raramente era completo devido à dependência de créditos ou planos de celular pré e pós-pagos. No entanto, mesmo de forma precária, certos segmentos da população, especialmente os de baixo poder aquisitivo, não conseguiam usufruir plenamente dessa nova ferramenta de interação humana. Com efeito, a inclusão digital revela-se com uma urgente demanda contemporânea, de modo a atingir todos os segmentos da sociedade, especial os vulneráveis.

---

17. ROSA, Luiz Carlos Goiabeira; BIZELLI, Rafael Ferreira; FÉLIX, Vinícius Cesar. Vulnerabilidade e hipossuficiência no contrato existencial de consumo. *Scientia Iuris*, Londrina, v. 21, n. 1, p. 155-188, 2017. p. 172.
18. Pode-se, então, concluir que "vulnerabilidade" se liga com a condição mais ampla de susceptível a danos, enquanto "hipossuficiência" está diretamente interligada à falta de recursos em comparação com outra parte, em especial no contexto legal. Contudo, ambos os conceitos podem se sobrepor em algumas situações, mas eles têm aplicações distintas em diferentes contextos.
19. A proteção dos vulneráveis está garantida na Constituição Federal de 1988, que consagra o pluralismo jurídico. Os objetivos fundamentais da República Federativa do Brasil, estabelecidos no art. 3º, I, III e IV, incluem a construção de uma sociedade livre, justa e solidária, a erradicação da pobreza e marginalização, a redução das desigualdades sociais e regionais, e a promoção do bem de todos, sem discriminação. No Brasil, essa proteção normativa teve origem na Consolidação das Leis do Trabalho, em 1943, e posteriormente no Código de Defesa do Consumidor e no Estatuto da Criança e do Adolescente (ECA), ambos em 1990, que preveem abordagem diferenciada para os vulnerabilizados.

Para discutir a questão da "inclusão digital", é imprescindível primeiro examinar sua terminologia, que pode ser referida tanto como "inclusão digital" quanto "exclusão digital". Maria Helena Silveira Onilla e Paulo Cezar Souza de Oliveira[20] explicam que o termo exclusão digital é frequentemente usado para descrever os problemas e dificuldades enfrentados por pessoas que não têm acesso à internet, ou seja, para identificar aqueles que estão excluídos dessa nova forma de comunicação. Entretanto, os autores citados discordam dessa abordagem, argumentando que a exclusão está intrinsicamente ligada à dinâmica do sistema de produção capitalista.[21]

Por conseguinte, vê-se que a promoção da pessoa humana na internet deve ser além do mero fornecimento de acesso mecânico à rede. Por isso, talvez seja melhor utilizar o termo "inclusão digital", já que esse, em concordância com Maria Helena Silveira Onilla e Paulo Cezar Souza de Oliveira, liga-se com a ideia de oportunizar "condições para que os sujeitos sejam capazes de participar, questionar, produzir, decidir, transformar, tornando-se parte integrante da dinâmica social, em todas as suas instâncias".[22] Inclusive, importante que esse processo não se limite apenas às futuras gerações, como crianças e adolescentes, mas de forma a abordar todas as partes envolvidas, considerando suas interseccionalidades.[23]

A inclusão digital, com efeito, é um processo complexo que vai além do acesso à internet, envolvendo práticas que promovem o uso consciente, ético e otimizado da rede, respeitando os direitos humanos. Isso inclui promover o letramento digital e informacional, bem como o aprendizado de computação, programação, robótica e pensamento computacional, abrangendo também a cultura digital, os direitos digitais e a tecnologia assistiva. Pierre Lévy, de acordo com Glotz e Araújo, interpreta letramento digital como:

> [...] um conjunto de técnicas materiais e intelectuais, de práticas, de atitudes, de modos de pensamento e valores que se desenvolvem juntamente com o crescimento do ciberespaço, como sendo um novo meio de comunicação que surge da interconexão mundial dos computadores.[24]

---

20. BONILLA, Maria Helena Silveira; OLIVEIRA, Paulo Cezar Souza de. Inclusão Digital: ambiguidades em curso. In: BONILLA, Maria Helena Silveira; PRETTO, Nelson de Luca (orgs.). *Inclusão digital: polêmica contemporânea*. Salvador: EDUFBA, 2011. v. 2. p. 24.
21. Assim, as pessoas são colocadas nessa situação pela estrutura do próprio sistema econômico, que as utiliza como instrumentos para sua manutenção. Logo, apesar de estarem inseridas no sistema, fazem parte de estratégias que as alienam e não têm perspectivas de inclusão digital.
22. Bonilla; Oliveira, *op. cit.*, p. 35.
23. Isso significa reconhecer como diferentes fatores sociais se combinam e impactam indivíduos, como uma pessoa com deficiência, mulher, negra, analfabeta, que vive em uma área rural sem acesso à tecnologia – fatores que agravam sua situação.
24. LÉVY, Pierre. *Cibercultura*. São Paulo: Editora 34, 1999. p. 17, *apud*, ARAÚJO, Verônica Danieli Lima; GLOTZ, Raquel Elza Oliveira. O letramento digital como instrumento de inclusão social e democratização do conhecimento: desafios atuais. *Revista Educação Pública*. p. 1-10, 2014.

Diante das complexidades da sociedade da informação, é essencial que os usuários dominem habilidades tecnológicas para utilizar, desenvolver e desfrutar plenamente da internet. Isso é fundamental para uma compreensão e interação eficazes na rede, especialmente considerando sua natureza não linear e a constante renovação de informações por meio de hipertextos – os usuários devem estar atentos e exercitar análise crítica para evitar possíveis prejuízos, tanto materiais quanto imateriais.

O letramento digital, nesse sentido, envolve habilidades para explorar, interagir e analisar diversas formas de mídia, permitindo que as pessoas utilizem a tecnologia de forma eficaz em seus interesses pessoais, como lazer, trabalho, educação e consumo. Portanto, a inclusão digital deve ir além do simples acesso às tecnologias, buscando estimular a autonomia dos usuários de maneira crítica, questionadora e analítica.

Além do mais, o letramento digital está cada vez mais em evidência, uma vez que está intimamente relacionado com a perspectiva socioemocional dos indivíduos. Isso é destacado pela abordagem de Lima Neto e Carvalho sobre o assunto, veja:

> [...] *(o)* Letramento Digital mobiliza não só as dimensões técnica e cognitiva da aprendizagem, mas também uma outra ainda pouco considerada: a socioemocional. Assim, nessa interseção tríplice, a dimensão técnica relaciona-se às habilidades operacionais de utilização de ferramentas digitais tanto em contexto educacional como no cotidiano; a cognitiva, às habilidades para analisar criticamente as informações que derivam de ambientes digitais; e a socioemocional, por sua vez, à capacidade de os sujeitos utilizarem as Tecnologias Digitais da Informação e Comunicação (TDICs) de maneira ética, responsável e colaborativa.[25]

Assim, a perspectiva socioemocional está intrinsecamente ligada tanto ao aspecto individual quanto ao coletivo do sujeito, pois o acesso à informação promove a comunicação pessoal, a autonomia na busca por informações e incentiva a mobilização social, a interação em redes sociais e comunidades online. Além disso, possibilita a colaboração, o aprendizado em grupo e o progresso em projetos e iniciativas comunitárias.

No entanto, de modo especial, o letramento digital tem também um papel crucial em beneficiar os vulneráveis, especialmente aqueles excluídos digitalmente ou com acesso limitado. Até porque, esse grupo enfrenta desafios específicos, como falta de recursos tecnológicos, baixa escolaridade, idade avançada, imigração ou deficiências, que podem resultar em menor familiaridade com a tecnologia e

---

25. LIMA NETO, Newton Vieira; CARVALHO, Alexandra Bittencourt de. Letramento digital: breve revisão bibliográfica do limiar entre conceitos e concepções de professoras e de professores. *Texto Livre*, Belo Horizonte, v. 15, 2022. p. 3.

exposição a riscos de segurança cibernética devido à falta de instrução adequada sobre informações *on-line*.

Bustillo e Nascimento, nesse viés, apontam o seguinte:

> Frise-se que os grupos digitalmente excluídos são compostos, não por acaso, de pessoas de maior faixa etária e pessoas hipossuficiente, ou de classes sociais mais baixas, por conta de diversos fatores, como o custo de computadores e produtos relacionados à internet (moldem, fios, etc.) e a dificuldade de adquirir este tipo de letramento em certa idade.[26]

A inclusão digital, deveras, deve abordar os desafios específicos enfrentados pelos grupos vulneráveis, garantindo que possuam as habilidades necessárias para usar a tecnologia de forma eficaz. Isso inclui a criação de conteúdos digitais acessíveis e compreensíveis para diferentes grupos, como crianças, idosos e pessoas com deficiência. Para mais, é essencial que políticas públicas e parcerias público-privadas considerem as necessidades específicas desses grupos.

Logo, ratifica-se que a inclusão digital é um processo complexo que vai além do simples fornecimento de acesso à internet, exigindo ações estruturadas por toda a sociedade, incluindo o Estado em níveis federal, estadual e municipal, além de atividades realizadas por cidadãos, entidades coletivas e empresas de diferentes portes, a qual deve considerar o acesso à internet além da simples interpretação de textos, imagens ou vídeos. O letramento digital deve ter uma abordagem crítica, complexa e humanizada, pois promove uma transformação genuína nas pessoas, na comunidade, nas instituições e na sociedade como um todo. Até porque, a tecnologia é o meio, mas a transformação acontece na pessoa.

2. O PAPEL DO MARCO CIVIL DA INTERNET

A regulação do uso da internet no Brasil foi algo discutido no Legislativo pátrio (em suas duas casas) apenas após o ano de 2011, já que seu projeto foi criado em 2009. Posteriormente, em 2014, a Lei 12.695, comumente conhecida como "Marco Civil da Internet", foi efetivamente sancionada pela então presidente Dilma Rousseff – feito impulsionado, em especial, tendo em vista os reiterados escândalos de espionagem internacionais divulgados pelo jornalista Edward Snowden.[27]

Com efeito, passou-se finalmente a ter no país uma legislação com escopo em estabelecer princípios, garantias, direitos e deveres para o uso da internet,

---

26. BUSTILLO, Luisa Nascimento; NASCIMENTO, Grasiele Augusta Ferreira. Letramento digital: reflexos no mundo do trabalho. *Revista de Direitos e Garantias Fundamentais*, Vitória, v. 18, n. 2, 2017. p. 123-124.
27. BBC NEWS BRASIL. Entenda as polêmicas sobre o Marco Civil da Internet. *Portal BBC News Brasil*, 19 fev. 2014. Atualizado em: 26 mar. 2014. Disponível em: https://www.bbc.com/portuguese/noticias/2014/03/140219_marco_civil_internet_mm. Acesso em: 16 abr. 2024.

superando uma lacuna existente no ordenamento jurídico brasileiro em torno da temática cibernética – tamanha foi a relevância que ela foi comumente chamada de "a constituição da internet do Basil". Isso porque ela implementou disposições legais e regulatórias que destacam a relevância da neutralidade da rede, da salvaguarda da privacidade (exigindo ordem judicial para a divulgação de dados durante a comunicação), da retenção dos registros de acesso (a serem mantidos por pelo menos um ano), da regulamentação das atividades dos usuários *on-line* e, por fim, da necessidade fundamental de assegurar o acesso à internet a todas as pessoas.

Essa legislação, de fato, marcou um avanço significativo no sistema jurídico nacional. No entanto, apesar dos progressos alcançados, alguns aspectos negativos são evidentes, como a questão da suposta (in)responsabilidade dos provedores (prevista nos arts. 18 a 20) e a necessidade de recorrer ao judiciário para resolver questões que poderiam ser facilmente solucionadas de forma extrajudicial, como a remoção de conteúdo, na qual os próprios provedores poderiam agir preventivamente.

Tratando-se a partir de agora sobre seu conteúdo, mister destacar uma característica importante é sua estrutura abrangente, a qual aborda uma ampla gama de áreas, desde conceitos amplos até diretrizes específicas. O documento, por conseguinte, se divide em diferentes temas, abrangendo aspectos valorativos, princípios, objetivos e dispositivos normativos.

A primeira seção, referente à perspectiva valorativa, aborda os fundamentos primordiais da legislação, delineados no art. 2º. Este artigo estipula que o uso da internet deve sempre respeitar a liberdade de expressão, a diversidade e pluralidade, os direitos humanos, além de permitir o exercício livre da cidadania. Também busca promover a defesa do consumidor e fomentar a livre iniciativa e concorrência. Tais princípios têm como objetivo garantir que a internet cumpra seu papel social de maneira eficaz, enquanto se torna um ambiente propício para o desenvolvimento autônomo dos cidadãos, promovendo a democracia, o diálogo e o respeito à diversidade.

Já o campo principiológico, delineado no art. 3º, estabelece os princípios fundamentais que norteiam o uso das tecnologias no Brasil. Tais princípios incluem a garantia da liberdade de expressão e manifestação de pensamento, a proteção da privacidade e dos dados pessoais, a manutenção da neutralidade de rede, a preservação da estabilidade, segurança e funcionalidade da rede por meio da promoção de boas práticas, a responsabilização dos agentes conforme suas atividades, a preservação da natureza participativa da rede e a liberdade dos modelos de negócios promovidos na internet.

Entretanto, essa relação de princípios não é taxativa, pois seu parágrafo único estabelece que "os princípios expressos nesta Lei não excluem outros previstos no ordenamento jurídico", tanto em âmbito nacional quanto internacional. Assim, é viável aplicar, por exemplo, a técnica do "diálogo entre fontes" para uma interpretação mais abrangente, adaptada ao caso específico, com ênfase na defesa e promoção dos direitos humanos, da igualdade, da autonomia e da dignidade da pessoa humana.

A perspectiva finalística é abordada no art. 4º do Marco Civil da Internet. Esse artigo determina que o uso da internet no Brasil deve visar a alcançar diversas metas, tais como possibilitar o acesso universal à rede, sem discriminação por motivos sociais, econômicos, educacionais ou outros; promover o acesso à informação, ao conhecimento e à participação na vida cultural e nos assuntos públicos; estimular a inovação e a ampla disseminação de novas tecnologias e modelos de uso e acesso; e favorecer a adoção de padrões tecnológicos abertos que facilitem a comunicação, a acessibilidade e a interoperabilidade entre aplicativos e bancos de dados.

Dentre esses objetivos, destaca-se o foco em promover o acesso à internet para todas as pessoas, especialmente diante das disparidades culturais, educacionais e econômicas presentes na realidade da população brasileira. Essas discrepâncias resultam na exclusão de diversos grupos sociais da participação na esfera virtual. Assim, torna-se essencial a implementação de ações estatais (sob a esfera federal, estadual e municipal), como por exemplo através de políticas públicas, e atividades da sociedade civil, como o seio corporativo, na busca por promover a inclusão digital, juntamente com a atuação dos órgãos interligados ao Judiciário para garantir, em tais situações, uma abordagem protetiva que capacite esses indivíduos.

Por fim, as disposições específicas são detalhadas no art. 7º, que não apenas ressalta a importância do acesso à internet para o exercício da cidadania, mas também descreve as garantias e direitos assegurados aos usuários. No mencionado artigo, diversos direitos são enumerados em seus diferentes incisos, porém alguns merecem destaque: a salvaguarda da intimidade da vida privada e da comunicação, protegidas (exceto por ordem judicial); a garantia de uma conexão de qualidade e sua manutenção; a exigência de informações claras e completas nos contratos de serviços de internet; a proibição de compartilhamento de dados pessoais com terceiros e a transparência quanto à coleta, uso, armazenamento, tratamento e proteção desses dados; o direito à acessibilidade, considerando as características físicas, sensoriais, intelectuais e mentais do usuário; e a garantia da aplicação das normas de defesa do consumidor nas transações *on-line*.

Dessa forma, podemos notar uma clara proteção aos dados pessoais, o estabelecimento de uma rede confiável e segura, além da garantia das transações comerciais realizadas no ambiente virtual, tal qual dispõe a Lei 13.709/2018, sancionada em 2018, mas com vigência apenas após agosto de 2020, denominada de Lei Geral de Proteção de Dados (LGPD), usualmente. Ademais, com clara ligação ao Código de Defesa do Consumidor, tendo em vista o comércio eletrônico alcançou um potencial significativo com o avanço da sociedade da informação, o que demanda tutela especializada e favorável aos agentes inseridos nesse nicho.

Já tratando estritamente sobre o tema "inclusão digital" o Marco Civil da Internet, em seu art. 27 (*caput* e seus incisos), diz que as iniciativas públicas de fomento à cultura digital e de promoção da internet como ferramenta social devem promover a inclusão digital; buscar reduzir as desigualdades, sobretudo entre as diferentes regiões do País, no acesso às tecnologias da informação e comunicação e no seu uso; e fomentar a produção e circulação de conteúdo nacional.

Dessa maneira, o referido artigo ressalta a necessidade de iniciativas públicas relacionadas à cultura digital e à promoção da internet com foco na inclusão digital, buscando reduzir desigualdades de acesso e promover o uso das tecnologias da informação e comunicação, especialmente entre diferentes regiões do país, além de incentivar a produção e circulação de conteúdo nacional. Para mais, o art. 28 do MCI expõe que o Estado deve, periodicamente, formular e fomentar estudos, bem como fixar metas, estratégias, planos e cronogramas, referentes ao uso e desenvolvimento da internet no País.

Diante disso, podemos correlacionar tais preceitos com a Política Nacional de Educação Digital, ou seja, a Lei 14.533, de 11 de janeiro de 2023, pois, em um dos seus dispositivos brada-se que tem como objetivo e eixo estruturante é a inclusão digital (em seu art. 1º, § 2º). Além disso, chama a atenção pois aponta diretrizes e preceitos básicos para a implementação da inclusão digital no país. Veja o abordado em seu art. 2º, *caput* e incisos:

> Art. 2º O eixo da inclusão digital deverá ser desenvolvido, dentro dos limites orçamentários e no âmbito de competência de cada órgão governamental envolvido, de acordo com as seguintes estratégias prioritárias:
>
> I – promoção de competências digitais e informacionais por intermédio de ações que visem a sensibilizar os cidadãos brasileiros para a importância das competências digitais, midiáticas e informacionais;
>
> II – promoção de ferramentas on-line de autodiagnóstico de competências digitais, midiáticas e informacionais;
>
> III – treinamento de competências digitais, midiáticas e informacionais, incluídos os grupos de cidadãos mais vulneráveis;
>
> IV – facilitação ao desenvolvimento e ao acesso a plataformas e repositórios de recursos digitais;
>
> V – promoção de processos de certificação em competências digitais;
>
> VI – implantação e integração de infraestrutura de conectividade para fins educacionais, que compreendem universalização da conectividade da escola à internet de alta velocidade e com equipamentos adequados para acesso à internet nos ambientes educacionais e fomento ao ecossistema de conteúdo educacional digital, bem como promoção de política de dados, inclusive de acesso móvel para professores e estudantes;

Com efeito, o eixo da inclusão digital deve ser desenvolvido, e aqui devemos fazer uma interpretação extensiva, não só no plano da educação, mas por todos os setores, inclusive o público e privado, de modo a favorecer a promoção de competências digitais e informacionais, a disponibilização de ferramentas on-line de autodiagnóstico, o treinamento de competências para grupos vulneráveis, a facilitação de acesso a plataformas digitais, a promoção de certificação em competências digitais, a implantação de infraestrutura de conectividade para fins educacionais e a promoção de políticas de dados, incluindo acesso móvel para professores e estudantes.

Deveras, algo diretamente relacionado ao letramento digital, como discutido anteriormente, isto, é, a habilidade de utilizar técnicas e destrezas para explorar, interagir, analisar e promover uma variedade de habilidades na interpretação de diferentes formas de mídia, na qual o usuário seja capaz de empregar as tecnologias para enriquecer seus interesses pessoais, como entretenimento, trabalho, educação, consumo, entre outros. Por conseguinte, o que torna a necessidade da inclusão digital não se limitar apenas ao acesso básico às tecnologias, mas deve também incentivar a autonomia dos usuários de maneira crítica, questionadora e analítica.

Portanto, apesar do Marco Civil da Internet representar um avanço significativo ao abordar a inclusão digital, ainda não há efetividade plena desse processo no Brasil. Visto que, apesar da referida legislação estabelecer princípios fundamentais para garantir o acesso equitativo à rede, a realidade evidencia disparidades persistentes, especialmente em áreas rurais e comunidades economicamente desfavorecidas. Outrossim, mostra-se pertinente que a lei trate esse processo não apenas do ponto de vista do acesso mecânico a rede, mas também em conjunto com o letramento digital. Afinal de contas, como visto anteriormente, o desenvolvimento de habilidades digitais é essencial para que os indivíduos possam tirar o máximo proveito das oportunidades oferecidas pela internet, garantindo assim uma inclusão mais completa e efetiva na sociedade digital.

3. CONECTIVIDADE MÍNIMA E RESPONSÁVEL

Stefano Rodotà[28] argumenta que a internet deu origem a uma nova forma de cidadania, a cidadania digital, centrada no direito fundamental à proteção dos dados, ou seja, a privacidade do cidadão. Ele destaca que a proteção de dados não é apenas um direito fundamental, mas o mais representativo da condição humana

---

28. RODOTÁ, Stefano. *A vida na sociedade da vigilância*: a privacidade hoje. Rio de Janeiro. Editora Renovar, 2008. p. 20.

contemporânea. Guilherme Magalhães Martins[29] observa que os cidadãos são frequentemente tratados como simples "fornecedores de dados", sem controle efetivo sobre suas informações pessoais, revelando uma questão coletiva. No entanto, a proteção desses dados não pode ser deixada apenas para entidades privadas, que priorizam seus interesses comerciais – o que é potencializado pela plataformização e verticalidade digital.

De acordo com Thomas Poell, David Nieborg e José Van Dijck, plataformização pode ser conceituada como:

> [...] a penetração de infraestruturas, processos econômicos e estruturas governamentais de plataformas em diferentes setores econômicos e esferas da vida. E, a partir da tradição dos estudos culturais, concebemos esse processo como a reorganização de práticas e imaginações culturais em torno de plataformas.[30]

Dessa maneira, ela pode ser entendida como uma infraestrutura de dados que integra usuários em mercados multilaterais e transações econômicas. Exemplificada pela Play Store, do Google, utiliza algoritmos para promover aplicativos que atendam aos interesses comerciais. Sua popularização está intimamente ligada à digitalização, reformulando o processo comunicativo ao substituir a mídia tradicional pela exploração comercial na internet, fragmentada e não regulamentada. Habermas[31] sugere que essa plataforma cria um espaço de comunicação paralelo à esfera pública tradicional, onde os usuários podem assumir papéis de autores. No entanto, a influência das novas tecnologias na esfera pública é ambivalente, pois os usuários são vistos como destinatários arbitrários visando lucro para as empresas.

Diante disso, a digitalização e a plataformação das comunicações, do trabalho e das interações Estado-sociedade resultaram em novas lacunas na participação cidadã. Isso levou a uma exclusão persistente para aqueles sem acesso, aumentando a alienação. Além disso, houve impactos significativos nos setores da economia e da tecnologia. Essa segregação inclusive tem alimentado a desconfiança das pessoas na democracia, pois a igualdade, a autonomia e a participação, fundamentais para a formação de uma consciência social cidadã, não são efetivamente observadas na prática.

Para mais, importante pontuar que a vulnerabilidade do consumidor sempre foi explorada, mas no mundo digital essa exploração se torna mais evidente e

---

29. MARTINS, Guilherme Magalhães. O direito ao esquecimento na internet. In: MARTINS, Guilherme Magalhães; LONGHI, João Victor Rozatti. *Direito digital*: direito privado e internet. 2. ed. Indaiatuba: Foco, 2019. p. 75.
30. POELL, Thomas; NIEBORG, David; VAN DIJCK, José. Plataformização. *Revista Fronteiras* – estudos midiáticos, ano 22, n. 1, 2020, p. 2.
31. HABERMAS, Jürgen. Reflections and Hypotheses on a Further Structural Transformation of the Political Public Sphere. *Theory, Culture & Society*, Sage Journals, v. 39, Issue 4, 2022, p. 146.

acessível devido às arquiteturas de escolha, à automação do mercado e às grandes plataformas fornecedoras, em uma internet cada vez mais onipresente. Isso exige uma atualização do conceito de vulnerabilidade para o ambiente digital, que a verticalidade digital exemplifica como os riscos são repassados aos usuários, abusando de suas fragilidades. Isso está relacionado à organização de plataformas virtuais para direcionar ações especializadas para públicos específicos.

Entretanto, do ponto de vista da vulnerabilidade digital, a verticalização pode causar prejuízos aos usuários, como limitação de perspectivas, criação de bolhas de informação, falta de diversidade e tornar os usuários reféns dos vieses dos algoritmos. A percepção equivocada de que o direcionamento de conteúdo beneficia os usuários, na verdade, limita suas escolhas, prejudicando a autonomia e as oportunidades na rede. Isso ocorre devido à vigilância dos comportamentos dos usuários, baseada em pesquisas online e tempo de uso de sites e aplicativos.

Martins e Ferreira[32] citam os seguintes riscos que as plataformas digitais podem proporcionar:

> (i) abuso de posição dominante no âmbito da autonomia privada; (ii) manejo e controle de informações estratégicas sobre riscos setoriais; (iii) predisposição exclusiva dos conteúdos negociais e contratuais; (iv) conhecimento único e não compartilhado de técnicas para produtos e prestação de serviços; (v) supremacia seletiva na análise do público consumidor; (vi) gerenciamento, armazenamento e compartilhamento de dados pessoais e dados pessoais sensíveis de inúmeras pessoas a partir da era Big Data; (vii) padrões de persuasão que exploram (e anulam) cognitivamente a vontade dos consumidores, inclusive e mediante a utilização de inteligência artificial e algoritmos.

A verticalidade digital, então, exemplifica como os riscos são transferidos aos usuários na internet, aproveitando sua vulnerabilidade digital. Refere-se à organização de plataformas virtuais para oferecer ações especializadas direcionadas a públicos específicos. A percepção equivocada de que o direcionamento de conteúdo beneficia os usuários resulta, na verdade, em uma restrição de escolhas, prejudicando a autonomia e as oportunidades na rede. Isso ocorre devido à vigilância dos comportamentos dos usuários, baseada em pesquisas em páginas online e tempo de uso de sites e aplicativos.

Assim, essa mesma plataformização e verticalização pode gerar exclusão. Por exemplo, as desigualdades de acesso à internet, influenciadas por disparidades econômicas, geram exclusão, assim como barreiras culturais e linguísticas. Os algoritmos também contribuem para a exclusão ao moldar comportamentos e restringir escolhas. Questões de privacidade, segurança e concentração de poder,

---

32. MARTINS, Fernando Rodrigues; FERREIRA, Keila Pacheco. Verticalidade digital e direitos transversais: positivismo inclusivo na promoção dos vulneráveis. *Revista de Direito do Consumidor*. v. 147. ano 32. São Paulo: RT, maio/jun. 2023. p. 18.

com poucas empresas dominando o cenário online, como Google, Amazon e Meta (Facebook, Instagram e WhatsApp), também são preocupações.

Com efeito, percebe-se que há a necessidade de promover a pessoa humana na internet, seja no que tange à proteção quantos aos riscos ou em relação a favorecer o acesso as redes por meio do letramento digital. Inclusive, embora haja um ambiente equilibrado que inclui meios digitais exclusivos, predominantes e combinados com os analógicos para a realização de direitos ou deveres, não se pode afirmar a existência de um direito fundamental à vida analógica. Otavio Luiz Rodrigues Junior e Claudia Mansani Queda de Toledo[33] argumentam que a concepção de direitos fundamentais requer emendas constitucionais ou interpretação extensiva pelos princípios constitucionais e tratados internacionais, o que não se aplica ao contexto da internet. Logo, o reconhecimento prévio dessas circunstâncias específicas enfraquece a argumentação de que existe um direito à vida analógica como base para a proteção dessas pessoas.

Contudo, uma visão diferente do que ocorre na Alemanha.[34] Pois, lá foi debatido o direito fundamental de permanecer analógico, mesmo em um país com ampla conectividade, dado que grupos como idosos, analfabetos digitais e aqueles que optam por não se conectar devido a objeções de consciência têm receios em relação aos riscos apresentados pelo ambiente virtual. Segundo, Guilherme Magalhães Martins[35] há um paradigma na confiança dos consumidores em compras

---

33. RODRIGUES JUNIOR, Otavio Luiz; TOLEDO, Claudia Mansani Queda de. Direito fundamental a uma vida analógica? Um debate entre o direito civil e o direito constitucional a partir da hipótese de Lorenz. *Revista Brasileira de Estudos Constitucionais – RBEC*, Belo Horizonte, ano 16, n. 50, p. 213-236, jul./dez. 2022, p. 234.
34. "Os resultados divulgados em 2022 do Pnad Contínua – Pesquisa Nacional por Amostra de Domicílios Contínua, do Instituto Brasileiro de Geografia e Estatística – IBGE, informam que, em 2021, havia 65.620 milhões de domicílios com acesso à internet no país.9 Esse levantamento não faz distinção entre internet móvel e fixa no painel. Esses dados são muito reveladores se comparados com a média mundial: a) a média mundial de assinaturas de telefonia móvel é de 109,90, enquanto que o Brasil está com média 96,84; b) a média mundial de assinaturas de telefonia fixa é de 11,20, enquanto que a brasileira é superior: 14,42; c) a média mundial de assinaturas de banda larga fixa é de 17,10, ao passo em que o Brasil está em 16,70; d) a média mundial de assinaturas de banda larga móvel é de 83,20, enquanto que o Brasil está em 89,73, um patamar bem superior. Evidenciam tais números que o país está muito bem na banda larga móvel (uma população grandemente incluída na internet por meio dos telefones móveis) e na telefonia fixa comutada (resultado de 2 décadas de políticas públicas bem-sucedidas para a universalização desses serviços). Em termos de acessos domiciliares à internet, também como resultado da interpretação desses números, o Brasil já passou de 80% de domicílios incluídos digitalmente, o que também é um número muito expressivo em termos internacionais. O argumento de Lorenz quanto às dificuldades de natureza tecnológica e econômica mostram-se, se comparados com a Alemanha, frágeis e pouco convincentes. A despeito dos níveis de desigualdade social entre brasileiros serem muito maiores do que os existentes entre alemães, tais assimetrias não impediram um nível de inclusão digital surpreendentemente elevado para um país com as condições socioeconômicas do Brasil" (*idem*, p. 217-218).
35. MARTINS, Guilherme Magalhaes. *Contratos eletrônicos de consumo*. 4. ed. Barueri: Atlas, 2023, p. 2-3.

online, devido ao medo de violações à dignidade e privacidade, como exposição de dados pessoais e fraudes em pagamentos.

Por outro lado, no Brasil, o governo tem adotado uma postura que favorece apenas aqueles que estão conectados, o que cria um paradoxo. Embora seja necessário estar online para acessar políticas públicas ou aplicativos governamentais, o governo não oferece acesso à internet, deixando essa responsabilidade para o mercado. Isso implica que o acesso às políticas públicas é determinado pelo mercado, excluindo aqueles que não podem pagar pela conexão. Além disso, há milhares de pessoas que ainda estão excluídas do mundo digital.

Por consequência, revela-se necessário que o próprio mercado assegure conectividade mínima e responsável[36] aos usuários. Isto é, é imprescindível que haja uma estrutura a partir do acesso básico e adequado, de acessibilidade econômica, da neutralidade da rede, de proteção da privacidade e segurança, responsabilidade social corporativa e sustentável a ser fornecida pelo próprio mercado. Na pandemia da covid-19 isso se revelou fundamental, pois com as medidas de isolamento social as pessoas se viram com a inevitabilidade de usar da internet para se informar, consumir, trabalhar etc. Por isso, tal ônus não pode ficar apenas restrito ao Estado com políticas públicas, o que demanda responsabilidade do seio corporativo (na qual se incluem empresas de pequeno, médio e grande porte, com programas de compliance e governança com medidas de prevenção e precaução, somado ao princípio da função social da empresa).

Tudo isso, sob o viés jurídico. Pois, paralelamente, o Direito pode ajudar a mitigar os desafios da plataformização, tecnologia, comunicação e esfera pública. Isso pode ocorrer por meio de uma interpretação protetiva e inclusiva das normas jurídicas, para facilitar a expressão individual e coletiva dos marginalizados na esfera das tecnologias de comunicação e informação – por exemplo a partir do diálogo de fontes com as legislações transversais que versam sobre o campo virtual.[37] Ademais, a promulgação de novos direitos, como a inclusão digital, pode ser uma medida eficaz nesse sentido – seja como interpretando como um direito fundamental implícito ou como uma norma de direito fundamental associada (por meio do art. 5º, § 2º, CRFB/1988) ou a partir da previsão expressa do direito fundamental na Constituição Federal de 1988.[38]

---

36. Fernando Rodrigues Martins opera e defende o conceito de "conectividade mínima e responsável". Ver mais em: MARTINS, Fernando Rodrigues. *'Neurolaw', neurodireitos e comércio eletrônico como lacunas éticas no sistema jurídico*. Por uma metodologia do direito digital: nove diretrizes para sobrepor a autorregulação algorítmica pela regulação humana. (No prelo.)
37. Por exemplo, o CDC, LGPD, CC/2002. Ver mais em: Martins; Ferreira, *op. cit.*, 2023, p. 25.
38. Ver mais sobre os temas supracitados em: ESTEVAM, Marcelo Henrique de Sousa. *A inclusão digital como direito fundamental*: fomento à promoção do sujeito real no campo virtual face aos riscos inerentes à vulnerabilidade digital. Dissertação (Mestrado em Direito). Pós-graduação em Direito. Universidade Federal de Uberlândia – UFU, 2024.

A exclusão digital priva as pessoas de diversas oportunidades, como acesso a políticas públicas, interação social, consumo, educação e lazer. Portanto, a democratização do acesso à tecnologia é urgente, com o Estado e a sociedade civil não podem ignorar essa questão, especialmente considerando os vulneráveis que são excluídos e têm dificuldade em fazer ouvir suas vozes na sociedade. Por isso, deve-se estimular medidas para favorecer a autonomia e a criação de um ambiente digital aprazível e seguro, com legítima proteção dos vulneráveis e suas privacidades.[39] Igualmente, deve-se oferecer tutela no que tange aos riscos, a fim de ajudar os usuários a identificar, por exemplo, conteúdos falsos na rede, evitar a disseminação de informações falsas, imprecisas ou enganosas pode ter consequências negativas significativas, afetando questões políticas e de saúde pública, como observado durante a pandemia de covid-19.

CONSIDERAÇÕES FINAIS

Ante o exposto neste estudo, constatou-se a importância de compreender a inclusão digital além do simples acesso à internet, considerando o letramento digital e os desafios enfrentados pelos vulneráveis. Foi também identificado desigualdades regionais no acesso à internet e seus impactos socioeconômicos, especialmente na educação, consumo e participação cívica. Examinou-se o papel do Marco Civil da Internet na promoção da pessoa humana na rede, destacando seus princípios fundamentais e potenciais contribuições para a inclusão digital. Porém, também se reconheceu as limitações e críticas à implementação da lei, especialmente diante da plataformização e verticalidade digital. Concluímos com um exemplo de política de inclusão digital na Alemanha e uma avaliação do contexto brasileiro, destacando a necessidade de esforços conjuntos da sociedade civil e do Estado para promover uma conectividade mínima e responsável.

REFERÊNCIAS

ARAÚJO, Verônica Danieli Lima; GLOTZ, Raquel Elza Oliveira. O letramento digital como instrumento de inclusão social e democratização do conhecimento: desafios atuais. *Revista Educação Pública*. p. 1-10, 2014.

BBC NEWS BRASIL. Entenda as polêmicas sobre o Marco Civil da Internet. *Portal BBC News Brasil*, 19 fev. 2014. Disponível em: https://www.bbc.com/portuguese/noticias/2014/03/140219_marco_civil_internet_mm Acesso em: 16 abr. 2024.

BONILLA, Maria Helena Silveira; OLIVEIRA, Paulo Cezar Souza de. Inclusão Digital: ambiguidades em curso. In: BONILLA, Maria Helena Silveira; PRETTO, Nelson de Luca (orgs.). *Inclusão digital*: polêmica contemporânea. Salvador: EDUFBA, 2011. p. 23-48. v. 2.

---

39. Registra-se que a proteção à privacidade dos usuários deve ocorrer tanto em vida como no período *pós mortem*. Ver mais em: BOYADJIAN, Gustavo Henrique Velasco; ESTEVAM, Marcelo Henrique de Sousa. Testamentos e codicilos digitais: os desafios da herança digital em meio à sociedade da informação. *Revista IBDFAM: Famílias e Sucessões*, Belo Horizonte, n. 51, p. 207, 2022.

BOYADJIAN, Gustavo Henrique Velasco; ESTEVAM, Marcelo Henrique de Sousa. Testamentos e codicilos digitais: os desafios da herança digital em meio à sociedade da informação. *Revista IBDFAM: Famílias e Sucessões*, Belo Horizonte, n. 51, p. 207, 2022.

BUSTILLO, Luisa Nascimento; NASCIMENTO, Grasiele Augusta Ferreira. Letramento digital: reflexos no mundo do trabalho. *Revista de Direitos e Garantias Fundamentais*, Vitória, v. 18, n. 2, p. 111-130, 2017.

CARVALHO, Delton Winter de. A natureza jurídica da pandemia covid-19 como um desastre biológico: um ponto de partida necessário para o Direito. *Revista dos Tribunais Online*, 2020.

CASTELLS, Manuel. *A galáxia internet*: reflexões sobre internet, negócios e sociedade. 2. ed. Lisboa: Fundação Calouste Gulbenkian, 2007.

ESTEVAM, Marcelo Henrique de Sousa. *A inclusão digital como direito fundamental*: fomento à promoção do sujeito real no campo virtual face aos riscos inerentes à vulnerabilidade digital. Dissertação (Mestrado em Direito). Pós-graduação em Direito. Universidade Federal de Uberlândia – UFU, 2024.

HABERMAS, Jürgen. Reflections and Hypotheses on a Further Structural Transformation of the Political Public Sphere. *Theory, Culture & Society*, Sage Journals, Volume 39, Issue 4, p. 145-171, 2022.

INSTITUTO BRASILEIRO DE GEOGRAFIA E ESTATÍSTICA (IBGE). Pesquisa Nacional por Amostra de Domicílios Contínua (Pnad Contínua). *Acesso à Internet e à televisão e posse de telefone móvel celular para uso pessoal 2021*, IBGE, 2022. Disponível em: https://biblioteca.ibge.gov.br/visualizacao/livros/liv101963_informativo.pdf.

LÉVY, Pierre. *Cibercultura*. São Paulo: Editora 34, 1999.

LIMA NETO, Newton Vieira; CARVALHO, Alexandra Bittencourt de. Letramento digital: breve revisão bibliográfica do limiar entre conceitos e concepções de professoras e de professores. *Texto Livre*, Belo Horizonte, v. 15, p. 1-11, 2022.

LOTUFO, Renan. *Curso avançado de Direito Civil*. São Paulo: RT, 2002. v. 1.

MARQUES, Cláudia Lima. A insuficiente proteção do consumidor nas normas de Direito Internacional Privado. *O novo direito internacional*. Rio de Janeiro: Renovar, 2005.

MARQUES, Claudia Lima. Estudo sobre a vulnerabilidade dos analfabetos na sociedade de consumo: o caso do crédito consignado a consumidores analfabetos. *Revista de Direito do Consumidor*, v. 95, 2014.

MARQUES, Claudia Lima; MIRAGEM, Bruno. *O novo direito privado e a proteção dos vulneráveis*. 2. ed. São Paulo: Revista dos Tribunais, 2014.

MARTINS, Fernando Rodrigues. Sociedade da informação e promoção à pessoa. *Revista de Direito do Consumidor*, v. 96, 2014.

MARTINS, Fernando Rodrigues; FERREIRA, Keila Pacheco. Diálogo de fontes e governança global: hermenêutica e cidadania mundial na concretude dos direitos humanos. *Revista de Direito do Consumidor*. v. 117, p. 443-467, 2018.

MARTINS, Fernando Rodrigues; FERREIRA, Keila Pacheco. Verticalidade digital e direitos transversais: positivismo inclusivo na promoção dos vulneráveis. *Revista de Direito do Consumidor*. v. 147. ano 32. p. 15-50. São Paulo: RT, maio/jun. 2023.

MARTINS, Fernando Rodrigues; LIMA, Thainá Lopes Gomes. Da vulnerabilidade digital à curiosa "vulnerabilidade empresarial": polarização da vida e responsabilidade civil do impulsionador de conteúdos falsos e odiosos na "idade" da liberdade econômica. *Revista de Direito do Consumidor*, v. 128, 2020.

MARTINS, Guilherme Magalhaes. *Contratos eletrônicos de consumo*. 4. ed. Barueri: Atlas, 2023.

MARTINS, Guilherme Magalhães. O direito ao esquecimento na internet. In: MARTINS, Guilherme Magalhães; LONGHI, João Victor Rozatti. *Direito digital:* direito privado e internet. 2. ed. Indaiatuba: Foco, 2019.

POELL, Thomas; NIEBORG, David; VAN DIJCK, José. Plataformização. *Revista Fronteiras* – estudos midiáticos, ano 22, n. 1, p. 2-10, 2020.

RICOEUR, Paul. *O justo ou a essência da justiça*. Lisboa: Instituto Piaget, 1995.

RODOTÁ, Stefano. *A vida na sociedade da vigilância:* a privacidade hoje. Rio de Janeiro. Editora Renovar, 2008.

RODRIGUES JUNIOR, Otavio Luiz; TOLEDO, Claudia Mansani Queda de. Direito fundamental a uma vida analógica? Um debate entre o direito civil e o direito constitucional a partir da hipótese de Lorenz. *Revista Brasileira de Estudos Constitucionais – RBEC*, Belo Horizonte, ano 16, n. 50, p. 213-236, jul./dez. 2022.

ROSA, Luiz Carlos Goiabeira; BIZELLI, Rafael Ferreira; FÉLIX, Vinícius Cesar. Vulnerabilidade e hipossuficiência no contrato existencial de consumo. *Scientia Iuris*, Londrina, v. 21, n. 1, p. 155-188, 2017.

RESPONSABILIDADE DOS PROVEDORES DE CONTEÚDO E PLATAFORMAS ON-LINE: ANÁLISE CRÍTICA À LUZ DO MARCO CIVIL

Marília de Ávila e Silva Sampaio[1]

Sumário: Introdução – I – Da sociedade em rede à plataformização da vida contemporânea e seus efeitos – II – A responsabilização dos provedores no MCI: contexto da edição da lei – III – Pontos de reflexão acerca do MCI e a economia das plataformas: para além da constitucionalidade ou não do art. 19 – Conclusões – Referências.

INTRODUÇÃO

O presente artigo pretende discutir a eficácia da regulação estabelecida pelo Marco Civil da Internet (MCI), no que tange à responsabilidade dos provedores de aplicações por conteúdos postados por terceiros, nas hipóteses de danos causados aos usuários de suas aplicações, notadamente nos casos de conteúdos infringentes.

O tema ganha relevância renovada, a despeito dos 10 anos de vigência da Lei, a uma em razão da transmutação da chamada "sociedade em redes", para uma "sociedade de plataformas, na qual, tais agentes, além de uma atuação planetária, global, a qual não encontra limites nas fronteiras dos estados nacionais, também têm um imenso protagonismo no controle dos fluxos das informações que circulam por seu intermédio.

São elas, as plataformas, que decidem quais os conteúdos serão mostrados, impulsionam, sugerem e direcionam tais conteúdos a partir de uma análise algorítmica, totalmente opaca aos usuários e no mais das vezes, movidas exclusivamente por manter os ganhos obtidos a partir do seu modelo de negócios e raras vezes considerando os interesses e direitos de seus usuários.

Movidos pela utopia do empoderamento individual e da possibilidade de ter voz sobre uma infinidade de assuntos, num ambiente neutro e isento de inte-

---

1. Pós-doutora em Direito do Consumidor pela PUC/RS. Doutora em Direito e Políticas Públicas pelo UniCEUB. Mestre em Direito e Estado pela UNB. Especialista em Direito Privado e Direito Administrativo pela UCB. Professora do Instituto Brasileiro de Ensino, Desenvolvimento e Pesquisa – IDP. Professora da Escola Judiciária do TJDFT. Diretora Adjunta de Crédito do Instituto Brasileiro de Política e Direito do Consumidor – Brasilcon e membro do Instituto Brasileiro de Estudos de Responsabilidade Civil – IBERC. Juíza de Direito do TJDFT.

resses outros se não a interação entre os usuários, raramente os indivíduos têm consciência do alto grau de alienação técnica e da brutal assimetria existentes entre eles e as plataformas.

Somado a isto, o MCI estabeleceu um regime de irresponsabilidade dos provedores por conteúdo gerado por terceiros, salvo na hipótese de inércia na remoção do conteúdo, após ordem judicial específica para tanto. Adotou, portanto, o modelo do *judice notice and take down*, inserto no art. 19 do MCI, cuja constitucionalidade está sendo discuta do Supremo Tribunal Federal. Diante de tal cenário, a pergunta a ser respondida é se o modelo de responsabilidade previsto no MCI é apto a proteger seus usuários contra eventuais danos ou é necessário repensar a sua aplicação.

Para tanto, o artigo foi dividido em três tópicos, iniciando por uma análise dos principais aspectos relativos à chamada "plataformização da vida em sociedade", na qual esses entes privados transnacionais não só mediatizam materialmente o social, mas coproduzem as estruturas sociais em que vivemos. O Tópico II avaliará o contexto de edição dom MCI e apresentará aspectos importantes da Lei em Vigor e o tópico II pretende discutir alguns pontos passíveis de reflexão em relação ao atual modelo de responsabilização adotado pelo MIC, para além da discussão de sua constitucionalidade.

I – DA SOCIEDADE EM REDE À PLATAFORMIZAÇÃO DA VIDA CONTEMPORÂNEA E SEUS EFEITOS

O tema que ora se descortina à análise, qual seja, as responsabilidades dos provedores de conteúdo na internet, situa-se dentro do grande espectro de metamorfoses pelas quais vem passando a sociedade em geral e o direito em especial, em face da crescente digitalização da vida em uma sociedade global. Gunther Teubner define alguns marcos atinentes ao desafio de entender as modificações que se apresentam nas estruturas tradicionais da sociedade e do direito, a partir da "intersecção situacional com práticas sociais heterogêneas: com tecnologias, novas formas de geração de conhecimento, com a transformação da subjetividade, com a construção de novos centros de decisão e com o surgimento de novos meios de comunicação".[2]

Entretanto, até as mutações da vida virtual são aceleradas pela mediação exercida pela tecnologia nas nossas vidas. Se num primeiro momento o que marcou o ciberespaço foi o acesso a distância aos diversos recursos de um computador e suas memórias, a partir da digitalização da informação, hoje o que se verifica é um

---

2. TEUBNER, Gunther. Prefácio. In: CAMPOS, Ricardo. *Metamorfoses do direito global*. Sobre a interação entre direito, tempo e tecnologia. São Paulo: Contracorrente, 2023. p. 12.

"estilo de relacionamento quase independente dos lugares geográficos (telecomunicação, telepresença) e da coincidência dos tempos (comunicação assíncrona)"[3].

A virtualização crescente da vida em sociedade por meio da internet, estabeleceu uma sociedade marcada pelos relacionamentos em rede. O resultado é que as relações sociais e econômicas não são mais baseadas na produção e circulação de bens e serviços, mas em valores criados pelo fluxo da informação numa arquitetura transnacional.

Manuel Castells definiu a sociedade em rede como aquela que é fruto de uma transformação imposta pela centralidade da virtualização como dimensão essencial da nossa realidade e que se estabelece a partir "da passagem dos meios de comunicação de massa tradicionais para um sistema de redes horizontais de comunicação organizadas em torno da internet e da comunicação sem fio"[4].

Não obstante, muito mais do que estruturas técnicas de difusão da informação por meio de computadores e suas redes, para além do próprio conceito de rede, hoje o que a literatura registra é o que Ricardo Campos nominou como sendo a "plataformização da internet"[5], ou seja, a mediatização material do social através de plataformas de comunicação eletrônica, que não só refletem a organização social, mas são, coprodutoras das estruturas sociais em que vivemos. As plataformas, assim, não são só redes. São entidades transnacionais privadas que prestam serviços cada vez mais essenciais e controlam a troca de informações on-line.

Na medida em que as plataformas geram processos hierárquicos de organização da informação e dos dados pessoais coletados, na mesma proporção monopolizam a distribuição da informação e se tornam as grandes controladoras dos processos comunicativos: elas "são os novos mediadores entre usuários e o espeço público".[6]

Inovações técnicas como smartphones e tablets, em adição aos computadores pessoais, permitiram uma capilarização muito intensa não só entre as plataformas, mas entre os próprios usuários e seus aparelhos, "numa relação cada vez mais cotidiana, capilarizada, personalizada em escala tanto individual, como planetária".[7]

Paradoxalmente, entretanto, não são os sujeitos que livremente manifestam suas ideias e preferencias em relação ao que é compartilhado na rede, mas são as próprias plataformas que decidem quais os assuntos serão mostrados, por meio

---

3. LEVY, Pierre. *Cibercultura*. São Paulo: Editora 34, 2010.
4. CASTELLS, Manuel. *A sociedade em rede*. Tradução: Roneide Venâncio Majer. 24. ed. Rio de Janeiro: Paz e Terra, 2022. p. 11.
5. CAMPOS, Ricardo. *Metamorfoses do direito global*. Sobre a interação entre direito, tempo e tecnologia. São Paulo: Contracorrente, 2023.
6. CALLEJÓN, Francisco Balaguer. *A constituição do algoritmo*. Rio de Janeiro: Forense, 2023. p. 114.
7. CESARINO, Letícia. *O mundo do avesso*. São Paulo: Ubu editora, 2022. p. 101.

de algoritmos, que estabelecem quais conteúdos personalizados serão entregues aos demais, perdendo o indivíduo cada vez mais o controle sobre o que é mostrado de si para os demais e o que dos demais aparece para si.

O resultado é a formação de "bolhas" de interação, nas quais os usuários participam legitimados em suas opiniões e visões da realidade, sentindo-se livres, para se manifestar sobre todos os assuntos, mesmo os mais técnicos e mais específicos, como "pequenos soberanos em seus microfeudos digitais".[8]

Poucos, entretanto, tem consciência do alto grau de alienação técnica e da brutal assimetria existentes entre as plataformas e seus usuários, pois nem estes são os clientes das plataformas, e nem aquelas estão a serviço dos usuários. Como afirma Letícia Cesarino, embora as plataformas afirmem existir para servir aos usuários, na verdade operam dentro de uma "indiferença radical" aos seus melhores interesses, contanto que os retornos financeiros do capital de risco que financia o setor venham e que os usuários sejam mantidos o maior tempo possível na plataforma, de modo a viabilizar a extração do maior volume de dados necessários ao seu modelo de negócios.

No que diz respeito ao tema da responsabilidade dos provedores de conteúdo na internet, importa salientar que as plataformas são atores privados que não só proveem produtos e serviços cada vez mais relevantes, como também executam tarefas regulatórias, notadamente em relação à moderação de conteúdos e dados pessoais.

As plataformas, como agentes privados que são – e diante da ausência de regulação de suas atividades – baseiam-se nos seus "termos de serviço" para estabelecer procedimentos de governança em seus espaços digitais, vinculando milhares de usuários, ponderando direitos fundamentais e valores constitucionais, à margem de qualquer atuação do estado e sem mecanismos claros de responsabilização.

Ao contrário, como adverte Giovanni de Gregorio, plataformas não estão obrigadas a se preocupar com direitos fundamentais ou outros valores constitucionais: as plataformas são primariamente dirigidas pela maximização de lucros. Isso preocupa na medida em que o estabelecimento, aplicação e equilíbrio de direitos fundamentais e liberdades na sociedade algorítmica está sendo crescentemente privatizado e compete com os padrões constitucionais de proteção em escala global.[9]

---

8. *Idem*, p. 105.
9. GREGORIO, Giovanni de. *Digital Constitutionalism in Europe. Reframing rights and powers in the algorithmic Society*. Nova York: Cambridge University Press, 2022.

E mais, algumas plataformas desempenham o papel de verdadeiros *gatekeepers*, ou seja, plataformas digitais qualificadas por uma posição privilegiada[10], afetando a estrutura do ciberespaço mais do que outras. Sobre os gatekeepers, Giovanni de Gregorio explica que:

> Alguns atores podem exercer uma influência mais forte sobre a estrutura do ciberespaço do que outros pontos. Por outras palavras, em virtude da sua "gravidade", alguns atores, ou nós, da rede podem atrair outros pontos ativos que moldam as comunidades online e, como resultado, toda a rede. Esses atores são geralmente chamados de macro nós ou gatekepeers. Ou seja, esses atores fazem a mediação horizontal entre os Espaços, por exemplo, o Estado, o mercado e a Sociedade.[11]

Assim, tais agentes privados, a despeito de todo o controle exercido no fluxo de informação e comunicação nas plataformas, movidos no mais das vezes pela manutenção de seus próprios interesses, vem recebendo cada vez mais delegação para regular seus espaços digitais, sem a obrigação de proteger valores constitucionais e deveres fundamentais. Como regimes autoritários, as plataformas escapam das obrigações constitucionais e legais para perseguir seus objetivos de negócios.[12]

No Brasil, a responsabilização dos provedores, tanto de aplicações, como de conexão foi regulada pelo MCI e o contexto de sua criação e seus principais aspectos normativos serão apresentados no tópico a seguir.

II – A RESPONSABILIZAÇÃO DOS PROVEDORES NO MCI: CONTEXTO DA EDIÇÃO DA LEI

O Marco Civil da Internet teve como fundamento último o reconhecimento da necessidade de regulação mínima do ciberespaço, diante da vulnerabilidade de seus usuários, mas dentro de um ambiente ainda otimista em relação ao uso da rede como um espaço neutro, capaz de amplificar debates e promover o em-

---

10. A abordagem que tomou forma pela teoria das plataformas digitais e poder de plataforma, fala de network gatekeepers como plataformas digitais qualificadas por uma posição privilegiada. Nesse sentido, trata-se de plataformas digitais dominantes em seus mercados, mas que usufruem da posição que ocupam para exercer poder de mercado e influenciar de forma relevante seus usuários (EIRA, Diogo de Assis. *O papel dos gigantes da internet como gatekeepers no direito da concorrência*: 2019. 98 f. Trabalho de Conclusão de Curso (Bacharelado em Direito) –Universidade de Brasília, Brasília, 2019. Disponível em: https://bdm.unb.br/handle/10483/25002. Acesso em: 21 ago. 2024).
11. Tradução livre de: "Some actors can exercise a stronger influence over the structure of cyberspace than other dots. In other words, by virtue of their "gravity", some actors, or nodes, in the network can attract other active dots shaping online communities and, as a result, the entire network. These actors are usually called macro-nodes or gatekepeers. In other words, these actors mediate in a horizontal manner among Spaces, for example, the state, the market and Society" (Gregorio, *op. cit.*, p. 87).
12. Gregorio afirma que "Like iliberal regimes, platforms escape from constitucional obligations to persue their business purpose" (*op. cit.*, p. 95).

poderamento dos usuários, garantindo um mínimo de entraves ao livre exercício da liberdade de expressão e pensamento.

O contexto inicial de desenvolvimento global da internet, marcado por um grande estímulo à inovação e ao desenvolvimento da tecnologia, estabeleceu regimes brandos de responsabilização dos provedores da rede, no que se concebeu como "liberalismo digital". Isso se deveu ao fato de que o primeiro estágio de desenvolvimento das tecnologias digitais foi marcado por uma abordagem liberal, adotada tanto nos Estados Unidos[13], como na Europa.

As plataformas eram consideradas intermediários neutros, que usualmente não produziam ou criavam conteúdo, afirmando-se que eram somente espaços virtuais onde os usuários poderiam compartilhar suas visualizações e serviços de acesso, mesmo que armazenassem e organizassem informação em troca de proveito econômico.[14] Para Giovanni de Gregorio, "*the legal regime hilights the architecture of freedom on which online intermediaries heve been generally considered neither accountable nor responsable*[15] *(i.e. safe Harbour) since plataforms are not awere (or in control) of illegal content transmitted or hosted*".[16]

---

13. "Nos Estados Unidos da América, por exemplo, a *Section 230 do Communications Decency Act* (CDA), de 1996, trazia os provedores como plataformas neutras, que não faziam moderação de conteúdo, com total ausência de responsabilidade pelos danos causados aos seus usuários. E da mesma forma, na Europa, a Alemanha, nos §§ 8-11 da Lei de Serviços a Distância – Teleserviços, de 1997, também neutralizava a responsabilidade das plataformas pelos conteúdos inseridos prelos usuários" (LAGASTRA, Valéria Ferioli. Nota sobre o Marco Civil da Internet e a inconstitucionalidade do art. 19 da Lei 12.965/14. *Revista de Direito do Consumidor*, ano 32, n. 148, jul./ago. 2023. p. 47).
14. Gregorio, *op. cit.*, p. 38.
15. Aqui vale o registro de a língua portuguesa possuir um único vocábulo para registrar o que em língua inglesa é tratado por vocábulos diferentes, o que gera a necessidade de uma pequena digressão acerca dos significados dos termos *responsability, accountability* e *liability*. Segundo Nelson Rosenvald e Felipe Braga Netto, *Liability* é um conceito "que se ajusta perfeitamente ao clássico sentido civilístico da responsabilidade (...) ou seja, a eficácia condenatória de uma sentença como resultado da apuração de um nexo causal entre uma conduta e um dano, acrescida por outros elementos, conforme o nexo de imputação concreto, tendo em consideração as peculiaridades de cada jurisdição". Já a *responsability* representa "o sentido moral da responsabilidade, voluntariamente aceito e jamais legalmente imposto. É um conceito prospectivo de responsabilidade, no qual ela se converte em instrumento para autogoverno e modelação da vida. (...) Enquanto a *liability* atua o passado – sempre atrelada a uma função compensatória dos danos – a *responsability* é perene, transitando entre o passado, presente e futuro". Por fim, a accountability inclui "parâmetros regulatórios preventivos, que promovem uma interação entre a liability do Código Civil com uma regulamentação voltada à governança de dados, seja em caráter *ex ante ou ex post*. (...) no plano ex ante *accountability* é compreendida como um guia para controladores e operadores, protagonistas do tratamento de dados pessoais, mediante a inserção de regras de boas práticas que estabeleçam procedimentos, normas de segurança e padrões técnicos. (...) já na vertente ex post, atua como um guia para o magistrado e outras autoridades, tanto para identificar a quantificar responsabilidades, como para estabelecer remédios mais adequados" (ROSENVALD, Nelson; BRAGA NETTO, Felipe. *Responsabilidade civil* – Teoria geral. Indaiatuba: Editora Foco, 2024. p. 20-27).
16. Gregorio, *op. cit.*, p. 47.

Não obstante, na esteira do que foi tratado no tópico anterior, a consolidação do enorme poder das plataformas, a partir do processamento cada vez maior de dados e da utilização de algoritmos, estabeleceu a necessidade de um mínimo de intervenção sobre a organização da informação obtida a partir dos perfis dos usuários.

A atividade principal das plataformas deixou de ser o oferecimento de espaços virtuais neutros para a interação dos consumidores, mas um modelo de negócios baseado na coleta e organização de uma imensa quantidade de dados e de conteúdos, que as transformou em controladoras quase exclusivas sobre estes, sendo muito mais do que simples intermediárias.

Nesse cenário, foi editada a Lei 12.965 (MCI), sancionada em 23 de abril de 2014, após intensos debates realizados nas casas legislativas e com a participação de diversos setores e especialistas no tema. A despeito do fato de que a expansão da internet ter se iniciado na década de 1990 no Brasil, até a edição do MCI em 2014, não havia uma legislação específica sobre seu uso. Desta forma, a lei teve por objetivo estabelecer mecanismos de governança justa dos usuários da rede e foi estruturada com um caráter eminentemente principiológico e enunciativo dos direitos[17], reafirmando valores já plasmados no texto constitucional, notadamente a proteção do tripé liberdade de expressão, privacidade e neutralidade da rede.

Não sem motivo que o art. 2º do MCI estabelece como fundamento do uso da internet no Brasil o respeito à liberdade de expressão, ao lado de outros parâmetros como direitos humanos, desenvolvimento da personalidade e exercício de cidadania em meios digitais, pluralidade, diversidade, abertura e colaboração, livre iniciativa, livre concorrência, defesa do consumidor e finalidade social da rede.

O MCI assentou somente dois tipos de provedores: os de conexão e os de aplicações. A Lei não traz um conceito desses provedores, mas descreve as atividades desempenhadas por eles. Assim, o art. 5º, inciso V define a atividade do provedor de conexão como aquela que viabiliza a "habilitação de um terminal para envio e recebimento de pacotes de dados pela internet, mediante a atribuição ou autenticação de um endereço IP" e a dos provedores de aplicações como aquelas que fornecem "o conjunto de funcionalidades que podem ser acessadas por meio de um terminal conectado à internet".

Em publicação da Câmara dos Deputados, foram elencados 6 pontos que caracterizam os pilares da Lei. O primeiro apontado foi a garantia de liberdade de expressão, privacidade, intimidade dos usuários e inviolabilidade das comunicações, ressaltando que "a nova lei esclarece e consolida que os direitos consti-

---

17. LONGHI, João Vitor Rozatti. *Responsabilidade civil redes sociais* – Retirada de conteúdo, perfis falsos, discurso de ódio e fake news. Indaiatuba: Editora Foco, 2020.

tucionais, como o de inviolabilidade das comunicações e de direito à informação, são válidos também para o mundo virtual. Comentários ou críticas não podem ser censurados previamente, ainda que em desacordo com políticas internas, e estas devem ser explícitas. Além disso, o acesso a páginas de internet não pode ser bloqueado sem ordem judicial e a intimidade e a privacidade possuem maior proteção, pois a coleta de dados será regulamentada".[18]

Os dois pilares subsequentes dizem respeito à coleta de dados pessoais e os registros de conexão à internet, pois em relação aos primeiros, ficou estabelecido que os dados somente podem ser coletados com o consentimento do usuário, matéria que hoje é regulamentada pela Lei 13.709/2018 (Lei Geral de Proteção de Dados – LGPD), e em relação aos registros de conexão à internet, tornou obrigatória a guarda destes registros por um ano, vedando a guarda de registros de navegação por parte dos provedores de conexão.

Já em relação ao quarto pilar da referida Lei, o texto ressaltou que antes de sua edição, não havia obrigatoriedade de guarda de registros de navegação e era permitido que aplicações de internet o conservassem por tempo indeterminado: "Qualquer sítio ou aplicação de internet podia coletar, indefinidamente, qualquer tipo de dado acerca da navegação do usuário (bastando, para isso, a instalação de cookies no terminal do usuário), o que podia ocorrer sem o consentimento ou conhecimento deste".[19] Pela Lei, os provedores de aplicação deverão guardar os registros de navegação por seis meses, devendo informar os usuários caso coletem e guardem registros de navegação em outros sítios.

O quinto pilar da Lei diz respeito à retirada de conteúdos infringentes, tema que interessa diretamente ao presente texto. Pelo sistema instituído pela Lei, a responsabilidade do provedor de aplicações por conteúdos postados por terceiros somente, somente acontecerá se, após ordem judicial específica, não tomar medidas para a suspensão do conteúdo apontado como infringente. Além do sistema do *judicial notice and take down em relação aos conteúdos infringentes em geral*, quando o conteúdo infringente tiver caráter sexual, com a divulgação, sem autorização dos envolvidos, de imagens, de vídeos ou outros materiais contendo cenas de nudez ou atos sexuais, a responsabilização será subsidiária se, após a notificação do participante, o provedor deixar de remover o conteúdo. Questões atinentes à constitucionalidade do sistema adotado pelo art. 19 do MCI e sua capacidade de dar respostas aos problemas advindos da atuação das plataformas serão tratadas especificamente no próximo tópico.

---

18. BRASIL. Marco Civil da Internet. Lei n. 12.965, de 23 de abril de 2014, que estabelece princípios, garantias, direitos e deveres para o uso da internet no Brasil. 2. ed. Brasília, Câmara dos Deputados, Edições Câmara, 2015. p. 14. Disponível em http://www.camara.leg.br/editora. Acesso em: 1º abr. 2024.
19. Idem.

Por fim, o sexto pilar da Lei refere-se à neutralidade da rede. Antes da edição do MCI não havia nenhuma garantia de tratamento isonômico de pacotes de dados e fluxos de informação na internet. Conforme adverte Claudio Nazareno, empresas poderiam, mesmo contrariando a legislação concorrencial ou o próprio Código de Defesa do Consumidor, diminuir a velocidade ou deteriorar certos tipos de tráfego em detrimento de outros.[20] A Lei passou a garantir um tratamento igualitário de informações na rede, sendo que o tráfego poderá ser gerenciado, desde que o usuário seja informado previamente dos termos e condições do contrato (art. 9º, § 2º, III), devendo as empresas agir com "transparência, isonomia e em condições não discriminatórias e que garantam a concorrência".[21]

O art. 9º do MCI, ao tratar da neutralidade da rede foi explicito em determinar o tratamento isonômico dos pacotes de dados, "sem distinção de conteúdo, origem e destino, serviço, terminal ou aplicação", bem como ao impor aos provedores de conexão, onerosa ou gratuita, a vedação de bloqueio, filtragem ou análise do conteúdo dos pacotes de dados, incluindo a transmissão, comutação ou roteamento dos dados (art. 9º, § 3º).

Não será objeto de análise a responsabilidade dos provedores de conexão, seja por atos próprios, seja por atos de terceiros, pois nosso objetivo é discutir a responsabilidade dos provedores de conteúdo, notadamente no âmbito da atuação das plataformas. Nosso foco, portanto, será na responsabilidade dos provedores de aplicações por conteúdos infringentes postados por terceiros.

Nesse particular, como dito anteriormente, antes da Lei não havia disposição legislativa que tratasse do tema, cabendo à jurisprudência, notadamente as decisões do Superior Tribunal de Justiça, a fixação de parâmetros de responsabilização de tais provedores. Desde as primeiras demandas levadas à apreciação do Judiciário, tomou corpo a natureza subjetiva por omissão da responsabilidade desses provedores, de modo que esta somente incidiria diante da inércia de bloqueio ou suspensão do conteúdo após a notificação extrajudicial pelos usuários.

Como justificativa para a adoção do sistema de responsabilidade subjetiva, Ronaldo Lemos, apontou basicamente dois fatores: 1) O fato de que a responsabilidade objetiva seria capaz de incentivar o monitoramento e exclusão de conteúdos potencialmente controvertidos, o que poderia representar uma indevida restrição à liberdade de expressão, a par de poder se tornar um obstáculo à inovação tecnológica; 2) Na esteira das decisões do próprio STJ, ficou assentada a tese de que "não

---

20. Ademais, empresas de conexão à internet podiam degradar a qualidade de ligações Voip (Skype) ou de vídeos (Netflix) e favorecer aplicações com as quais detivessem interesses comerciais. Também podiam ofertar pacotes com franquia de dados (por exemplo, 10Gb/mês para celulares) ou gratuidade a serviços específicos (por exemplo, Facebook ou Twitter grátis para celulares pré-pagos) (*idem*).
21. *Idem*.

constitui atividade intrínseca da rede social (como o Facebook, por exemplo) a fiscalização prévia dos conteúdos que são postados em sua plataforma, de modo que não se pode reputar defeituoso, nos termos do art. 14 do Código de Defesa do Consumidor, o site que não examina e filtra os dados e imagens nele inseridos".[22]

Para além disso, a jurisprudência anterior ao MCI estabeleceu que a responsabilidade do provedor restaria configurada se, ao ser comunicado extrajudicialmente, se mantivesse inerte e não retirasse o conteúdo postado imediatamente.[23]

O que se seguiu com a entrada em vigor do MCI foi a adoção do já mencionado sistema do *judicial notice and take down*, impondo-se a responsabilidade civil do provedor somente se a inercia no bloqueio ou remoção do conteúdo ocorrer após ordem judicial específica para tanto. A redação do art. 19 do MCI já esclarece que a responsabilidade civil advinda do descumprimento de ordem judicial específica tem o objetivo primordial de assegurar a liberdade de expressão e impedir a censura.

As opiniões acerca da constitucionalidade ou não do dispositivo e, para mais disso, acerca da efetiva proteção atualmente conferida pelo MCI, sobretudo em relação à atuação das plataformas e seu enorme protagonismo no controle dos fluxos de informação e comunicação e a sua imensa capacidade de extração e tratamento de dados dos seus usuários, são controvertidas. Não é necessário lembrar que a regulação sobre a organização mínima da informação obtida e controlada pelas plataformas e seus algoritmos nasceu a partir da consolidação do seu poder sobre os usuários. Assim, a pergunta que se impõe é se o modelo de responsabilidade previsto no MCI é apto a dar cabo da tarefa de proteger seus usuários contra eventuais danos ou é necessário repensar a sua aplicação.

Essa e outras questões serão analisadas no tópico a seguir, sendo necessário, de início, pontuar quais os principais argumentos envolvidos no debate acerca da constitucionalidade do art. 19 do MCI.

---

22. LEMOS, Ronaldo; BOTTINO, Celina; SOUZA, Carlos Afonso. *Marco Civil da Internet* – Jurisprudência comentada. São Paulo: Revista dos Tribunais, 2017.
23. Nesse sentido o AgRg no REsp 1.402.104/RJ, Rel. Min. Raul Araújo, j. 27/05/2014, DJe 18/06/2014, no qual afirmou que a responsabilidade por conteúdo de terceiro se configuraria quando "I) ao ser comunicado de que determinado texto ou imagem tem conteúdo ilícito, por ser ofensivo, não atua de forma ágil, retirando o material do ar imediatamente, passando a responder solidariamente com o autor direto do dano, em virtude da omissão em que incide; II) não mantiver um sistema ou não adotar providências, que estiverem tecnicamente ao seu alcance, de modo a possibilitar a identificação do usuário responsável pela divulgação ou a individuação dele, a fim de coibir o anonimato. O fornecimento do registro do número do protocolo (IP) dos computadores utilizados para cadastramento de contas na internet constitui meio satisfatório de identificação de usuários" (*apud* Lemos; Bottino; Souza, *op. cit.*, p. 115).

III – PONTOS DE REFLEXÃO ACERCA DO MCI E A ECONOMIA DAS PLATAFORMAS: PARA ALÉM DA CONSTITUCIONALIDADE OU NÃO DO ART. 19

Como dito no tópico anterior, a redação do MCI em relação à responsabilidade civil de provedores de aplicação por conteúdos infringentes não adotou a posição dominante na jurisprudência do STJ. Para a Corte Superior, sem reconhecer a necessidade de um controle de conteúdo prévio por parte das plataformas, a responsabilidade adviria da inércia na remoção de conteúdo, diante da notificação extrajudicial pelo usuário, sistema conhecido por *notice and take down*.

Já a Lei adotou o sistema do *judicial notice and take down*, ou seja, a responsabilização somente vai ocorrer se a plataforma se mantiver inerte após ordem judicial específica para tornar indisponível o conteúdo apontado como infringente, nos termos previstos pelo art. 19 do referido diploma legal.

A matéria é controvertida e a constitucionalidade do art. 19 está sendo debatida no Supremo Tribunal Federal, tema 987[24], tendo como caso paradigma o RE 1037396, de relatoria do Ministro Dias Toffoli. No debate foram admitidos vários *amicus curie*, incluindo órgãos da administração federal, representantes de plataformas, redes sociais entidades dos provedores, Anatel, Autoridade Nacional de Proteção de Dados e associações de classe (advogados, jornalistas, comunicadores públicos, defesa do consumidor e das crianças).[25]

Em defesa da escolha empreendida pelo legislador, Ronaldo Lemos esclarece que, ao colocar o Poder Judiciário como instancia legítima para definir o que é ou não conteúdo ilícito, o MCI buscou encontrar um equilíbrio entre as liberdades de expressão e de informação e a proteção da vítima de conteúdo lesivo, com meios para identificar seu ofensor e remover o material impugnado. O mesmo autor pontua que o equilíbrio no exercício de direitos decorre, ainda, da retirada de pressão dos provedores "de remover todo e qualquer conteúdo apontado como ilícito, o que atingiria a liberdade de expressão na rede, mas não o impede de as-

---

24. Tema 987 – Discussão sobre a constitucionalidade do art. 19 da Lei n. 12.965/2014 (Marco Civil da Internet) que determina a necessidade de prévia e específica ordem judicial de exclusão de conteúdo para a responsabilização civil de provedor de internet, websites e gestores de aplicativos de redes sociais por danos decorrentes de atos ilícitos praticados por terceiros. **Descrição:** Recurso extraordinário em que se discute, à luz dos arts. 5º, incs. II, IV, IX, XIV e XXXVI, e 220, *caput*, §§ 1º e 2º, da Constituição da República, a constitucionalidade do art. 19 da Lei n. 12.965/2014 (Marco Civil da Internet) que impõe condição para a responsabilização civil de provedor de internet, websites e gestores de aplicativos de redes sociais por danos decorrentes de atos ilícitos de terceiros. Disponível em: https://portal.stf.jus.br/jurisprudenciaRepercussao/verAndamentoProcesso.asp?incidente=5160549&numeroProcesso=1037396&classeProcesso=RE&numeroTema=987. Acesso em: 1º abr. 2024.
25. Disponível em: https://portal.stf.jus.br/noticias/verNoticiaDetalhe.asp?idConteudo=504795. Acesso em: 1º abr. 2024.

sim proceder caso entenda que o material questionado é realmente contrário aos termos de uso e demais políticas que regem o funcionamento da plataforma".[26]

No mesmo sentido, Nancy Andrighi e Daniel Guariento analisam a constitucionalidade do sistema adotado pelo MCI a partir de dois argumentos principais: 1) a verificação antecipada do conteúdo de todas as informações inseridas na web eliminaria – ou pelo menos alijaria – um dos maiores atrativos da internet, que é transmissão de dados em tempo real; 2) a impossibilidade de se estabelecerem critérios autorizadores do veto ou descarte de determinada informação, que, ante a subjetividade do dano moral, tornaria impossível para os provedores estabelecerem que é ou não potencialmente ofensivo.

Concluem os autores que "não se pode considerar de risco a atividade desenvolvida pelos provedores de conteúdo, tampouco se pode ter por defeituosa a ausência de fiscalização prévia das informações inseridas por terceiros no site, inexistindo justificativa para a sua responsabilização objetiva pela veiculação de mensagens de teor ofensivo".[27]

Em sentido oposto, e afirmando a inconstitucionalidade do art. 19 do MCI, Guilherme Magalhães Martins conclui que os requisitos tradicionais da responsabilidade civil não foram cunhados para um "ambiente aberto, caracterizado por múltiplos sujeitos e organizações frequentemente amparados pelo anonimato" e que "deve ser abandonada a visão individualista baseada na presença de uma vítima concreta e de um responsável passível de identificação". Para tanto, lista pelo menos três argumentos relevantes:

> 1) Embora o Poder Judiciário seja mais preparado a conhecer conflitos de interesses envolvendo postagem de conteúdos nas plataformas digitais, "a exigência de ordem judicial como condição de procedibilidade da responsabilidade civil por conteúdos postados por terceiros esvazia o princípio constitucional de livre acesso à Justiça", impondo aos usuários toda a responsabilidade de atuação na internet, confrontados com bilionárias organizações empresariais;
>
> 2) "Enquanto a ordem judicial não vem se propagam com alta velocidade ofensas decorrentes de fake News e discursos de ódio, por motivos políticos, religiosos, sociais, étnicos ou de orientação sexual, ou contra crianças e adolescentes, entre outros, sob o argumento de que detê-las seria promover a censura";
>
> 3) "Não se pode negar que o provedor de Internet é um integrante fundamental da comunicação ali realizada, e atribuir força de excludente de responsabilidade civil ao fato de terceiro, mais do que impedir que determinados danos caiam em determinados locais, significa assegurar impunidade, diante da assimetria de meio, dominado por robôs e algoritmos".[28]

---

26. Lemos; Bottino; Souza, *op. cit.*, p. 115.
27. ANDRIGHI, Fátima Nancy; GUARIENTO, Daniel Bittencourt. A responsabilidade civil das redes sociais virtuais pelo conteúdo das informações veiculadas. *Responsabilidade civil e inadimplemento no direito brasileiro*. São Paulo: Atlas, 2014. p. 242.
28. MARTINS, Guilherme Magalhães. Vulnerabilidade e responsabilidade civil na internet: a inconstitucionalidade do art. 19 do Marco Civil da Internet. *Revista de Direito do Consumidor*, Revista dos Tribunais, ano 30, n. 137, set./out. 2021. p. 51.

No mesmo sentido é a opinião de Bruno Miragem, enfatizando que discorda da solução definida pelo legislador, tanto no que concerne ao afastamento da responsabilidade objetiva[29], quanto no que diz respeito à inércia diante de ordem judicial específica para a responsabilização do provedor por danos advindos de conteúdos postados por terceiros. Para o autor, ao mesmo tempo em que tal medida privilegia a liberdade e expressão, "impõe à vítima um grave ônus, de recorrer ao Poder Judiciário, para a adoção de providência que a velocidade da difusão da informação pela internet recomenda que seja de grande rapidez, no sentido de impedir a disseminação do conteúdo ofensivo".[30]

Já Valéria Ferioli Lagastra, defende uma postura intermediária, afirmando que "ainda que considerada constitucional a disposição contida no art. 19 do Marco Civil da Internet, sua aplicação deve se dar com parcimônia, observando-se, no caso concreto, os outros direitos envolvidos, sopesando-os e analisando-os de forma conjunta, sob pena de se causar mais injustiça, o que não é objetivo nem das previsões contidas na Constituição Federal e na legislação infraconstitucional, nem muito menos, dos julgadores".[31]

Com razão a autora, pois, para além da discussão sobre a constitucionalidade ou não do art. 19 do MCI, o que se tem é que este não é o único diploma normativo existente no ordenamento jurídico brasileiro, em matéria de responsabilidade por danos ocasionados no mundo on-line. Há a necessidade de uma interpretação sistemática do art. 19 do MCI à luz da Constituição Federal e das leis em vigor, como no caso do Código de Defesa do Consumidor, o Código Civil, o ECA, quando envolver crianças e adolescentes, o Estatuto do Idoso e assim por diante.

E assim deve ser, pois na medida em que as plataformas adotam modelos de negócios que, antes de prevenir danos, estimulam a produção de conteúdo impróprio com o objetivo de aumentar o engajamento dos usuários, devem, de igual modo, arcar com eventuais prejuízos a direitos alheios.

Quando se faz uma interpretação adequada do art. 19, a sua constitucionalidade ou não se torna de somenos importância. Conforme defende Ana Frazão, as plataformas, em princípio, não respondem por conteúdos de terceiros, mas, na medida em que elas impulsionam, sugerem e filtram o conteúdo veiculado, este conteúdo deixa de ser de exclusivo de terceiros e passa a ser da própria plataforma. Ela é o agente econômico que gerencia e monetiza os

---

29. Afirma o autor que a Lei deixa de "aplicar à internet, a máxima que fundamenta o regime de responsabilidade objetiva contemporânea, fundada no denominado risco proveito: *cuius commoda eius et incommoda*. Ou seja, de quem tem a vantagem econômica de uma determinada atividade, deve responder pelos riscos de dano que dela resultem" (MIRAGEM, Bruno. *Curso de Direito do Consumidor*. São Paulo: Revista dos Tribunais, 2016. p. 647).
30. *Idem*.
31. Lagastra, *op. cit.*, p. 59.

conteúdos, não se aplicando aqui o art. 19 do MCI. Na visão da Professora, no mínimo surge uma responsabilidade compartilhada entre a plataforma e o autor do conteúdo infringente, enquadrando-se todos numa cadeia para fins de responsabilização.[32]

Dessa forma, se faz necessária a realização de uma análise crítica da responsabilidade dos provedores de aplicações à luz do Marco Civil da internet, sendo essencial lembrarmos que o atual estágio do desenvolvimento da sociedade da informação se dá a partir do controle absoluto exercido pelas plataformas digitais e seus modelos de negócio, baseado na maciça extração de dados e controle dos fluxos de informação e comunicação com seus usuários e entre seus usuários.

Além do grande poder concentrado na atuação das plataformas, a falta de um regime de responsabilização diretamente proporcional a esse poder, transfere para um agente privado a possibilidade de regular as relações a partir de seus próprios interesses econômicos, regulados a partir dos "termos de uso" criados por elas próprias. Com isso, como agentes privados que são, os "contratos" estabelecidos com os usuários tendem a eximir a plataforma da responsabilização por qualquer dano, o que foi reforçado pelo sistema adotado no art. 19 do MCI, na medida em que somente serão responsabilizados diante da inercia após a comunicação judicial de problemas com o conteúdo danoso.

Não é demais lembrar que as plataformas não são neutras em relação aos conteúdos veiculados, ao contrário, têm ingerência sobre o fluxo do conteúdo, impulsionando, sugerindo e selecionando a informação, que não é somente conteúdo de terceiro, mas da própria plataforma.

Como afirma Bruno Miragem, "a insegurança e a imaterialidade das relações estabelecidas por intermédio da internet têm como contraponto o reforço do dever de segurança daqueles que se dedicam a realizar negócios por intermédio da rede" (Miragem, *op. cit.*, p. xx). Esse dever de segurança imposto às plataformas, estabelece uma obrigação de adoção de todos os meios físicos e tecnológicos disponíveis e razoáveis para não só prevenir, mas tratar os efeitos danosos que atingem os usuários das plataformas.

Assim, o nível de proteção existente em ambiente físico, presencial, deve ser o mesmo existente no ambiente virtual, com a aplicação de esforços para proteção da vítima e não do provedor, reparação integral do prejuízo sofrido e facilitação dos meios de exercício de direitos.

---

32. FRAZÃO, Ana; MUHOLLAND, Caitlin. *Podcast Direito digital*. Episódio 32. Segurança das crianças nas plataformas on-line. Disponível em https://open.spotify.com/episode/4GMN8tLiF6qYJwAu ou www.direitodigital.com. Acesso em: 13 mar. 2024.

CONCLUSÕES

O presente artigo se propôs a analisar se o modelo de responsabilidade dos provedores de aplicação adotado pelo Marco Civil da internet, diante do intenso protagonismo das plataformas no controle do fluxo de informação e comunicação atualmente, é apto a proteger seus usuários contra eventuais danos causados aos usuários da rede ou se é necessário repensar a sua aplicação.

Na avaliação do tema, alguns aspectos primordiais foram apresentados, a começar pelo fato de que as plataformas não estão obrigadas a se preocupar com direitos fundamentais ou outros valores constitucionais: as plataformas são primariamente dirigidas pela maximização de lucros, numa atuação muito preocupante, pois o estabelecimento, aplicação e equilíbrio de direitos fundamentais e liberdades na sociedade algorítmica está sendo crescentemente privatizado e compete com os padrões constitucionais de proteção em escala global e acontece ao largo da atuação estatal.

Algumas plataformas desempenham o papel de verdadeiros *gatekeepers*, ou seja, plataformas digitais qualificadas por uma posição privilegiada, afetando a estrutura do ciberespaço mais do que outras e gerando uma vulnerabilidade ainda maior de seus usuários. A atividade principal das plataformas deixou de ser o oferecimento de espaços virtuais neutros para a interação dos consumidores, mas um modelo de negócios baseado na coleta e organização de uma imensa quantidade de dados e de conteúdos, que as transformou em controladoras quase exclusivas sobre estes, sendo muito mais do que simples intermediárias.

Dito isso, importa registrar que o MCI teve como fundamento último o reconhecimento da necessidade de regulação mínima do ciberespaço, diante da vulnerabilidade de seus usuários, mas dentro de um ambiente ainda otimista em relação ao uso da rede como um espaço neutro, capaz de amplificar debates e promover o empoderamento dos usuários, garantindo um mínimo de entraves ao livre exercício da liberdade de expressão e pensamento. Adotou assim, em matéria de responsabilidade dos provedores de aplicação uma responsabilização branda, a partir do sistema do *judicial notice and take down*, impondo-se a responsabilidade civil do provedor somente se a inercia no bloqueio ou remoção do conteúdo ocorrer após ordem judicial específica para tanto.

Como se demonstrou, a matéria é controvertida e a constitucionalidade do art. 19 está sendo debatida no Supremo Tribunal Federal, tema 987, mas, para além da questão da constitucionalidade ou não do referido artigo, sua aplicação há que se feita a partir de uma interpretação adequada e sistemática em relação a todo o ordenamento jurídico brasileiro.

Na medida em que as plataformas adotam modelos de negócios que, antes de prevenir danos, estimulam a produção de conteúdo impróprio com o objetivo de aumentar o engajamento dos usuários, devem, de igual modo, arcar com eventuais prejuízos a direitos alheios. E mais, na proporção em que as plataformas impulsionam, sugerem, filtram e controlam o que é veiculado, ainda que o conteúdo original tenha sido postado por terceiros, ele deixa de sê-lo e passa a ser da própria plataforma, pois é ela o agente econômico que gerencia e monetiza os conteúdos.

Nesta hipótese, e à guisa de conclusão, em caso de dano, **não se aplica o art. 19 do MCI, mas a responsabilização direta da plataforma**. Trata-se de aplicação de um dever geral de segurança imposto às plataformas, que impõe a aplicação de esforços para proteção da vítima e não do provedor, reparação integral do prejuízo sofrido e facilitação dos meios de exercício de direitos.

REFERÊNCIAS

ANDRIGHI, Fátima Nancy; GUARIENTO, Daniel Bittencourt. A responsabilidade civil das redes sociais virtuais pelo conteúdo das informações veiculadas. *Responsabilidade civil e inadimplemento no direito brasileiro*. São Paulo: Atlas, 2014.

BRASIL. Marco Civil da Internet. Lei n. 12.965, de 23 de abril de 2014, que estabelece princípios, garantias, direitos e deveres para o uso da internet no Brasil. 2. ed. Brasília, Câmara dos Deputados, Edições Câmara, 2015. p. 14. Disponível em http://www.camara.leg.br/editora. Acesso em: 1º abr. 2024.

CALLEJÓN, Francisco Balaguer. *A constituição do algoritmo*. Rio de Janeiro: Forense, 2023.

CAMPOS, Ricardo. *Metamorfoses do Direito Global*: sobre a interação entre direito, tempo e tecnologia. São Paulo: Contracorrente, 2023.

CASTELLS, Manuel. *A sociedade em rede*. Tradução: Roneide Venâncio Majer. 24. ed. Rio de Janeiro: Paz e Terra, 2022.

CESARINO, Letícia. *O mundo do avesso*. São Paulo: Ubu editora, 2022.

EIRA, Diogo de Assis. *O papel dos gigantes da internet como gatekeepers no direito da concorrência*: 2019. 98 f. Trabalho de Conclusão de Curso (Bacharelado em Direito) – Universidade de Brasília, Brasília, 2019. Disponível em: https://bdm.unb.br/handle/10483/25002. Acesso em: 21 ago. 2024.

FRAZÃO, Ana; MUHOLLAND, Caitlin. *Podcast Direito digital*. Episódio 32. Segurança das crianças nas plataformas on-line. Disponível em https://open.spotify.com/episode/4GMN8tLiF6qYJwAu ou www.direitodigital.com. Acesso em: 13 mar. 2024.

GREGORIO, Giovanni de. *Digital Constitucionalism in Europe. Reframing rights and powers in the algorithmic Society*. Nova York: Cambridge University Press, 2022.

LAGASTRA, Valéria Ferioli. Nota sobre o Marco Civil da Internet e a inconstitucionalidade do art. 19 da Lei 12.965/14. *Revista de Direito do Consumidor*, ano 32, n. 148, jul./ago. 2023.

LEMOS, Ronaldo; BOTTINO, Celina; SOUZA, Carlos Afonso. *Marco Civil da Internet* – Jurisprudência comentada. São Paulo: Revista dos Tribunais, 2017.

LEVY, Pierre. *Cibercultura*. São Paulo: Editora 34, 2010.

LONGHI, João Vitor Rozatti. *Responsabilidade civil redes sociais* – Retirada de conteúdo, perfis falsos, discurso de ódio e fake news. Indaiatuba: Editora Foco, 2020.

MARTINS, Guilherme Magalhães. Vulnerabilidade e responsabilidade civil na internet: a inconstitucionalidade do art. 19 do Marco Civil da Internet. *Revista de Direito do Consumidor*, Revista dos Tribunais, ano 30, n. 137, set./out. 2021.

MIRAGEM, Bruno. *Curso de Direito do Consumidor*. São Paulo: Revista dos Tribunais, 2016.

ROSENVALD, Nelson; BRAGA NETTO, Felipe. *Responsabilidade civil* – Teoria geral. Indaiatuba: Editora Foco, 2024.

TEUBNER, Gunther. Prefácio. In: CAMPOS, Ricardo. *Metamorfoses do direito global*. Sobre a interação entre direito, tempo e tecnologia. São Paulo: Contracorrente, 2023.

DESAFIOS DA SEGURANÇA CIBERNÉTICA E A RESPONSABILIDADE DO MARCO CIVIL: PERSPECTIVAS PARA O FUTURO

Oscar Ivan Prux[1]

Marcelo Negri Soares[2]

Welington Junior Jorge Manzato[3]

Sumário: Introdução – 1. Ciberespaço e internet: os riscos envolvidos e a questão da segurança – 2. A internet e o conjunto de normas que regem o setor; 2.1 Do Marco Civil da Internet; 2.2 O diálogo das fontes – 2.3 A responsabilidade civil – Conclusão – Referências.

INTRODUÇÃO

A realidade contemporânea mostra ser relevante adentrar-se ao exame do que ocorre no universo digital/virtual. Isso inclui a Internet no tocante à segurança cibernética, a legislação a ela relacionada e as diversas facetas da responsabilidade civil nessa área, com especial destaque para o que acontece no mercado de consumo e demais setores da economia. Nesse contexto, cabem algumas análises prospectivas que levam em conta o contexto formado pelo conjunto de normas que regem a matéria, salientando-se o Marco Civil da Internet, a Lei Geral de Proteção de Dados, dentre outras.

---

1. Pós-Doutorado concluído na Faculdade de Direito da Universidade de Lisboa – Portugal (FDUL). Doutor (pela PUC/SP) e Mestre (UEL) em Direito, Economista (UNESPAR/FECEA) com pós-graduação em Teoria Econômica) e Pedagogo (pós-graduado com especialização em Neuroaprendizagem). Professor de Direito na Pós-Graduação da PUC/PR. Advogado, professor e mediador judicial. *E-mail*: pux@uol.com.br. Currículo *Lattes*: http://lattes.cnpq.br/3905933316745846. ORCID: https://orcid.org/0000-0001-6737-9869.
2. Pós-Doutor em Direito pela Universidade de Coimbra (PT). Doutor e Mestre em Direito pela PUC-SP. Pesquisador do ICETI. Professor do Programa de Mestrado e Doutorado em Direito da UniCesumar. Advogado. *E-mail*: negri@negrisoares.page. Currículo *Lattes*: http://lattes.cnpq.br/8798303423669514. ORCID: https://orcid.org/0000-0002-0067-3163.
3. Doutorando em Direito pela UniCesumar. Mestre em Educação pela Universidade Estadual de Maringá. Mestre em Ciências Jurídicas pela UniCesumar. Graduação em Direito pela Unicesumar. Membro do Grupo de pesquisa: Formação Docente e Práticas Pedagógicas na Educação e Sistema Constitucional de Garantia dos Direitos da Personalidade. Advogado. *E-mail*: adv.manzato@gmail.com. Currículo *Lattes*: http://lattes.cnpq.br/4561467918248070. ORCID: https://orcid.org/0000-0001-9684-7844.

Convém referenciar que não se pode parar a história e novas tecnologias continuarão a surgir constantemente, sendo tarefa praticamente impossível elencá-las antecipadamente, bem como, manter permanentemente prevista ou mesmo atualizada, a relação dos riscos implicados. No caso específico da Internet, por exemplo, tem-se que essa tecnologia transformou profundamente a sociedade e são poucas as novas invenções (tecnológicas) que sejam completamente desligadas dela – desde a denominada Internet das coisas, até as mais triviais conversas em redes sociais. Entretanto, há que se tomar consciência dos riscos envolvidos na sua utilização, principalmente nos contextos de setores da economia em que os ilícitos mais acontecem (caso, por exemplo de: *phishing, ransomware* etc.[4]).

Cabe visão ampla a respeito dessa tecnologia (Internet) com base no que ocorre na sociedade (setor privado e setor público) e, principalmente, no mercado como um todo (na expressão: "do berço ao túmulo"), ou seja, do começo do processo produtivo (desde o início da preparação da atividade ou coleta de insumos, para na sequência englobar o que ocorre durante o restante dos atos dos integrantes da cadeia de fornecimento), tudo até completar-se a utilização por destinatário final e desaparecimento do bem. Ou seja, com base na legislação, observar-se as ações dos agentes/partícipes envolvidos (incluindo em termos de responsabilidade civil), preservando os direitos dos fornecedores (individuais e empresas, cadeia de fornecimento) e, em especial, dos consumidores (na concepção de relações de consumo observadas em sentido amplo[5]).

Trata-se de uma problemática a qual o Direito, como parte da organização social, não pode restar alheio. Assim, o presente trabalho, utilizando o método hipotético-dedutivo, irá tratar de segurança cibernética em sentido amplo. Focará em algumas questões presentes no mercado (principalmente, no tocante ao acesso e as fraudes em geral e também, em específico, nas relações de consumo), mas para não se tornar superficial nas análises, o texto adota as limitações já mencionadas.

---

4. "A prensa móvel permitiu que uma única oficina produzisse milhares de panfletos, disseminando ideias com uma facilidade que os monges medievais copiando livros à mão mal conseguiam imaginar. O vapor permitiu que uma fábrica fizesse o trabalho de cidades inteiras. A internet levou essa capacidade a um novo auge: um único tuite ou imagem pode percorrer o mundo em minutos ou segundos; um único algoritmo pode ajudar uma pequena startup a se transformar em vasta corporação global. Agora esse efeito foi novamente aguçado. A nova onda tecnológica liberou capacidades poderosas e ao mesmo tempo baratas, fáceis de acessar e usar, direcionadas e escaláveis. Isso claramente apresenta riscos" (SULEYMAN, Mustafá; BHASKAR, Michael. *A próxima onda*: inteligência artificial, poder e o maior dilema do século XXI. Rio de Janeiro: Record, 2023. p. 138).
5. Nesse sentido, é oportuno adotar-se a concepção que separa relação de consumo *stricto sensu*, aquelas em que se encontra presente um fornecedor e um fornecimento a consumidor destinatário final; e, relação de consumo em sentido *amplo* a envolver todas as práticas que vão desembocar no consumo do produto ou serviço por parte de um destinatário final, desde que em jogo esteja direito do consumidor. Em ambas cabendo aplicação do CDC e demais normas do sistema de proteção ao consumidor (PRUX, Oscar Ivan. *A proteção do consumidor na prestação de serviços*. 2001. 737 f. Tese (Doutorado). Doutorado em Direito, Pontifícia Universidade Católica de São Paulo, São Paulo, 2001. p. 90).

Desta forma, só tangencialmente referirá a temas como as características da inteligência artificial (IA), o poder das *big techs*[6] (da vigilância, controle e do uso espúrio de algoritmos[7] para manipulação[8] dos usuários), da deliberada indução para gerar vícios cibernéticos, do digital/virtual e as condutas discriminatórias de várias espécies, das *fakenews*[9], dos discursos de ódios e outros ilícitos assemelhados, em si considerados individualmente. Muito embora esses itens eventualmente apareçam no texto, tem-se por inequívoco que apenas a temática escolhida já é suficientemente ampla e relevante, inclusive por conta de que se trata de cenário em permanente transformação[10] e que exige constante atualização para haver segurança cibernética garantida por proteções que não descurem dos direitos humanos, fundamentais e da personalidade.

1. CIBERESPAÇO E INTERNET: OS RISCOS ENVOLVIDOS E A QUESTÃO DA SEGURANÇA

Mundialmente, as tecnologias envolvendo a Internet passaram a fazer parte do cotidiano da maioria das pessoas. Atualmente, viver sem contato com a rede mundial de computadores significa uma dificultosa forma de isolamento social.

---

6. Considerando as estratégias das *big techs* e os problemas da segurança cibernética, em abordagem de alerta para o que foi denominado de tecnofeudalismo, veja-se: "A possibilidade de uma '*Big techficação* de tudo' é apontada pelos pesquisadores como algo provável e preocupante, uma vez que os impactos não se resumem à relação de consumo dos clientes. O processo em andamento está moldando a sociedade global em aspectos que vão de econômicos a políticos. Do ponto de vista tecnológico, novas camadas mais complexas, invisíveis e imediatas vão tornar a relação com as Big Techs ainda mais dependentes" (MIT. *Technology Review*, Edição *Big Techs*, ano 03, número 10, jan./mar. 2023. p. 13).
7. "A dominação do homem pela IA perpassa pelo uso disseminado dos padrões obscuros (*dark patterns*) na apropriação de informações e manipulação decisória nas mais diferentes tecnologias que fazem parte da rotina diária do homem digital". Vide: VERBICARO, Dennis. *Algoritmos de consumo*: discriminação, determinismo e solução online de conflitos na era da inteligência artificial. São Paulo: Revista dos Tribunais, 2023. p. 23
8. Veja: MARTINS, Fernando Rodrigues; MARTINS, Guilherme Magalhães; NOGUEIRA, Marco Aurélio. Pós-colonialismo digital e justiça descolonial: desidentidade, datificação, alienação. *Revista de Direito do Consumidor*, São Paulo, vol. 152, p. 177-193, mar./abr. 2024.
9. A guisa de exemplo relacionado indiretamente com a cibersegurança veja-se que com o uso da Internet uma falsidade circulou numa comunidade e o trágico resultado foi "No caso em exame, 2 (dois) homens foram linchados e incendiados vivos em razão de uma histeria coletiva derivada da disseminação de uma *fake news* que afirmava serem ambos sequestradores de crianças. A morte de um dos homens, além de deixar feridas emocionais irreparáveis em sua esposa e filhas, resultou no empobrecimento da família, haja vista ser ele o provedor de seu núcleo familiar, causando assim prejuízos materiais para além dos gastos com velório e demais despesas fúnebres" (SILVA, Michael César; GUIMARÃES, Glayder Daywerth Pereira; BARBOSA, Caio César do Nascimento. *Digital influencers e social media*. São Paulo: Editora Foco, 2024. p. 531-532).
10. Assim, "o tema da cibersegurança necessita ser constantemente atualizado, pois as tecnologias disponíveis no âmbito desse tema se aprimoram e se alteram com frequência" (MESQUITA, Felipe Sousa. *Segurança cibernética e a política internacional contemporânea*: novos desafios e oportunidades. 2019. 38 f. Artigo (Especialização). Especialização em Relações internacionais, Universidade de Brasília, Brasília, 2019. p. 4).

Entretanto, para aqueles que utilizam a Internet, cabe reconhecer que os espaços virtuais estão carregados de dados e informações das pessoas (físicas e jurídicas), bem como, dos governos que detêm informações de seus cidadãos (devendo zelar para que não sejam capturados indevidamente). E tem sido rotineiro o compartilhamento desses conteúdos via Internet.

As empresas e, principalmente, os consumidores, além das preocupações com aqueles que colhem seus dados sem autorização ou que não cumprem o dever de respeito ao direito à informação (fidedigna, transparente, com boa-fé objetiva[11]), também precisam atentar para outros tipos de ilícitos que têm como caminho perigoso, a Internet. Conforme consta na 17ª edição do Anuário Brasileiro de Segurança Pública, realizado pelo Fórum Brasileiro de Segurança Pública, em 2022, o Brasil registrou uma média de 208 golpes por hora. E focando nos estelionatos por meio eletrônico, o número foi de 1.819.409, sendo que nos últimos cinco anos esse tipo de ilícito aumentou 326,3%[12] (e a quantidade de tentativas impressiona: segundo informou o G1, o Brasil teve em média 22.500 tentativas por dia[13]).

Cientes de que a transformação da sociedade em rede[14], dita da informação, da vigilância e controle, não recuará, será inútil adotar uma postura ao estilo de um ludismo (ou luddismo)[15] contemporâneo. A Internet não desaparecerá. Cabe, então, analisar-se os riscos e centrar o foco na segurança cibernética, cuja

---

11. Sugere-se a leitura da obra: AKERLOF, George A.; SHILLER, Robert J. *Pescando tolos*: A economia da manipulação e fraude. Rio de Janeiro: Alta Books, 2016.
12. PEREZ, Fabíola. Brasileiros sofrem 208 golpes por hora; alta é de 37,9%. *UOL*, São Paulo, 20 jul. 2023. Disponível em: https://noticias.uol.com.br/cotidiano/ultimas-noticias/2023/07/20/puxado-por-golpes-eletronicos-estelionatos-sobem-379-homicidios-caem.htm?cmpid=copiaecola. Acesso em: 27 abr. 2024.
13. JORNAL DA GLOBO. Brasil teve mais de 3 milhões de tentativas de golpes financeiros na internet nos primeiros cinco meses de 2022. *G1*, 30 mar. 2023. Disponível em: https://g1.globo.com/jornal-da-globo/noticia/2023/03/30/brasil-teve-mais-de-3-milhoes-de-tentativas-de-golpes-financeiros-na-internet-nos-primeiros-cinco-meses-de-2022.ghtml. Acesso em: 27 abr. 2024.
14. A Internet vai além de ser uma rede de computadores, de modo que: "Partindo dessa noção, de que a internet é uma rede de pessoas, Manuel Castells define esta nova sociedade transformada pelas novas tecnologias como uma sociedade em rede, que, segundo o autor, é o resultado da união de várias transformações sociais, tecnológicas, econômicas e culturais que dão origem a esta nova forma de sociedade. A sociedade em rede, pois, é constituída por redes em todas as dimensões fundamentais da organização e da prática social. Tais tecnologias alimentam redes sociais e organizacionais expandindo e reconfigurando as relações da nova sociedade informacional. Na sociedade em rede tudo está conectado, sendo que dentre as novas tecnologias de informação e comunicação, a internet é a principal tecnologia empregada, vez que proporciona todas as demais conexões" (VERBICARO, Dennis; VERBICARO, Loiane; VIEIRA, Janaína. *Direito do consumidor digital*. Rio de Janeiro: Lumen Juris, 2020. p. 129)
15. Ludismo ou luddismo foi um movimento iniciado no começo do século XIX por parte de trabalhadores revoltados em razão da substituição da mão de obra humana por máquinas. Houve invasões de fábricas e destruição dos maquinários tidos como mais eficientes e eliminadores dos empregos dos trabalhadores.

importância é indiscutível[16]. Trata-se de questão complexa que demanda, naturalmente, a existência de legislação adequada, contando com atuação eficiente dos órgãos governamentais e das entidades independentes (agências reguladoras) que também editam normas e realizam fiscalizações.

A questão supera elementos de construção e funcionamento de *hardwares* e *softwares* e a segurança cibernética em sistemas informáticos, já que a Internet está impregnada na vida das pessoas em nível tal, que fica difícil imaginar alguém vivendo em sociedade, continuar sem qualquer tipo de contato direto ou indireto com esta. Desta forma, exige a união de esforços advindos das esferas pública e privada, incluindo até a educação digital das pessoas[17], principalmente consumidores. Quem adentra ao ambiente virtual se submete a condições de típica vulnerabilidade ou, em muitos casos, de hipervulnerabilidade, justificando proteções mais específicas.

Observe-se que a Internet demonstra ser fundamental para o exercício de inúmeros direitos (exemplo: comunicação, liberdade de expressão, acesso a produtos e serviços etc.), sendo inviável e incabível simplesmente buscar-se erradicá-la ou "aprisioná-la ditatorialmente". Todavia, cabe assegurar-se que seja confiável, utilizada para fins lícitos, pois o espaço virtual não pode se constituir em espécie de "território" sem lei. O que é proibido fora da Internet também deve ser proibido nela.

Com base no panorama europeu, Mário Frota, um dos mais eminentes doutrinadores em nível mundial, pontua que:

> *O acesso a tecnologias, produtos e serviços digitais propiciar-se-á a todos e cada um. * É imperioso que sejam, desde a concepção, seguros e susceptíveis de salvaguardar a privacidade, ante o escopo de um elevado nível de confidencialidade, integridade, disponibilidade e autenticidade das informações nelas versadas. * Protecção dos interesses das pessoas, das empresas e das instituições públicas contra os riscos de cibersegurança e os actos de cibercriminalidade, nomeadamente as violações de dados e usurpação ou manipulação da identidade, em que figurem os requisitos de cibersegurança para os produtos conectados colocados no Mercado Interno da União. * Perseguição intérmina a quem viole "chaves de segurança". * Garantia de privacidade e irrecusável controlo dos dados pessoais. * Peculiares responsabilidades no espectro do universo-alvo das crianças. * Crianças e jovens com plena disponibilidade de opções seguras e esclarecidas. * Adaptação à sua faixa etária dos materiais

---

16. Por exemplo, a *International Communications Union* (ITU), uma agência que trabalha com a Nações Unidas mantém em seus objetivos estratégicos: Permitir e promover o acesso universal a telecomunicações/TIC **seguras,** acessíveis e de alta qualidade (grifo nosso). Vide: ORGANIZAÇÃO DAS NAÇÕES UNIDAS (ONU). União Internacional de Telecomunicações (UIT). *ITU [International Telecommunication Union] strategic plan 2024-2027*. UIT, [s/d]. Disponível: https://www.itu.int/en/council/planning/Pages/default.aspx. Acesso em: 30 abr. 2024.
17. Vide: MOESCH, Teresa Cristina; PETRY, Alexandre Torres; CATALAN, Marcos. *Consumo e tecnologia*. Desafios contemporâneos. Porto Alegre: OABRS, 2023. p. 164-169.

e recursos. * Barreiras inexpugnáveis contra actividades marginais delinquenciais. * Tutela efectiva contra conteúdos nocivos e ilegais.[18]

Essas tarefas não são de pequena monta[19], sendo igualmente dificílimo arrolar todos os riscos envolvidos nessa seara. Então, a título exemplificativo cabe referir as observações de Maia e Costa (2023) apontando os principais crimes cibernéticos como sendo o *hacking, phishing, ransomware*, fraudes financeiras, *masware* e assédio cibernético. O *hacking* consiste na invasão de sistemas por indivíduos que acessam redes ou sistemas sem autorização, obtendo informações confidenciais, o que pode gerar perda de dados, violação de privacidade e danos financeiros. O *phishing*, por sua vez, é o envio de mensagem fraudulenta, simulando tratar-se de comunicação legítima caracterizada pela licitude, mas que, na verdade, visa enganar a vítima para levá-la a revelar informações pessoais, como por exemplo, dados financeiros. Já o *ransomware* é um tipo de *malware* que criptografa arquivos, deixando a vítima sem acesso a eles, vindo a seguir a exigência do pagamento de um "resgate" para o desbloqueio dos dados.

Cada clique dissimulado em dispositivos móveis representa uma potencial oportunidade para a manipulação de dados sensíveis e até desfalque de patrimônio. Por detrás dessas ameaças, residem nuances complexas, que vão desde apossamento de senhas frágeis até falhas em cadeias de suprimentos não confiáveis, delineando um panorama sombrio de vulnerabilidades. O incremento do *malware* móvel e o uso desmedido de conexões *wi-fi*, quando inseguras, impulsionam a disseminação de golpes envolvendo vazamentos de dados, dá espaço para manipulações de transações via pix[20], clonagem de contas do WhatsApp etc.; tudo acarretando prejuízos substanciais, tanto para pessoas individualmente consideradas, quanto para empresas. Estes ataques não se limitam a simples perturbações cotidianas ou meros aborrecimentos, já que acessos não autorizados, podem provocar tempo de inatividade, violações e vazamentos de dados, outras diversas situações capazes

---

18. FROTA, Mário. *A relevância conferida por Portugal aos direitos humanos na era digital*. Viterbo: Casa Editrice Serena, 2023. p. 151.
19. Mário Frota acrescenta: "Todos têm direito à segurança no ciberespaço, incumbindo ao Estado definir políticas públicas que garantam a protecção dos cidadãos e das redes e sistemas de informação, e que criem mecanismos que aumentem a segurança no uso da Internet, em especial por parte de crianças e jovens. O Centro Nacional de Cibersegurança promove, em articulação com as demais entidades públicas competentes e parceiros privados, a formação dos cidadãos e empresas para adquirirem capacitação prática e beneficiarem de serviços online de prevenção e neutralização de ameaças à segurança no ciberespaço, sendo para esse efeito dotado de autonomia administrativa e financeira" (*idem*, p. 157).
20. Conforme noticiou a CNN Brasil, em 2022, os brasileiros sofreram 1,7 milhão de fraudes na utilização do PIX (ESTADÃO CONTEÚDO. Mais de 1,7 milhão de golpes com pix foram plicados em 2022, mostra levantamento. *CNN*, São Paulo, 6 jun. 2023. Disponível em: https://www.cnnbrasil.com.br/economia/mais-de-17-milhao-de-golpes-com-pix-foram-aplicados-em-2022-mostra=-levantamento/#:~:text-Um%20estudo%20divulgado%20na%20ter%C3%A7a,usar%20esse%20meio%20de%20pagamento. Acesso em: 27 abr. 2024).

de provocar danos, não apenas restritas ao âmbito econômico-financeiro, mas também à reputação corporativa. Diante desses desrespeitos, não há dúvida que, as pessoas individualmente consideradas, os agentes de mercado[21] e mesmo o ambiente social sofrem afetação gravosa que se precisa tentar controlar.

2. A INTERNET E O CONJUNTO DE NORMAS QUE REGEM O SETOR

A Internet é universal e dotada do fenômeno denominado de ubiquidade (apta a estar em vários lugares simultaneamente). E no Brasil, as medidas de isolamento social para combate a pandemia de covid-19, mostraram que o acesso à Internet precisa ser considerado serviço essencial, não apenas para comunicação entre pessoas e negócios, mas inclusive para que a pessoa consiga utilizar a maioria dos serviços públicos. Isso deixa evidente que para coibir ilícitos, descabem soluções simplistas de regulação, tais como censura ou vedação territorial. Deverá ser com ela e em seu ambiente virtual que as soluções devem ser encontradas, mesmo com as dificuldades inerentes a sua peculiar condição de existir para além das fronteiras brasileiras.

Essa interligação em nível internacional é bem retratada pelo constante no Regulamento (EU) 2022/2065 do Parlamento Europeu e do Conselho que entrou em vigência na União Europeia em 17 de fevereiro de 2024, o qual em 93 artigos é detalhado e minucioso nas disposições buscando reger de forma ampla e adequada essa área específica (mercado único para serviços digitais). E esse tipo de evolução precisa adentrar ao cenário da legislação nacional com vistas a disciplinar as condutas de todos os partícipes envolvidos (quaisquer que sejam), principalmente os agentes de mercado e demais utilizadores.

2.1 DO MARCO CIVIL DA INTERNET

O surgimento de normas envolvendo a Internet demorou a acontecer no Brasil e foi realmente um processo repleto de dificuldades, até que aproximadamente uma década atrás, surgiu a Lei nº 12.065/2014, o Marco Civil da Internet (em vários aspectos objeto de regulamentação pelo Decreto nº 8.771/2076).

Em referência ao histórico de aprovação da lei, Iso C. Scherkerkewitz, depois de narrar que apesar da predominância de acordos políticos quando da análise e votação do projeto (e certo menosprezo aos resultados dos saudáveis debates

---

21. Conforme o *Portal UOL*: "Os golpes online aplicados no Brasil durante 2022 causaram um prejuízo estimado de R$ 551 milhões aos brasileiros". E a tendência é de aumento (VASCONCELOS, Rosália. Brasileiros tiveram prejuízo de R$ 551 milhões com golpe online; proteja-se. *UOL*, Recife, 7 fev. 2023. Disponível em: https://www.uol.com.br/tilt/noticias/redacao/2023/02/07/medo-de-comprar-online--veja-os-golpes-recentes-mais-aplicados.htm?cmpid=copiaecola. Acesso em: 27 abr. 2024).

promovidos pela sociedade civil), há que reconhecer o pioneirismo da norma e sua notória importância por representar uma tomada de posição do Estado brasileiro que a partir de então, sinalizou entender a rede não como um simples avanço tecnológico a possibilitar inegáveis fatores de progresso econômico, mas também como instrumento a fortalecer o exercício da cidadania.[22]

E sua denominação se justifica (marco significa ponto de referência), tanto é que o Ministro da Justiça à época da apresentação do projeto que acabou se transformando na Lei nº 12.065/2014, em analogia, ter utilizado a denominação de "Constituição da Internet", pois contém os princípios orientadores (basilares), bem como, ditames para efetivar-se a concretização dos objetivos da lei.[23]

Ou seja, uma lei que veio lançar paradigmas.

E, principalmente, inaugurar uma senda para o surgimento de várias outras normas sobre temas que, embora diretamente ela não trate densamente, acabaram por, indiretamente, apontar para disposições que possuem relacionamento com a Internet (exemplo: comércio eletrônico, envio de *spams* etc.).

Observe-se que a Lei nº 12.965/2014, em seu art. 2º, principia por assegurar o respeito à liberdade de expressão e consoante sua *mens legis*, avança no sentido de elencar vetores para a matéria, sendo que inclui em seus fundamentos: os direitos humanos, o desenvolvimento da personalidade e o exercício da cidadania em meios digitais; o reconhecimento da escala mundial da rede; a pluralidade e a diversidade; a abertura e a colaboração; a livre-iniciativa, a livre concorrência e a defesa do consumidor; e, a finalidade social da rede.

Uma simples leitura desses fundamentos é suficiente para demonstrar a sua importância, em especial pela consonância com o previsto na Constituição Federal[24], na medida que veio estampar toda uma escala de valores e vai além, pois como afirma Tarcísio Teixeira:

---

22. SCHERKERKEWITZ, Ivo Chaitz, *Direito e* Internet. São Paulo: Revista dos Tribunais, 2014. p. 48.
23. FLUMIGNAN, Wéverton Gabriel Gomes. *Responsabilidade civil dos provedores de* internet. Análise teórica, prática e jurisprudencial anterior e posterior ao marco civil da internet. Londrina: Thoth, 2024. p. 182.
24. Adriele França Macêdo refere que: "Debruçando-se sobre o diploma do Marco Civil da Internet, ressalta-se acerca do seu conteúdo e inovações trazidas no que tange ao reconhecimento dos direitos humanos, a recognição da escala mundial da rede, desenvolvimento da personalidade e o exercício da cidadania nos meios digitais, a abertura e a colaboração, a diversidade e a pluralidade entre os indivíduos, a finalidade social a que se destina a internet, a livre-iniciativa, a livre concorrência e, ao fim, a defesa do consumidor" (MACÊDO, Adriele França. A responsabilidade civil das empresas de tecnologia em face do compartilhamento (in)devido de informações pessoais dos usuários de mídias sociais. In: THIAGO, Lucas da Silva São; SILVA, Joseane Suzart Lopes da (coords.). *Proteção dos dados pessoais dos consumidores e práticas abusivas no setor digital*: economia de compartilhamento e comércio eletrônico. Salvador: Paginae, 2020. p. 174).

Trata-se de uma lei principiológica, pois estabelece parâmetros gerais acerca de princípios, garantias, direitos e deveres para o uso da internet no Brasil, além de determinar algumas diretrizes a serem seguidas pelo Poder Público sobre o assunto (Lei n. 12.965/2014 – Marco Civil da Internet – MCI, art. 1º). Em seu texto também há regras específicas a serem cumpridas por agentes que operam na internet, especialmente as dirigidas aos provedores de conexão e de aplicações de internet, como veremos adiante[25].

Essa característica (de ser principiológica) faz com que essa norma espraie consequências para o labor com o sistema jurídico, desde que na área específica do que se relaciona a internet e seu uso. Por isso, foi qualificada como um marco, em que se destaca seu rol de princípios (art. 3º), a saber: a garantia da liberdade de expressão, comunicação e manifestação de pensamento, nos termos da Constituição Federal; a proteção da privacidade; a proteção dos dados pessoais, na forma da lei; a preservação e garantia da neutralidade de rede; a preservação da estabilidade, segurança e funcionalidade da rede, por meio de medidas técnicas compatíveis com os padrões internacionais e pelo estímulo ao uso de boas práticas; a responsabilização dos agentes de acordo com suas atividades, nos termos da lei; a preservação da natureza participativa da rede; e a liberdade dos modelos de negócios promovidos na Internet, desde que não conflitem com os demais princípios estabelecidos nesta Lei.

Enfim, uma lei que se destaca pela relevância das disposições nela encartadas, em especial no tocante aos direitos e garantias para os usuários assim discriminados (o art. 7º): a inviolabilidade da intimidade e da vida privada, sua proteção e indenização pelo dano material ou moral decorrente de sua violação; a inviolabilidade e sigilo do fluxo de suas comunicações pela Internet, salvo por ordem judicial, na forma da lei; inviolabilidade e sigilo de suas comunicações privadas armazenadas, salvo por ordem judicial; não suspensão da conexão à Internet, salvo por débito diretamente decorrente de sua utilização; manutenção da qualidade contratada da conexão à Internet; informações claras e completas constantes dos contratos de prestação de serviços, com detalhamento sobre o regime de proteção aos registros de conexão e aos registros de acesso a aplicações de Internet, bem como sobre práticas de gerenciamento da rede que possam afetar sua qualidade; não fornecimento a terceiros de seus dados pessoais, inclusive registros de conexão, e de acesso a aplicações de Internet, salvo mediante consentimento livre, expresso e informado ou nas hipóteses previstas em lei; informações claras e completas sobre coleta, uso, armazenamento, tratamento e proteção de seus dados pessoais (que somente poderão ser utilizados para finalidades que justifiquem sua coleta, não sejam vedadas pela legislação, estejam especificadas nos contratos de prestação de serviços ou em termos de uso de aplicações de Internet); consentimento

---

25. TEIXEIRA, Tarcísio. *Direito digital e processo eletrônico*. 7. ed. São Paulo: Saraiva, 2023. p. 131-132.

expresso sobre coleta, uso, armazenamento e tratamento de dados pessoais, que deverá ocorrer de forma destacada das demais cláusulas contratuais; exclusão definitiva dos dados pessoais que tiver fornecido a determinada aplicação de Internet, a seu requerimento, ao término da relação entre as partes, ressalvadas as hipóteses de guarda obrigatória de registros previstas nesta Lei e na que dispõe sobre a proteção de dados pessoais; publicidade e clareza de eventuais políticas de uso dos provedores de conexão à Internet e de aplicações de Internet; acessibilidade, consideradas as características físico-motoras, perceptivas, sensoriais, intelectuais e mentais do usuário, nos termos da lei; e aplicação das normas de proteção e defesa do consumidor nas relações de consumo realizadas na Internet.

Fica clara ser norma importantíssima, por abarcar um verdadeiro universo de disposições protetivas, bem como, por ter sido a norma precursora de outras que vieram a surgir, à exemplo de Lei Geral de Proteção de Dados.

Há que se ter a real dimensão da norma tal como adverte Marcacini[26]:

> Falar em "uso da Internet" parece ser muito menos do que a Lei se propõe a regular. Aparentemente, teve o legislador dificuldade em compreender a Internet não apenas como uma estrutura física e lógica – passível, portanto, de ser usada – mas como um ambiente de inter-relacionamento que ela proporciona, capaz de produzir atos e fatos jurídicos que podem atingir também quem não a utiliza, ou que pode causar repercussões em contextos diversos do mero uso de suas conexões. Quando o Marco Civil estabelece disposições sobre conteúdo potencialmente danoso a terceiros, que tenha sido publicado online, como ocorre nos arts. 19 a 21, a lei está definindo não apenas o uso da Internet, mas direitos dos terceiros atingidos pelos dados que trafegam na Internet, que não são necessariamente usuários dessa rede. Pode-se afirmar, portanto, que o Marco Civil regula, sim, o uso da Internet, quando estabelece regras relativas à conexão, incidindo em uma relação jurídica entre o usuário e os sujeitos que lhe fornecem os meios de acesso, como ocorre especialmente nas disposições sobre a neutralidade da rede. Noutros temas também tratados no seu texto, a Lei se propõe a regular atos e fatos praticados *online*. Este, aliás, haveria de ser o foco de leis específicas sobre as relações travadas por meio da Internet: atos e fatos praticados *online*, quando exclusivamente decorrentes da Rede, ou quando algumas de suas características ou a forma de exercer direitos se mostrarem diversos de situações análogas que se desenrolam *offline*.

Por esses motivos, a norma em seu art. 3º, § único, trouxe uma cautela muito importante ao referir expressamente que seus princípios não excluem outros previstos no ordenamento jurídico pátrio que se relacione à matéria ou nos tratados internacionais em que a República Federativa do Brasil seja parte signatária. Na prática, então, como são inúmeras as situações envolvidas com a Internet e seu uso, faz-se fundamental ter-se a possibilidade de um diálogo das fontes com vistas a viabilizar-se a melhor solução conforme a realidade fática e a natureza jurídica do caso concreto.

---

26. MARCACINI, Augusto. *Aspectos fundamentais do marco civil da Internet*: Lei n. 12.965/2014. 2017. p. 708-715.

2.2 O DIÁLOGO DAS FONTES

Falar-se de segurança cibernética aponta para atentar para a realidade do uso da Internet naquilo que se imbrica com uma quantidade de questões de várias naturezas e de caráter multifacetado. Ou seja, cuidar também de situações marcadas por peculiaridades que requerem tratamentos específicos. Por conta disso, o Marco Civil da Internet fez referência expressa para a possibilidade de, valendo da concepção de sistema jurídico (dotado de presumida completude), haver utilização de outras normas para, em diálogo das fontes, serem regidas essas situações diferenciadas.

Sem olvidar as normas emitidas por Agência Reguladoras e as constantes de ações governamentais (sejam decretos, sejam de outra ordem como, por exemplo, a criação do Centro de Excelência em Privacidade e Segurança[27]), pode-se referir, exemplificativamente: o Código Civil, cujo anteprojeto de revisão e atualização foi elaborado recentemente e já entregue ao Senado Federal, sendo que, contém disposições de direito digital[28]; o Código de Proteção e Defesa do Consumidor (com um projeto de lei visando atualização sobre comércio eletrônico[29]); o Decreto nº 7962/2013 (comércio eletrônico); o Decreto nº 8.771/15; a Lei nº 13.709/18 (LGPD); e microssistemas como Estatuto do Idoso e o Estatuto da Criança e do Adolescente etc.

É uma área em constante evolução, com várias questões objeto de discussão em processos judiciais e que, por esse fator mantem-se sempre carente da atualização da legislação, tanto é que o Congresso Nacional[30] está a discutir propostas/projetos para regulação das redes sociais (reitera-se o exemplo da União Europeia com o Regulamento de Serviços Digitais). E o Brasil precisa encetar medidas para não ficar defasado nessa área.

---

27. Que tem como objetivos disseminar boas práticas em privacidade e segurança da informação, promover parcerias com órgãos e entidades públicas, instituições privadas e organismos internacionais, fomentar ações de sensibilização, conscientização, capacitação e especialização de recursos humanos (BRASIL. Ministério da Gestão e da Inovação em Serviços. Centro de excelência em privacidade e segurança da informação. *gov.br*, [s/d]. Disponível em: https://www.gov.br/governodigital/pt-br/privacidade-e-seguranca/centro-de-excelencia-em-privacidade-e-seguranca. Acesso em: 27 abr. 2024).
28. BRASIL. Senado Federal. Anteprojeto do novo código civil será presentado na quarta. Brasília-DF, 2024. Disponível em: https://www12.senado.leg.br/noticias/materias/2024/04/11/anteprojeto-do--novo-codigo-civil-sera-apresentado-na-quarta-17#:~:text=O%20Plen%C3%A1rio%20realiza%20na%20quarta,de%20fam%C3%ADlia%2C%20entre%20outras%20inova%C3%A7%C3%B5es. Acesso em: 27 abr. 2024.
29. Sendo que o PL 3514 de 2015 que trata da atualização do CDC na questão do comércio eletrônico, está a tramitar no Congresso Nacional.
30. FIGUEIREDO, Janaína. Regulação das redes sociais na Europa é referência para debate no Brasil em meio a recuo de projeto na câmara. *O Globo*, Buenos Aires, 2024. Disponível em: https://oglobo.globo.com/politica/noticia/2024/04/13/regulacao-das-redes-sociais-na-europa-e-referencia-para-debate--no-brasil-em-meio-a-recuo-de-projeto-na-camara.ghtml. Acesso em: 27 abr. 2024.

2.3 A RESPONSABILIDADE CIVIL

No tocante à responsabilização civil, sempre uma seara complexa, importante analisar-se que o Marco Civil da Internet em seu art. 2º, VI, prescreve a responsabilização dos agentes nos termos da lei, deixando em aberto a possibilidade de ter-se aplicação embasada em normas específicas pertencentes ao sistema (diálogo das fontes).

Em visão mais geral, tratando de direito digital, Patrícia P. Pinheiro preconiza:

> Falar em "uso da Internet" Considerando apenas a Internet, que é mídia e veículo de comunicação, seu potencial de danos indiretos é muito maior que de danos diretos, e a possibilidade de causar prejuízo a outrem, mesmo que sem culpa, é real. Por isso, a teoria do risco atende às questões virtuais e a soluciona de modo mais adequado, devendo estar muito bem associada à determinação legal de quem é o ônus da prova em cada caso. No direito digital, a responsabilidade civil tem relação direta com o grau de conhecimento requerido de cada prestador de serviço e do consumidor usuário, também.[31]

Não se pode olvidar que tendo a lei sido aprovada, logo se formou uma discussão a respeito de seu art. 19, pelo qual, em casos de danos decorrentes de conteúdo gerado por terceiros, condiciona-se a responsabilização civil do provedor de aplicações de internet, a ter descumprido ordem judicial específica. Fruto do ambiente social da época, foi priorizada a liberdade. Entretanto, há que se reconhecer que nas situações em que o agente faz seleção algorítmica de conteúdos adotando escolhas de impulsionamento que visem seus interesses de ordem econômico-financeira ou ideológica (que, indiretamente, também acabam sendo em busca de ganho monetário), na verdade deixa de ser neutro como o preconizado para a internet, não merecendo esse tipo de anteparo/proteção. Igualmente, quando o conteúdo postado por terceiro, por si só, agride direitos previstos nas normas de proteção de vulneráveis como as crianças, os adolescentes ou idosos, bem como, quando o conteúdo é algo especificamente vedado na legislação, sem que se precise de aferição por avaliações subjetivas (exemplo: oferta de dispositivos para fumar proibidos pela Anvisa conforme a Resolução da Diretoria Colegiada – RDC nº 46/2009[32]).

Com esses parâmetros, a responsabilidade civil, então, deve ser aferida conforme a caracterização jurídica da situação constatada na prática, sempre sendo observado no que pertinente à matéria, o enquadramento em dispositivos previstos nas normas brasileiras (gerais e/ou específicas) e, até em legislação internacional que o Brasil tenha se comprometido a cumprir; tudo sem dispensar as técnicas tradicionais no Direito,

---

31. PINHEIRO, Patrícia Peck. *Direito digital*. 6. ed. São Paulo: Saraiva, 2016. p. 514.
32. AGÊNCIA NACIONAL DE VIGILÂNCIA SANITÁRIA (Anvisa). Cigarro eletrônico - Dispositivos Eletrônicos para Fumar (DEFs), [s/d]. Disponível em: https://www.gov.br/anvisa/pt-br/assuntos/tabaco/cigarro-eletronico. Acesso em: 29 abr. 2024.

Assim, a Lei nº 12.965/2014 merece o reconhecimento de representar um marco, tanto por ter vindo para instituir legislação sobre essa tecnologia contemporânea (internet) com proteção de direitos humanos, fundamentais e da personalidade, quanto por ter lançado as sementes para o surgimento de diversas outras normas muito relevantes.

CONCLUSÃO

A segurança cibernética, portanto, apresenta aspectos difíceis de arrolar em sua totalidade, tamanha é a dimensão do que está envolvido nessa área; do uso de algoritmos para fins lícitos ou ilícitos, até riscos de *hackers* sabotarem os sistemas de serviços de telefonia, água, luz etc. Ou seja, certo é que supera o restrito âmbito da configuração estrutural e funcionalidade de *hardwares* e *softwares* e engloba inúmeras questões civil ou criminal; podendo-se mencionar, do cerceamento ilegal de acesso, até mesmo a manipulação das decisões dos usuários (isso inclusive nas formas mais sutis).

É nesse contexto que a Internet é o instrumento que como "seiva", confere "capilaridade" para o que acontece no universo virtual/digital. Basicamente com o uso dela é que ocorrem as interações e aplicações dessas novas tecnologias, do relacionamento entre pessoas e circulação de conteúdos até o domínio da inteligência artificial.

A senda normativa iniciada pelo Marco Civil da Internet e que deve prosseguir, mostra-se imprescindível, pois para nenhum dos partícipes dessa realidade, por mais poder que detenha expressa ou tacitamente, deve ser permitido contar com espaço para valer-se de artimanhas para praticar ilicitudes (relembre-se a capacidade que as *Big Tech*s detêm para, tacitamente, impor seus interesses lucrativos com o uso do ambiente virtual/digital, seja para o mercado, seja para os particulares).

Por essas razões, é fundamental que a legislação seja mantida permanentemente atualizada (evitando defasagem) e que exista a união de esforços englobando o Poder Público, a iniciativa privada (incluindo, imposições legais para empresas do exterior, mas que precisam ter representantes no Brasil) e a população em geral (que seja receptiva e adote ensinamentos sobre educação para utilização dessas tecnologias).

Embora não seja simples ou fácil congregar todos esses elementos, é imprescindível não descurar da necessidade de permanentes esforços nesse sentido. Afinal, tratando-se dessa área, providências desse quilate são essenciais nessa área com vistas a se poder contar com garantias indispensáveis para o respeito principalmente aos seres humanos.

REFERÊNCIAS

AGÊNCIA NACIONAL DE VIGILÂNCIA SANITÁRIA (Anvisa). Cigarro eletrônico - Dispositivos Eletrônicos para Fumar (DEFs), [s/d]. Disponível em: https://www.gov.br/anvisa/pt-br/assuntos/tabaco/cigarro-eletronico. Acesso em: 27 abr. 2024.

AKERLOF, George A.; SHILLER, Robert J. *Pescando tolos:* A economia da manipulação e fraude. Rio de Janeiro: Alta Books, 2016.

BRASIL. Ministério da Gestão e da Inovação em Serviços. Centro de excelência em privacidade e segurança da informação. *gov.br*, [s/d]. Disponível em: https://www.gov.br/governodigital/pt-br/privacidade-e-seguranca/centro-de-excelencia-em-privacidade-e-seguranca. Acesso em: 27 abr. 2024.

BRASIL. Senado Federal. Anteprojeto do novo código civil será presentado na quarta. Brasília-DF, 2024. Disponível em: https://www12.senado.leg.br/noticias/materias/2024/04/11/anteprojeto-do-novo-codigo-civil-sera-apresentado-na-quarta-17#:~:text=O%20Plen%C3%A1rio%20realiza%20na%20quarta,de%20fam%C3%ADlia%2C%20entre%20o-utras%20inova%C3%A7%C3%B5es. Acesso em: 27 abr. 2024.

ESTADÃO CONTEÚDO. Mais de 1,7 milhão de golpes com pix foram plicados em 2022, mostra levantamento. *CNN*, São Paulo, 6 jun. 2023. Disponível em: https://www.cnnbrasil.com.br/economia/mais-de-17-milhao-de-golpes-com-pix-foram-aplicados-em-2022-mostra-levantamento/#:~:text=Um%20estudo%20divulgado%20na%20ter%C3%A7a,usar%20esse%20meio%20de%20pagamento. Acesso em: 27 abr. 2024.

FIGUEIREDO, Janaína. Regulação das redes sociais na Europa é referência para debate no Brasil em meio a recuo de projeto na câmara. *O Globo*, Buenos Aires, 2024. Disponível em: https://oglobo.globo.com/politica/noticia/2024/04/13/regulacao-das-redes-sociais-na-europa-e-referencia-para-debate-no-brasil-em-meio-a-recuo-de-projeto-na-camara.ghtml. Acesso em: 27 abr. 2024.

FLUMIGNAN, Wévertton Gabriel Gomes. *Responsabilidade civil dos provedores de internet*. Análise teórica, prática e jurisprudencial anterior e posterior ao marco civil da internet. Londrina: Thoth, 2024. Edição do Kindle.

FROTA, Mário. *A relevância conferida por Portugal aos direitos humanos na era digital*. Viterbo: Casa Editrice Serena, 2023.

JORNAL DA GLOBO. Brasil teve mais de 3 milhões de tentativas de golpes financeiros na internet nos primeiros cinco meses de 2022. *G1*, 30 mar. 2023. Disponível em: https://g1.globo.com/jornal-da-globo/noticia/2023/03/30/brasil-teve-mais-de-3-milhoes-de-tentativas-de-golpes-financeiros-na-internet-nos-primeiros-cinco-meses-de-2022.ghtml. Acesso em: 27 abr. 2024.

MACÊDO, Adriele França. A responsabilidade civil das empresas de tecnologia em face do compartilhamento (in)devido de informações pessoais dos usuários de mídias sociais, p. 147-206. In: THIAGO, Lucas da Silva São; SILVA, Joseane Suzart Lopes da (coords.). *Proteção dos dados pessoais dos consumidores e práticas abusivas no setor digital*: economia de compartilhamento e comércio eletrônico. Salvador: Paginae, 2020.

MARCACINI, Augusto. *Aspectos fundamentais do marco civil da Internet*: Lei n. 12.965/2014. 2017. Edição do Kindle.

MARTINS, Fernando Rodrigues; MARTINS, Guilherme Magalhães; NOGUEIRA, Marco Aurélio. Pós-colonialismo digital e justiça descolonial: desidentidade, datificação, alienação. *Revista de Direito do Consumidor*, São Paulo, vol. 152, p. 177-193, mar./abr. 2024.

MESQUITA, Felipe Sousa. *Segurança cibernética e a política internacional contemporânea*: novos desafios e oportunidades. 2019. 38 f. Artigo (Especialização). Especialização em Relações internacionais, Universidade de Brasília, Brasília, 2019.

MIT. *Technology Review*, Edição *Big Techs*, ano 03, número 10, jan./mar. 2023.

MOESCH, Teresa Cristina; PETRY, Alexandre Torres; CATALAN, Marcos. *Consumo e tecnologia*. Desafios contemporâneos. Porto Alegre: OABRS, 2023.

ORGANIZAÇÃO DAS NAÇÕES UNIDAS (ONU). União Internacional de Telecomunicações (UIT). *ITU [International Telecommunication Union] strategic plan 2024-2027*. UIT, [s/d]. Disponível: https://www.itu.int/en/council/planning/Pages/default.aspx. Acesso em: 30 abr. 2024.

PEREZ, Fabíola. Brasileiros sofrem 208 golpes por hora; alta é de 37,9%. *UOL*, São Paulo, 20 jul. 2023. Disponível em: https://noticias.uol.com.br/cotidiano/ultimas-noticias/2023/07/20/puxado-por-golpes-eletronicos-estelionatos-sobem-379-homicidios-caem.htm?cmpid=copiaecola. Acesso em: 27 abr. 2024.

PINHEIRO, Patrícia Peck. *Direito digital*. 6. ed. São Paulo: Saraiva, 2016.

PRUX, Oscar Ivan. *A proteção do consumidor na prestação de serviços*. 2001. 737 f. Tese (Doutorado). Doutorado em Direito, Pontifícia Universidade Católica de São Paulo, São Paulo, 2001.

SCHERKERKEWITZ, Ivo Chaitz, *Direito e Internet*. São Paulo: Revista dos Tribunais, 2014.

SILVA, Michael César; GUIMARÃES, Glayder Daywerth Pereira; BARBOSA, Caio César do Nascimento. *Digital influencers e social media*. São Paulo: Editora Foco, 2024. Edição do Kindle.

SULEYMAN, Mustafá; BHASKAR, Michael. *A próxima onda*: inteligência artificial, poder e o maior dilema do século XXI. Rio de Janeiro: Record, 2023.

TEIXEIRA, Tarcísio. *Direito digital e processo eletrônico*. 7. ed. São Paulo: Saraiva, 2023. Edição do Kindle.

VASCONCELOS, Rosália. Brasileiros tiveram prejuízo de R$551 milhões com golpe online; proteja-se. *UOL*, Recife, 7 fev. 2023. Disponível em: https://www.uol.com.br/tilt/noticias/redacao/2023/02/07/medo-de-comprar-online-veja-os-golpes-recentes-mais-aplicados.htm?cmpid=copiaecola. Acesso em: 27 abr. 2024.

VERBICARO, Dennis. *Algoritmos de consumo*: discriminação, determinismo e solução online de conflitos na era da inteligência artificial. São Paulo: Revista dos Tribunais, 2023. Edição do Kindle.

VERBICARO, Dennis; VERBICARO, Loiane; VIEIRA, Janaína. *Direito do consumidor digital*. Rio de Janeiro: Lumen Juris, 2020.

O MARCO CIVIL DA INTERNET E AS CIDADES INTELIGENTES: URBANISMO E SUSTENTABILIDADE

Rosângela Lunardelli Cavallazzi[1]

Daniela Suarez Pombo[2]

Sumário: Introdução – 1. O Marco Civil da Internet no tempo e no espaço – 2. Desvendando o senso comum que se construiu ao redor das categorias analíticas: cidade, sustentabilidade, vulnerabilidade e cidade inteligente – 3. Cidade *Standard* e Cidades Inteligentes: da proteção do internauta à proteção dos cidadãos (in)consentidamente postos em rede pela "inteligência" – 4. Considerações finais – Referências.

INTRODUÇÃO

A cidade contemporânea atravessa contínuos movimentos de crise, na direção de possíveis rupturas com os paradigmas preconcebidos e fortemente arraigados. Examinar a cidade de hoje nos leva a enfrentar processos cada vez mais complexos, nos quais observamos a conjuntura da política de austeridade com medidas ultraliberais (Reforma da Previdência, Reforma Trabalhista) e irreversíveis retrocessos de direitos sociais fundamentais, processos que geram espacialização das vulnerabilidades urbanas e fragilizam os direitos que compõem o direito à cidade.

Em uma sociedade cuja sociabilidade é cada vez mais intermediada por ferramentas do ambiente digital, com a incidência de relações jurídicas que, em regra, não garantem os deveres anexos do princípio da boa-fé objetiva, assegurados no microssistema.

Ao implementar "inteligência" e suas redes no espaço na infraestrutura urbana, uma cidade "smart", segundo a lógica do Marco Civil da Internet (MCI)[3], deve se estender para essas redes, que, ao serem incorporadas, passam a integrar

---

1. Professora e Pesquisadora do Programa de Pós-graduação em Direito da PUC-Rio e do Programa de Pós-graduação em Urbanismo da UFRJ. Doutora e Mestre em Direito (UFRJ e UFSC). Bolsista Produtividade do CNPq. Cientista do Estado Faperj. Diretora do Brasilcon.
2. Mestre em Direito da Cidade pelo Programa de Pós-graduação em Direito da Universidade do Estado do Rio de Janeiro (Uerj) e Pesquisadora do Laboratório de Direito e Urbanismo (Ladu).
3. Lei nº 12.965, de 23 de abril de 2014.

o espaço em camadas de sobreposição. Como proteger esse consumidor que não consentiu – não deu consentimento, já que não participou do processo que decide pela implementação daquela tecnologia no espaço.

Estamos trabalhando com uma chave de sentido que considera a compreensão da incidência do Marco Civil da Internet nas cidades sob a perspectiva da defesa também do coletivo, dos direitos difusos, não somente sob a perspectiva individual. Portanto, o Marco Civil da Internet deve ser pensado nas cidades segundo a lógica do microssistema do consumidor. Logo, devemos pensar em sustentabilidade considerando as condições do consumidor hipervulnerável. Essa perspectiva implica a substituição do princípio da autonomia privada com a matriz moderna pelo princípio da boa-fé objetiva, paradigma contemporâneo próprio do consumidor. Incluindo, por conseguinte, a boa-fé objetiva com seus deveres anexos (transparência, confiança, informações).

A chave de sentido para a leitura da cidade inteligente proposta é interpretar o Marco Civil da Internet como uma produção normativa de proteção dos direitos difusos e não somente dos direitos individuais.

O artigo está organizado em cinco seções, sendo esta introdução a primeira delas. Na segunda, situamos o Marco Civil da Internet no tempo e no espaço, realizando um breve percurso desde a elaboração da norma, sua incidência e eventuais limites e lacunas quando o apresentamos diante das demandas, até a lógica incontornável que o urbano traz consigo. Na terceira, passamos a tratar das próprias categorias analíticas que oporemos à norma, despojando-as dos efeitos do senso comum teórico que as transformaram em conceitos a-históricos: cidade, sustentabilidade, vulnerabilidade, cidades *standard* e cidade inteligente. Situando-as no tempo e no espaço, revela-se a conjuntura político-econômica que lhes deu causa, permitindo que observemos os processos e dinâmicas que desde sua criação são capazes de lhe opor mudanças semânticas. Em seguida, na quarta seção, revelamos como a articulação com a cidade *standard* permite que detectemos o manejo do discurso sobre as cidades inteligentes para a cristalização de políticas neoliberais. Na quinta e última seção, sintetizamos as conclusões.

1. O MARCO CIVIL DA INTERNET NO TEMPO E NO ESPAÇO

O Marco Civil da Internet (Lei nº 12.965/2014), aplicado apenas às atividades na Internet, surgiu como alternativa a algumas propostas legislativas que pretendiam criminalizar, naquele âmbito, certas práticas que outrora não eram problematizadas socialmente[4]. A questão era que uma regulação criminal não

---

4. Destaca-se o Projeto apelidado de "Lei Azeredo", contra o qual houve ampla reação pelas medidas de criminalização para quem violasse os mecanismos de proteção de um telefone celular ou para quem

parecia ser a melhor maneira para dar conta do tema. Por outro lado, regular havia se tornado uma necessidade que trazia consigo "como", e cada vez mais constatamos a inevitabilidade da pergunta: "o que é exatamente que estamos regulando"?

As tecnologias mudaram muito desde o início da discussão sobre a necessidade de um Marco Civil da Internet até os dias de hoje, em que reconhecemos sua importância e refletimos acerca dos limites de sua incidência. O caso é que a pergunta sobre este "o que é exatamente que estamos regulando", segue a mesma. Naturalmente, o legislador não pode dar conta de cada mudança tecnológica, tal como cada mudança não deveria obrigá-lo a promover alterações no ordenamento jurídico que, tão logo aparecem, já nascem obsoletas em razão da velocidade das transformações.

Precisava-se de uma lei capaz de preservar, ao mesmo tempo, os direitos fundamentais, a garantia de um desenvolvimento tecnológico como um catalisador do próprio desenvolvimento da personalidade e as condições econômicas dos indivíduos e das coletividades[5]. Assim é concebido o Marco Civil da Internet: uma regulação que objetiva garantir e preservar as liberdades que a tecnologia e a Internet permitem aos seus usuários, segundo a lei. Desejava-se naquela época, um projeto de lei com caráter principiológico capaz de evitar a obsolescência de seus dispositivos que fosse pioneiramente construído por meio de rodadas de consulta pública antes de seu envio para o Congresso em 2011[6].

---

    transferisse músicas de um CD para outros dispositivos. O projeto transformaria grande parte da população em criminosa e impediria o desenvolvimento de pesquisas e inovação. A problemática levantada era: uma regulação criminal não parecia ser a melhor maneira para dar conta do tema.

5. RODOTÀ, Stefano. *La Démocratie Électronique*: de nouveaux concepts et expériences politiques. Rennes: Apogée, 1999. p. 185.
6. "Tendo em vista o potencial da rede para fazer convergir diferentes pontos de vista, diversas especialidades, a plataforma online "Cultura Digital", desenvolvida na época pelo Ministério da Cultura, foi customizada para receber a primeira consulta sobre um anteprojeto de lei que pudesse se valer das características da própria Internet. Justamente por ter sido a primeira experiência do governo brasileiro com o uso de plataformas online para incrementar o processo de criação legislativa, muitas das lições aprendidas com a iniciativa foram depois implementadas e aperfeiçoadas em futuras proposições". Ainda, "não seria um exagero dizer que a primeira consulta do Marco Civil da Internet foi artesanal. A qualificação aqui vai no sentido de que, transcorridos quase dez anos após a sua concepção e implementação, percebe-se como o uso da Internet para a promoção de consultas visando a criação de leis foram aperfeiçoadas não apenas no Brasil, como também ao redor do mundo. Em 2009, não havia a atual extensão de ferramentas, metodologias e melhores práticas que ajudam as consultas atuais a percorrer um mapa já navegado de roteiros e experiências pretéritas. Depois do Marco Civil diversas iniciativas foram desenvolvidas pelo Governo Federal para se valer da Internet como meio de debate sobre propostas a serem encaminhadas ao Congresso. Podem ser destacadas, dentre outras, a consulta sobre a Lei Geral de Proteção de Dados Pessoais (http://culturadigital.br/dadospessoais/), a reforma da Classificação Indicativa (http://culturadigital.br/classind/), além do debate sobre alterações no Código de Processo Civil. Na seara do Poder Legislativo vale destacar a utilização do website e-democracia (http://edemocracia.camara.gov.br/) para promover debates e aumentar a transparência e a participação dos interessados no processo legislativo" (SOUZA, Carlos Affonso; LEMOS, Ronaldo. *Marco civil da internet*: construção e aplicação. Juiz de Fora: Editar Editora Associada Ltda., 2016. p. 18-19).

Três anos de tramitação legislativa modificaram substancialmente aquele projeto de lei "publicamente produzido", e nasce a Lei nº 12.965, que entra em vigor em 23 de junho de 2014. O Marco Civil da Internet traz consigo o que na época fora importante regulamentação sobre a proteção de dados, ainda que não fosse essa sua intenção original: determina que as informações pessoais dos usuários não devem ser transferidas para terceiros sem consentimento livre, expresso e informado. Consolida, com isso, os princípios da transparência e da finalidade para além de direitos que já faziam parte da proteção fornecida pelo Microssistema do Direito do Consumidor.

Ainda que a esses usuários, segundo a lei, seja assegurado o acesso a informações claras e completas sobre a coleta, o uso, o armazenamento, o processamento e a proteção de seus dados pessoais, o mais importante é que esses dados podem apenas ter a sua utilização para finalidades que (i) justifiquem sua coleta, (ii) não sejam vedadas pela legislação e (iii) estejam especificadas nos contratos de prestação de serviços ou nos termos de uso que esses usuários porventura venham a firmar com o seu consentimento. A qualquer tempo, o usuário possui o direito de solicitar a exclusão definitiva de seus dados após o término das relações entre as partes, excetuados os casos previstos em lei.

No que tange aos provedores de aplicações de Internet, não podem armazenar informações pessoais "excessivas", ou seja, devem sempre levar em conta a finalidade para a qual os usuários deram seu consentimento. Uma norma importante é que, em qualquer dessas operações de coleta, armazenamento, guarda ou tratamento de dados (pessoais/comunicações por provedores de conexão/de aplicações de internet), em que pelo menos um desses atos ocorra em território nacional, a legislação brasileira deverá ser aplicada. Isto é, incide a lei brasileira mesmo que as atividades de coleta sejam realizadas por pessoas jurídicas sediadas no exterior, desde que ofertem o serviço ao público brasileiro ou que pelo menos uma integrante do mesmo grupo econômico possua estabelecimento no Brasil.

A proteção que vem com o Marco Civil para o usuário da internet, sobretudo no que concerne à proteção de seus dados, é complementada com o advento da Lei Geral de Proteção de Dados Pessoais (LGPD) em agosto de 2018. A referida lei agora trata intencionalmente a proteção de dados e, no tocante a este trabalho, traz consigo o que parece ser uma pequena modificação, mas que dá outro tom em termos de incidência dessa proteção, ao determinar a aplicação da lei "a qualquer operação de tratamento realizada por pessoa natural ou por pessoa jurídica de direito público ou privado, independentemente do meio" em seu artigo 3º.

Depreende-se, então, que "independente do meio" pressupõe sua aplicação para a coleta ou manejo de dados para além do meio virtual. A importância dessa determinação ultrapassa o mero detalhe quando compreendemos que eficácia da norma não estaria adstrita somente ao tempo, mas pode ser modificada pelo espaço também. A preocupação quando da elaboração do Marco Civil e, consequentemente, da própria LGPD é responder à pergunta "o que é exatamente que estamos regulando"?

A problemática que se apresenta é que a modulação das formas de controle e coleta de dados, por exemplo, impõe uma necessidade constante de atualização do "que se busca regular" para que a lei não tenha sua eficácia comprometida. O caso que passaremos a examinar neste trabalho trata da modulação e da plasticidade das formas de controle por meio das tecnologias, que serão sempre obstáculos fundamentais à produção normativa de proteção. Ao abordarmos cidades inteligentes – capazes de coletar, armazenar e integrar dados – que implementam uma (sobre)camada "inteligente" na infraestrutura urbana, temos de expandir a incidência da norma não só no tempo, mas no espaço.

A (sobre)camada inteligente coloca o espaço em rede, e aquele usuário urbano, inevitavelmente, também se torna um usuário involuntário da rede. Essa dimensão inteligente, adicionada à infraestrutura urbana da cidade, traz consigo uma nova gama de questões sobre consentimento, já que a aplicação da lei agora deve ocorrer "independente do meio". Para tanto, cumpre tratar das categorias analíticas que utilizaremos para desenvolver essa problemática.

2. DESVENDANDO O SENSO COMUM QUE SE CONSTRUIU AO REDOR DAS CATEGORIAS ANALÍTICAS: CIDADE, SUSTENTABILIDADE, VULNERABILIDADE E CIDADE INTELIGENTE

A abordagem interdisciplinar constitui o caminho necessário para os estudos sobre a questão urbana, e o diálogo entre os campos do Urbanismo e o Direito permite importante avanço no processo de interpretação. As identidades entre os dois campos de conhecimento são muitas, no que diz respeito não só à matriz comum dos paradigmas modernos, mas sobretudo aos desafios na conjuntura da sociedade de mercado, com destaque para a hegemonia da cidade *standard*[7], com o agravamento das vulnerabilidades, demonstrando a relação inequívoca, o nexo causal, entre políticas neoliberais com as medidas de austeridade[8] e o retrocesso dos direitos sociais.

---

7. Cidade *standard* é um conceito construído com inspiração no contrato de adesão e estandardizado. Foi adotado pela primeira vez no Projeto de Pesquisa da FAPERJ, 2012 (CAVALLAZZI, Rosangela Lunardelli. *Códigos da cidade análise das interferências jurídico-urbanísticas na cidade standard*. Projeto de Pesquisa da FAPERJ. Rio de Janeiro: UFRJ – PROURB, 2012).
8. Segundo Mark Blyth, austeridade de acordo com os que defendem essa "terapia" seria a aplicação de uma política baseada na redução do orçamento geral do Estado visando alcançar a promoção do crescimento (BLYTH, Mark. *Austeridad* – Historia de una idea peligrosa. Barcelona: Editorial Crítica, 2014).

A análise e a compreensão de determinada questão envolvem a prévia definição da delimitação teórico-conceitual, ou seja, do levantamento e da escolha, de conceitos relevantes no bojo da literatura especializada sobre o tema. Os conceitos eleitos pelo intérprete, por sua vez, adquirem o *status* de categorias analíticas, verdadeiras chaves de sentido que iluminam o processo de interpretação crítica e compreensão da questão.

Neste nosso estudo, alguns conceitos são relevantes em razão do seu conteúdo predeterminado pelo senso comum teórico[9] ou em razão da sua força na qualidade de categoria analítica. Na primeira categoria, reconhecemos os conceitos sobre "sustentabilidade" e "cidade inteligente", na segunda, os conceitos de "vulnerabilidade"[10] (compreendem contextos de vulnerabilidades[11]) e de "cidade aberta"[12].

Para melhor compreender os obstáculos inerentes ao senso comum teórico, temos de considerar que eles reúnem práticas, crenças, valores e representações que condicionam a compreensão da realidade mediante um processo de descolamento da realidade, construindo falsas verdades com sua dimensão mítica que impede a interpretação crítica.

O desvendamento dos efeitos do senso comum teórico, portanto, torna-se essencial para revelar conceitos a-históricos, permitindo, desse modo, situar as conjunturas políticas e econômicas e a teia de conexões que cristalizam. As categorias analíticas situadas no tempo e no espaço permitem, ao contrário, observar os processos, as dinâmicas, uma vez que concentram feixes de possibilidades e obstáculos.

---

9. WARAT, Luiz Alberto. *Introdução geral ao direito*. Interpretação da lei. Temas para uma reformulação. Porto Alegre: Sergio Antonio Fabris Editor, 1994.
10. Sobre o conceito de vulnerabilidade, ver MARQUES, Claudia Lima. *Contratos no Código de Defesa do Consumidor*: o novo regime das relações contratuais. São Paulo: Revista dos Tribunais, 2019; KOWARICK, Lúcio. Sobre a vulnerabilidade socioeconômica e civil nos Estados Unidos, França e Brasil. *Revista Brasileira de Ciências Sociais*, v. 18, n. 51, p. 61-86, 2003. Disponível em: https://www.scielo.br/j/rbcsoc/a/6ZZVvm8LMXP7Zcx9BNPY64L/?format=pdf&lang=pt. Acesso em: 27 abr. 2024.
11. Para caracterizar as condições de vulnerabilidade, Acselrad defende que essa condição deve ser analisada a partir do processo que leva à vulnerabilidade e como uma relação. Os indivíduos não se colocam puramente em risco ao morarem em regiões de encosta, por exemplo, pois existe uma conjuntura que leva aquelas pessoas a ocupar um sítio impróprio, o que no caso do Brasil retrata uma realidade de segregação, assim como também existe a impossibilidade financeira de poderem pagar para morar em outras partes da cidade. A relação de vulnerabilidade impõe aos sujeitos uma subtração da sua capacidade de defesa, diante de um risco que tem suas raízes nos processos que os levaram à situação de vulnerabilidade (ACSELRAD, H. Vulnerabilidade ambiental, processos e relações. I Encontro Nacional de Produtores e Usuários de Informações Sociais, Econômicas e Territoriais, Rio de Janeiro: FIBGE, 2006. Disponível em: http://www.nuredam.com.br/files/divulgacao/artigos/Vulnerabilidade%20Ambientais%20Proce%20ssos%20Rela%E7%F5es%20Henri%20Acselrad.pdf).
12. TSIOMIS, Yannis. O projeto urbano hoje: entre situações e tensões. In: MACHADO, Denise Barcellos Pinheiro; PEREIRA, Margareth da Silva; SILVA, Rachel Coutinho Marques (orgs.). *Urbanismo em Questão*. Rio de Janeiro: Prourb, 2003. p. 279-294.

O conceito de sustentabilidade, por exemplo, explicita, em regra, um conteúdo referenciado e comprometido com o bem-estar das gerações futuras, vinculado ao equilíbrio. Contudo, a constatação desse equilíbrio tem sido, em grande medida, pautado pelo desenvolvimento econômico, que por sua vez também encontra identidade com o resultado da eficiência.

Aparentemente, essa conexão entre sustentabilidade e eficiência no campo econômico pode ser bem-vinda. Contudo, quando refletimos a partir das relações sociais e, principalmente, das condições de vulnerabilidade dos sujeitos e das relações nas cidades contemporâneas, o intérprete pode reconhecer cidade nas favelas, na periferia, nos inúmeros espaços de exclusão.

A adoção do conceito de sustentabilidade descolado da realidade, como categoria analítica, não explica a compreensão dos processos que envolvem a produção do espaço urbano. Propomos então, na perspectiva de historicizar o referido conceito, iniciar o estudo pelo seu avesso, qual seja, pelas relações e processos de vulnerabilidade.

Nessa perspectiva, cabe observar o contexto, a conjuntura na qual está situada a nossa questão temática. Considerar ao longo do processo de interpretação os recortes temporais e espaciais que denotem a incidência de políticas públicas, construções normativas para a compreensão do tempo dos acontecimentos situados nas respectivas conjunturas, e estas, nas estruturas temporais, segundo a dimensão espaço-temporal de Braudel[13].

Desse modo, no processo de produção de sentido para o conceito de sustentabilidade, este deve estar apartado do senso comum e essencialmente vinculado à qualidade de vida, considerando a imbricação de processos e relações de vulnerabilidade presentes na cidade contemporânea. Logo, privilegiar a cidade considerada cidade aberta. Na concepção de Yannis Tsiomis, "a cidade aberta são os discursos contraditórios múltiplos, as estratégias diferentes e divergentes, a expressão dos conflitos"[14].

Na mesma perspectiva, historicizar o conceito de "cidade inteligente", ou seja, compreender que a maior parte das suas referências e do seu conteúdo está vinculada à lógica neoliberal externada pelo desequilíbrio entre atores públicos

---

13. "os tempos múltiplos e contraditórios da vida dos homens que não são unicamente a substância do passado, mas também a matéria da vida social atual. Nada tem de mais importante no centro da realidade social que a viva e íntima oposição, infinitamente repetida, entre o instante e o tempo lento a transcorrer". (BRAUDEL, Fernand. *História e Ciências Sociais*. 4. ed. Lisboa: Presença, 1982. p. 63).
14. Tsiomis, *op. cit.*, p. 291.

e privados[15]. Estudos relevantes[16] sobre a Nova Agenda Urbana aprovada pela Conferência HABITAT III, em 2016, sobre planos diretores assinalam abordagens corporativas de inteligência no espaço urbano.

> Acertadamente, Bria e Morozov condicionam qualquer investigação sobre a dominância da ideologia "smart" ao seu encaixe no contexto mais amplo de preceitos neoliberais, aqueles que vêm restringindo a autonomia das cidades, tal como a uma compreensão da geopolítica que subjaz à pauta das cidades inteligentes. Para os autores, "smart":
>
> [...] se refere a qualquer tecnologia avançada a ser implementada em cidades com o objetivo de otimizar o uso de seus recursos, produzir novas riquezas, mudar o comportamento dos usuários ou prometer novos tipos de ganho no que se refere, por exemplo, a flexibilidade, segurança e sustentabilidade – ganhos que decorrem essencialmente do ciclo de retroalimentação inerente à implementação e o uso de dispositivos inteligentes providos de conectividade, sensores e/ou telas.[17]

Os autores atribuem à história do conceito de cidades inteligentes um *storytelling* corporativo[18], composto por folhetos publicitários de serviços corporativos e também por propostas de planejamento para governos locais vendidas a pacotes. Essa construção conceitual fragmentada passa a impressão de que as cidades inteligentes seriam o apogeu lógico da tecnologia nas cidades "cujo crescimento e ubiquidade são detidos apenas pelos limites de inventividade de cada civilização, e não por fatores externos políticos ou econômicos", mascarando sua origem verdadeira como reorientação de grandes empresas[19].

Os referidos autores citam a IBM como exemplo de uma dessas reorientações no sentido de expansão para além dos modelos tradicionais de negócio de venda de *hardware* e de *software*: o oferecimento de serviços e consultorias. "*Smart Cities*" chegou a ser termo patenteado pela IBM[20]. Ainda conectada à IBM está o caso do Centro de Operações Inteligentes (COI), implantado no Rio de Janeiro por ocasião da preparação para os Jogos Olímpicos. O COI consistia em uma proposta

---

15. REIA, J.; CRUZ, L. Cidades inteligentes no Brasil: conexões entre poder corporativo, direitos e engajamento cívico. *Cadernos Metrópole*, v. 25, n. 57, p. 467-490, 2023. Disponível em: https://doi.org/10.1590/2236-9996.2023-5705. Acesso em: 28 abr. 2024.
16. FÓRUM DAS CIDADES. Nova agenda urbana, [s.l.], [s/d]. Disponível em: https://www.forumdascidades.pt/content/nova-agenda-urbana; ALFONSIN, B. de M.; SALTZ, A.; FERNANDEZ, D.; VIVAN FILHO, G. T. A.; FACCENDA, G.; MULLER, R. Das ruas de Paris a Quito: o direito à cidade na nova agenda urbana – Habitat III / From the streets of Paris to Quito: the right to the city in the new urban agenda – Habitat III. *Revista De Direito Da Cidade*, 9(3), 1214-1246, 2017. Disponível em: https://doi.org/10.12957/rdc.2017.29236. Disponível em: https://www.e-publicacoes.uerj.br/rdc/article/view/29236/21259.
17. BRIA, Francesca; MOROZOV, Evgeny. *A cidade inteligente*: tecnologias urbanas e democracia. São Paulo: Ubu Editora, 2020. p. 18.
18. SÖDERSTRÖM, Ola; PAASCHE, Till; KLAUSER, Francisco. Smart Cities as Corporate Storytelling. *City*, v. 18, n. 3, 2014. p. 307-320 *apud* Bria; Morozov, *op. cit.*, p. 21.
19. Bria; Morozov, *op. cit.*, p. 21-22.
20. *Idem*, p. 22.

da IBM para um planeta "mais inteligente" que objetivava concentrar a análise de grupos interconectados de informação coletada nas cidades, inserindo-os em sistemas e infraestruturas capazes de facilitar as operações de controle, captura e otimização do uso de recursos[21].

Como foi ressaltada de início, uma vez situada no tempo e no espaço, não há como compreender a categoria das cidades inteligentes fora de seu encaixe no contexto mais amplo de preceitos neoliberais. Essas infraestruturas acabam por reproduzir e modular novas formas de controle que têm se mostrado tão ou mais valiosas que a motivação inicial de oferecerem soluções inteligentes para os problemas urbanos. O elemento "inteligente" dessas cidades mais parece se aproximar da "inteligência", trazendo consigo uma nova gama de questionamentos sobre privacidade e consentimento sobre os dados coletados:

> Um alto grau de integração de sistemas, especialmente quando combinado com imagens de gravações de circuito interno e com softwares de reconhecimento facial avançados, traz à tona uma série de preocupações ligadas à privacidade e ao excesso de vigilância. Além disso, a onda de euforia *smart* resultou na reformulação de muitos produtos tradicionalmente classificados como ferramentas de vigilância e de policiamento preditivo, que passaram a ser considerados componentes essenciais do pacote de *smart city*.[22]

Da adjetivação à substantivação, inteligente à inteligência, a cidade abre-se a uma nova gama de problemas. "Inteligência" atrai toda a discussão sobre a preservação da soberania nacional, defesa do Estado Democrático e a dignidade humana do Sistema de Inteligência Brasileiro, finalidade da lei criada pela Lei nº 9.883/1999. A inteligência, em referida forma legal, seria

> a atividade que objetiva a obtenção, análise e disseminação de conhecimentos dentro e fora do território nacional sobre fatos e situações de imediata ou potencial influência sobre o processo decisório e a ação governamental e sobre a salvaguarda e a segurança da sociedade e do Estado. (Art. 1º, § 2º)

Logo, a função do sistema de inteligência é coletar informações e transformá-las em "inteligência".

A inteligência pressupõe uma estrutura institucional e normativa positivada, dadas a sensibilidade das informações coletadas e a sua importância para o controle e a segurança nacional[23].

---

21. *Idem*, p. 26.
22. *Idem*, p. 28-29.
23. O Decreto 3.505/2000 institui a Política de Segurança da Informação nos órgãos e entidades da Administração Pública Federal e descreve alguns parâmetros relevantes para as atividades do sistema de inteligência. Ainda, merece destaque: (i) a Lei nº 8.159/91, que dispõe sobre a política nacional de arquivos públicos e privados, e (ii) o Decreto 7.845/2012, que regulamenta procedimentos para cre-

O Sistema de Inteligência Brasileiro prevê e limita o desenvolvimento das atividades de inteligência "à irrestrita observância dos direitos e garantias individuais, fidelidade às instituições e aos princípios éticos que regem os interesses e a segurança do Estado"[24]. A estrutura normativa que regula as atividades de inteligência limita as atividades e adoção de técnicas de vigilância manejadas pelo Estado e suas instituições. Contudo, a problemática que as cidades inteligentes acabam por abrir, quando modulam novas formas de controle e vigilância, constitui a extensão de uma lógica de soberania do Estado, criada para defesa das Instituições e dos interesses de segurança nacional, para níveis e escalas territoriais sem qualquer limitação.

Em menor escala, por exemplo, está o sistema de câmeras "Gabriel", que, ao lado do botão "quero fazer um orçamento" em seu *site* oficial, promete: "construímos tecnologia e entregamos segurança em qualquer lugar. Nossa missão é tornar ruas, bairros e cidades mais inteligentes para proteger você dentro e fora de casa"[25]. A presença dessas câmeras se tornou cada vez mais comum nas ruas, facilmente identificável com o *design* característico das câmeras modelo Camaleão. Produtos "modernos, resistentes e capazes de entender a dinâmica das ruas, os Camaleões se adaptam facilmente à fachada do seu prédio e geram inteligência para as autoridades"[26].

É importante ressaltar que essas intervenções no espaço estão concretamente situadas na cidade, exigindo uma resposta no sentido da proteção, com incidência do microssistema do Direito do Consumidor. Atraem a lógica da proteção dos vulneráveis presentes no microssistema, logo, a garantia do direito à cidade como feixe de direitos sociais fundamentais no mundo digital deve estar submetida a essa proteção.

Importante ressaltar que esse estado de coisas abre uma nova gama de problemas demandando uma resposta dos campos do Direito e do Urbanismo, vez que garantia do direito à cidade compreende o feixe de direitos sociais fundamentais e, inevitavelmente, inclui o mundo digital. A seguir, observamos como a expansão das cidades inteligentes está situada em um processo mais complexo, mais bem compreendido a partir da cidade *standard*.

---

denciamento de segurança e tratamento de informações confidenciais com qualquer grau de sigilo, e dispõe sobre o Núcleo de Segurança e Credenciamento.
24. Lei nº 9.883/1999, parágrafo único do art. 3º: As atividades de inteligência serão desenvolvidas, no que se refere aos limites de sua extensão e ao uso de técnicas e meios sigilosos, com irrestrita observância dos direitos e garantias individuais, fidelidade às instituições e aos princípios éticos que regem os interesses e a segurança do Estado.
25. Endereço eletrônico da empresa disponível em: https://gabriel.com.br/.
26. Modelos de câmeras podem ser encontrados no endereço eletrônico da empresa: https://gabriel.com.br/seguranca-em-qualquer-lugar/.

3. CIDADE *STANDARD* E CIDADES INTELIGENTES: DA PROTEÇÃO DO INTERNAUTA À PROTEÇÃO DOS CIDADÃOS (IN) CONSENTIDAMENTE POSTOS EM REDE PELA "INTELIGÊNCIA"

A implementação de uma (sobre)estrutura técnica na infraestrutura urbana, seja nas cidades inteligentes seja nas cidades da inteligência, apresenta como consequência principal colocar os habitantes e seus dados em rede. Isto é um fato. Como vimos, a importância dessa discussão de despojar essas estruturas da reprodução de crescentes vulnerabilidades, próprias dos avanços neoliberais, é a ordem do dia se quisermos retomar a produção do espaço da cidade e o discurso sobre ela das mãos de um *storytelling* corporativo que reduz a narrativa das cidades inteligentes a folhetos e propostas de pacotes de planejamento.

Bem como a importância de situar a categoria das cidades inteligentes no tempo e no espaço, retirando-as do campo da a-historicidade e devolvendo-as ao seu nascedouro no contexto mais amplo de preceitos neoliberais, e não retirando delas a discussão geopolítica que subjaz à pauta que as tem acompanhado. Vê-las meramente como um apogeu lógico da tecnologia das cidades ou consequência mais acabada do meio técnico-científico informacional faz que seja esvaziado todo esse conteúdo que lhes deu causa e que constitui base para a construção de uma crítica que ultrapasse mera retórica – contra-argumento daqueles mesmos folhetos e propostas de pacotes de planejamento do *storytelling* corporativo.

O ponto nevrálgico da discussão não é fornecer uma nova interpretação ao elemento "*smart*"/"inteligente" das cidades, mas compreender as consequências políticas, econômicas e sociais que o senso comum teórico nubla ou esconde. A bem da verdade, as cidades inteligentes estão sendo apresentadas como um novo modelo comercializado no mercado internacional de cidades que competem entre si. A maioria das cidades que apostaram nas tecnologias que dão causa ao "inteligente", implementando essa (sobre)estrutura técnica na infraestrutura urbana, tendeu a ser acompanhada por dispositivos regulatórios próprios do neoliberalismo[27] e acabou acertando na "inteligência" – ainda que não fosse a intenção inicial.

A tecnologia na qual apostam as cidades que querem se tornar inteligentes pode ser considerada uma ferramenta em meio ao fenômeno maior que é a técnica. Milton Santos define as técnicas como "[...] um conjunto de meios instrumentais e sociais com os quais o homem realiza sua vida, produz e, ao mesmo tempo, cria espaço"[28]. Empreendendo os mesmos meios contra a a-historicização: a técnica

---

27. Bria; Morozov, *op. cit.*, p. 31.
28. SANTOS, Milton. *A natureza do espaço*: técnica e tempo, razão e emoção. 4. ed. São Paulo: Universidade de São Paulo, 2020a. p. 29.

é parte de um processo de formação histórica social. E, delimitando mais ainda o espaço e o tempo ao nosso período histórico, percebemos essas técnicas no bojo de uma lógica geopolítica marcada pela "inteligência" das empresas transnacionais, como demonstrara Santos[29].

Assim é que podemos compreender a história das cidades inteligentes de pacotes de planejamento do *storytelling* corporativo. Assim, também, é que compreendemos o nascimento do termo "*smart*", atribuído a uma reorientação visando à expansão de seu modelo tradicional de negócios efetuada pela IBM – se seguimos o exemplo que apresentamos anteriormente –, e o surgimento de diversos Centros de Operações Inteligentes em várias cidades pelo mundo, como foi no caso do Rio de Janeiro. A tecnologia anunciada em folhetos e propostas sempre soará muito irresistível como apogeu lógico da tecnologia nas/das cidades ou consequência mais acabada do meio técnico-científico informacional.

O problema do *storytelling* corporativo está em não avisar de antemão os efeitos colaterais ou "vícios redibitórios" do seu produto: a tecnologia como uma ferramenta que está submetida à forma como a técnica se desenvolve e se transforma na sociedade. Situada no espaço e no tempo, a cidade inteligente nos induz a compreender por que ela reproduz o agravamento das vulnerabilidades, demonstrando a relação inequívoca, o nexo causal, entre políticas neoliberais com as medidas de austeridade e o retrocesso dos direitos sociais.

O espaço acaba por tornar-se uma mercadoria universal por excelência, que é palco para uma gama de especulações de ordem econômica, ideológica e política – isoladamente ou em conjunto. Assim é que podemos pensar a ideia de um *marketing dos lugares*[30] e a corrida das cidades para se tornarem "inteligentes", que, por meio da distribuição diferencial das ferramentas tecnológicas da "inteligência" pelo território, acabam por produzir uma percepção fragmentada desse espaço – maior vigilância em determinados territórios e reconhecimento facial que oferece barreiras à livre circulação de grupos visados são contundentes exemplos.

Pode parecer um contrassenso que a implementação dessa (sobre)estrutura técnica "inteligente" na infraestrutura urbana que objetiva "integrar" acabe por fragmentar. Isto é, uma cidade cada vez mais "integrada" acaba por produzir

---

29. "Há, pois, uma relação estreita entre esse aspecto da economia da globalização e a natureza do fenômeno técnico correspondente a esse período histórico. Se a produção se fragmenta tecnicamente, há, do outro lado, uma unidade política de comando. Essa unidade política do comando funciona no interior das firmas, mas não há propriamente uma unidade de comando do mercado global. Cada empresa comanda as respectivas operações dentro da sua respectiva topologia, isto é, do conjunto de lugares da sua ação, enquanto a ação dos estados e das instituições supranacionais não basta para impor uma ordem global" (SANTOS, Milton. *Por uma outra globalização*: do pensamento único à consciência universal. 30. ed. Rio de Janeiro: Record, 2020b. p. 26-27).
30. SANTOS, Milton. *Pensando o espaço do homem*. 5. ed. São Paulo: Universidade de São Paulo, 2021. p. 30.

o seu avesso. Para compreendermos esse movimento que tem se identificado com a adoção da "inteligência", a categoria da cidade *standard* é fundamental. A cidade *standard* se manifesta em movimentos aparentemente contraditórios de uniformização e fragmentação:

> A uniformização em outra escala ou face tem sido também uma estratégia/instrumento competente para padronizar, estandardizar as cidades no "mundo" globalizado. Portanto, quando trabalhamos o conceito de cidades *standard* estamos reconhecendo este padrão uniformizador, uma realidade sem identidade. A fragmentação é uma das características mais fortes das cidades atuais, perpassa o urbanismo, as questões sociais e culturais. Em que pesem as diferentes escalas administrativas, a cidade hoje é formada por um somatório de várias cidades, que no território podem ser compartilháveis segundo questões em comum. Mas há também o oposto: a cidade que pertence a um determinado território administrativamente, mas sua comunidade não possui o sentimento de pertencimento da figura representativa que está inserida [...]. A fragmentação, portanto, tem sido reconhecida como código próprio do movimento de globalização. Constitui também estratégia, pois as partes deslocadas do todo perdem o sentido. A fragmentação da norma e da forma, no contexto da globalização, conforme o senso comum reconhece, desmantela unidades, alcança não apenas o âmbito econômico, mas principalmente os âmbitos político e social.[31]

O senso comum teórico construído ao redor das cidades inteligentes constantemente impede que possamos observar a complexidade de relações que são modificadas com a implementação dos folhetos e a aquisição dos pacotes "smart". Isto é, os "vícios redibitórios" do produto que transforma "inteligente" em um termo impróprio: "inteligência". Impróprio para consumo, claro, se estamos tratando dos efeitos que não são os prometidos inicialmente.

Um exemplo contundente da aquisição de um pacote "inteligente" que traz consigo a venda casada da "inteligência" é o caso-referência da Parceria Público-Privada (PPP) de concessão administrativa efetivada no estado do Rio de Janeiro "Smart Luz"[32]. O Edital de Parceria Público-Privada na Modalidade de Concessão Administrativa[33] dispunha que o objeto do contrato era a delegação da prestação de serviço que englobava todas as unidades de iluminação pública e toda a infraestrutura da Rede Municipal de iluminação pública. Em oportunidade de pesquisa sobre o caso, verificou-se, como um dos problemas, que a previsão da prestação

---

31. CAVALLAZZI, Rosângela Lunardelli; MACHADO, Denise Barcellos Pinheiro. Construções normativas na cidade standard: vulnerabilidades e sustentabilidade. *Conpedi Law Review*, 2015. Disponível em: http://dx.doi.org/10.26668/2448-3931_conpedilawreview/2015.v1i11.3438. p. 143.
32. CAVALLAZZI, Rosângela Lunardelli; POMBO, Suarez Daniela; CAVALLAZZI, Ivan da Silva. A paisagem standard e a parceria público-privada: o caso-referência da iluminação pública da cidade do Rio de Janeiro. Conpedi – II Grupo de Trabalho Direito urbanístico, cidade e alteridade. Organização. Coordenadores: Adriana Fasolo Pilati; Cláudia Franco Corrêa; Rosângela Lunardelli Cavallazzi. Florianópolis: Conpedi, 2022.
33. Disponível em: http://www.rio.rj.gov.br/dlstatic/10112/10237327/4251722/EditaldeIluminacaoPublicaeAnexosfinal.pdf. Acesso em: 30 abr. 2024.

de serviços extrapolava em muito a atividade da iluminação pública, pondo a descoberto as discrepâncias entre edital e contrato efetivo[34] ao implementarem sistemas de videomonitoramento.

A problemática não se limita a essa "venda casada" realizada no contrato efetivo, mas ao fato de a concessionária ter sido autorizada a explorar fontes geradoras de receitas acessórias mediante a comercialização de dados analíticos capturados por meio desses mesmos sistemas de videomonitoramento, tornando ineficaz a ressalva "desde que preservado o direito dos cidadãos à privacidade, observada a legislação vigente"[35]:

> Os reflexos sobre a produção do espaço urbano e a paisagem nos parecem drásticos e insipientes, desprovidos de prudência. De fato, o projeto, limitado pelo "possível", da cidade inteligente, além da luz, trouxe o observador (videomonitoramento), o audiente (WIFI), o auditor de ambos (análise dos dados) e ainda um quarto para comercializar os dados (Zuboff, 2020). Tudo isso ressalvada a "privacidade do cidadão" (contrato)? É de se ponderar se a cidade inteligente projeta a paisagem e o espaço urbano que atendem ao cidadão e ao convívio pleno, irrestrito e democrático na cidade.[36]

Logo, ao consideramos que intervenções no espaço público ou privado a partir da produção de espaços estandardizados, uniformizadores e articulados com a lógica hegemônica do mercado, provavelmente produzirão, em consonância com as construções normativas, uma cidade não consentida pelos moradores, uma cidade *standard*. Consentimento é uma palavra-chave para compreensão dessa categoria analítica, na medida em que a estandardização impõe aos habitantes

---

34. "A previsão de serviços que poderia extrapolar a iluminação pública era tratada no edital de concorrência de forma vaga: SERVIÇOS SMART RIO. Compreende a implantação, a operação, a manutenção e gestão de materiais, conforme diretrizes previstas no CONTRATO, relativos ao SISTEMA DE VIDEOMONITORAMENTO; aos PONTOS DE ACESSO WIFI; e ao SISTEMA DE RETENÇÃO E GESTÃO DE RESÍDUOS e a outros equipamentos ou utilidades eventualmente definidas pelo PODER CONCEDENTE na forma do CONTRATO, incluída a realização de qualquer obra eventualmente necessária para sua instalação. Por outro lado, o contrato efetivo, para muito além do previsto no edital, dispõe: [...] e. controlar remotamente, pelo SISTEMA DE TELEGESTÃO, no mínimo, 25% (vinte e cinco por cento) das FONTES DE LUZ localizadas em logradouros com padrão de iluminação conforme especificado no ANEXO I.2; f. implantar SISTEMA DE VIDEOMONITORAMENTO, contemplando, no mínimo, 300 (trezentas) câmeras de segurança; g. implantar, no mínimo, 50 (cinquenta) PONTOS DE ACESSO WIFI" (Cavallazzi; Pombo; Cavallazzi, *op. cit.*).
35. Ainda, em mesmo artigo, "20.1. A CONCESSIONÁRIA fica desde já autorizada a explorar as seguintes fontes geradoras de RECEITAS ACESSÓRIAS: (i) prestação de serviços de medição do consumo residencial de serviços públicos, tais como energia elétrica, água e gás, por meio de equipamentos alocados nas UNIDADES DE ILUMINAÇÃO PÚBLICA; (ii) comercialização de dados analíticos capturados por meio do SISTEMA DE VIDEOMONITORAMENTO, desde que preservado o direito dos cidadãos à privacidade, observada a legislação vigente; (iii) a comercialização de serviços de acesso wifi à rede mundial de computadores em velocidades superiores ao mínimo gratuito exigido no ANEXO I.2 para os PONTOS DE ACESSO WIFI. 20.2. A CONCESSIONÁRIA poderá, mediante anuência prévia do PODER CONCEDENTE, EXPLORAR OUTRAS FONTES DE RECEITAS ACESSÓRIAS".
36. Cavallazzi; Pombo; Cavallazzi, *op. cit.*, p. 9.

da cidade uma lógica contratual distinta da dos contratos "paritários", mas sim como um contrato de adesão, padronizado, cujas cláusulas não estão postas para discussão ou negociação[37].

O morador da cidade é posto em uma relação assimétrica. Como observa Ribeiro, "o contrato surge como aparente negociação, mas concretiza-se em oculta desigualdade"[38], conferindo um aspecto compulsório ao futuro da paisagem.

> A estandardização dos contratos adianta o resultado da correlação de forças das negociações, impondo um resultado padronizado para diferentes situações, criando a ilusão de negociação pela manutenção da forma contratual, mas reificando as assimetrias em sentido extremo, impondo um resultado a-histórico de negociação. Compreender a cidade como *standard* significa incorporar essas contradições nas relações de produção do espaço. A imposição de cláusulas, a ausência de negociação real, o aspecto compulsório do futuro da paisagem que adianta determinadas virtualidades como se fossem certezas de realização, minando resistências e criando segurança de mercado: a retirada da disputa de futuros. A cidade *standard* oculta em sua forma conflitos silenciados.[39]

A categoria analítica da cidade *standard* torna-se cada vez mais valiosa para compreendermos como as cidades inteligentes vêm sendo implementadas e como a discussão sobre consentimento "expresso" que traz o Marco Civil toma outro patamar quando atinge dimensões coletivas e passa a tratar de direitos difusos próprios da lógica do direito à cidade e do direito do consumidor. A cidade *standard* é imposta ao habitante à moda dos contratos de adesão, sem negociação e de consentimento viciado, uma vez que se espraia por meio de construções normativas e da implementação de projetos urbanos[40] que carregam em si a matriz moderna – presente tanto no campo jurídico como no do urbanismo[41].

A produção do espaço urbano por intervenções privadas e públicas no contexto da produção capitalista cristaliza a lógica e a dinâmica neoliberal, especialmente no que tange à forma urbana. A implementação das tecnologias aparentemente neutras realiza dupla captura do espaço urbano na dimensão subjetiva, retirando as significações e desidratando os espaços vividos; e nos processos coletivos, inventando novas significações com destaque para referências quantitativas.

---

37. CAVALLAZZI, Rosângela Lunardelli; FAUTH, Gabriela. Cidade standard e vulnerabilidades em processos de precarização: Blindagens ao direito à cidade. *III Encontro da Associação Nacional de Pesquisa e Pós-Graduação em Arquitetura e Urbanismo*. São Paulo, 2014.
38. RIBEIRO, Cláudio Rezende. Cidade standard: paisagem urbana e acumulação. In: CAVALLAZZI, Rosângela Lunardelli; FAUTH, Gabriela. *Cidade standard e novas vulnerabilidades*. Rio de Janeiro: Prourb, 2018. p. 274.
39. *Idem*, p. 274-275.
40. Cavallazzi; Fauth, *op. cit.*, p. 4.
41. CAVALLAZZI, Rosângela Lunardelli; BERTOLDO, Flávio Soares. Desafios da Cidade Standard. *Cidade Standard e Novas Vulnerabilidades*, 2018. (Coleção Direito e Urbanismo). p. 28.

A questão que se apresenta sobre a cidade inteligente e sustentável consiste na busca da eficiência, do valor, da quantidade em detrimento da qualidade da vida na cidade neoliberal[42]. Na esteira de Deleuze e Foucault, na sociedade do controle[43], a modulação constitui uma busca incessante da plasticidade sem limites, transformando, levando tudo e todos para a dimensão digital invisível da vigilância e financeirização. Modulação e plasticidade das formas de controle por meio das tecnologias serão sempre obstáculos fundamentais à produção normativa de proteção.

Ao (re)historicizarmos o termo "inteligente" dessa categoria de cidades, necessariamente atraímos estrutura e conjuntura/tempo e espaço próprias da técnica que será implementada no urbano. Essa complexidade muito bem captada pela cidade *standard* revela com mais contundência a questão do consentimento nublado pelo senso comum teórico construído ao redor das cidades inteligentes e eventuais lacunas da norma que deveriam ampliar sua incidência.

In casu, a (sobre)camada inteligente coloca o espaço em rede, e aquele usuário urbano, inevitavelmente, também se torna um usuário involuntário da rede. Essa dimensão inteligente adicionada à infraestrutura urbana da cidade exige uma resposta no sentido da proteção e do aumento de sua abrangência em busca da eficácia social da norma. A proteção dos dados pessoais, com a ampliação da incidência, poderá apresentar efetiva aplicação sobre toda a rede situada na cidade. Esse processo de interpretação e produção de sentido ampliado do Marco Civil da Internet também poderá contar, além da abordagem interdisciplinar, com o aporte do Diálogo das Fontes. Nas palavras de Cláudia Lima Marques, a teoria do Diálogo das Fontes em movimento, como técnica de aplicação coordenada de diferentes fontes jurídicas, alcança o Direito à Cidade no sentido da compreensão e eventual solução de conflitos urbanos[44].

4. CONSIDERAÇÕES FINAIS

O MCI, ao definir finalidade como o estabelecimento de princípios, garantias, direitos e deveres para o uso da Internet no Brasil, não só reúne normas protetivas, mas principalmente constitui um novo paradigma que atravessa o campo contratual das relações privadas (segundo a dogmática moderna), para alcançar a finalidade social da rede com o reconhecimento da escala mundial e,

---

42. MASSONETO, Luís Fernando; BACHUR, João Paulo; CARVALHO, Eduardo de Moraes. Reificação da experiência na cidade inteligente: notas para uma crítica da economia política do espaço urbano. *Revista Direito e Práx*, v. 11 (01), jan./mar. 2020. Disponível em: https://www.scielo.br/j/rdp/a/nNXX4wmMYKWqv3VXwgkJc6x/?lang=pt. Acesso em: 28 abr. 2024.
43. DELEUZE, Gilles. *Deleuze Conversações, 1972-1990*. São Paulo: Editora 34, 1992.
44. MARQUES, Claudia Lima. Diálogo das Fontes em Movimento e Direito à Cidade. Conferência de encerramento do Colóquio Direito à Cidade em Movimentos: políticas no urbano em tempos de hegemonia neoliberal, 10. Organização PROURB/FAU-UFRJ e PUC-Rio, Rio de Janeiro, 19 abr. 2024.

principalmente, do campo do Direito do Consumidor com sua singular natureza na proteção dos direitos difusos.

O processo de construção dessa norma (entre 2009 e 2014), com as numerosas intercorrências no Legislativo com as disputas políticas e econômicas sempre permeadas pela dimensão ideológica, sobrepôs novas camadas que interferem de forma decisiva na sua incidência no espaço e no tempo.

A sua vocação para tornar-se anacrônica é fortíssima, a exemplo das normas produzidas nesse tempo sem tempo, quando o conflito emerge com complexidade no espaço concebido por Milton Santos, que reúne sistemas de objetos e sistemas de ações.

Contudo, *a contrario sensu*, apesar de adotar como princípios simultâneos a "garantia da neutralidade de rede" e a "proteção dos dados pessoais", duas ficções no mundo digital, sua incidência inexoravelmente ultrapassa a proteção dos dados pessoais e alcança o coletivo, toda a rede situada na cidade. Nessa sobreposição de espaços, o Marco Civil da Internet pode ganhar o *status* de novo paradigma, a exemplo do paradigma da Boa-Fé Objetiva, fundamental princípio contemporâneo. O Marco Civil da Internet, como bem registra Danilo Doneda, adota o princípio do consentimento, com bastante rigor,[45] e, também, os princípios da transparência e da finalidade. Portanto, para permitir ampliar a abrangência do Marco Civil da Internet, na perspectiva da eficácia social da norma, o questionamento da "cidade inteligente" deve ser constante e inspirado em categorias analíticas abertas, com reconhecida plasticidade, colado nos casos concretos e na realidade.

A sua implementação, ao considerar o princípio da boa-fé objetiva e seus deveres anexos, poderá preservar o princípio da gestão democrática nas cidades. O lugar da política é no processo de produção do espaço urbano. Compreender o Marco Civil da Internet e observar os obstáculos e possibilidades da denominada cidade inteligente no espaço urbano, à luz dos campos do Direito e do Urbanismo, exige uma constante vigilância epistemológica para não perder de vista jamais a proteção do consumidor vulnerável.

REFERÊNCIAS

ACSELRAD, H. Vulnerabilidade ambiental, processos e relações. I Encontro Nacional de Produtores e Usuários de Informações Sociais, Econômicas e Territoriais, Rio de Janeiro: FIBGE, 2006. Disponível em: http://www.nuredam.com.br/files/divulgacao/artigos/Vulnerabilidade%20Ambientais%20Proce%20ssos%20Rela%E7%F5es%20Henri%20Acselrad.pdf.

---

45. Art. 7º, inciso IX – consentimento expresso sobre coleta, uso, armazenamento e tratamento de dados pessoais, que deverá ocorrer de forma destacada das demais cláusulas contratuais; Lei nº 12.965, de 23 de abril de 2014 (MCI). Ver AGÊNCIA NACIONAL DE TELECOMUNICAÇÕES (Anatel). Proteção de Dados Pessoais e Marco Civil da Internet – Danilo Doneda. YouTube, 4 maio 2016. Disponível em: https://www.youtube.com/watch?v=93G_cTH4WXg. Acesso em: 29 abr. 2024.

AGÊNCIA NACIONAL DE TELECOMUNICAÇÕES (Anatel). Proteção de Dados Pessoais e Marco Civil da Internet – Danilo Doneda. YouTube, 4 maio 2016. Disponível em: https://www.youtube.com/watch?v=93G_cTH4WXg. Acesso em: 29 abr. 2024.

ALFONSIN, B. de M.; SALTZ, A.; FERNANDEZ, D.; VIVAN FILHO, G. T. A.; FACCENDA, G.; MULLER, R. Das ruas de Paris a Quito: o direito à cidade na nova agenda urbana – Habitat III / From the streets of Paris to Quito: the right to the city in the new urban agenda – Habitat III. *Revista De Direito Da Cidade*, 9(3), 1214-1246, 2017. Disponível em: https://doi.org/10.12957/rdc.2017.29236. Disponível em: https://www.e-publicacoes.uerj.br/rdc/article/view/29236/21259.

BLYTH, Mark. *Austeridad* – Historia de una idea peligrosa. Barcelona: Editorial Crítica, 2014.

BOITEUX, Elza Antonia Pereira Cunha (coord.). *Direitos Humanos*: Estudos em Homenagem ao Professor Fábio Konder Comparato. Salvador: JusPodivm, 2010.

BRAUDEL, Fernand. *História e Ciências Sociais*. 4. ed. Lisboa: Presença, 1982.

BRIA, Francesca; MOROZOV, Evgeny. *A cidade inteligente*: tecnologias urbanas e democracia. São Paulo: Ubu Editora, 2020.

CAVALLAZZI, Rosangela Lunardelli. *Códigos da cidade análise das interferências jurídico-urbanísticas na cidade standard*. Projeto de Pesquisa da FAPERJ. Rio de Janeiro: UFRJ – PROURB, 2012.

CAVALLAZZI, Rosângela Lunardelli; BERTOLDO, Flávio Soares. Desafios da Cidade Standard. *Cidade Standard e Novas Vulnerabilidades*, 2018. (Coleção Direito e Urbanismo).

CAVALLAZZI, Rosângela Lunardelli; FAUTH, Gabriela. Cidade standard e vulnerabilidades em processos de precarização: Blindagens ao direito à cidade. *III Encontro da Associação Nacional de Pesquisa e Pós-Graduação em Arquitetura e Urbanismo*. São Paulo, 2014.

CAVALLAZZI, Rosângela Lunardelli; MACHADO, Denise Barcellos Pinheiro. Construções normativas na cidade standard: vulnerabilidades e sustentabilidade. *Conpedi Law Review*, p. 143, 2015. Disponível em: http://dx.doi.org/10.26668/2448-3931_conpedilawreview/2015.v1i11.3438.

CAVALLAZZI, Rosângela Lunardelli; POMBO, Suarez Daniela; CAVALLAZZI, Ivan da Silva. A paisagem standard e a parceria público-privada: o caso-referência da iluminação pública da cidade do Rio de Janeiro. Conpedi – II Grupo de Trabalho Direito urbanístico, cidade e alteridade. Organização. Coordenadores: Adriana Fasolo Pilati; Cláudia Franco Corrêa; Rosângela Lunardelli Cavallazzi. Florianópolis: Conpedi, 2022.

DELEUZE, Gilles. *Deleuze Conversações, 1972-1990*. São Paulo: Editora 34, 1992.

FÓRUM DAS CIDADES. Nova agenda urbana, [s.l.], [s/d]. Disponível em: https://www.forumdascidades.pt/content/nova-agenda-urbana.

KOWARICK, Lúcio. Sobre a vulnerabilidade socioeconômica e civil nos Estados Unidos, França e Brasil. *Revista Brasileira de Ciências Sociais*, v. 18, n. 51, p. 61-86, 2003. Disponível em: https://www.scielo.br/j/rbcsoc/a/6ZZVvm8LMXP7Zcx9BNPY64L/?format=pdf&lang=pt. Acesso em: 27 abr. 2024.

MARQUES, Claudia Lima. *Contratos no Código de Defesa do Consumidor*: o novo regime das relações contratuais. São Paulo: Revista dos Tribunais, 2019.

MARQUES, Claudia Lima. Diálogo das Fontes em Movimento e Direito à Cidade. Conferência de encerramento do Colóquio Direito à Cidade em Movimentos: políticas no urbano em tempos de hegemonia neoliberal, 10. Organização PROURB/FAU-UFRJ e PUC-Rio, Rio de Janeiro, 19 abr. 2024.

MASSONETO, Luís Fernando; BACHUR, João Paulo; CARVALHO, Eduardo de Moraes. Reificação da experiência na cidade inteligente: notas para uma crítica da economia política do espaço urbano. *Revista Direito e Práx*, v. 11 (01), jan./mar. 2020. Disponível em: https://www.scielo.br/j/rdp/a/nNXX4wmMYKWqv3VXwgkJc6x/?lang=pt. Acesso em: 28 abr. 2024.

REIA, J.; CRUZ, L. Cidades inteligentes no Brasil: conexões entre poder corporativo, direitos e engajamento cívico. *Cadernos Metrópole*, v. 25, n. 57, p. 467-490, 2023. Disponível em: https://doi.org/10.1590/2236-9996.2023-5705. Acesso em: 28 abr. 2024.

RIBEIRO, Cláudio Rezende. Cidade standard: paisagem urbana e acumulação. In: CAVALLAZZI, Rosângela Lunardelli; FAUTH, Gabriela. *Cidade standard e novas vulnerabilidades*. Rio de Janeiro: Prourb, 2018. p. 273-282.

RODOTÀ, Stefano. *La Démocratie Électronique*: de nouveaux concepts et expériences politiques. Rennes: Apogée, 1999.

SANTOS, Milton. *A natureza do espaço*: técnica e tempo, razão e emoção. 4. ed. São Paulo: Universidade de São Paulo, 2020a.

SANTOS, Milton. *Pensando o espaço do homem*. 5. ed. São Paulo: Universidade de São Paulo, 2021.

SANTOS, Milton. *Por uma outra globalização*: do pensamento único à consciência universal. 30. ed. Rio de Janeiro: Record, 2020b.

SANTOS, Milton. *Técnica, espaço, tempo*: globalização e meio técnico-científico-informacional. 5. ed. São Paulo: Universidade de São Paulo, 2013.

SÖDERSTRÖM, Ola; PAASCHE, Till; KLAUSER, Francisco. Smart Cities as Corporate Storytelling. *City*, v. 18, n. 3, 2014.

SOUZA, Carlos Affonso; LEMOS, Ronaldo. *Marco civil da internet*: construção e aplicação. Juiz de Fora: Editar Editora Associada Ltda., 2016.

TSIOMIS, Yannis. O projeto urbano hoje: entre situações e tensões. In: MACHADO, Denise Barcellos Pinheiro; PEREIRA, Margareth da Silva; SILVA, Rachel Coutinho Marques (orgs.). *Urbanismo em Questão*. Rio de Janeiro: Prourb, 2003. p. 279-294.

WARAT, Luiz Alberto. *Introdução geral ao direito*. Interpretação da lei. Temas para uma reformulação. Porto Alegre: Sergio Antonio Fabris Editor, 1994.

O PAPEL DO MARCO CIVIL DA INTERNET NA GARANTIA DE UM AMBIENTE DIGITAL SEGURO PARA CRIANÇAS E ADOLESCENTES

Sandra Bauermann[1]

Viviane Costa de Oliveira[2]

Sumário: Introdução – 1. Proteção integral das crianças e adolescentes – 2. Marco Civil da Internet e seus princípios norteadores – 3. Proteção de dados pessoais de crianças e adolescentes no ambiente virtual – 4. Dados sensíveis no contexto da criança e do adolescente – casos-referência – 5. Riscos no ambiente digital: *sharenting* e *cyberbullying*; 5.1 *Sharenting*; 5.2 *Cyberbullying* – 6. Considerações finais – Referências.

INTRODUÇÃO

O ambiente digital está em constante evolução e expansão, abrangendo as tecnologias de informação e comunicação, incluindo redes digitais, conteúdos, serviços e aplicações, dispositivos e ambiente conectados, realidade virtual e aumentada, inteligência artificial, robótica, sistemas automatizados, algoritmos e análise de dados, biométrica e tecnologia implantada, em consonância com o Comentário Geral nº 25/2021, do Comitê de Direitos da Criança da Organização das Nações Unidas (ONU)[3].

Inegável o quanto a inserção ao meio digital – por meio da internet[4] – vem sendo cada vez mais requerida. Estar conectado é estar incluído socialmente, de modo que quem não tem acesso à internet acaba por excluído. O Supremo Tribunal Federal, ao analisar caso envolvendo o Instituto Brasileiro de Geografia

---

1. Desembargadora Substituta do Tribunal de Justiça do Estado do Paraná. Membro da Diretoria do Brasilcon.
2. Mestranda em Direito Empresarial e Cidadania pela Unicuritiba. Assessora de magistrada no Tribunal de Justiça do Estado do Paraná.
3. ORGANIZAÇÃO DAS NAÇÕES UNIDAS (ONU). Direitos Humanos – Comitê de direitos das crianças. Comentário 25 (2021) sobre os Direitos das Crianças em relação ao ambiente digital, Genebra, ONU, 2 mar. 2021. Disponível em: https://www.ohchr.org/en/documents/general-comments-and-recommendations/general-comment-no-25-2021-childrens-rights-relation. Acesso em: 10 jun. 2024.
4. O Marco Civil da Internet conceitua internet para os efeitos da referida lei como "o sistema constituído pelo conjunto de protocolos lógicos, estruturado em escala mundial para uso público e irrestrito, com a finalidade de possibilitar a comunicação de dados entre terminais por meio de diferentes redes" (art. 5º, I).

e Estatística (IBGE)[5], reconheceu que "estar *on-line* é condição para a completa fruição da vida em sociedade e para o gozo de direitos fundamentais"[6].

O comércio eletrônico e as redes sociais tiveram grande expansão no Brasil, que se acelerou exponencialmente a partir da pandemia de covid-19[7], em que no período de isolamento social forçado, mesmo as pessoas que não queriam, necessitaram utilizar da internet para ter a acesso a bens e serviços, incluindo seus dados pessoais em plataformas digitais. As redes sociais também cresceram como forma de comunicação entre pessoas. O acesso à educação dependeu do acesso à internet, especialmente no período de maior restrição.

As crianças e adolescentes da atualidade já nasceram com o avanço digital tecnológico presente na vida em sociedade. Há um reconhecimento da importância das tecnologias digitais para suas vidas no presente e no futuro, mas também traz riscos de violação e abusos de direitos de crianças e adolescentes. Assim, não se pretende torná-los excluídos digitais como forma de proteção, mas sim buscar-se mecanismos e formas para que estejam protegidos de tais violações e abusos de direitos, garantindo-lhes um meio digital seguro, tendo como norte a doutrina da proteção integral e superior interesse das crianças e adolescentes.

Aliás, como veremos adiante, a proteção integral e o superior interesse de crianças e adolescente são assegurados pela Constituição Federal de 1988, bem como pela Convenção dos Direitos da Criança da ONU, importante instrumento de direitos humanos, ratificado pelo Brasil, além do Estatuto da Criança e do Adolescente.

O Marco Civil da Internet (MCI – Lei nº 12.965/2014) veio como marco legal fundamental no sistema jurídico brasileiro, estabelecendo princípios, garantias, deveres e direitos no uso da *internet* no País, o que foi reforçado com a Lei nº

---

5. Este caso foi objeto de Ações Diretas de Inconstitucionalidade (ADI 6387), o Plenário do Supremo Tribunal Federal (STF) suspendeu a eficácia da Medida Provisória (MP) 954/2020, que previa o compartilhamento de dados de usuários de telecomunicações com o Instituto Brasileiro de Geografia e Estatística (IBGE) para a produção de estatística oficial durante a pandemia do novo coronavírus. Por maioria de votos foram referendadas medidas cautelares deferidas pela Ministra Rosa Weber em cinco Ações Diretas de Inconstitucionalidade (ADIs) para firmar o entendimento de que o compartilhamento previsto na MP viola o direito constitucional à intimidade, à vida privada e ao sigilo de dados (SUPREMO TRIBUNAL FEDERAL (STF). STF suspende compartilhamento de dados de usuários de telefônicas com IBGE, *Portal STF.jus*, Brasília-DF, 07 maio 2021. Disponível em: https://portal.stf.jus.br/noticias/verNoticiaDetalhe.asp?idConteudo=442902&ori=1. Acesso em: 10 jun. 2024).
6. MUCELIN, Guilherme. Metaverso e vulnerabilidade digital. *Direito do Consumidor Aplicado:* Garantias de Consumo. São Paulo: Foco, 2022. p. 283.
7. Pesquisa sobre o uso das Tecnologias de Informação e Comunicação nos domicílios brasileiros (TIC Domicílios) 2020, realizada pelo Centro Regional de Estudos para o Desenvolvimento da Sociedade da Informação (Cetic.br) (NITAHARA, Akemi. Estudo mostra que pandemia intensificou uso das tecnologias digitais, *Agência Brasil,* Rio de Janeiro, 25 nov. 2021. Disponível em: https://agenciabrasil.ebc.com.br/geral/noticia/2021-11/estudo-mostra-que-pandemia-intensificou-uso-das-tecnologias--digitais. Acesso em: 10 jun. 2024).

13.709/2018 (Lei Geral de Proteção de Dados – LGPD) em relação à proteção de dados pessoais. E, em relação às crianças e adolescentes também contribui com vistas a construção de um ambiente digital seguro, que ainda está a ser alcançado.

No aspecto jurídico, a solução dos casos concretos visando este ambiente digital seguro demandam o respeito aos preceitos constitucionais, às convenções internacionais de proteção à criança e ao Estatuto da Criança e do Adolescente (ECA – Lei nº 8.069/1990), de forma que o Marco Civil da Internet, embora com relevante papel, não pode ser fonte isolada do direito, como procuraremos demonstrar ao longo deste breve estudo, justamente em comemoração aos dez anos deste importante diploma legal.

1. PROTEÇÃO INTEGRAL DAS CRIANÇAS E ADOLESCENTES

A doutrina da proteção integral de crianças e adolescentes foi acolhida pela Constituição Federal de 1988 (art. 227), por meio da qual se reconhece as crianças e adolescentes como sujeitos de direito e titulares de direitos fundamentais e, por se tratar de pessoas em desenvolvimento, gozam de prioridade absoluta na garantia de seus direitos, sempre observando o seu superior e melhor interesse.

O art. 227 da Constituição Federal[8] estabelece que:

> É dever da família, da sociedade e do Estado assegurar à criança, ao adolescente e ao Jovem, com absoluta prioridade, o direito à vida, à saúde, à alimentação, à educação, ao lazer, à profissionalização, à cultura, à dignidade, ao respeito, à liberdade e à convivência familiar e comunitária, além de colocá-los a salvo de toda forma de negligência, discriminação, exploração, violência, crueldade e opressão.

Já no âmbito dos instrumentos internacionais, a Convenção da ONU sobre os Direitos da Criança[9], ratificada e promulgada pelo Brasil pelo Decreto nº 99.710/1990,[10] importante instrumento internacional de direitos humanos, trouxe profunda transformação com reconhecimento das crianças como sujei-

---

8. A redação deste dispositivo foi ampliada para também atingir o jovem pela Emenda Constitucional nº 65, de 13.07.2010, que cuidou dos interesses da Juventude. A redação anterior se referia apenas à criança e ao adolescente.
9. No âmbito internacional criança é considerada a pessoa entre 0 e 18 anos. Portanto, ao se referir a criança está tratando também do adolescente.
10. A Convenção das Nações Unidas sobre os Direitos da Criança foi adotada pela Assembleia Geral da ONU em 20 de novembro de 1989. Entrou em vigor em 2 de setembro de 1990. É o instrumento de direitos humanos mais aceito na história universal. Foi ratificado por 196 países. Somente os Estados Unidos não ratificaram a Convenção.
    Decreto de promulgação pelo Brasil: BRASIL. Conselho Nacional dos Direitos da Criança e do Adolescente (Conanda). Resolução nº 245/2024, Conanda, Brasília-DF, *DOU* 09.04.2024. Disponível em: https://www.in.gov.br/web/dou/-/resolucao-n-245-de-5-de-abril-de-2024-552695799. Acesso em: 10 jun. 2024.

tos titulares de direitos, além de reconhecer o direito à uma proteção especial e reforçada devido a sua condição de pessoas em desenvolvimento e crescimento, consolidando assim a doutrina da proteção integral.

Antes mesmo da Convenção dos Direitos da Criança da ONU, conforme se extrai do preâmbulo da própria Convenção "a necessidade de proporcionar à criança uma proteção especial foi enunciada na Declaração de Genebra de 1924 sobre os Direitos da Criança e na Declaração dos Direitos da Criança adotada pela Assembleia Geral, em 20 de novembro de 1959, e reconhecida na Declaração Universal dos Direitos Humanos, no Pacto Internacional de Direitos Civis e Políticos (em particular nos arts. 23 e 24), no Pacto Internacional de Direitos Econômicos, Sociais e Culturais (em particular no art. 10) e nos estatutos e instrumentos pertinentes das Agências Especializadas e das organizações internacionais que se interessam pelo bem-estar da criança"[11].

A Convenção dos Direitos da Criança traz o reconhecimento do direito da criança à proteção de sua privacidade (art. 16) e o reconhecimento universal da corresponsabilidade estatal na proteção das crianças por meio de realização de políticas públicas de proteção (art. 19):

> Art. 16. Nenhuma criança deve ser submetida a interferências arbitrárias ou ilegais em sua vida particular, sua família, seu domicílio ou sua correspondência, nem a ataques ilegais à sua honra e à sua reputação.
>
> A criança tem direito à proteção da lei contra essas interferências ou ataques.
>
> (...)
>
> Art. 19. Os Estados Partes devem adotar todas as medidas legislativas, administrativas, sociais e educacionais apropriadas para proteger a criança contra todas as formas de violência física ou mental, ofensas ou abusos, negligência ou tratamento displicente, maus-tratos ou exploração, inclusive abuso sexual, enquanto a criança estiver sob a custódia dos pais, do tutor legal ou de qualquer outra pessoa responsável por ela.

É preciso lembrar a hierarquia constitucional das Convenções Internacionais de Direitos Humanos ratificados pelo Brasil, conforme atualmente expressamente previsto no art. 5º, § 3º, da Constituição Federal, redação dada pela Emenda Constitucional nº 45/2004[12].

No plano infraconstitucional, praticamente junto com a Convenção dos Direitos da Criança, coube ao ECA, acolhendo a doutrina da proteção integral,

---

11. ORGANIZAÇÃO DAS NAÇÕES UNIDAS (ONU). Fundo das Nações Unidas para a Infância – Unicef. Declaração Universal dos Direitos Humanos, 1948. Disponível em: https://www.unicef.org/brazil/convencao-sobre-os-direitos-da-crianca. Acesso em: 06 abr. 2024.
12. Art. 5º, § 3º, CF: Os tratados e convenções internacionais sobre direitos humanos que forem aprovados, em cada Casa do Congresso Nacional, em dois turnos, por três quintos dos votos dos respectivos membros, serão equivalentes às emendas constitucionais.

traçar as normas para viabilizar os seus dois pilares, quais sejam da prioridade absoluta e do superior/melhor interesse de crianças e adolescentes.

Enfim, a doutrina da proteção integral reconhece que, diante do estágio de desenvolvimento próprio das crianças e adolescentes, são presumidamente vulneráveis, necessitando da proteção especial e primazia de seus direitos quando em conflito com outros direitos também resguardados. Portanto, qualquer julgamento ou aplicação da norma deve ser feita sob a perspectiva de criança/indivíduo em formação.

Reforça-se que, como sujeitos de direito, crianças e adolescentes são titulares de todos os direitos fundamentais inerentes à pessoa humana e alguns que são próprios pela condição peculiar de pessoa em desenvolvimento (proteção integral assegurada pela Lei), além de assegurar-lhes as oportunidades para se desenvolver, conforme se extrai do art. 3º do ECA.

Compreende na garantia de prioridade absoluta, na forma do art. 4º, parágrafo único, do ECA: "a) primazia de receber proteção e socorro em quaisquer circunstâncias; b) precedência de atendimento nos serviços públicos ou de relevância pública; c) preferência na formulação e na execução das políticas sociais públicas; d) destinação privilegiada de recursos públicos nas áreas relacionadas com a proteção à infância e à juventude".

Ainda, o art. 5º do ECA é expresso ao trazer vedação clara de que "nenhuma criança ou adolescente será objeto de qualquer forma negligência, discriminação, exploração, violência, crueldade e opressão, punido na forma da lei qualquer atentado, por ação ou omissão, aos seus direitos fundamentais".

O Estatuto da Criança e do Adolescente sofreu alterações pela Lei nº 13.257/2016, chamada de Marco Legal da Primeira Infância, reforçando a doutrina da proteção integral e absoluta prioridade das crianças até seis anos, estabelecendo inclusive ser dever do estado estabelecer políticas públicas específicas visando garantir o desenvolvimento integral das crianças dessa faixa etária.

A questão que surge é como concretizar também no ambiente digital o respeito ao comando constitucional e dos instrumentos internacionais de direitos humanos da prioridade absoluta e do superior/melhor interesse das crianças e adolescentes, garantindo-lhes os direitos fundamentais, propiciando-lhes a oportunidade de desenvolvimento e coibindo as violações de seus direitos neste ambiente digital.

O Comitê dos Direitos da Criança da ONU no Comentário Geral nº 25, de março de 2021, trouxe diretrizes e explicação de que forma que os Estados Partes devem aplicar a Convenção dos Direitos da Criança no contexto do ambiente digital, fornecendo orientações sobre medidas relevantes de natureza legislativa, política e outras a adotar com vista a assegurar o pleno cumprimento da respectivas obrigações à luz da Convenção e respectivos Protocolos Facultativos, tendo em conta as oportunidades, riscos e desafios da promoção, respeito, proteção e garantia dos direitos da criança em ambiente digital[13].

2. MARCO CIVIL DA INTERNET E SEUS PRINCÍPIOS NORTEADORES

A Lei nº 12.965/2014, denominada como Marco Civil de Internet (MCI), veio como marco legal fundamental no sistema jurídico brasileiro, estabelecendo princípios, garantias, deveres e direitos no uso da internet no País, sendo, portanto, uma importante diretriz para regular o ambiente digital.

O MCI trouxe, em seu art. 3º, os princípios. norteadores na disciplina do uso da internet no Brasil, entre os quais se destacam: a) garantia da liberdade de expressão, comunicação e manifestação de pensamento, nos termos da Constituição Federal; b) proteção da privacidade; c) proteção dos dados pessoais, na forma da lei; d) preservação e garantia da neutralidade de rede; e) preservação e garantia da neutralidade de rede; f) responsabilização dos agentes de acordo com suas atividades, nos termos da lei.

Preocupou-se também por dar atenção especial à proteção de crianças e adolescentes no ambiente virtual[14], alinhando-se com a proteção já conferida pelo ECA, no âmbito infraconstitucional.

O MCI trata de dois tipos de provedores: aqueles dedicados a prover o acesso à internet[15] e aqueles que disponibilizam as mais diversas aplicações de rede[16], por meio de definição das atividades por eles desempenhadas no art. 5º, V e VII[17]. Assim, teríamos em linhas gerais os provedores de conexão à internet e

---

13. ONU, *op. cit.*, 2021.
14. Art. 29. O usuário terá a opção de livre escolha na utilização de programa de computador em seu terminal para exercício do controle parental de conteúdo entendido por ele como impróprio a seus filhos menores, desde que respeitados os princípios desta Lei e da Lei nº 8.069, de 13 de julho de 1990 – Estatuto da Criança e do Adolescente.
    Parágrafo único. Cabe ao poder público, em conjunto com os provedores de conexão e de aplicações de internet e a sociedade civil, promover a educação e fornecer informações sobre o uso dos programas de computador previstos no caput, bem como para a definição de boas práticas para a inclusão digital de crianças e adolescentes.
15. Também denominado como provedor de acesso.
16. LEMOS, Ronaldo; SOUZA, Carlos Affonso; BOTTINO, Celina (orgs.). *Marco Civil da Internet*: Jurisprudência comentada. São Paulo: Editora Revista dos Tribunais, 2018. p. 96.
17. "O provedor de conexão à internet, comumente referido como provedor de acesso, tem como finalidade a habilitação de um terminal para possibilitar o envio e o recebimento de pacotes de dados na rede. Essa operação é realizada através da atribuição ou autenticação de um endereço IP, conforme consta no art. 5º, V, do MCI. Por tal definição, compreende-se que o provedor de conexão é aquele que oferece ao usuário os meios necessários para se conectar à Internet. Sendo assim esse provedor não tem como função oferecer quaisquer ferramentas para a divulgação de conteúdo. Ele fornece apenas o meio para

os de aplicações de internet. Nestes últimos estariam os provedores de conteúdo (redes sociais, aplicativos de mensagens e plataformas para compartilhamento de vídeos) e de hospedagem (que armazenam dados de terceiros, conferindo-lhes acesso remoto).

Dedica, ainda, seção especial para o tema da responsabilidade civil dos provedores (arts. 18 a 21). A constitucionalidade do art. 19[18] do MCI é objeto do Tema 987 do Supremo Tribunal Federal (STF)[19], uma vez determina a necessidade notificação prévia e específica ordem judicial para remoção de conteúdo para que haja a responsabilização civil de provedor de internet.

Isso porque a liberdade de expressão encontra limite na dignidade da pessoa humana, a qual não é ilimitada, sendo esse um debate contemporâneo[20], de modo que tais princípios devem ser sopesados e equilibrados, sendo que a discussão travada é no sentido de que o provedor deveria ser responsabilizado pela manutenção do conteúdo, ainda que sem notificação prévia para tal.

O Anteprojeto de Reforma do Código Civil prevê a inclusão do "Livro de Direito Civil Digital", dentro do qual há o sexto capítulo, abarcando a proteção das crianças e dos adolescente no ambiente digital, determinando que os provedores atuem de modo a assegurar sua inserção adequada no meio virtual,[21] havendo, ainda previsão para revogação do art. 19 do MCI, para o fim de responsabilizar o provedor pela manutenção do conteúdo sem a exigência de ordem judicial específica.

---

que os seus usuários possam acessar outros provedores, como os provedores de aplicações. Os provedores de aplicações de Internet podem ser compreendidos como a pessoa que fornece um conjunto de funcionalidades que são acessadas por meio de um terminal conectado à internet" (*idem*, p. 96) Nestes estariam os provedores de conteúdo (redes sociais, aplicativos de mensagens e plataformas para compartilhamento de vídeos) e de hospedagem (que armazenam dados de terceiros, conferindo-lhes acesso remoto).

18. Art. 19. Com o intuito de assegurar a liberdade de expressão e impedir a censura, o provedor de aplicações de internet somente poderá ser responsabilizado civilmente por danos decorrentes de conteúdo gerado por terceiros se, após ordem judicial específica, não tomar as providências para, no âmbito e nos limites técnicos do seu serviço e dentro do prazo assinalado, tornar indisponível o conteúdo apontado como infringente, ressalvadas as disposições legais em contrário.

19. Tema 987 – Discussão sobre a constitucionalidade do art. 19 da Lei n. 12.965/2014 (Marco Civil da Internet) que determina a necessidade de prévia e específica ordem judicial de exclusão de conteúdo para a responsabilização civil de provedor de internet, websites e gestores de aplicativos de redes sociais por danos decorrentes de atos ilícitos praticados por terceiros.

20. CORDONI, Raul Azzolini; COSTA, Renata Eliza Fonseca de Barcelos. Redes sociais: a liberdade de expressão e as suas restrições. *Consultor Jurídico (Conjur)*, 13 maio 2022. Disponível em: https://www.conjur.com.br/2022-mai-13/cordonie-costa-liberdade-expressao-restricoes. Acesso em: 15 jun. 2024.

21. BRASIL. Senado Federal. Comissão de juristas responsável pela revisão e atualização do Código Civil. Relatório final. Disponível em: https://legis.senado.leg.br/comissoes/comissao?codcol=2630. Acesso em: 15 jun. 2024.

Em estudo realizado pelo Unicef, apurou-se que um terço dos usuários de internet no mundo eram crianças e adolescentes[22], sendo que, no Brasil, em 2021, em estudo organizado pelo Centro Regional de Estudos para o Desenvolvimento da Sociedade da Informação (Cetic)[23], apontou que 93% de crianças e adolescentes entre 9 e 17 anos de idade usam a rede mundial de computadores.

Dessa forma, diante dos números expressivos de crianças e adolescentes usuários da internet é que se faz necessário um olhar específico do legislador e do aplicador do direito no resguardo aos direitos desses sujeitos em formação.

O Marco Civil da Internet, em relação especificamente à proteção de crianças e adolescentes no ambiente virtual, previu o controle parental do conteúdo entendido pelo responsável como impróprio aos filhos menores de idade, desde que respeitados os princípios do MCI e do Estatuto da Criança e do Adolescente (art. 29). E, portanto, o dever dos provedores de internet de manter mecanismos para que pais ou responsáveis limitem o acesso de seus filhos (crianças e adolescentes) a conteúdos impróprios.

Além disso, reconhece o direito à inclusão digital de crianças e adolescentes e consequente dever do poder público, em conjunto com os provedores conexão e provedores de aplicação de internet e sociedade civil, em promover a educação, fornecer informações e definir boas práticas para este fim, conforme se extrai do parágrafo único do art. 29 do MCI.

É certo que estes comandos do Marco Civil da Internet representaram importantes medidas com vistas a um ambiente digital seguro para crianças e adolescentes, muito embora a realidade tem demonstrado que ainda carecem de concretização por exemplo com informações mais claras e acessíveis aos pais e responsáveis para que se efetive com maior facilidade o controle parental.

Os riscos neste ambiente virtual não são só em termos de quem acessa, mas também a exposição na internet e a proteção de seus dados pessoais das crianças e adolescentes. Portanto, inobstante tais previsões, ainda carecia de tutela específica da proteção de dados pessoais das crianças e adolescentes.

---

22. CONSELHO NACIONAL DE JUSTIÇA (CNJ). No Brasil, 93% de crianças e adolescentes entre 9 e 17 anos de idade usam a Internet, apontam pesquisas, 5 maio 2023. Disponível em: https://www.cnj.jus.br/no-brasil-93-de-criancas-e-adolescentes-entre-9-e-17-anos-de-idade-usam-a-internet-apontam-pesquisas/. Acesso em: 1º maio 2024.
23. Centro Regional de Estudos para o Desenvolvimento da Sociedade da Informação (Cetic), do Núcleo de Informação e Coordenação do Ponto BR (NIC.br), ligado ao Comitê Gestor da Internet no Brasil (CGI.br) (TIC Kids Online Brasil 2023: Crianças estão se conectando à Internet mais cedo no país, 24 out. 2023. Disponível em: https://cetic.br/pt/noticia/tic-kids-online-brasil-2023-criancas-estao-se-conectando-a-internet-mais-cedo-no-pais/. Acesso em: 1º maio 2024).

3. PROTEÇÃO DE DADOS PESSOAIS DE CRIANÇAS E ADOLESCENTES NO AMBIENTE VIRTUAL

A proteção dos dados pessoais é reconhecida material e formalmente com direito fundamental da pessoa humana, conforme previsto no art. 5º, LXXIX, da Constituição Federal, com redação dada pela Emenda Constitucional nº 115/2022: "É assegurado, nos termos da lei, o direito à proteção de dados pessoais, inclusive nos meios digitais".

Mas antes ainda de tal reconhecimento expresso pela Carta Magna, a proteção de dados pessoais como direito autônomo já havia sido assim reconhecida pelo plenário do STF na ADI-6387-DF, de 7 de maio de 2020[24].

A proteção de dados pessoais de crianças e adolescentes encontra-se dentro deste direito fundamental autônomo hoje previsto no art. 5º, LXXIX, da Constituição Federal, mas antes já encontrava guarida no direito fundamental disposto no art. 5º, X, da CF prevendo que são "invioláveis a intimidade, a vida privada, a honra e imagem das pessoas".

No âmbito infraconstitucional, o Estatuto da Criança e do Adolescente reforça esse direito, por exemplo do seu art. 100, V, ao prever expressamente o princípio da privacidade, de forma que "a promoção dos direitos da criança e proteção da criança e do adolescente deve ser efetuada no respeito pela intimidade, direito à imagem e reserva da sua vida privada".

A proteção de dados pessoais foi um dos princípios para uso da internet no Brasil previsto no MCI (art. 3º, III), prevendo esta proteção na "na forma da lei". Mas coube à LGPD, em vigência desde 18 de setembro de 2020, sistematizar esta proteção[25], inclusive trazendo uma definição legal de dados pessoais no sentido de que é "informação relacionada a pessoa natural identificada ou identificável" (art. 5º, I).

A LGPD dedicou uma seção específica ao Tratamento de Dados Pessoais de Crianças e de Adolescentes, na qual se destaca regra expressa consentânea com a doutrina da proteção integral, reforçando expressamente que os dados pessoais devem ser tratados sempre observando o melhor interesse das crianças e adolescentes (art. 14), ou seja, "somente por meio de práticas que promovam e protejam

---

24. Disponível em: https://redir.stf.jus.br/paginadorpub/paginador.jsp?docTP=TP&docID=754357629. Acesso em: 1º maio 2024.
25. "A definição legal de dados pessoais adotada pela LGPD é de "informação relacionada a pessoa natural identificada ou identificável" (art. 5º, I). Para a doutrina "a determinação de quais dados podem ser considerados pessoais e, portanto, serem objeto da proteção legal e jusfundamental, também é determinada pelo contexto concreto de sua colega, tratamento e destinação, o que reforça a concepção que não existem, a priori dados pessoais irrelevantes" (SARLET, Ingo Wolfgang. Fundamentos constitucionais: o direito fundamental à proteção de dados

seus direitos previstos no sistema jurídico nacional e internacional com absoluta prioridade, abstendo-se de práticas violadoras e exploratórias da vulnerabilidade infanto-juvenil, inclusive as comerciais".[26]

A respeito do princípio do superior interesse da criança, o Comentário Geral nº 25 do Comitê de Direitos da Crianças da ONU, anteriormente citado, traz detalhamento do melhor interesse das crianças no ambiente digital, reforçando que se trata de um conceito dinâmico que demanda análise conforme o contexto em que inserido.[27]

Em torno do tema destaca-se ainda a recentíssima e importante Resolução nº 245, de 5 de abril de 2024, do Conselho Nacional dos Direitos da Criança e do Adolescente (Conanda)[28] ressaltou, em suas considerações, que Comentário Geral nº 25, do Comitê de Direitos da Crianças da ONU vincula a interpretação dos direitos previstos na Convenção sobre os Direitos da Criança no ambiente digital[29].

A Resolução nº 245/2024 do Conanda vem a disciplinar justamente sobre os direitos da criança e do adolescente no ambiente digital, reforçando que a garantia e efetivação dos direitos da criança e do adolescente em ambiente digital é pautada, dentro outros, pelos princípios da "prevalência, primazia e precedência do superior interesse e dos direitos da criança e do adolescente"[30], devendo, ainda, ser assegurado "que os conteúdos e serviços acessados sejam compatíveis com seus direitos e seu superior interesse"[31].

Além disso, em relação à coleta e tratamento de dados de crianças, a LGPD dispõe que apenas se dará com o consentimento específico e expressos de pelo menos um de seus pais ou responsáveis (LGPD, art. 14, § 1º), sendo obrigação do

---

26. HENRIQUES, Isabela; PITA, Marina; HARTUNG, Pedro. A Proteção de Dados Pessoais de Crianças e Adolescentes. In: BIONI, Bruno; MENDES, Laura Schertel; DONEDA, Danilo; SARLET, Ingo Wolfgang; RODRIGUES JR., Otavio Luiz (coord.). *Tratado de Proteção de Dados. Pessoais*. 2. ed. Rio de Janeiro: Forense, 2023. p. 213.
27. "12. O interesse superior da criança constitui um conceito dinâmico que exige uma avaliação adequada em cada contexto específico. O ambiente digital não foi originalmente concebido para crianças e, no entanto, desempenha um papel importante nas vidas destas. Os Estados Partes devem garantir que, em todas as ações relativas à disponibilização, regulação, concepção, gestão e utilização do ambiente digital, o interesse superior da criança constitui uma consideração primacial" (ONU, *op. cit.*, 2021.)
28. O Conanda trata-se de órgão colegiado de caráter formulador, deliberativo e controlador das ações de promoção e defesa dos direitos da criança e do adolescente no Brasil, com atribuições previstas pela Lei 8.242, de 12 de outubro de 1991 e no Decreto nº11.473, de 06.04.2023.
29. Brasil, *op. cit., 2024*.
30. Art. 3º A garantia e efetivação dos direitos da criança e do adolescente em ambiente digital é pautada pelos seguintes princípios: (...) II – Prevalência, primazia e precedência do superior interesse e dos direitos da criança e do adolescente;
31. Art. 4º Todas as crianças e adolescentes devem ter garantido o direito ao acesso ao ambiente digital, assegurando-se que os conteúdos e serviços acessados sejam compatíveis com seus direitos e seu superior interesse.

controlador a verificação de que o consentimento foi dado pelo responsável pela criança, consideradas as tecnologias disponíveis.

Neste aspecto, a discussão doutrinária que surgiu se para o adolescente (de 12 a 18 anos, segundo o ECA), seria dispensado tal consentimento expresso dos pais ou responsáveis, porque o dispositivo se refere apenas a criança.[32] Respeitados os entendimentos em sentido contrário, permite-se fazer uma interpretação conforme as convenções internacionais, em especial a Convenção dos Direitos da Criança da ONU, que considera criança para sua proteção as pessoas até os 18 anos de idade.

De qualquer forma, a questão é relevantíssima porque na prática na atual sociedade digital, esses sujeitos em formação, ainda que não ativamente, passaram a ter seus dados inseridos no meio virtual. Por vezes, há necessidade de cadastramento dos dados em plataformas digitais, como por exemplo para matrícula em escolas, educação a distância, o que se exigiu especialmente no período da pandemia covid-19. Ou ainda, porque crianças e adolescentes desejam interagir com afins em redes sociais.

4. DADOS SENSÍVEIS NO CONTEXTO DA CRIANÇA E DO ADOLESCENTE – CASOS-REFERÊNCIA[33]

A Lei Geral de Proteção de Dados conceitua que dados sensíveis são todos dados pessoais acerca de origem racial ou étnica, convicção religiosa, opinião política, filiação a sindicato ou a organização de caráter religioso, filosófico ou político, dado referente à saúde ou à vida sexual, dado genético ou biométrico, quando vinculado a uma pessoa natural (art. 5º, II, Lei nº 13.709/2018).

Nesse sentido, ensina Danilo Doneda:

> (...) na proteção de dados pessoais não é somente a privacidade que se se pretende tutelada, porém também a pessoa que deve ser tutelada contra o controle indevido e contra a discriminação, isto é, em aspectos fundamentais de sua própria liberdade pessoal. E não é mais a pessoa humana, considerada individualmente, a ser a única atingida- um antigo paradigma do direito à privacidade- porém inteiras classes e grupos sociais[34].

Em se tratando de crianças e adolescentes, sujeitos em formação, hipervulneráveis, todos os dados que lhes são inerentes são entendidos como sensíveis.

---

32. Doutrinadores defendem até 16 anos.
33. "Os casos-referência são exemplos concretos que constituem um suporte fático dos estudos realizados para o enfrentamento dos desafios epistemológicos. O método de casos-referência consiste na adoção de um objeto real como caso exemplar, base fática para a pesquisa teórica a ser desenvolvida, constituindo, portanto, referência para a construção do objeto do conhecimento" (CAVALLAZZI, Rosângela Lunardelli. *A Plasticidade na teoria contratual*. Tese (Doutorado em Direito) – Universidade Federal do Rio de Janeiro, RJ, 1993.
34. DONEDA, Danilo. Da privacidade à proteção de dados pessoais. Rio de Janeiro: Renovar, 2006. p. 3.

Sendo assim, devem ser resguardados para que não existam pontas soltas que possam lhes prejudicar não só no momento presente, mas também no futuro.

Em precedente do Tribunal de Justiça do Estado do Paraná,[35] extrai-se, da própria ementa adiante citada, que tratou de caso em que, determinada instituição de ensino buscava, em tutela de urgência, a exclusão de link de acesso à matéria jornalística vinculada na internet, inclusive por redes sociais, reproduzindo imagem e som em que apareciam crianças da escola travando discussão de cunho político, dentro da sala de aula, sobre então candidatos à Presidência da República, emitindo opinião política. Entendeu-se presente a probabilidade do direito embasando-se justamente na doutrina da proteção integral acolhida pela Constituição Federal, Convenção dos Direitos da Criança e ECA, como limitador da liberdade de expressão. Confira-se:

> Agravo de instrumento. Estatuto da Criança e do Adolescente. Ação de obrigação de fazer. Decisão que indeferiu o pedido de exclusão do link de acesso à matéria jornalística que reproduz imagens/som envolvendo a discussão de crianças sobre os candidatos à presidência do país no ano de 2022, com filmagens e menção ao nome da instituição de ensino. Insurgência. Inovação recursal e supressão de instância. Inocorrência. Matéria relativa às crianças e aos adolescentes. Ordem pública. Possibilidade de atuação *ex officio*. Exegese das normas dos arts. 227 da CF e 17 e 18 do ECA. Retirada da matéria e dos arquivos da internet (mídias sociais) reproduzidos pela agravada.
>
> Probabilidade do direito evidenciado. Liberdade de expressão/informação que não é absoluto especialmente quando em colisão com o direito à privacidade de crianças garantida constitucionalmente (art. 5º, X) e reforçada pelo estatuto da criança e do adolescente (art. 100, V, do ECA). Crianças que são sujeitos de direito e que gozam de proteção especial. Princípio da prioridade absoluta. Doutrina da proteção integral acolhida pela constituição federal e convenção dos direitos da criança (ONU, 1989), ratificada pelo brasil. Direito a privacidade que se relaciona com a proteção de dados pessoais. Dados pessoais que são aqueles relacionados à pessoa natural identificada ou identificável (art. 3º, I, da Lei 13.709/2018). Imagens borradas que não afastam a possibilidade de as crianças serem identificadas. Decisão reformada para confirmar a antecipação da tutela recursal que determinou a exclusão do link de acesso à matéria. Recurso conhecido e provido. (TJPR, 12ª Câmara Cível – 0063570-70.2022.8.16.0000 – Cascavel – Rel. Des. Vilma Régia Ramos de Rezende, Rel. designada p/ lavratura: Des. substituta Sandra Bauermann, j. 17.04.2023)[36]

Destaca-se no referido precedente que concluiu a 12ª Câmara Cível do TJPR, por maioria de votos, que as imagens borradas dos rostos das crianças não eram suficientes para afastar a possibilidade de serem identificadas pelo conjunto das

---

35. TRIBUNAL DE JUSTIÇA DO PARANÁ – TJPR. Jurisprudência. Acórdão 0063570-70.2022.8.16.0000, 12ª Câmara Cível, Rel. Juíza subst. Sandra Bauermann, j. 14.03.2023. Disponível em: https://portal.tjpr.jus.br/jurisprudencia/j/4100000022843401/Ac%C3%B3rd%C3%A3o-0063570-70.2022.8.16.0000. Acesso em: 1º maio 2024.
36. O vídeo objeto da matéria jornalística veiculada pela internet passou a ser compartilhado em redes sociais, sem autorização dos pais ou responsáveis ou da Instituição de Ensino em que estudavam (*idem*).

demais informações, determinando-se a exclusão do link de acesso à matéria na internet para efetiva proteção dos dados pessoais das crianças. Tal conclusão se alinha com o entendimento de que, em se tratando de crianças e adolescentes, todos os dados pessoais são considerados sensíveis e, assim, devem ser protegidos inclusive no meio virtual, como medida que melhor atende o superior interesse e a proteção integral das crianças envolvidas.

5. RISCOS NO AMBIENTE DIGITAL: *SHARENTING* E *CYBERBULLYING*

5.1 *Sharenting*

Dentre as temáticas que retratam os riscos envolvendo as crianças e adolescentes no ambiente digital está o ***sharenting***, que diz respeito às situações em que os próprios pais ou responsáveis legais compartilham conteúdos pertencentes aos seus filhos menores de idade.

Com a ampliação do acesso à internet e especialmente utilização das redes sociais, pais ou responsáveis legais acabam sendo os principais divulgadores dos dados pertencentes a seus filhos, fragilizando sua segurança digital.[37] Quiçá porque ainda há escassez de informações efetivas acerca das consequências em tais exposições ou porque muitas vezes se acredita na segurança do compartilhamento em rede social privada, sem se atentar que quem a acessa pode replicar, o que pode desencadear em sucessivos compartilhamentos, até o ponto de não mais poder se identificar quantas pessoas acessaram o conteúdo.

Tal hábito pode permitir a colheita de elementos que podem ser colacionados, permitindo-se a identificação da escola em que o infante/adolescente estuda, quais locais frequenta, seus gostos, colidindo não somente com seu direito à privacidade, mas também colocando em risco a sua própria segurança[38].

No atual ordenamento jurídico brasileiro, é de se ter em conta que o poder familiar na forma prevista no Código Civil de 2002 (arts. 1.630 a 1.638) e Estatuto da Criança e do Adolescente (arts. 21 a 24) é um poder dever e há limites ao poder familiar. Dentro destes limites é que se discute até que ponto os pais ou responsáveis podem expor as crianças e adolescentes sob sua responsabilidade nos meios digitais.

---

37. ANUNCIAÇÃO, Débora. *Sharenting*: especialistas avaliam os riscos da exposição infantil nas redes sociais. Instituto Brasileiro de Direito de Família (IBDFam), 21 dez. 2023. Disponível em: https://ibdfam.org.br/noticias/11416/Sharenting%3A+especialistas+avaliam+os+riscos+da+exposi%C3%A7%-C3%A3o+infantil+nas+redes+sociais. Acesso em: 12 abr. 2024

38. Idem.

No Anteprojeto da Comissão de Juristas para o Novo Código Civil, recebido oficialmente em 17 de abril de 2024 no Senado Federal[39], utiliza-se a expressão autoridade parental e não poder familiar (art. 1.630[40]) e prevê expressamente no art. 1.634 o dever dos pais de "evitar a exposição de fotos e vídeos em redes sociais ou a exposição de informações, de modo a preservar a imagem, a segurança, a intimidade e a vida privada dos filhos (X) e o dever de fiscalizar as atividades dos filhos no ambiente digital (XI).

Certamente representará grande avanço, na medida em que muito embora estes deveres hoje possam ser interpretados como implícitos a partir de uma interpretação das normas do ECA e da LGPD em diálogo de fontes e em conformidade com a Constituição Federal e Convenção dos Direitos da Criança, passam a ser explícitos.

5.2 *Cyberbullying*

É notório que a prática de *bullying*, entendido como atos de violência, verbal ou não, em ambiente escolar é pauta recorrente, diante das inúmeras consequências em face de crianças e adolescentes. Ocorre que com o maior acesso à internet, houve maior propensão ao cometimento de tal prática de forma online, o que se conceituou como *cyberbullying*.

Em sede de comunidade internacional, importante destacar que preocupação no intuito de combater crimes cibernéticos foi destacada em recente parecer emitido pelo Alto Comissariado das Nações Unidas para os Direitos Humanos (*Office of the United Nations High Commissioner for Human Rights*), da Organização das Nações Unidas (ONU), pela elaboração de uma Convenção Internacional sobre combate à utilização de tecnologias de informação e comunicação para fins criminais.[41]

No Brasil, conforme pesquisa realizada pelo Instituto Brasileiro de Geografia e Estatística, um a cada dez estudantes, com idade entre 13 e 17 anos, afirmou ter sido vítima de ofensas em redes sociais ou aplicativo no ano de 2021.[42]

Logo, trata-se de um número expressivo, de modo que se ansiava por uma resposta do legislador para coibir tal prática. E nesse contexto adveio a recente Lei

---

39. STF, *op. cit.*.
40. Art. 1.630. Os filhos, enquanto com menos de dezoito anos de idade, estão sujeitos à autoridade parental.
41. ALTO COMISSARIADO DAS NAÇÕES UNIDAS PARA OS DIREITOS HUMANOS (OHCHR). *Human rights and the draft Cybercrime Convention*. Disponível em: https://www.ohchr.org/sites/default/files/2024-05/Human-Rights-Draft-Cybercrime-Convention.pdf. Acesso em: 12 jun. 2024.
42. TOKARNIA, Mariana. IBGE: um em cada dez estudantes já foi ofendido nas redes sociais, *Agência Brasil*, Rio de Janeiro, 10 set. 2021. Disponível em: https://agenciabrasil.ebc.com.br/geral/noticia/2021-09/ibge-um-em-cada-dez-estudantes-ja-foi-ofendido-nas-redes-sociais. Acesso em: 10 jun. 2024.

nº 14.811/2024, que trouxe novas medidas de proteção à criança e ao adolescente, acrescentando ao Código Penal a criminalização do cyberbullying.[43]

Constata-se, portanto, que a legislação vem tentando acompanhar os novos desafios desenhados no âmbito digital, de modo a resguardar e proteger os interesses das crianças e dos adolescentes com primazia, sendo que o MCI foi um importante pontapé inicial nessa regulamentação.

6. CONSIDERAÇÕES FINAIS

O princípio da dignidade da pessoa humana é fundamento da nossa República, conforme expresso no art. 1º, III, da CF, de modo que a pessoa humana e sua proteção é o centro do nosso ordenamento jurídico. Além de pessoas em desenvolvimento, crianças e adolescentes são sujeitos de direito e titulares de proteção especial, nesta medida é preciso sempre lembrar que gozam de prioridade absoluta, dentro da doutrina da proteção integral acolhida pela Constituição Federal (art. 227 da CF) e Convenção dos Direitos da Criança da ONU, ratificada pelo Brasil, além do próprio pelo Estatuto da Criança e do Adolescente.

Essa proteção integral deve estar presente tanto fora como dentro do ambiente virtual. Aliás, o Ministro Fachin em recente voto no STF na APDF 403 firmou dentre as premissas de seu voto que "os direitos que as pessoas têm offline devem também devem ser protegidos online" e reconheceu que uma internet mais segura é direito de todos e dever do Estado.[44]

A Lei nº 12.965/2014 (Marco Civil da Internet) tem papel relevante na busca de um ambiente digital seguro a todas as pessoas e também em relação à proteção das crianças e adolescentes, trouxe regras que se somam à proteção já conferida pelo ECA (ainda que não diretamente para o meio virtual), reforçadas posteriormente em matéria de proteção de dados pelo Lei Geral de Proteção de Dados (Lei nº 13.709/2018). O Anteprojeto do Código Civil apresentado pela Comissão de

---

43. Intimidação sistemática virtual (*cyberbullying*). Parágrafo único. Se a conduta é realizada por meio da rede de computadores, de rede social, de aplicativos, de jogos *on-line* ou por qualquer outro meio ou ambiente digital, ou transmitida em tempo real.
44. No STF, a Ação de Descumprimento de Preceito Fundamental – APDF 403, discute a in(constitucionalidade referente a quebra de sigilo de comunicações em aplicativos de mensagens, eu seu voto o Ministro Edson Fachin traz dentre as premissas que "o impacto tecnológico das mudanças porque passa a sociedade reclamam um permanente atualizar do alcance dos direitos e garantias fundamentais"; "os direitos que as pessoas têm offline devem também devem ser protegidos on-line. Direitos digitais são direitos fundamentais; privacidade é o direito de manter o controle sobre a sua própria informação e de determinar a maneira de construir sua própria esfera pública" (SUPREMO TRIBUNAL FEDERAL (STF). Arguição de descumprimento de preceito fundamental 403. Voto. Sergipe, *DJe* 28.05.2024. Disponível em: https://www.stf.jus.br/arquivo/cms/noticiaNoticiaStf/anexo/ADPF403voto.pdf. Acesso em: 09 jun. 2024).

Juristas no Senado Federal em abril de 2024, ao propor a inclusão no Código Civil de novo livro sobre Direito Digital, traz normas que se somam nesta proteção.

É certo que a rapidez do desenvolvimento tecnológico está a exigir sempre uma interpretação e aplicação destas Leis conforme a Constituição e Convenções ou Tratados Internacionais de Direitos Humanos, tendo em vista a centralidade da pessoa humana no nosso ordenamento jurídico, a garantia da sua dignidade e a especial proteção que é assegurada às crianças e adolescentes no nosso País, de forma que possam ter a inclusão digital adequada à fase de desenvolvimento em um ambiente digital seguro.

REFERÊNCIAS

ALTO COMISSARIADO DAS NAÇÕES UNIDAS PARA OS DIREITOS HUMANOS (OHCHR). *Human rights and the draft Cybercrime Convention*. Disponível em: https://www.ohchr.org/sites/default/files/2024-05/Human-Rights-Draft-Cybercrime-Convention.pdf. Acesso em: 12 jun. 2024.

ANUNCIAÇÃO, Débora. *Sharenting*: especialistas avaliam os riscos da exposição infantil nas redes sociais. Instituto Brasileiro de Direito de Família (IBDFam), 21 dez. 2023. Disponível em: https://ibdfam.org.br/ noticias/11416/Sharenting%3A+especialistas+avalia m+os+riscos+da+expo-si%C3%A7%C3%A3o+infantil+nas+redes+sociais. Acesso em: 12 abr. 2024.

BRASIL. Conselho Nacional dos Direitos da Criança e do Adolescente (Conanda). Resolução nº 245/2024, Conanda, Brasília-DF, *DOU* 09.04.2024. Disponível em: https://www.in.gov.br/web/dou/-/resolucao-n-245-de-5-de-abril-de-2024-552695799. Acesso em: 10 jun. 2024.

BRASIL. Senado Federal. Comissão de juristas responsável pela revisão e atualização do Código Civil. Relatório final. Disponível em: https://legis.senado.leg.br/comissoes/comissao?codcol=2630. Acesso em: 09 jun. 2024.

CAVALLAZZI, Rosângela Lunardelli. *A Plasticidade na teoria contratual*. Tese (Doutorado em Direito) - Universidade Federal do Rio de Janeiro, RJ, 1993.

COMITÊ GESTOR DA INTERNET NO BRASIL (CGI Brasil); NÚCLEO DE INFORMAÇÃO E COORDENAÇÃO DO Ponto BR (NIC.br). TIC Kids Online Brasil 2023: Crianças estão se conectando à Internet mais cedo no país, 24 out. 2023. Disponível em: https://cetic.br/pt/noticia/tic-kids-online-brasil-2023-criancas-estao-se-conectando-a-internet-mais-cedo-no-pais/. Acesso em: 1º maio 2024.

CONSELHO NACIONAL DE JUSTIÇA (CNJ). No Brasil, 93% de crianças e adolescentes entre 9 e 17 anos de idade usam a Internet, apontam pesquisas, 5 maio 2023. Disponível em: https://www.cnj.jus.br/no-brasil-93-de-criancas-e-adolescentes-entre-9-e-17-anos-de-idade-usam-a-internet-apontam-pesquisas/. Acesso em: 1º maio 2024.

CONSELHO NACIONAL DE JUSTIÇA (CNJ). Por um presente mais seguro e um futuro sem traumas, 28 fev. 2024, Instagram: @cnj_oficial. Disponível em: https://www.instagram.com/p/C35H-8QjNh3N/?igsh=MTc4MmM1YmI2Ng%3D%3D&img_index=1. Acesso em: 19 abr. 2024.

CORDONI, Raul Azzolini; COSTA, Renata Eliza Fonseca de Barcelos. Redes sociais: a liberdade de expressão e as suas restrições. *Consultor Jurídico (Conjur)*, 13 maio 2022. Disponível em: https://www.conjur.com.br/2022-mai-13/cordonie-costa-liberdade-expressao-restricoes. Acesso em: 15 jun. 2024.

DONEDA, Danilo. *Da privacidade à proteção de dados pessoais*. Rio de Janeiro: Renovar, 2006.

FERREIRA, Luiz Antonio Miguel; FUJIKI, Henrique Koga. *Sharenting*: Pais que postam fotos dos filhos nas redes sociais. *Revista dos Tribunais Online*, v. 39/2023, RT, maio 2023. Disponível em: https://www.mpgo.mp.br/portal/arquivos/2023/08/28/15_14_21_581_Sharenting.pdf. Acesso em: 10 jun. 2024.

HENRIQUES, Isabela; PITA, Marina; HARTUNG, Pedro. A Proteção de Dados Pessoais de Crianças e Adolescentes. In: BIONI, Bruno; MENDES, Laura Schertel; DONEDA, Danilo; SARLET, Ingo Wolfgang; RODRIGUES JR., Otavio Luiz (coord.). *Tratado de Proteção de Dados. Pessoais*. 2. ed. Rio de Janeiro: Forense, 2023.

LEMOS, Ronaldo; SOUZA, Carlos Affonso; BOTTINO, Celina (orgs.). *Marco Civil da Internet*: Jurisprudência comentada. São Paulo: Editora Revista dos Tribunais, 2018.

MENDES, Laura Schertel; DONEDA, Danilo; SARLET, Ingo Wolfgang; RODRIGUES JR., Otavio Luiz. *Tratado de Proteção de Dados Pessoais*. Rio de Janeiro: Forense, 2021.

MUCELIN, Guilherme. Metaverso e vulnerabilidade digital. *Direito do Consumidor Aplicado*: Garantias de Consumo. São Paulo: Foco, 2022.

NITAHARA, Akemi. Estudo mostra que pandemia intensificou uso das tecnologias digitais, *Agência Brasil,* Rio de Janeiro, 25 nov. 2021. Disponível em: https://agenciabrasil.ebc.com.br/geral/noticia/2021-11/estudo-mostra-que-pandemia-intensificou-uso-das-tecnologias-digitais. Acesso em: 10 jun. 2024.

ORGANIZAÇÃO DAS NAÇÕES UNIDAS (ONU). Direitos Humanos – Comitê de direitos das crianças. Comentário 25 (2021) sobre os Direitos das Crianças em relação ao ambiente digital, Genebra, ONU, 2 mar. 2021. Disponível em: https://www.ohchr.org/en/documents/general-comments-and-recommendations/general-comment-no-25-2021-childrens-rights-relation. Acesso em: 10 jun. 2024.

ORGANIZAÇÃO DAS NAÇÕES UNIDAS (ONU). Fundo das Nações Unidas para a Infância – Unicef. Declaração Universal dos Direitos Humanos, 1948. Disponível em: https://www.unicef.org/brazil/convencao-sobre-os-direitos-da-crianca. Acesso em: 06 abr. 2024.

ROSENDO, Amanda. BARCELLOS, Daniella de. BARLETTA, Fabiana. *Direitos da Personalidade e Dados Pessoais*. Cap.8 in 5 anos de LGPD: Estudos em homenagem a Danilo Doneda. Coord. Claudia Lima Marques. São Paulo: RT, 2023.

SARLET, Ingo Wolfgang. Fundamentos constitucionais: o direito fundamental à proteção de dados in *Tratado de Proteção de Dados Pessoais*. Coord. Danilo Doneda...et al, 2ª ed. Rio de Janeiro: Forense, 2023.

SUPREMO TRIBUNAL FEDERAL (STF). Arguição de descumprimento de preceito fundamental 403. Voto. Sergipe, *DJe* 28.05.2024. Disponível em: https://www.stf.jus.br/arquivo/cms/noticiaNoticiaStf/anexo/ADPF403voto.pdf. Acesso em: 09 jun. 2024.

SUPREMO TRIBUNAL FEDERAL (STF). STF suspende compartilhamento de dados de usuários de telefônicas com IBGE, Brasília-DF, *Portal STF.jus*, 07 maio 2021. Disponível em: https://portal.stf.jus.br/noticias/verNoticiaDetalhe.asp?idConteudo=442902&ori=1. Acesso em: 10 jun. 2024.

TOKARNIA, Mariana. IBGE: um em cada dez estudantes já foi ofendido nas redes sociais, *Agência Brasil,* Rio de Janeiro, 10 set. 2021. Disponível em: https://agenciabrasil.ebc.com.br/geral/noticia/2021-09/ibge-um-em-cada-dez-estudantes-ja-foi-ofendido-nas-redes-sociais. Acesso em: 10 jun. 2024.

TRIBUNAL DE JUSTIÇA DO PARANÁ. Jurisprudência. Acórdão 0063570-70.2022.8.16.0000, 12ª Câmara Cível, Rel. Juíza subst. Sandra Bauermann, j. 14.03.2023. Disponível em: https://portal.tjpr.jus.br/jurisprudencia/j/4100000022843401/Ac%C3%B3rd%C3%A3o-0063570-70.2022.8.16.0000. Acesso em: 1º maio 2024.

ANOTAÇÕES